应用文写作

（第五版）

主编 徐中玉

编委 张耀辉 戴永明

"十二五"普通高等教育本科国家级规划教材

高等教育出版社·北京

内容提要

本书是"十二五"普通高等教育本科国家级规划教材,分上下两编。上编介绍了公文文体、事务文体、信息文体、财经文体、诉讼文体、公关礼仪文体以及学术论文等数种常用应用文体的写作知识,每种文体后都附有最新的例文与题型多样的练习,便于学生训练。下编为基础写作导读文选,精选了鲁迅、胡适、叶圣陶、朱光潜、老舍、梁实秋等多位大师谈写作经验的数十篇文章,并作了简要的分析。

本书配有丰富的数字教学资源(包括在线测试、更多例文、演示视频、写作模版、电子教案等),扫描书中相应的二维码即可获取。

本书可作为高等学校写作类公共课教材,也可作为从事文字工作人员的参考读物。

图书在版编目(CIP)数据

应用文写作 / 徐中玉主编. —5版. —北京:高等教育出版社,2016.7(2022.4重印)
ISBN 978-7-04-045053-8

Ⅰ. ①应… Ⅱ. ①徐… Ⅲ. ①汉语－应用文－写作－高等学校－教材 Ⅳ. ①H152.3

中国版本图书馆CIP数据核字(2016)第161984号

策划编辑 刘晓旭　　**责任编辑** 刘晓旭　　**封面设计** 吴　昊　　**责任印制** 高忠富

出版发行	高等教育出版社	网　址	http://www.hep.edu.cn
社　址	北京市西城区德外大街4号		http://www.hep.com.cn
邮政编码	100120	网上订购	http://www.hepmall.com.cn
印　刷	江苏德埔印务有限公司		http://www.hepmall.com
开　本	787mm×1092mm 1/16		http://www.hepmall.cn
印　张	18.75	版　次	2000年6月第1版
字　数	434千字		2016年7月第5版
购书热线	010-58581118	印　次	2022年4月第18次印刷
咨询电话	400-810-0598	定　价	36.00元

本书如有缺页、倒页、脱页等质量问题,请到所购图书销售部门联系调换
版权所有　侵权必究
物 料 号　45053-00

第五版前言

徐中玉先生主编的《应用文写作》自2000年初版以来,承蒙广大读者的厚爱,被许多高等学校所选用,目前已印行了四个版本,累计印数已达数十万册。本书2012年1月印行了第四版,至今也已经四年多了。这四年多来,我们的社会发生了很大的变化。应用写作是直接为社会服务的,本着与时俱进的精神,我们的教材也要作修订。这次修订的内容,主要体现在以下四个方面:

一是在公文写作部分,根据中共中央办公厅、国务院办公厅2012年4月16日联合印发的《党政机关公文处理工作条例》的规定,我们再一次对教材作了修改,使教材的论述及图表更符合中央有关规定的要求。

二是更换了例文。本教材在讲授各种文体的写作知识时,都附有例文。我们对例文作了精选与更换,本版所选的例文,绝大多数是近三年内出现的,时代气息较浓,且较规范,便于学生模仿。

三是在第二编基础写作导读文选部分,调整了若干篇与应用写作关系不是太密切的文章,使本书总的篇幅有所精简。

四是这次印第五版时,配有丰富的电子资源,读者只需扫描相应的二维码即可获取,非常方便快捷。

本书电子资源制作分工如下:

动画演示视频脚本写作　　　戴永明
教案设计　　　　　　　　　张耀辉
试题库编写　　　　　　　　谈　青
补充例文　　　　　　　　　姚玉红

由于我们学识不足,经验有限,本书肯定还存在这样或那样的问题,祈请广大读者批评指正。

本书编写组
2016年5月25日

第一版前言

对青年大学生,常会听到这种埋怨和指责:"读了多年中学,甚至已读大学,连日常应用文都不大会写,或写得很不像样,有错别字,语句不通,文理混乱。"有些同学确还存在这种弱点。大家为此担心,主要还是出于盼望赶快改进。日常应用文字虽非文艺创作或学术研究文字,但其重要性与受人关切的程度,有时却比其他普通文字要大、要高,若出点差错,包括称谓、语气、文字、条理、事情原委之类,则会妨碍沟通,造成工作差错,也容易造成不良印象,难以使人放心。由于读中学时重理轻文,忙于应付题海,语文教材不收普通应用文,读书量太少,习作未成习惯,没有写过应用文字,连日常应用文的格式、要素都不清楚,再加上中学生社会关系比较简单,对世事、人情了解甚少,试写这种文字的机会也很少,因此要求一进大学就能写好这种涉及各种关系的文字,其实也有点太急,责之过苛。进了大学,读了更多的书,生活经验不断丰富,实践的机会增加,个别基础薄弱的同学自须努力补课,加速跟上,大多数同学经过努力,随后会陆续过关的。

用文字写成的文章,有不是为了应用而写的么?许多人主张写文应力求有用,因其有用才写其文,如写文无用何必写,谁会去写?也有些人不主张求用而写,认为求用乃世俗之见,为名为利,为急功近利,这样写成的文字写不好,也无价值。古今中外都有过这样两种不同的议论、口号。如:"文须有益于天下","文须有为而作";"为学术而学术","为艺术而艺术"。议论与口号似乎截然不同,正好相反。我认为实际上从未真正存在过这样两种绝对的对立情况。提出这种口号的人诚然写出过不少意在玄远,探索精神、生命、理想、宇宙,辨明是非、真伪、深浅之类绝非急功近利,也非渴求个人物质享受之道的人文、社会、自然科学著作,可他们仍都是活生生的普通人,有其普通人的家庭、师友各种关系,有其生活中各种日常的需要,除相当超越现实的学术研究成果外,他们一生中实际还写过许多日常应用文字、文艺作品、往来书信等应用性非常明显的东西。文艺作品审美即在贬恶。学术研究即使只在考证、思辨,考实一个问题,思考一种新的见解,或由现实问题引起,或想明辨出新的境界,这种工作对一味追求个人物质享受,图名图利,诚然没有多大用处,但对重在探索真理,具有超俗追求的学者来说,却认为是对社会进步、人类未来最有裨益的,对某些当前被人认为无用的,在他们却认为非常有用。王国维就称这是"无用之用",这"无用"比鼠目寸光者所说的"有用"更有"用",不是"小用",而是"大用"。王国维如此,明末清初的顾炎武何尝不是如此?王国维有"无用之用"的学术著作,有显示某些艺术规律的《人间词话》,还有不少诗、词以及他与亲友论学、互相存问的信札等等。顾炎武也是如此。高远有高远的意义,通俗有通俗的妙用。生活中确有亟须解决的问题,能有"急功近利"的办法济众人之急,也是一种有益的贡献。写文应求有用,也能有用。追求起何作用,如何起作用,尽可由各自选择,不必勉强,无须要求一律,应允许多样化。"无用之用"终究还是有用,不同于只求急功近利之用的用,更不同于一味追求个人私利不惜损公之用。一味追求个人私利,可能无恶不作,为非作歹,损害公利,落入卑劣犯罪的深渊。过去以求有用为世俗,一概轻视急功近利,认为讲应用即是低级。这一观点未免自视太高,狭隘偏激,脱离实际。缺乏高尚的理想、深远的追求自然是缺点,但若脱离实际,一味追求高远,急的、近的事情,工作,学问,问题都尚未办好、搞妥,没有了扎实的基础,又如何可达高远之境?各就所好,各尽其力,各有所成,不拘大小,都有贡献,都予鼓励,都提供发展条件,若这样,岂不是更易增进综合能力,迅速提高各种科学水平?

  用文字写成的文章,不外有此三类:一类是日常应用的普通应用文字,一类是文艺创作,一类是各种科学研究文字。三类文字都不可缺,都很有用,或广泛应用,或在专业创作研究范围内应用。应用的范围有大小、广狭,作用的性质有差异,钻研的程度因工作需要之异也不一样,但都是非常有用、非常必要的,应该得到相应的支持与鼓励。三类文章相互间并无截然的不同,并非不能相融、互动。基础的写作本领、世事、人情的丰富理解都是不可或缺的。多读文学作品,多了解科学研究的信息,对提高专业应用文的水平,都有直接的帮助。因为专业应用文除应熟谙世事、人情以及某些特有格式、规范外,如专业水平不高,肯定就不能完成很好的应用的任务。秦朝李斯写过一篇《谏逐客书》,北宋王安石写过一篇《答司马谏议书》,这是许多人都读过的,是当时的通信体应用文,不过寥寥千字或数百字,但流传至今。基于作者的卓识和勇气,它们已成为历史和文学创作两方面的不朽名文。这两篇应用短文,岂因是应用短文就降低其不朽的价值？各类文章都有精品,从不同时代、不同眼光、不同角度去看,评价也会有所变化。凡在历史上发生过进步作用的就值得我们尊重、珍惜、借鉴。

回到我这里编写的教材来,这本教材主要是供普通高等学校,包括高职学校同学学习应用写作之用的。我说各种文字其实都有应用的效果和作用,不过其间有点差别,应用的层次、领域、方式都不尽同。如果循序而进,则日常的一般的应用文当在最先,这是许多人都要努力把握的,也最具基础性,其次才是文艺性创作、研究和人文、社会、自然科学性的科学研究著作。为大学初年级同学开设的这门课程,从实际出发来考虑,先基本解决写作普通应用文的知识和训练问题,是顺理可行的。基础写作能力提高后,就能奠定专业写作的扎实基石。要求一下子全面提高,欲速难达,不如分阶段、有重点地培育比较切实有效。

在大学语文课之外另设应用文写作课,这就是在重点对学生进行素质教育、提高文化素质之外,培养其应用写作的实际本领,从而在专门知识与实际训练方面早日帮助学生具有这种非常必要的能力。表达能力的提高与思维能力、思维方法的更新和发展是有密切联系的,综合起来实际就是青年学生潜力的不断发挥与拓展。大学语文教材多文学、历史、哲学等作品,应用作品实例少,专门知识说明无法顾及,习作训练跟不上。过去所以开设了大学语文课仍难迅速解决应用文写作的困难,就因事实上难以兼顾,兼顾了会两面都不落实。现在分开设立,便可各尽其力,这是好办法。

但提高应用文写作能力,却仍应从巩固及提高基础写作能力入手。例如改正错别字,做到文从字顺、文字清通、说理明白、叙事清楚,这些都是基础写作的问题。这方面底子太差,应用文一定写不好,无法应用。

那又如何持续巩固及提高基础写作能力？对此我看依然毫无秘诀,只有指引、鼓励同学们多读、多写、多观察、多思考、多实践。只读,不练、不想、不实践,仍进步不大。大学文化环境、师友接触、图书设备、课外活动等等条件都比中学时代好得多,同学们有了改善了的客观条件,主观上也要更有劲头。

过去有些指导写作的书刊,多提出不少条条框框,甲乙丙丁,一二三四,似乎完整、全面,还有不少所谓的秘诀。鲁迅先生多次指出这类书刊之枯燥乏味,教条无用。其实书刊之内容并非全是歪理,只是缺少生气,没有血肉,没有甘苦,非亲自摸索、体验得来。这使我想起,数十年前读过的中外作家、学者写出的学习与写作经验、回忆,却给了我至今仍深的印象。那样亲切、深刻、娓娓动人,而不是味同嚼蜡,硬记住了一些条条也没什么作用。这些文章写法多样,各有个性,感悟力极强。说理、抒情、记事、描写,各种都有。它们不仅使我在学习写作上,更在思想上、生活上学到了很多东西。我想,为什么不选编些这类作品来作为巩固、提高基础写作能力的导读材料,不比那些抽出些条条框框、缺乏感悟力的说教更有说服力?

本书上编十一章,谈应用写作的一般原理,以及公文、事务、信息、财经、诉讼、公关礼仪、学术论文七类主要文体的写作知识,指出要素,提供新的文例。

本书的下编,就是根据我自己的体验,试着来这样做的。我尽力查找,加以挑选。我高兴地找到好几位前辈写有讨论写好普通应用文的专文,至今读来仍极有益。我编选的这些文章,大致内容：一是直接论及一般应用文写作：《大家都来重视提高公文质量》(叶圣陶);二是如何写好应用文：《漫谈说理文》(朱光潜)、《散文重要》(老舍);三是写作的目标、责任感：《我怎么做起小说来》(鲁迅)、《小品文的危机》(鲁迅);四是写作的准备：《拿起笔来之前》(叶圣陶)、《我的写作与水的关系》(沈从文)、《〈儒林外史〉的语言艺术》(徐中玉);五是写作的题材：《关于小说题材的通信》(鲁迅)、《也算经验》(赵树理);六是写作的态度：《容忍与自由》(胡适)、《谈独立思考》(茅盾)、《端正文风》(叶圣陶);七是写作各种文学作品：《我怎样写〈骆驼祥子〉》(老舍)、《关于老舍》(梁实秋)、《暮年的回想》(夏衍)、

《记梁任公先生的一次演讲》(梁实秋);八是写作的观点、材料、知识积累:《观点和材料》(邓拓)、《变三不知为三知》(邓拓)、《一把小钥匙》(邓拓);九是学习语文的经验、体会:《从我怎样学国文说起》(朱光潜)、《六十多年关系中的感想》(徐中玉)、《谈文章的吟诵》(徐中玉)。

  以上所选,虽都经广泛传布,但分在各处,不易见到。个人见闻有限,搜集不广,必多遗漏,后当再求增订。学人本性,各有见解,各有性格,各有所好,写法各异,不求一律,不必全备。编在这里,供参考、讨论。但愿经过编写,摸索到更有效的方法。

  应用文字的写作,要写得适合不同的需要,固然要靠有文字功夫,但归根到底主要还靠熟悉世事、练达人情,对有关专业以及涉及问题的深入了解、对各种条件的敏锐洞察。文字功夫、专业知识、负责精神与协调努力,都不可或缺。这就需要各自的经常关心,不断积累之功了。

  上编是由上海交通大学张耀辉、戴永明两位教授专家完成的,我也得了先观为快之益。

  本书肯定会有疏漏不足之处,敬请各地同行、老师、同学们赐予指教,以便修订、补正。谢谢!

徐中玉
2000年5月22日

目　　录

001　　上编　应用文写作

003　　第一章　应用写作的一般原理
003　　　第一节　应用写作的性质与特点
004　　　第二节　应用写作的语言要求
006　　　第三节　应用写作的表达方式
013　　　第四节　学习应用写作的基本条件

015　　第二章　公文文体的写作（一）
015　　　第一节　公文的概念与作用
016　　　第二节　公文的分类与格式
026　　　第三节　公文的规范用语与常用句式
028　　　第四节　公文的行文方式与规则

030　　第三章　公文文体的写作（二）
030　　　第一节　报告与请示
037　　　第二节　批复、决定与意见
045　　　第三节　通知与通报
054　　　第四节　公告与通告
057　　　第五节　函与纪要

065　　第四章　事务文体的写作
065　　　第一节　计划
071　　　第二节　总结
076　　　第三节　简报
081　　　第四节　规章制度

092　　第五章　信息文体的写作
092　　　第一节　消息
096　　　第二节　广告

104	第三节	说明书

第六章 财经文体的写作
- 113 第一节 合同
- 119 第二节 市场调查报告
- 128 第三节 市场预测报告
- 133 第四节 标书

第七章 诉讼文体的写作
- 142 第一节 起诉状
- 149 第二节 上诉状
- 153 第三节 申诉书
- 157 第四节 答辩状

第八章 公关礼仪文体的写作
- 161 第一节 求职函、辞职函、慰问函
- 167 第二节 贺信(电)、贺词
- 174 第三节 欢迎词、欢送词、答谢词
- 177 第四节 请柬、聘书

第九章 学术论文写作
- 180 第一节 学术论文的概念与特征
- 181 第二节 学术论文的选题
- 183 第三节 学术论文的写作过程
- 186 第四节 学术论文的写作方法

195 下编 基础写作导读文选

鲁迅
- 197 我怎么做起小说来
- 199 答《北斗》杂志社问
- 200 小品文的危机
- 202 关于小说题材的通信

胡适
- 205 治学方法·引言(节选)

210	冯友兰
210	我的读书经验
213	茅以升
213	必须努力提高科技写作能力
215	叶圣陶
215	拿起笔来之前
219	端正文风
226	大家都来重视提高公文质量
228	朱光潜
228	作文与运思
232	谈书评
236	老舍
236	我怎样写《骆驼祥子》
239	散文重要
242	梁实秋
242	记梁任公先生的一次演讲
245	巴金
245	再论说真话
248	何其芳
248	谈修改文章
251	徐中玉
251	《儒林外史》的语言艺术
258	鲁迅简论怎样读书、研究、论辩
267	李泽厚
267	读书与写文章
271	张志公
271	怎样过语文关
277	附录　党政机关公文处理工作条例

上编 应用文写作

第一章　应用写作的一般原理

第二章　公文文体的写作(一)

第三章　公文文体的写作(二)

第四章　事务文体的写作

第五章　信息文体的写作

第六章　财经文体的写作

第七章　诉讼文体的写作

第八章　公关礼仪文体的写作

第九章　学术论文写作

第一章 应用写作的一般原理

第一节 应用写作的性质与特点

一、应用写作的性质

应用写作是为了实行管理、传递信息等社会效用,运用书面语言和图表符号进行的写作活动。人类的写作活动,从功能效用来分,主要有两大类:一类是作者为抒发主观感情,反映现实生活,进行艺术创作而写的,这主要指文学写作,如诗歌、散文、报告文学、小说、戏剧的写作;另一类是为了处理公务和个人事务而写的,这就是应用写作。应用写作是一种最直接、最有效的为表述思维、交流思想、传播信息、解决问题,为现实社会服务的写作。

应用写作源远流长。人类社会产生文字后,就开始了写作。应用写作的成果,便是应用文。应用文有约定俗成的格式,应用文的语言都较通俗简明。

从实用的范围来分,应用文可以分为公务应用文与私务应用文两类。公务应用文是机关团体用于处理公务的,如公文、工作总结、调查报告、简报、规章制度等;私务应用文是个人在日常生活中运用的文书,如书信、请柬、聘书、诉状等。

二、应用写作的特点

1. 明确的实用性

应用写作与文学写作的一个很大的区别,就在于它有明确的实用性。文学写作(如写一首诗、一篇散文、一篇小说)能给读者审美的享受,有认识生活、陶冶情操的功能,但很难立即解决现实生活中的实际问题。应用写作是为解决实际问题而写的,有很明确的实用性。如写一则消息,就是为了传递信息;写一份说明书,就是为了介绍产品;写一份函,就是为了联系工作。所以,应用写作应从实际需要出发,为事造文,因事生文,避免去写那些内容空洞、不着边际、不解决任何实际问题的文章。

2. 内容的真实性

文学创作可以虚构，文学作品中所写的人与事，在生活中一般不能对号入座，与原型一模一样，正像鲁迅所说的，他小说中的模特儿，"没有专用过一个人，往往嘴在浙江，脸在北京，衣服在山西，是一个拼凑起来的脚色。"(《我怎么做起小说来》) 文学作品源于生活，却又高于生活，创作时进行艺术的加工，"杂取种种人，合成一个"，是完全可以的，因为这样创造出来的形象，更典型，更有概括力，也更能反映生活的本质。但应用写作就不能这样了，应用写作中所涉及的人与事，一定要确有其人其事，情节、数字、细节都不能虚构，否则就不能达到解决现实生活中实际问题的目的，还会影响党和政府的威信，给工作造成很大的损失。

3. 作者与读者对象的特定性

文学创作是一种复杂的创造性的精神劳动，其作者一般都为个人，由于每个作者的个性不同、生活经历与艺术素养不同，成熟的作者，其作品都会有独特的艺术风格。文学作品的读者对象具有广泛性与不确定性，一部作品出版发行以后，任何人都可以购买或借来阅读。

应用文的作者，尤其是公文的作者，一般不是一个人，而是一个集体。公文的草拟靠一个人往往是不行的。作者在执笔之前，领导要交代写作意图，初稿写成之后，要在一定范围内集体讨论，请大家提出意见，然后再作修改，最后经领导审核通过后才能付印。所以严格地说，公文是集体劳动的产品，其作者是一个群体。应用文的读者对象是特定的，尤其是带有保密性的公文，其读者对象被严格限定在一个很小的范围，远不如文学作品的读者对象那么广泛和不确定。

4. 较强的时效性

文学创作(报告文学除外)一般不强调时效性，作者可以精雕细刻，慢慢琢磨，一部长篇小说，可以写 10 年、20 年。应用写作一般都讲究时效，要求作者在一定的时间内完成写作任务，不允许慢慢吞吞、拖拖拉拉，否则就会贻误工作。如会议通知，一定要在开会之前发出，若会议开过后再写会议通知，就一点也没有效用了。再如一些紧急指示，一定要在规定的时限内写出，超过时限，这个指示就不能发挥应有的作用。

5. 格式的规范性

应用写作要讲格式的规范。每一种应用文体，在长期的使用过程中，都形成了比较稳定的格式。这些格式，大家都要遵守。所谓格式，包括书写、排印行款式样、结构层次、习惯用语、称谓、签署等。应用文体有了格式，可便于写作、阅读、承办、归卷、查询。当然，格式也不是一成不变的，但这种变化必须以社会公认为前提。

第二节　应用写作的语言要求

一、准确

应用写作是一种实用写作，是为了解决社会生活中的各种实际问题而写的，因此对语言准确性的要求特别高。

应用写作中使用的语言概念，要求十分准确。例如在一份关于利润核算的通知中有这样一段话：

> 国有企业收入是国家积累的主要来源。在核算利润时，要检查生产计划（运输计划、商品流转计划）、成本计划（商品流转费用计划）和销售计划是否符合增产指标和降低成本指标的要求以及检查销售价格是否合乎规定的标准。

这里，"生产计划"这个概念一般包括许多项目，但用括号限制为运输计划、商品流转计划，就缩小了"生产计划"这一概念的外延，从而使各国有企业单位明确了"生产计划"的检查范围。同样，将"成本计划"这一概念用括号限制为商品流转费用计划，也使各国有企业单位在核算利润时对"成本计划"的检查项目更加明确。

应用写作语言中的判断，十分讲究分寸感。比如在写总结时，一个单位在某段时间内取得的成绩，是"很大"、"较大"还是"一些"，都要再三斟酌，力求准确反映实际情况。

应用写作语言中运用推理，要合乎事物与事物之间的内在联系，要合乎事物的发展规律，也就是要合乎逻辑。有一篇谈"勤奋"的思想评论中有这样一段话：

> 李贺作诗的"天才"，司马迁写作的"天才"，爱迪生发明的"天才"，盖叫天表演的"天才"，鲁迅文学创作的"天才"，中国女排球艺的"天才"，以及所有成功者的"天才"，都证明了一条朴素的真理：没有勤奋这个伟大的母亲，成功这个骄子就绝不会诞生在世上。

这里用的是归纳推理。它通过几位天才人物各自的表现和不同的业绩，归纳出他们身上的共同点："没有勤奋这个伟大的母亲，成功这个骄子就绝不会诞生在世上。"这个归纳具有普遍的意义，也是一条真理。

二、简洁

应用文体的语言，要求文字简短精练，语言简洁明了。

列宁在给苏维埃最高国民经济委员会供给总局局长的信中要求"给中央委员会委员或全俄中央执行委员会主席团委员写简短的'电报式的'、但明白而确切的报告"。他强调："请写得简短些，采用电报文体，如果必要的话，可以另加附件。写长了我根本不看，一定不看。""如果有确实可行的建议，可以写在另一张纸上，要像电报那样写得极其简短，并附一份副本给秘书。"（《列宁全集》第35卷，第523页）毛泽东1948年为中央起草的《关于建立报告制度》的指示，要求"综合报告内容要扼要，文字要简练"，还规定"报告文字每次一千字左右为限，除特殊情况外，至多不要超过二千字"。（《毛泽东选集》一卷本，第1263页）中共中央在1951年2月发出的《关于纠正电报、报告、指示、决定等文字缺点的指示》中也指出："必须注意文字的简明扼要"，"必须以负责的精神，至再至三地分清条理，压缩文字，然后发出，否则应受批评"。2012年4月16日中共中央办公厅与国务院办公厅联合发布的《党政机关公文处理工作条例》也明确要求公文起草要做到"内容简洁，主题突出，观点鲜明，结构严谨，表述准确，文字精练"。

应用文体为了使语言简洁，经常使用一些专用词语与固定的习惯用语，如"业经""遵照""收悉""为要""照办"等。

应用文体为了精练地概括事实或分析认定问题的性质，还常常使用富有概括力的成语或熟语。如胡锦涛同志2010年9月6日在深圳特区建立30年庆祝大会上的讲话中，就用了"实事求是""与时俱进""敢为天下先""勇于变革""勇于创新""永不僵化""永不停滞""爱岗敬业"等成语与熟语，使语言简洁有力。

简洁要以明白为前提，如果只是为了简洁而压缩字句，应该说的话不说，应该用的词不用，弄得语气不连贯，意思不好懂，那也是不可取的。

三、质朴

应用文是为了解决实际问题而写作的，内容必须真实可靠，语言必须平实质朴，一般不需要运用"文学笔法"，不必运用描写、抒情的表现方法，不用深奥孤僻的词语，力求用人人易懂的普通词语。质朴的语言应该达到"三易"的要求，那就是易看、易读、易懂。如国务院在2016年1月1日发布的《关于2015年度国家科学技术奖励的决定》的最后一段：

全国科学技术工作者要向全体获奖者学习，继续发扬求真务实、勇于创新的科学精神，深入实施创新驱动发展战略，坚定不移走中国特色自主创新道路，为加快建设新型国家、全面建成小康社会，实现"两个一百年"奋斗目标和中华民族伟大复兴的中国梦作出新的更大贡献。

这里使用的语言，都是明明白白的，一点也没有华丽的辞藻，一切都显得非常质朴通俗。应用文体所需要的就是这种语言。

但是，应用文体的语言也并不应该是枯燥无味的语言，有些文体的语言，还有着感人的一面。比如有些书信，写得情意真挚，意味深长，感人至深。我国古代南北朝时期丘迟写的《与陈伯之书》，是他以个人的名义写给陈伯之的劝降书，虽然陈伯之是个叛国者，但他在信中并不过多地在大义上责难他，而是体察他的苦衷，分析他的处境，解除他的疑惑，指出他的前途，用循循善诱的语言，引导他冲出思想的迷谷。促膝谈心式的说理，正是这篇书信最动人的地方。

四、得体

应用文体一般都有特定的读者对象，其语言还要讲究得体。如，给上级的公文，用词要谦恭诚挚；给下级的公文，用词要肯定平和；给平级单位的公文，用词要谦敬温和。公告、通告一类公文，需登报或张贴，语言要深入浅出。如，在电台广播或当众宣读的公告、命令、通知等，语言应庄重流畅，便于朗读。总之，应用文体的语言讲什么和怎样讲，往往受到对象、场合的制约，必须准确把握，这就是所谓得体。

第三节 应用写作的表达方式

一、叙述

（一）叙述的含义与作用

叙述是一种把人物的经历或事件发生、发展、变化的过程表述出来的一种表达方式。在应用文体的写作中,叙述这种表达方式与在其他文体的写作中一样,应该具备六要素,即:时间、地点、人物、事件、原因、结果。如果叙述的要素残缺,就会造成表达不清。

叙述在应用文体中的作用是,介绍人物的经历和事迹,介绍事件的基本情况即发生、发展与变化的过程或问题的来龙去脉。

(二) 应用写作中叙述的人称与方式

文章中叙述的人称,是作者在叙述时的立足点、观察点。应用写作中叙述的人称,主要有第一人称与第三人称两种。

第一人称的叙述,是站在"我""我们"的立足点上来进行的。作者或者是从自我出发,立足在所叙的一切都仿佛是"我"的亲身经历和亲眼观察上,或者是从"我"("我们")与叙述对象"你"("你们")的平行地位出发,立足于所叙述的一切都是双方共同的经历和感受。第一人称的叙述是偏重于主观性的叙述,其优点是使读者感到真实、亲切、可信,其缺点是囿于作者的所见所闻,不能叙述作者经历、见闻以外的事情。

第三人称的叙述,是站在"他""他们"的立足点上来进行的。作者是从第三者的角度来客观地陈述事宜,偏重于叙述他人的经历与事迹,所以显得理智、冷静而深沉。也不受时间、空间的限制,叙述时比第一人称更加自由。

应用文体的撰写,一般是从本单位的立足点上叙述事情的,因此多数用第一人称。为简要起见,常使用无主句。但会议纪要、调查报告、消息、通讯等文体,一般都采用第三人称来叙述,客观地把事实讲述出来。

应用文体中的叙述方式,有顺叙、倒叙、插叙、分叙等。

顺叙是按照事件发生、发展和结束的顺序来叙述。这是一种最基本的叙述方法,应用文体写作中用到的叙述,绝大多数是用顺叙来进行的。顺叙的优点是有头有尾,来龙去脉清楚,文章的段落、层次与事件的发展过程相一致,符合人们的阅读习惯。其缺点是在文学性较强的一些文体中(如通讯),如果只用顺叙,搞得不好,容易平板、乏味,缺少文章的波澜。

倒叙就是先交代事情的结果,再回过头来叙述事情的由来。倒叙可以先叙结局,也可以先叙情节中最动人、最紧张的片断,然后再以顺叙的方法,写事情的开头与经过。倒叙容易造成悬念,能一下子抓住读者。在应用文体的写作中,倒叙用得较少,一般只在通讯、调查报告的写作中才用得上。在运用倒叙这种方式的时候,在倒叙与顺叙的衔接处,一定要有过渡,否则会显得过于突兀,有脱节之感。

插叙是循着主线叙述的同时,插进去一段叙述,或追忆过去情节的片断,或对上文进行补充、解释。插叙可使文章内容更加充实,更加曲折有致。应用文体写作中对插叙用得也较少,一般只在消息、通讯等文体中才运用。

分叙也叫平叙,是指叙述两件(或两件以上)同时发生的事情。可以先叙一件,再叙另一件,也可以两件事情相互交叉平行地叙述。这种叙述方式,正如古人所说的,是"花开两朵,各表一枝"。平叙在应用写作中用得也较少,一般只用于通讯写作中,如《中国青年报》记者采写的通讯《为了六十一个阶级兄弟》,所用的叙述方法就是平叙。

（三）应用写作对叙述的要求

应用写作中的叙述，与一般文章（尤其是文学作品）有较大的区别。文学作品中的叙述，要求具体、详尽，而且往往与描写结合在一起，能给读者具体的感受。文学作品中的叙述，为了能够感染读者，还可以动用虚构、夸张等手法。应用写作中的叙述，则要求简明扼要，绝对真实。

应用写作中的叙述是概括的叙述，轮廓性的叙述，它不求所述的人和事的详尽、具体、完整，不必要把人物叙述得活灵活现，把环境叙述得细腻逼真，它所要求的，是简要地叙述事实本身。有的时候，出于写作目的的需要，应用写作的叙述还可以分散涉及多件事、多个人，所叙述的只是人和事的某一方面，只求就事叙事，不求面面俱到，更无须近乎描绘的铺陈。

二、议论

（一）议论的含义与作用

议论就是说理和评断，就是作者通过事实材料及逻辑推理来明辨是非、阐发道理、表明见解。一段完整的议论，是由论点、论据和论证三个要素构成的。论点就是作者对某个问题的看法与主张，论据是作者为了证明论点的正确性或者反驳反面论点而选择的事实或理论的根据，论证是作者运用论据证明论点的过程或方式方法。在一个完整的议论过程中，论点要解决证明什么的问题，论据要解决用什么来证明的问题，论证要解决怎样来证明的问题。

议论的作用是对客观事物进行分析和评论，表明作者的观点或态度。在应用写作中，议论运用得相当普遍。调查报告、简报、通报、嘉奖令、总结等文体，经常要在叙述、说明的基础上，表明对人物、事件、问题的评价，以便更鲜明、正确地表达观点。指示、决议、会议纪要等公文，也经常要用议论来阐明道理，贯彻上级的意图，更好地教育群众。

（二）应用写作中议论的特点

应用写作中的议论，与一般议论文中的议论有明显的区别。在一般议论文中，议论是最主要的表现方法，是贯穿全文始终的。但在应用写作中，一般来说，最主要的表述方法是叙述和说明，议论处于从属地位，一般只是在叙述、说明的基础上进行。另外，应用写作中的议论，一般也不需作长篇大论，不需作复杂的多层次的逻辑推理，也不一定要具备论点、论据、论证这样一个完整的议论过程，而只是在需要分析论证的地方，采取夹叙夹议的方法，或采取三言两语的方式议论一下，点到即止，不作深入论证。

（三）应用写作中议论的方法

1. 直接论证

（1）用真实典型的事例证明观点。这种方法，也叫事实论证或举例论证。如有一篇题为《说"勤"》的短评中有这样一段话：

中国有句俗语，叫做"一勤天下无难事"，唐朝大文学家韩愈也曾经说过"业精于勤"。这就是说，学业方面的精深造诣来源于勤奋好学。

勤出成果。马克思写《资本论》，辛勤劳动、艰苦奋斗了40年，阅读了数量惊人的书籍和刊物,其中做过笔记的就有 1 500 种以上;我国历史巨著《史记》的作者司马迁,从 20 岁起就开始漫游生活,足迹遍及黄河、长江流域,汇集了大量的社会素材和历史素材,为《史记》的创作奠定了基础……

这里用了马克思与司马迁勤奋出成果的例子,是非常典型的。

(2) 引用党和国家有关方针、政策的条文来证明论点。例如《上海市学前教育三年行动计划(2006 年—2008 年)》中有这样一段话:

要鼓励和吸引高校毕业生到郊区农村幼儿园任教,按照《上海市教育委员会关于 2004 学年至 2006 学年本市农村学校招聘优秀应届高校毕业生的意见》(沪教委人〔2004〕53 号)的精神,对到农村偏远地区幼儿园任教的应届高校毕业生给予资助津贴;按照《上海市政府助学奖学金管理办法》(沪教委学〔2005〕191 号)的规定,对自愿到郊区农村偏远地区幼儿园任教的本市普通高校应届毕业生且签订 5 年以上合同者,给予"上海市大学生支援服务西部计划和去郊区镇校任教奖励金";通过提供一定的住房优惠等措施,吸引外省市高等院校学前教育专业的优秀毕业生到本市郊区农村任教,稳定在郊区农村任教的教师队伍。

这段话的论点是有关部门要采取倾斜政策,稳定远郊幼儿园的教师队伍。为了说明这个论点,引用了上海市教育委员会在 2004 年与 2005 年所发两个文件的有关政策规定。

(3) 运用对比的方法,直接证明论点。邓拓的《燕山夜话》中《两座庙的兴废》一文,为了证明一些同志办事盲目这样一个论点,作者用两件事作了对比:一件是狐奴山下的张公庙,早已被破坏了。张公指汉朝的戍边将军、北方引种水稻的显赫功臣张堪,自然是应纪念的。可是他的庙,连石碑都拿去铺路了。另一个是沽北口的杨家庙。这是为纪念宋朝名将杨业而修的。杨业父子并未到过沽北口,按理不应当在沽北口立庙,可是偏偏修了。通过这样两件事的对比,就有力地证明了不该盲目办事这一论点。

2. 间接论证

间接论证,就是不用论据去直接证明论点,而是假设一个与自己的论点相排斥的观点,证明这个观点是假的,错误的,从而就从反面来证明自己的论点是真的、正确的了。例如在一篇辩护词中有这样一段话:

2015 年中秋节,王××在重庆,这是确定无疑的。试想,他如果不在重庆,怎么会参加在重庆举行的他表弟的婚礼呢?而他参加表弟的婚礼的事,是许多人亲眼见到的呀!我认为,说王××这一天在成都,那是误传。

这个论证的论题是要证明"王××2015 年中秋节在重庆",为了确立这个论题的真实性,辩护人先设想王××不在重庆的情况,然后用许多人亲眼见到的事实予以否定,从而从反面证明"王××2015 年中秋节在重庆"这个论点。

反证法的逻辑结构是这样的:

论题:A 真

论证:假设非 A 真,那么 B 真

已知 B 假

所以非 A 假

所以 A 真

三、说明

(一) 说明的含义与作用

说明是用言简意明的文字,把事物的形状、性质、特征、成因、关系、功用等解说清楚,把人物的经历、特点等表述明白的一种表达方法。

说明在应用写作中有着广泛的用途,如解说词、说明书等文体,主要是用说明的方法来写的。其他如规章文体、司法文体、公文文体等在写作的时候,也要广泛用到说明的方法。就是议论文体,在交代论据的时候,有时也要用到说明的方法。

(二) 应用写作中说明的方法

1. 定义说明

定义说明,就是通常说的下定义。有的应用文,为了说明提出的问题,往往用简短的话,把事物包含的意义概括起来,使读者有一个比较明确的概念,这就是下定义。例如有一篇介绍人体器官的科普文章,对动脉与静脉下了这样的定义:

动脉是把血由心脏运到身体各部去的血管。

静脉是把血从身体各部运回心脏来的血管。

给一个事物下定义,第一要指出这个事物的属;第二要指出这个事物与邻近事物的种差。所谓"属",就是被下定义的对象所属的概念范畴;所谓"种差",就是被下定义的对象特有的属性,即它与同类事物之间的差异。以上给动脉、静脉下的定义,就较好地体现了这两个器官的属与种差。

2. 分类说明

将被说明的对象,按照一定的标准划分成不同的类型,一类一类地加以说明,这就叫分类说明。如有一篇介绍我国说唱文学的说明文,对我国的说唱文学作了这样的分类:

我国幅员广大,是个多民族多方言的国家。在不同民族、不同地区产生和发展起来的说唱形式,是多种多样的。据不完全统计,全国各种形式的曲种约有四五百种之多。根据这些曲种的说唱形式和配乐情况的不同特点,大致可以分为四类:(1) 以说为主的评书、评话类;(2) 以朗诵为主的快书、快板类;(3) 以歌唱为主的鼓词、曲词类;(4) 以对话为主的相声类。

分类说明一要包举,二要对等,三要正确。"包举"就是运用分类说明,要注意所列举的种类不能有遗漏;"对等"就是一次分类只能按同一标准划分,类与类之间处于并列关系,互不相容,不能产生重叠、交叉现象;"正确"就是分类标准确实反映了事物客观存在的类别,既不能把一个种类硬分成两个种类,也不能把几个种类混在一起说成是一个种类。

3. 举例说明

举例说明,就是举出实例来说明事物事理。运用举例说明,能把比较抽象、复杂、深奥的事物或事理说得具体、明晰和浅显,容易使人理解。例如钱伟长的《才能来自勤奋学习》一文,为了说明"本来不是'神童',由于坚持不懈地奋发努力,而成为举世闻名的科学家、发明家"这一观点,就举了以下的例子:

牛顿、爱因斯坦、爱迪生都不是"神童"。牛顿终身勤奋学习,很少在午夜两三点以前睡觉,常常通宵达旦工作。爱因斯坦中学的成绩并不好,考了两次大学才被录取,学习成绩也不出众,毕业后相当一段时间找不到工作,后来在瑞士伯尔尼专利局当了7年职员。就是在这7年里,爱因斯坦在艰苦的条件下顽强地学习工作着,利用业余时间勾画出了相对论的理论基础。发明家爱迪生家境贫苦,只上了3个月的学,在班上成绩很差。但是他努力自学,对于许多自己不懂的问题,总是以无比坚强的意志和毅力刻苦钻研。为了研制灯泡和灯丝,他摘写了4万页资料,试验过1 600多种矿物和6 000多种植物。由于他每天工作十几小时,比一般人的工作时间长得多,相当于延长了生命,所以当他年纪79岁时,宣称自己已经是135岁的人了。

这里用的三个例子,是很典型的,很能说明文章的观点。

4. 比较说明

把两种或两种以上的事物,通过比较,说明事物的本质特点,就叫比较说明。

比较说明可以分为两种。一是横比,就是用互相关照的两个事物进行比较。譬如有一篇文章对蚕丝与蜘蛛的丝的粗细作了比较:"蚕丝有一英寸的二千分之一粗,蜘蛛的丝细到只有一英寸的一万五千到二万分之一的光景,比蚕丝细得多了。"二是纵比,就是对同一事物的不同发展阶段的情况作比较。如有一篇文章对英国产业革命前后的劳动生产率作了比较:"在1770—1840年期间,英国工人的劳动生产率平均提高了20倍,棉花加工量增加了58倍,占世界总产量的50%。英国的铁产量,在1720年只有2.5万吨,到1850年,猛增到228.5万吨。由于铁的产量激增,使英国从一个输入国一跃而为输出国。1820年,英国的产煤量约占世界总产量的75%,生铁产量也占到世界总产量的40%。"

在运用比较说明时,必须在可比事物之间进行,而且要找出彼此间可以相比的相似点,否则就可能比得不伦不类,起不到说明的作用。

5. 引用说明

引用说明就是引用资料说明客观事物或被说明对象的情况。如茅以升的《桥的运动》一文的开头:

桥是个固定建筑物,一经造成,便屹立大地,可以千载不移,把它当作地面标志,应当是再准确不过的。《史记·苏秦列传》里有段故事:"信如尾生,与女子期于梁下,女子不来,水至不去,抱柱而死",就因为桥下相会,地点是没有错的,桥是不会动的。

这里引用了《史记·苏秦列传》中的一个故事:传说中有个叫尾生的坚守信约的人。他与女子约会于桥下,女子未来,河水上涨,他仍不去,遂抱柱淹死。这个故事说明了桥是不会有大的位置变动的。

6. 数字说明

数字说明,就是用精确的、具体的数字来说明事物特征。如《泉州打官司 家门口立案》(载《人民日报》2016年1月10日第1版)一文,就用数字说明了泉州市两级法院为当事人提供可以在家门口立案打官司的"泉州模式"的情况:

截至2015年11月13日,泉州市两级法院为当事人提供异地立案15 210件,提供异地法律咨询3 224次,材料收转9 925次,诉讼指引5 869次,判后答疑488次,立案调解62件,诉前调解52件。2015年10月21日,"泉州模式"在福建全省法院正式全面推行。

这些统计数字,对于说明泉州市司法部门司法理念转变及作风改善,是很有说服力的。

在运用数字说明时,确定的数字应该准确无误,每个数据都要有来源,作者要调查研究,反复核实。如果粗心大意,数字不实,就不能达到说明的效果。

7. 比喻说明

比喻说明就是通过打比方的手法,把抽象的事理或复杂的事物说得浅显易懂、具体形象、简洁生动。高士其的科普作品,就多处运用了比喻说明,如在《大海给我们的礼物》中,他把大海中蕴藏着的盐、碘等丰富宝藏喻作"大海给我们的丰富礼物";在《我们的抗敌英雄》中,用"抗敌英雄"喻人体内能抵御细菌的白细胞;在《作家与维生素》中,把作家比作"民族的鱼肝油""国家的维生素",等等。这些比喻,贴切准确,形象生动,便于读者理解所介绍的内容。

8. 图表说明

图表说明,就是用图画和表格来说明事物的特征,这种方法能节约文字,便于比较,读者看了也一目了然。如上海市人民政府2010年1月21日印发的《上海市饮用水源保护条例》实施意见的附表《饮用水源保护工作重点任务清单(2009—2015年)》第一部分:

类别	序号	工作内容	节点要求	责任单位	
				协调部门	实施单位
饮用水源保护区划分与警示标志设立	1	黄浦江上游、青草沙、陈行、东风西沙4个饮用水源保护区红线定界与报批	2010年2月底前完成	市规划国土资源局 市环保局 市水务局 市发展改革委	
	2	中小水源地保护区划分技术方案	2010年4月底前完成	市环保局 市水务局	各相关区县政府
		中小水源地保护区红线定界与报批	2010年底前完成		
		中小水源地一级区围栏建设和警示标志设立	2011年3月底前完成		
	3	青草沙一级水源保护区围栏建设	2010年底前完成	市环保局 市水务局 市发展改革委	市城投总公司
		黄浦江松浦大桥一级水源保护区围栏建设	2010年启动		
		黄浦江上游青浦、松江、金山一级水源保护区围栏建设	2010年底前完成		各相关区县政府
		黄浦江上游、青草沙、陈行水源保护区警示标志设立工作	2010年底前完成	市环保局	

有时候,在说明中还可以配上照片与图画,使读者更容易理解与掌握被说明的事物。

第四节　学习应用写作的基本条件

一、加强政治思想修养

要学好应用写作,最重要的是要加强政治思想修养,努力学习马克思主义、毛泽东思想、邓小平理论、"三个代表"重要思想、科学发展观,以及习近平同志的一系列重要论述,努力学习党和国家的方针政策。

实践证明,应用文体作者认识和反映事物能力的深浅,对国家的路线、方针、政策理解能力的强弱,在很大程度上取决于他们的马克思主义理论水平的高低。很难设想,一个缺乏应有的马克思主义的基本理论修养的撰稿人员会写出既能反映事物的本质,又能较好体现国家的方针、政策的文稿来。马克思主义讲的是关于世界观的理论,是揭示事物本质的基本规律的科学,是人们正确认识世界和改造世界的强大思想武器。马克思主义的基本理论是我们国家制定路线、方针、政策的指导思想和理论基础。因此,掌握了马克思主义的基本理论,就可以比较深刻地理解和掌握国家的路线、方针和政策,有利于提高公文写作的质量。

应用文体作者政策水平高低,直接关系到所写出的文稿能否执行上级指示以至中央的路线、方针、政策,而这正是文稿质量高低的决定性因素。所以,应用文体作者还应该认真地而不是敷衍地、全面地而不是片面地、深刻地而不是肤浅地学习和理解党的方针、政策,不断提高自己的政策水平,坚决防止直至杜绝在自己撰写的文稿中出现政策性的错误。

二、深入实际,调查研究

调查研究是应用文体作者的一项重要的基本功,是他们不断观察、认识客观世界,获取信息的一条重要途径。应用文体作者在动笔撰稿以前,必须围绕要说明的问题,充分掌握情况,深入实际,进行周密的调查研究。

调查研究是马克思主义认识论在实际工作中的具体运用。坚持调查研究,就是坚持唯物主义的认识论。因为调查研究的过程,就是对具体事物在深入调查的基础上进行具体分析的过程。我们党的思想路线是"实事求是",调查研究的过程,就是实事求是的思想路线的实践过程。所以,应用文体作者要坚持马克思主义的认识论,要坚持党的思想路线,就必须坚持调查研究。

调查研究是应用文体作者认识世界、掌握客观事物规律的基本手段和途径。客观世界是极其复杂的,要认识客观世界的真相,必须进行深入调查,并在此基础上进行科学的分析,才能取得正确的认识,掌握客观事物的规律。应用文是使各级机关的工作协调一致、运转自如的一种重要工具,调查研究工作做得是否充分,决定了应用写作的成败。

三、加强语文基础训练,反复练笔

应用写作同其他文章的写作一样,要具备一定的语言基础和写作水平。要提高应用写作能力,必须综合运用语文知识中的语法、逻辑、修辞知识和写作知识,严格地进行立意、选材、布局、谋篇、遣词造句和修改的基本技能训练,不断提高运用文字的水平。

要学好应用写作,还必须联系实际,反复练笔,通过练习,使知识转化为能力。

练习写应用文,学习一些写作基础知识与各种文体的写作格式是完全必要的,但学习一定要联系实际,自己要多多练笔。鲁迅说:"文章应该怎样做,我说不出来,因为自己的作文,是由于多看和练习,此外并无心得或方法的。"(《致赖少麒》)这的确是他的经验之谈。要学好应用写作,一定要多做练习。在练习中,要着重培养朴实的文风,准确、简明的语言,练得多了,就会熟能生巧,写出各种符合要求的应用文来。

思考与练习

1. 应用写作有哪些主要的特点?

2. 应用写作的语言为什么要求准确?怎样才能做到语言准确?

3. 在应用写作中运用叙述与文学写作中运用叙述有何区别?

4. 应用写作中运用说明时,有哪些具体的方法?

第二章 公文文体的写作（一）

第一节 公文的概念与作用

一、公文的概念

公文是公务文书的简称。党政机关公文是党政机关实施领导、履行职能、处理公务的具有特定效力和规范体式的文书，是传达贯彻党和国家方针政策，公布法规和规章，指导、布置和商洽工作，请示和答复问题，报告、通报和交流情况等的重要工具。

二、公文的作用

公文是管理国家事务的一种重要工具，我国的党政机关公文起着提高机关工作效率、加强党政机关与人民群众的联系、促进社会主义四个现代化建设等重要作用。具体地说，它有以下四种作用：

1. 领导与指导作用

公文是上级机关对下级机关领导与指导的一种工具，它可以记录和传达领导机关的意图、工作安排，发给下级机关后，下级机关就要认真地贯彻执行，这就起了领导作用。上级机关通过公文对下级机关请示的问题要表示看法和态度，提出指导性的意见和措施，批复下级，这就起了指导的作用。

2. 传达与教育作用

党和国家权力机关制定的各项法律和法令，一般都用公文来发布。这些公文，本身讲的就是党和国家的方针、政策。另一些公文，则是方针、政策的具体化，这对提高广大干部、群众的认识，统一思想，起着教育的作用。另外，公文中的通报、决定等文种，经常表彰、嘉奖先进模范人物，批评、惩处犯错误的人，这对广大干部与群众，也起了教育作用。

3. 桥梁与纽带作用

国家党政机关以及人民团体在工作过程中,用公文将上级机关的决定、指示等传达给下级机关,下级机关用报告、请示等文种,将情况、问题和意见反馈给上级机关,平级或不相隶属的机关有事商洽或委托代办,也互用公文进行联系。这样上传下达,互相沟通,可以协调步骤,提高效率,使各级机关之间开展正常而有序的工作。

4. 凭证与依据作用

公文有着法定的作者,有特定的格式,有极大的权威性,因此是处理问题的依据。由于公文记载了大量有关政治、经济、文化、教育、科学、技术等方面的情况,它在发挥了领导、指导、传达、教育、桥梁、纽带作用之后,经过整理、立卷,归入档案,就成为有重大价值的档案材料,可供各级机关工作人员研究工作、解决问题时参考,也是后代的历史研究人员研究某一时期历史的可靠凭证。

第二节　公文的分类与格式

一、公文的分类

根据2012年4月16日中共中央办公厅、国务院办公厅联合发布的《党政机关公文处理工作条例》规定,党政机关的公文种类有决议、决定、命令(令)、公报、公告、通告、意见、通知、通报、报告、请示、批复、议案、函、纪要15种。

依据不同的标准,可以将公文分为不同的类别。

根据行文关系,即发文单位与收文单位之间的组织关系与职权范围,可以将公文分为上行文、平行文、下行文三类。

上行文是下级机关向上级机关报送的公文,包括请示、报告等文种。

平行文是同级机关或不相隶属的机关之间来往联系的公文,主要是函,也包括某些意见、纪要等。

下行文是上级机关向下级机关下达的公文,如命令(令)、决定、决议、公报、公告、通告、通知、通报、批复等。

根据公文的机密情况,可以分为秘密公文与非秘密公文两类。

秘密公文是指内容涉及党和国家安全,需要限制阅读范围的重要公文。

非秘密公文是向全社会公开发布的公文,如公告、通告以及其他一些周知性的公文。

根据公文的内容,还可以把公文分为指令性公文、知照性公文、报请性公文、议决性公文、商洽性公文等。

二、公文的格式

根据国家质量监督检验检疫总局、国家标准化管理委员会2012年6月29日发布的国家标准《党政机关公文格式》（GB/T 9704—2012）的规定,党政公文版心内的格式由版头、主体、版记三部分组成。

（一）版头部分

1. 份号

涉密公文需标注份号,一般用6位3号阿拉伯数字,顶格标注在版心左上角第一行。

2. 密级和保密期限

涉及国家秘密的公文应当标明密级和保密期限,密级分"绝密"、"机密"、"秘密"三个等级。如需标注密级,用3号黑体字,顶格编排在版心左上角第二行;如需同时标识秘密等级和保密期限,用3号黑体字,顶格编排在版心左上角第二行,秘密等级和保密期限之间用"★"隔开。保密期限中的数字用阿拉伯数字标注。

3. 紧急程度

紧急公文应当根据紧急程度分别标明"特急"、"加急"。如需标识紧急程度,用3号黑体字,顶格标注在版心左上角。如需同时标注份号、密级和保密期限、紧急程度,按照份号、密级和保密期限、紧急程度的顺序自上而下分行排列。

4. 发文机关标志

由发文机关全称或规范化简称加"文件"二字组成,也可以使用发文机关全称或规范化简称。发文机关标志居中排布,上边缘至版心上边缘35 mm,推荐使用小标宋体字,颜色为红色,以醒目、美观、庄重为原则。联合行文时,应使主办机关名称排列在前,如有"文件"二字,置于发文机关名称右侧,上下居中排布;如联合行文机关过多,必须保证公文首页显示正文。

5. 发文字号

发文字号由发文机关代字、年份和发文顺序号组成,在发文机关标志下空二行,居中排布。年份、发文序号用阿拉伯数字标注,年份应标全称,用六角括号"〔　〕"括入;发文顺序号不编虚位（即1不编为01）,不加"第"字。联合行文,只表明主办机关发文字号。发文字号之下4 mm处印一条与版心等宽的红色分隔线。上行文的发文字号居左空一字编排,与最后一个签发人姓名处在同一行。

6. 签发人

上报的公文需标识签发人姓名,标识在红色分隔线的右上方,居右空一字;发文字号则要对称排列在左侧,居左空一字。"签发人"三字用3号仿宋体字,签发人姓名用3号楷体字。如有多个签发人,签发人姓名按照发文机关的排列顺序从左到右、自上而下依次均匀编排,一般每行排两个姓名,回行时与上一行第一个签发人姓名对齐。

7. 分隔线

在发文字号之下4 mm居中处印一条与版心等宽的红色分隔线。

（二）主体部分

1. 公文标题

一般用2号小标宋体字,编排于红色分隔线下空二行位置,分一行或多行居中排布;回行时,要做到词意完整,排列对称,长短适宜,间距恰当,标题排列应当使用梯形或菱形。

2. 主送机关

编排于标题下空一行位置,居左顶格,回行时仍顶格,最后一个机关名称后标全角冒号。如主送机关名称过多导致公文首页不能显示正文时,应当将主送机关名称移至版记。

3. 公文正文

公文首页必须显示正文。一般用 3 号仿宋体字,编排于主送机关名称下一行,每个自然段左空二字,回行顶格。文中结构层次序数依次可以用"一、""(一)""1.""(1)"标注;一般第一层用黑体字、第二层用楷体字、第三层和第四层用仿宋体字标注。

4. 附件说明

公文如有附件,在正文下空一行左空二字编排"附件"二字,后标全角冒号和附件名称。如有多个附件,使用阿拉伯数字标注附件顺序号(如"附件:1. ××××××××");附件名称后不加标点符号。附件名称较长需回行时,应当与上一行附件名称的首字对齐。

5. 发文机关署名、成文日期和印章

(1)加盖印章的公文

成文日期一般右空四字编排,印章用红色,不得出现空白印章。

单一机关行文时,一般在成文日期之上、以成文日期为准居中编排发文机关署名,印章端正、居中下压发文机关署名和成文日期,使发文机关署名和成文日期居印章中心偏下位置,印章顶端应当上距正文(或附件说明)一行之内。

联合行文时,一般将各发文机关署名按照发文机关顺序整齐排列在相应位置,并将印章一一对应、端正、居中下压发文机关署名,最后一个印章端正、居中下压发文机关署名和成文日期,印章之间排列整齐、互不相交或相切,每排印章两端不得超出版心,首排印章顶端应当上距正文(或附件说明)一行之内。

(2)不加盖印章的公文

单一机关行文时,在正文(或附件说明)下空一行右空二字编排发文机关署名,在发文机关署名下一行编排成文日期,首字比发文机关署名首字右移二字,如成文日期长于发文机关署名,应当使成文日期右空二字编排,并相应增加发文机关署名右空字数。

联合行文时,应当先编排主办机关署名,其余发文机关署名依次向下编排。

(3)加盖签发人签名章的公文

单一机关制发的公文加盖签发人签名章时,在正文(或附件说明)下空二行右空四字加盖签发人签名章,签名章左空二字标注签发人职务,以签名章为准上下居中排布。在签发人签名章下空一行右空四字编排成文日期。

联合行文时,应当先编排主办机关签发人职务、签名章,其余机关签发人职务、签名章依次向下编排,与主办机关签发人职务、签名章上下对齐;每行只编排一个机关的签发人职务、签名章;签发人职务应当标注全称。

签名章一般用红色。

（4）成文日期中的数字

用阿拉伯数字将年、月、日标全，年份应标全称，月、日不编虚位（即1不编为01）。

（5）特殊情况说明

当公文排版后所剩空白处不能容下印章或签发人签名章、成文日期时，可以采取调整行距、字距的措施解决。

6. 附注

如有附注，居左空二字加圆括号编排在成文日期下一行。

7. 附件

附件应当另面编排，并在版记之前，与公文正文一起装订。"附件"二字及附件顺序号用3号黑体字顶格编排在版心左上角第一行。附件标题居中编排在版心第三行。附件顺序号和附件标题应当与附件说明的表述一致。附件格式要求同正文。

如附件与正文不能一起装订，应当在附件左上角第一行顶格编排公文的发文字号并在其后标注"附件"二字及附件顺序号。

（三）版记部分

1. 分隔线

版记中的分隔线与版心等宽，首条分隔线和末条分隔线用粗线（推荐高度为0.35 mm），中间的分隔线用细线（推荐高度为0.25 mm）。首条分隔线位于版记中第一个要素之上，末条分隔线与公文最后一面的版心下边缘重合。

2. 抄送机关

如有抄送机关，标注在公文末页下端两条黑色分隔线之间，一般用4号仿宋体字，在印发机关和印发日期之上一行、左右各空一字编排。"抄送"二字后加全角冒号和抄送机关名称，回行时与冒号后的首字对齐，最后一个抄送机关名称后标句号。

3. 印发机关和印发日期

印发机关和印发日期一般用4号仿宋体字，编排在末条分隔线之上，印发机关左空一字，印发日期右空一字，用阿拉伯数字将年、月、日标全，年份应标全称，月、日不编虚位（即1不编为01），后加"印发"二字。

版记中如有其他要素，应当将其与印发机关和印发日期用一条细分隔线隔开。

公文格式中还有一个处于版心外的要素是页码。一般用4号半角宋体阿拉伯数字，编排在公文版心下边缘之下，数字左右各放一条一字线；一字线上距版心下边缘7 mm。单页码居右空一字，双页码居左空一字。公文的版记页前有空白页的，空白页和版记页均不编排页码。公文的附件与正文一起装订时，页码应当连续编排。

公文用纸采用A4型纸，其成品幅面尺寸为：210 mm×297 mm。

如无特殊说明，公文格式各要素一般用3号仿宋体字。特定情况可以作适当调整。

公文一般每面排22行，每行排28个字，并撑满版心。特定情况可以作适当调整。

公文版式的排列可参阅图2-1至图2-6。

图 2-1 公文首页版式

图2-2　上报公文首页版式

×××××××××××××××××××××××××
×××××××××××××××××××××××××
×××××××××××××××××××××××××
××××××××××××××××××××。

（此处加盖机关印章）

×××部

2012 年 7 月 5 日

（×××××××）

版式分析，请扫描

抄送：×××，×××，×××，×××，×××，×××，×××，××，××，×××，××××，×××。

××××××××××× 　　　　2012 年 7 月 6 日印发

图 2-3　公文末页版式

××××××××××××××××××××××××
××××××××××××××××××××××××
××××××××××××××××××××××××
××××××××××××××××××××××××
××××××××××××××××××××××××
××。

　　　　　（此处加盖机关印章）（此处加盖机关印章）
　　　　　　××××部　　　　　××××部
　　　　　　　　　　　　　　2012年7月5日
（××××××××）

抄送：×××，×××，×××，×××，×××，×××，×××，×××，×××，××××，×××。
××××××××××××　　　　　2012年7月6日印发

图2-4　联合行文公文末页版式（1）

```
××××××××××××××××××××××××××××
××××××××××××××××××××××××××××
××××××××××××××××××××××××××××
××××××××××××××××××××××××××××
××。


    （此处加盖机关印章）（此处加盖机关印章）（此处加盖机关印章）
       ×××部           ×××部           ×××部


       （此处加盖机关印章）      （此处加盖机关印章）
          ×××部                  ×××部
                                2012 年 7 月 5 日
（×××××××××）
```

抄送：×××，×××，×××，×××，×××，×××，×
　　　××，××，×××，××××，×××。

××××××××××　　　　　　　　　　2012 年 7 月 6 日印发

图 2-5　联合行文公文末页版式（2）

××××××××××××××××××××××××
××××××××。
　　××××××××××××××××××××××
×××　××××××××××。
　　附件：1. ×××××××××××
　　　　　2. ×××××××××××

（此处加盖机关印章）
××××××
2015 年 7 月 10 日

（××××××××）

图 2-6　附件说明页版式

第三节　公文的规范用语与常用句式

一、公文的规范用语

公文的词语,多数是规范化的书面词语,不用一般的口语词、方言词、土俗俚语。词语要有确切含义,以双音节词为主,有一些常用的公文专用词语,如:

称谓用语:本(局),你(公司),该(处),我(部)。
经办用语:经,业经,兹经。
引叙用语:前接,近接,悉。
期请用词:即请查照,希即遵照,请,拟,希。
表态用语:照办,同意,不同意,可行,不可。
征询用语:当否,是否可行,可否,是否同意。
期复用语:请批示,请批准,请回复,请指示。
综述过渡用语:为此,对此。
结尾用语:为要,为盼,为荷,特此通知(通报、函复、函达)。

二、公文的常用句式

公文的语句含义完整确切,在文章中具有较强的独立性,关键性文句脱离上下文之后仍不会产生歧义。陈述句较多,祈使句次之,疑问句、感叹句再次之。一般都有专门表达公文主题的主题句,使主题鲜明地显露出来。

在公文语句中,大量使用介词结构。在现代汉语中,介词属于虚词的范围,其本身没有具体的意义,但它和实词结合起来,能使词语表达的意义更加明确化、严密化。公文中常用介词,主要有:

(1)为、为了、由于——表示目的、原因。
(2)对、对于、关于、将、除了——表示对象、范围。
(3)根据、依据、遵照、通过、在、随着——表示根据、方式。

如以下各句:

为了坚决刹住破坏山林的歪风,根据国家有关政策、法令,特通告如下:
对于上述问题,各级党政领导机关和工交企业中的党组织,必须高度重视,认真解决。
现将《国家行政机关公文处理办法》发给你们,请照此执行。
关于稳定金融秩序,坚决制止乱集资和确保完成今年国库券发行任务问题,国务院及有关部门曾三令五申,并多次发出通知。
第八届全国人民代表大会第一次会议根据《中华人民共和国宪法》第三十一条和六十二条第十三项的规定,决定:

上述例句中的介词结构,第一句表示目的,第二、三、四句表示对象,第五句表示根据。

在公文语句中,还有一种由"将"字结构所构成的第二宾语提前的句式。在一些转发性的文件中,这种句式几乎成了一种较为固定的表达模式,如:

现将教育部《关于减轻中小学生课外作业负担的通知》转发给你们,请遵照执行。

这句话如果不这样说,也可写成:

现转发给你们教育部《关于减轻中小学生课外作业负担的通知》,请遵照执行。

将以上两段比较一下,我们不难发现,前句文字要比后句文字显得清晰、明朗,重点突出,其原因就是因为采取了第二宾语提前的句式。

三、公文的修辞

公文语言中所用的修辞方式,基本上属于消极修辞的范围,也就是说,公文语言中运用修辞手法的目的,不求生动,而求明确、通顺、简洁与平允。

公文语言中也不完全排斥积极修辞,它所用的积极修辞辞格,主要有:

1. 引用

引用是通过援引现成语言材料来提高表达效果的一种修辞方式。恰当地运用引用,有利于简明扼要地交代行文目的和提出各种主张的依据,增强文件的说服力和权威性。如:

今年 2 月 27 日,《国务院办公厅转发财政部、国家计委、中国人民银行关于一九九三年国债发行工作请示的通知》中规定:要"继续贯彻国债优先发行的原则。在国库券发行期内,除国家投资债券外,其他各种债券一律不得发行。国债以外的各种债券利率不得高于同期国库券的利率",并要求各级人民政府和国务院有关部门要严格做好各种债券发行的审批工作……但少数地区和单位有令不行、有禁不止,仍然我行我素,违反有关规定。

2. 借代

借代是不直接说出事物的名称,而用另外一种与本体事物密切相关的事物(借体)名称来代替的修辞方式。运用借代,能使语言表达更加通俗易懂,使抽象的概念具体化。如:

不拿群众一针一线。(用"一针一线"代称一切财产)

我们的原则是党指挥枪,而决不允许枪指挥党。(用"枪"来代称军队)

3. 排比

排比就是三个以上结构相同或相似、意义相关、语气一致的词组或句子排列成串,形成一个整体。排比能使文气贯通,语言流畅,引起读者对所述问题的重视。如:

中国每一个民主党派,每一个人民团体,都必须考虑这个问题,都必须选择自己要走的路,都必须表明自己的态度。

4. 反复

反复就是反复使用同一词、句、段,可以起到强调和突出自己的意思,加强语气和感情的作用。如邓小平的《在中国共产党第十次全国代表大会上的闭幕词》中,连续五个自然段的开头,都用了"我们一定要恢复和发扬毛主席为我们党树立的……",就起了强调要恢复和发扬毛主席为我们党树立的优良传统和作风的作用。

第四节 公文的行文方式与规则

一、公文的行文方式

机关对上和对下行文,可根据实际工作需要,分别采用下列方式:

1. 逐级行文

所谓逐级行文,即直接向自己所属的上一级或下一级机关行文,以及按层次一级级行文。逐级行文是对上行文的最基本的方式。对下行文采用这种方式的主要好处是,便于下级机关结合自身的实际情况更好地贯彻执行文件精神。

2. 多级行文

多级行文即同时向自己以上或以下的若干级机关行文。对上行文如无特殊情况,不采用这种方式。对下行文采用这种方式的主要好处是,使下属几级机关同时了解和掌握文件内容,避免由于逐级转发而拖延时间,贻误工作。

3. 直达行文

所谓直达行文,即上级领导机关直接把文件发到基层机关的行文。以这种方式下达的文件往往都要求直接向广大人民群众传达。通过报刊、广播、电视发布文件,以及公开张贴文件,其实也是直达行文的方式。直达行文的好处是,能使基层机关和人民群众及时地、原原本本地了解到文件的内容,使文件迅速产生宣传教育群众或组织动员群众的作用。

二、公文的行文规则

根据中共中央办公厅、国务院办公厅于 2012 年 4 月 16 日联合印发的《党政机关公文处理工作条例》,公文有以下的行文规则:

(一)行文应当确有必要,讲求实效,注重针对性和可操作性。

(二)行文关系根据隶属关系和职权范围确定。一般不得越级行文,特殊情况需要越级行文的,应当同时抄送被越过的机关。

(三)向上级机关行文,应当遵循以下规则:

1. 原则上主送一个上级机关,根据需要同时抄送相关上级机关和同级机关,不抄送下级机关。

2. 党委、政府的部门向上级主管部门请示、报告重大事项,应当经本级党委、政府同意或者授权;属于部门职权范围内的事项应当直接报送上级主管部门。

3. 下级机关的请示事项,如需以本机关名义向上级机关请示,应当提出倾向性意见后上报,不得原文转报上级机关。

4. 请示应当一文一事。不得在报告等非请示性公文中夹带请示事项。

5. 除上级机关负责人直接交办事项外,不得以本机关名义向上级机关负责人报送公文,不得以本机关负责人名义向上级机关报送公文。

6. 受双重领导的机关向一个上级机关行文,必要时抄送另一个上级机关。

(四)向下级机关行文,应当遵循以下规则:

1. 主送受理机关,根据需要抄送相关机关。重要行文应当同时抄送发文机关的直接上级机关。

2. 党委、政府的办公厅(室)根据本级党委、政府授权,可以向下级党委、政府行文,其他部门和单位不得向下级党委、政府发布指令性公文或者在公文中向下级党委、政府提出指令性要求。需经政府审批的具体事项,经政府同意后可以由政府职能部门行文,文中须注明已经政府同意。

3. 党委、政府的部门在各自职权范围内可以向下级党委、政府的相关部门行文。

4. 涉及多个部门职权范围内的事务,部门之间未协商一致的,不得向下行文;擅自行文的,上级机关应当责令其纠正或者撤销。

5. 上级机关向受双重领导的下级机关行文,必要时抄送该下级机关的另一个上级机关。

(五)同级党政机关、党政机关与其他同级机关必要时可以联合行文。属于党委、政府各自职权范围内的工作,不得联合行文。

党委、政府的部门依据职权可以相互行文。

部门内设机构除办公厅(室)外不得对外正式行文。

思考与练习

1. 什么叫公文?它有哪些作用?

2. 我国目前通用的党政公文有多少种?分为哪些类别?

3. 我国党政公文的格式有哪些组成要素?

4. 公文有哪些常用的专用词语?它有哪些重要的行文规则?

5. 修改以下几个发文字号:
   (1) 沪府发(2015)第 15 号
   (2) 浙财发[2016]001 号
   (3) 苏税发[15]8 号

6. 修改以下几个附件说明:
   (1) 附件:1.《关于加强重点湖泊水环境保护工作的意见》。
   　　　　2.《低温雨雪冰冻灾后恢复重建规划指导方案》。
   (2) 附件:(一) ××市引进人才申办本市常住户口试行办法。
   　　　　(二) ××市关于加快引进高学历科技人才的意见。

在线测试,请扫描

第三章
公文文体的写作（二）

第一节 报告与请示

一、报告

（一）报告的概念

报告是一种适用于向上级机关汇报工作，反映情况，回复上级机关询问的公文。

报告属陈述性的上行公文，它是下级机关向上级机关反馈信息，沟通上下级机关纵向联系的一种重要形式。上级机关收到下级机关的报告以后，一般不需批复。在表现方式上，它主要运用叙述的方式，概括地叙述工作的进程与有关动态、建议，即使有时需要论述道理，也要求在叙述的基础上采用叙议结合的方式进行。

下级机关利用报告及时向上级机关反映工作情况，可以取得上级机关指导、帮助；同时，上级机关也可通过报告，及时了解下级机关的情况，以便制定正确的方针、政策，实行科学的领导，从而切实指导下级机关的工作。

（二）报告的分类

1. 综合报告和专题报告

按照内容来分类，报告可分为：

综合报告，是一个机关反映一定时期内全面工作情况或提出今后工作意见的报告，它可以使上级机关全面了解下级机关的工作情况，以便作全面的工作指导。综合报告大多数是定期性的工作总结报告，如《××县扶贫办公室2013年工作情况综合报告》。专题报告，是一个机关就某一项工作或某一个问题、某一件事情向上级所写的报告。在机关的日常工作中，这种报告经常使用，如汇报某项工作的进程、经验、问题、建议的工作报告，反映工作中某一具体问题的处理或上级交办工作办理结果的情况报告，回答上级机关查询有关问题的答复报告,向上级机关报送文件或物件的报送报告,检讨工作错误的检查报告等。

2. 呈报性报告和答复性报告

按照性质来分类,报告可分为:

呈报性报告,这种报告以汇报工作、反映情况为主要内容,不要求上级机关转发。答复性报告,这种报告主要是针对上级机关的询问,答复有关的问题。

(三)格式与写法

1. 标题

报告的标题,通常有两种组成方式:一是由事由和文种构成,如团中央书记处与中共山东省委在 1983 年 4 月 22 日联合向党中央书记处写的《关于进一步开展学习宣传张海迪的报告》。二是由发文机关、事由和文种构成,如《××市爱国卫生运动委员会关于创建国家级卫生城市的报告》。有的报告内容紧急,则在标题中的"报告"两字前加上"紧急"字样。

2. 主送机关

在标题下正文前顶格书写受文对象,一般是上级机关或业务主管部门。

3. 正文

不同种类的报告,其正文的写法不尽一致,但有一些格式是共同的,如开头一般都说明报告的目的。目的写完以后,用"现将有关情况报告如下"之类的惯用语过渡到报告的内容。报告内容包括主要情况、存在问题、经验教训、今后打算等,不同种类的报告,在以上四方面各有所侧重。报告正文的结束语,常用"特此报告""以上报告当否,请审核"。

4. 落款和日期

写在正文之后,写法与一般公文相同。

撰写报告,必须掌握实际材料,让事实说话;还要及时报告,不失时机;另外,在报告中不能夹带请示事项。

视频演示,请扫描

例文 3-1　××市委党校 20××年党建工作情况报告

市直机关党工委:

根据《市直机关党工委关于对各党(总)支部党建工作进行检查的通知》要求,为了进一步落实保持共产党员先进性教育成果,不断提高党校党建工作水平,我校从 7 月下旬开始,即组织人员对所属各支部的党建工作情况进行自查和校党总支的专门检查,现将有关情况报告如下:

一、保持共产党员先进性教育活动长效机制和党内活动制度的建立、落实情况

为认真总结和完善市委党校在先进性教育活动中创造的党员教育管

理及推进工作不断发展的好做法,切实巩固和扩大整改成果,检验学习教育活动的成效,我们在先进性教育活动中,及时制定了市委党校永葆党员先进性长效机制工作方案。其指导思想是:以马列主义、毛泽东思想、邓小平理论和"三个代表"重要思想为指导,对照《党章》及《市委党校党员先进性标准》,本着利于操作、利于整改、利于提高的原则,强化措施,注重实效,严格遵守和执行已制定的各项规章制度,用制度和长效机制巩固学习教育活动成果,全面促进各项工作的开展。围绕保持共产党员先进性教育活动,我们制定的长效机制方案从五个方面进行了规划和阐释,制定了9个机关党建工作制度,还结合工作实际,制定了《校委会议议事规则》《校长办公会议事规则》和各位校长、中层干部岗位职责等计14个,现已做成彩喷制度图板14个,分别悬挂在会议室和各科室。同时要求每个党员一是要把自己摆进去,紧密联系思想实际和工作实际深入思考,增强建立长效机制的主体意识和主动精神,激发深入学习、努力实践的内在动力,在日常工作生活中,为做好长效机制、遵守机关党建工作制度和各项规章制度等行为规范打下坚实基础。二是党员干部要带头学习,以学习贯彻四中全会精神为动力,巩固保持共产党员先进性教育活动成果,认真落实保持共产党员先进性长效机制,进一步解放思想,与时俱进,自我加压,开拓创新,保持饱满的工作热情和良好的精神状态,结合本职工作,认真研究落实推动全市干部教育培训事业发展的新举措,不断开创干部教育培训工作的新局面,为全面建设小康社会,实现全市"由快走为快跑"的奋斗目标做出自己的贡献。三是党员领导干部要当好"三个表率",即坚定理想信念上的表率,实践党的宗旨上的表率,加强人格品行修养上的表率。

二、校党总支党内活动开展情况

我们把开展党内活动作为今年党校党建工作的重点认真抓好,认真执行"三会一课"制度,对"一岗双责"目标进行认真考核,完善和健全了党组织领导班子,使党校党建工作得到了顺利开展,并取得了较好的成效。

(一)今年以来党校党建工作以保持共产党员先进性教育活动为重点,全面增强了党校基层党组织的战斗力,提高了党员干部和全体教职工的整体素质。

一是提高认识,加强领导。党校党员干部作为第一批参加先进性教育对象,对这项教育活动有明确的认识,党校党总支切实加强了对本部门活动的组织领导,层层落实责任制,党总支书记作为第一责任人,全面负责活动的组织开展,把这项活动作为今年党校党建工作的重中之重认真抓好抓实。

二是明确任务,认真落实。党校党总支按照市委的总体部署和要求,全面开展教育活动,通过开展教育活动,重点解决了广大党员干部理想信念不坚定、服务大局不强、理论学习钻研精神不够、执政为民意识淡薄、道德观念滑坡、组织管理松散、作风不实等问题。

三是结合实际,主题鲜明。党校党总支开展了"践行宗旨做表率、当好先锋比奉献"主题实践活动,每个支部也都结合本支部工作实际制定了主题实践活动方案,把重点放在了转变工作作风、树立和塑造机关干部良好形象、争做人民好公仆、为振兴××经济作贡献和帮助群众解决实际问题和困难、营造和谐的社会环境上来,进一步密切了党群干群关系,树立了党校的良好形象。具体做到了"四个一"。一是组织全体党员重温一次入党誓词;二是开好一次领导班子民主生活会;三是组织全体党员到实践基地开展一次社会实践活动;四是开展一次扶贫济困活动。

(二)认真执行"三会一课"制度,对"一岗双责"目标进行认真考核。

我们严格组织生活,认真坚持"三会一课"制度。党校党总支把坚持党内生活制度,保证党员干部发挥作用,作为今年党建工作的要点,认真开展好党内的各项活动,活跃党的组织生活。坚持民主集中制,支部班子民主生活会每半年召开一次;坚持"三会一课"制度,不断提高党员干部的党性修养,党员大会每季度召开一次,支部委员会每月召开一次,经常由本校骨干教师为全体党员上党课。党内的各项活动都有记录、有总结。通过开展丰富多彩的党内活动,逐步培养党员参加组织生活的自觉性,增强了党性原则意识。

我们通过建立健全有效的"一岗双责"工作运行机制,切实抓好责任分解、责任考核、责任追究三个关键环节。让每一位党员干部都知道自己应负什么样的责任。通过对"一岗双责"目标进行认真考核,进一步增强了党员干部抓党建的意识和责任感,切实做到了"一岗双责"的有机结合、协调发展。并将党员履责情况作为专题民主生活会、组织生活会以及年度民主评议党员的重要内容。

三、开展创建学习型机关活动情况

为了开展创建学习型机关活动,我们采取多种形式,开展了丰富多彩的学习活动,提高了教师业务理论素质,提高了党校承载干部培训工作的能力。通过在专兼职教师中开展了"精研细读经典原著"和"创精品课,当名牌教师"活动,专兼职教师每年读经典原著20部,人均记读书笔记2万字。鼓励教师在教学中理论和实践相结合,使不同学科知识能为党校的"一堂课"服务。采取研讨式教学方法和竞课、集体听课、评课等把关措施,减少课堂教学的随意性和知识的不准确性。要求教师充分利用刚刚建立的中央党校卫星远程教学网c级站,捕捉接收理论前沿动态知识,拓宽知识面,增强知识的全面性、系统性和准确性。今年以来,共为教师播放远程教学网专题讲座37次,收看人数累计达94人次。制定了激励教师收看远程教学网的一些制度,极大地调动了老师们收看积极性,为提高教学质量打下良好的基础。我们还积极鼓励支持教师结合本职工作,通过课堂教学和理论学习、社会调研,撰写一些论文,共有8篇论文在四平市委党校举办的理论研讨会上获奖。另外还有两个科研课题被四平党校选送到省委党校参评。我们有藏书比较丰富的图书馆、资料室和阅览室,每年都充实新的书刊。年初,结合保持共产党员先进性教育活动,我们新建立了《学习园地》,全体党员均有稿件上墙参展。

四、机关作风建设和纪律执行情况

为了不断适应形势发展的需要,充分发挥市委党校干部教育培训主渠道、主阵地的职能作用,提升党校的整体形象,创造性地为全市经济建设和社会发展服务,结合开展保持共产党员先进性教育活动,我们在各党支部组织开展了整顿机关作风、严明工作纪律、塑造党校良好形象活动。春节过后一上班,我们在全体教职工中深入开展了一次学习相关文件,整顿机关作风与纪律为主要内容的学习整顿活动,通过个人自查,科室同志帮查,与主管领导的沟通及交换意见,各自查摆了存在的问题,深入地剖析了存在问题的原因,明确了今后一个时期的努力方向,消除了同志间的误会与隔阂,增进了团结与友谊,极大地促进了工作。我们大兴勤政之风,塑造纪律严明的机关形象。一是工作要勤。以保持共产党员先进性教育活动为动力,增强集体观念,爱岗敬业、勤政廉政,把一切心思和精力都用在本职工作上,做到眼勤、腿勤、手勤。二是纪律要严。结合分析评议和整改问题,进一步从严整肃政治纪律、组织纪律、工作纪律和群众纪律,做到政治坚定、纪律严明、有令必行、有禁必止。坚守工作岗位,不迟到、不早退,不在上班时间干与工作无关的事情,形成严谨守纪的机关作风。三是领导干部带头执行"十不准",制定了"十不准"桌牌,发到每名教职工,使大家的纪律约束有了一定的遵循,取得了较好的效果。四是形象要廉。进一步加强党风廉政建设,认真贯彻"两个条例",带头落实"两禁"规定,有效治理各种不良现象和歪风邪气,以铁的纪律确保市委党校优质、高效、协调运转。

回顾今年以来党校的党建工作,应该说整体工作是扎实有效的,党建工作层次和水平有了明显提高,岗位职责和各项指标完成的质量有明显改善,无论从党校的思想政治建设,还是领导班子的凝聚力、战斗力和教师的整体素质,以及人的精神面貌上都得到了明显改变,在各方面也确实取得了一定的成绩,但也存在缺点和不足。在今后的工作中,我们要继续抓好领导班子建设和机关党的建设,巩固已有的政治和精神文明成果,确保整体工作和谐有序的发展。

我们要在市直机关党工委的正确领导下,继续发扬团结协作、和衷共济、不畏困难、克难制胜的勇气和精神,以良好的精神状态和昂扬向上的精神风貌,恪尽职守,履职尽责,切实完成好市委交付给我们的干部教育培训任务,全面促进党校各项事业的发展,为我市经济与社会各项事业的发展作出应有的贡献。

特此报告。

中共××市委党校
20××年×月××日

(录自趣话网 http://www.quhua.com/eqingkuangbaogao/62690.html)

二、请示

(一)请示的概念

请示是一种适用于向上级机关请求指示、批准的公文。

请示属陈请性的上行公文,它的使用范围比较广泛,机关、单位在遇到属于职权范围内无权处理或确实难以处理的问题与事项时,就应向直属的上级领导机关或直属的上级主管业务部门行文请示。上级机关在收到下级机关的请示后,要予以回复,对所请示的事项明确表态,这样可以维护政令的一致性,提高国家各层次的管理工作的效率,以保证步调统一。

(二)请示的适用范围

请示主要用于以下几个方面:

更多报告例文,请扫描

（1）对上级领导机关颁布的方针、政策、法规、规章以及决定、指示等，有不理解或难以执行而要求做某些变通处理的问题或事项，请求予以指示与认可。

（2）请求审核批准或批转本机关制定的法规、规章或做的决定、报告等。

（3）请求批准人员编制、机构设置与调整、干部任免、领导班子组成与调整、经费预算以及对于重大事件（事故）和人员的处理等属于本机关无权处理的重要事项。

（4）请求审定本机关对于某些重要问题（事项）所提出的处理方案与办法。

（5）请求协调与帮助解决本机关无法解决的困难与问题。

（6）根据规定必须履行审批程序的事项。

（三）请示的分类

1. 求示性请示

求示性请示就是请求上级给予指示、裁决的请示，其内容包括工作中遇到的不好解决的关键问题，无章可循的新问题或因意见分歧而无法统一执行的问题等。

2. 求助性请示

求助性请示即请求上级予以支持、帮助的请示，其内容如请求增补经费，增加设备，为某项事情拨款、拨指标等。

3. 求准性请示

求准性请示即请求上级批准、允许的请示，其内容包括超出本机关、本单位处理范围的事项，或因情况特殊需要变通处理的事项及按照上级规定应当请示的事项等。

（四）格式与写法

1. 标题

请示的标题有两种写法：一是由发文机关、事由和文种构成，如《××市高教局关于自费生收费标准的请示》。二是由事由和文种构成，如《关于开办乡镇企业大专班的请示》。

请示的标题在使用动词时，不能与文种词语重复，即一个标题中不能出现两个请示。在表述主要内容时，一般只宜使用一个动词，如《关于请求批准购买×××的请示》这个标题，其中的"请求批准"应删去。

2. 主送机关

请示的主送机关只能写一个上级机关名称（即主管上级机关的名称），若还要报给其他上级机关，可用"抄报"的形式在文后注明。

3. 正文

请示的正文，一般由请示缘由、事项及要求三部分组成。

（1）请示缘由。这一部分是请示全文的导语，应开门见山，直接写明请示什么问题，为什么要请示。文字要简洁。一般用叙议结合的表达方式，或先叙后议，或先议后叙，或夹叙夹议。在叙述情况时，应紧紧围绕所要请示的问题，把有关的历史或现实情况、政策规定等一一写清楚，做到既不空洞抽象，缺少事实，也不堆砌材料，繁琐冗长。在分析议论时，应和情况紧密结合，言简意赅，不讲空洞的大道理。尤其要注意行文语气，不可摆出论辩架势或使用教训口气。

（2）请示的具体事项及意见。这一部分是全文的重点，在向上级说明缘由之后，要提出请示的具体事项，还要向上级提出自己对解决问题的态度或意见。有时还可以提出几种意见，供上级选择，但是行文者必须表明自己希望上级批准哪种意见，并说明理由。

（3）要求。这是请示的结语部分，要明确提出请示要求，一般应另起一行书写，有一些常用的请示结语规范用语，如"以上当否，请批示。""特此请示，请批复。""以上意见当否，请指示"等。

视频演示，请扫描

4. 发文机关署名、印章和日期

请示的文末要写上发文机关名称与成文日期，并盖公章。

撰写请示，必须注意一文一事，不可一文数事。提出的意见要符合国家的法律、法规，符合党和政府的方针、政策，并要能够符合实际，切实可行。

（五）请示与报告的区别

请示与报告，都属上行公文，其写作的结构格式有点类似，都用叙述为主、叙议结合的表达方式。目前一些基层单位在撰拟公文时，常将请示与报告混用，该用请示行文的，却写成了报告。其实，请示与报告相比较，还是有明显区别的：

1. 行文的目的不同

报告是下级机关用以向上级机关汇报工作、反映情况或提出建议的公文，为的是下情上达，让上级机关及时掌握情况，更好地指导下级机关正确贯彻执行方针、政策，防止工作失误；请示则是下级机关用以向上级机关请求指示、批准的公文，要求上级机关对所请示的事项给以答复、审批或解决。

2. 行文的时间不同

报告的写作时间比较灵活，事前、事后或工作进行中间皆可行文；而请示必须事前行文，因为请示的事项必须得到上级机关明确指示或批准后方可付诸行动，"先斩后奏"是违反组织原则的。

3. 内容的含量不同

报告有专题的与综合性的。请示没有综合性的，应坚持"一文一事"的原则，因为一文数事，有时会因其中某一事项被卡住而耽误其他事项的批复，从而影响办事效率。

4. 结尾用语不同

报告的结尾用语不具有期复性。请示则要用期复性、期准性的结尾用语。

例文3-2　　××齿轮厂关于增加"十二五"期间技术改造项目投资的请示

××省机械工业厅：

我厂经国家批准的"十二五"期间590万元技术改造项目，在执行过程

中资金额突破了原计划,其原因如下:

一、原计划更新和增加设备11台,资金额130万元。因一些优质名牌设备提价,致使这项资金额达150.8万元,价差20.8万元。

二、原计划翻建锻造车间厂房1 000平方米,资金额300万元。目前,我厂已与市湖西区建筑工程公司签订了施工任务书,经市建行审查定案后,工程预算为310.2万元。超出计划的原因是:一部分建筑材料现已涨价,价差10.2万元。

上述两项共超出资金31万元,由于在590万元技术改造项目中,我厂自筹资金已达450万元,此次突破计划的资金31万元,我厂已无力解决。为了不致影响"十二五"技术改造项目实施,特请示予以办理调整计划,增加指标31万元。

妥否,请批复。

附件:优秀名牌设备价格调整前后对照表

××齿轮厂
20××年×月×日

(根据有关材料改写)

更多请示例文,请扫描

第二节 批复、决定与意见

一、批复

(一)批复的概念

批复是一种适用于答复下级机关请示事项的公文。

批复属答复性的下行公文,是针对下级机关报来的请示公文被动制发的文件,专指性强,除了回复一些具有共性的问题以外,主送单位通常是单一的,即发给报送请示公文的单位。批复中提出的答复意见,下级机关一定要认真遵守与执行,因此它具有一定的权威性。

(二)格式与写法

1. 标题

批复的标题,要写明批复机关名称、内容与文种。有些批复,还要在标题中标明作者对所请示问题的态度,如《国务院关于同意在沈阳市进行经济体制综合改革试点的批复》。

批复的标题在形式上有:

(1)单介词结构,与一般公文标题的主要内容表述形式基本相同,如《国务院关于安徽省宿县城关镇改设宿州市的批复》。

（2）双介词结构，它的表述形式为：

《××××关于××××××给××××的批复》
(上级发文机关)(介词)　(答复事项)　(介词)(下级受文机关)

2. 主送机关
即请求批示和批准的机关。

3. 正文
批复的正文，大致包括引语、主文、结尾三个部分。

（1）引语。开头一段（或开头一句）一般是引语，通常引用两个方面的内容：① 引用下级机关来文的日期、公文名称或字号，如例文3-3的引语："你省《关于上报深圳市城市总体规划（2007—2020）的请示》收悉。"② 简要引述来文所请示的事项，如国务院1983年4月28日给黑龙江省人民政府的一个批复的引语："1983年2月24日关于将爱辉县并入黑河市行政体制的请示悉。"

（2）主文。主文是批复的主体，应针对下级机关请示的事项，表明同意与否的态度，有时还要阐述同意或不同意的理由。如果同意，必要时还可给予一定的指示；如果不同意，则要说明理由，并且作出应该如何处理的指示，使下级机关有所遵循。

（3）结尾。结尾都用规范性的语言，如"此复""特此批复"。也可以没有结尾，主文写完就结束。

4. 发文机关署名、印章与成文日期
写法与其他公文相同。

撰写批复，用语要简要准确，语气要肯定，不能用模棱两可、含糊不清的词语。

例文3-3　　　　国务院关于青岛市城市总体规划的批复

国函〔2016〕11号

山东省人民政府：

你省关于报请审批青岛市城市总体规划的请示收悉。现批复如下：

一、原则同意《青岛市城市总体规划（2011—2020年）》（以下简称《总体规划》）。

青岛是我国沿海重要中心城市和滨海度假旅游城市、国际性港口城市、国家历史文化名城。《总体规划》实施要深入贯彻党的十八大和十八届三中、四中、五中全会及中央城镇化工作会议、中央城市工作会议精神，认真落实创新、协调、绿色、开放、共享的发展理念，认识、尊重、顺应城市发展规律，端正城市发展指导思想，坚持经济、社会、人口、环境和资源相协调的可持续发展战略，提高新型城镇化质量和水平，统筹做好青岛市城乡规划、建设和管理的各项工作，逐步把青岛市建设成为经济繁荣、和谐宜居、生态良好、富有活力、特色鲜明的现代化城市。

二、重视城乡区域统筹发展。在《总体规划》确定的6 143平方公里城市规划区范围内，实行城乡统一规划管理。加强城中村和城乡接合部地区的规划建设管理，城镇基础设施、公共服务设施的建设应当统筹考虑为周边农村提供服务。根据市域内不同地区的条

件,重点发展县城和基础条件好、发展潜力大的重点镇,优化村镇布局,加强对村镇建设的指导,促进农业产业化和农村现代化。

三、合理控制城市规模。到2020年,中心城区常住人口控制在610万人以内,城市建设用地控制在660平方公里以内。要贯彻城乡规划法关于"先规划、后建设"的原则,禁止在《总体规划》确定的建设用地范围之外设立各类开发区和新城新区。要根据青岛市资源、环境的实际条件以及《总体规划》确定的城市空间布局,划定城市开发边界,加强边界管控,促进城市紧凑布局。增强城市内部布局的合理性,提升城市的通透性和微循环能力。坚持节约和集约利用土地,严格控制新增建设用地,加大存量用地挖潜力度,合理开发利用城市地下空间资源,提高土地利用效率,切实保护好耕地特别是基本农田。

四、做好青岛西海岸新区规划建设。要按照《国务院关于同意设立青岛西海岸新区的批复》(国函〔2014〕71号)要求,统筹海洋经济与陆域经济、经济建设与国防建设、资源开发与生态保护、新型工业化与新型城镇化,以全面深化改革为动力,坚持高起点规划、高标准建设、高水平管理,推进创新驱动和体制机制创新,大力发展海洋经济和海洋新兴产业,加强生态文明建设,深化对外对内开放,努力发展成为海洋科技自主创新领航区、深远海开发战略保障基地、军民融合创新示范区、海洋经济国际合作先导区、陆海统筹发展试验区,为探索全国海洋经济科学发展新路径发挥示范作用。

五、完善城市基础设施体系。要按照绿色循环低碳的理念规划建设城市基础设施。进一步完善公路、水运、铁路、机场等交通基础设施,改善城市与周边地区交通运输条件,加强城市内外交通衔接。加强轨道交通的规划建设,做好环胶州湾道路系统的衔接,建立以公共交通为主体,各种交通方式相结合的多层次、多类型的城市综合交通体系,方便不同交通方式的换乘。做好停车场规划布局,推动城市停车场建设。坚持先地下、后地上的原则,统筹规划建设城市供水水源和给排水、垃圾处理等基础设施,在保护和利用好既有给排水等基础设施的基础上,稳妥开展地下综合管廊建设。划定基础设施黄线保护范围,加强对各类设施用地的规划控制和预留。高度重视城市防灾减灾工作,加强灾害监测预警系统和重点防灾设施的建设,建立健全包括消防、人防、防洪、防风暴潮、防震和防地质灾害等在内的城市综合防灾体系。

六、建设资源节约型和环境友好型城市。要按照促进生产空间集约高效、生活空间宜居适度、生态空间山清水秀的总体要求,形成合理的城市空间结构,促进经济建设、城乡建设和环境建设同步发展。要切实做好节能减排工作,明确责任主体,落实工作措施,淘汰落后产能,严格控制污染物排放总量,支持发展绿色建筑。加强城市环境综合治理,提高污水处理率和垃圾无害化处理率,限期达到《总体规划》提出的各类环境保护目标。划定城市蓝线保护范围,落实最严格的水资源管理制度,结合水域自然形态进行保护和整治,提高水资源利用效率和效益,建设节水型城市。积极推行低影响开发模式,推进海绵城市建设。加强绿化工作,划定城市绿地系统的绿线保护范围,依托水系形成生态隔离廊道。要加强对崂山等风景名胜区、自然保护区、海洋生态保护区以及湿地、水源地等特殊、生态功能区的保护,制定并严格实施有关保护措施。

七、创造优良的人居环境。要坚持以人为本,统筹安排关系人民群众切身利益的教育、医疗、市政等公共服务设施的规划布局和建设。将城市保障性住房的建设目标纳入近期建设规划,确保保障性住房用地的分期供给规模、区位布局和相关资金投入。加快棚户区、城中村、城乡危房改造及配套基础设施建设,根据城市的实际需要与可能,稳步推进城市有机更新。努力把城市建设成为人与人、人与自然和谐共处的美丽家园,不断完善城市管理和服务,提高城市发展的宜居性。

八、重视历史文化和风貌特色保护。要统筹协调发展与保护的关系,按照整体保护的原则,切实保护好城市传统风貌和格局。要编制历史文化名城保护专项规划,落实历史文化遗产保护和紫线管理要求,重点保护好齐长城遗址、琅琊台遗址等各级文物保护单位及其周围环境,做好工业遗产保护和再利用。保护好城市天际线和景观视廊,加强对建筑高度、体量和样式的规划引导与控制,延续城市文脉,形成集山、海、城于一体的空间格局和红瓦、绿树、碧海、蓝天有机交融的风貌特色。

九、严格实施《总体规划》。城市建设要实现经济社会协调发展,物质文明和精神文明共同进步。城市管理要健全民主法制,坚持依法治市,构建和谐社会。《总体规划》是青岛市城市发展、建设和管理的基本依据,城市规划区内的一切建设活动都必须符合《总体规划》的要求。要结合国民经济和社会发展规划,明确实施《总体规划》的重点和建设时序。城市规划行政主管部门要依法对城市规划范围内(包括各类开发区)的一切建设用地与建设活动实施统一、严格的规划管理,市级城市规划管理权不得下放,切实保障规划的实施。要加强公众和社会监督,提高全社会遵守城市规划的意识。驻青岛市各单位要遵守有关法规及《总体规划》,支持青岛市人民政府的工作,共同努力,把青岛市规划好、建设好、管理好。

青岛市人民政府要根据本批复精神,认真组织实施《总体规划》,任何单位和个人不得随意改变。你省和住房城乡建设部要加强对《总体规划》实施工作的指导、监督和检查。

国务院
2016 年 1 月 8 日

(录自国务院政府网站)

二、决定

(一)决定的概念

决定是一种适用于对重要事项作出决策和部署,奖惩有关单位及人员,变更或者撤销下级机关不适当的决定事项的公文。

决定是议决性的下行公文,具有指示性,上级的决定一经传达,下级就要贯彻执行。决定还具有明确性,决定中作出的安排在时间、目的、要求上必须明确,不能模棱两可。决定又具有一定的说理性,有的决定是上级提出的主张,它要告诉有关单位和人员应该怎样做,不应该怎样做,并说明原因。

(二)分类

1. 处置性决定

处置性决定就是处理、布置并告知具体事项的决定,其内容如表彰先进、处理问题、设置机构、安排人事等。这些决定有的是由机关发出的,有的是由会议发出的。

2. 公布性决定

公布性决定就是由会议直接公布某个议案的具体内容的决定或直接公布某一机构对某一问题的处理决定。

3. 部署性决定

部署性决定就是对重大行动作出安排的决定。这些决定，有的是由机关直接发出的，有些特别重大的决定是由机关制文并要经会议讨论通过方可发出。

（三）格式与写法

1. 标题及题下标示

决定的标题，一般应包括发文机关、事由、文种三要素，并在题下标明成文时间。如：

中共上海市委关于表彰上海市先进
基层党组织和优秀共产党员的决定
（2015年6月30日）

有些表彰先进或处理问题的决定，也可以把成文时间标在正文后面，而不是标在题下。有些决定，其标题还可由事由与文种两要素组成，如教育部发出的《关于批准2001年普通高等学校国家级优秀教学成果获奖项目的决定》。

由会议发出的决定，其标题应写"会议全称、事由和文种"三个要素，并在题下标明"什么时间什么会议（全称）通过"。

2. 主送机关

如果该决定是在一定范围内发送的，要写主送机关。如该决定属普发性公文，一般可不写主送机关。

3. 正文

决定的正文，一般由原因与事项两部分组成。原因部分要简明扼要地写明作出这一决定的依据与理由。事项部分要直截了当地写明所决定的具体事项。有些表彰先进、处理问题的决定，其正文在事项写完之后，还要加一段号召，如《上海市人民政府关于表彰2002年度上海市科学技术进步奖获奖项目的决定》最后一段就是号召："希望全市各有关部门、单位和全市科技工作者向获奖者学习，继续发挥科学技术第一生产力和先进生产力的作用，加强基础研究和应用基础研究，发展高新技术，提高原始性创新能力，掌握更多的自主知识产权，努力抢占科技制高点，大力培育经济增长点，为走通'华山天险一条路'，促进本市科技、经济的跨越式发展作出贡献。"

撰写决定时，对所决定的事项根据要充分，安排要周密，表述要简明，用语要准确，以便贯彻执行。表彰、处分等决定对人和事的评价要实事求是，恰如其分。

例文3-4

教育部关于追授孟瑞鹏同学
"全国优秀大学生"荣誉称号的决定
教思政〔2015〕2号

孟瑞鹏，男，汉族，华北水利水电大学国际教育学院2012级学生。2015年2月26日，两名儿童不慎落入河南省濮阳市清丰县韩村乡西赵楼村一处人工湖中,来此看望朋友的孟瑞鹏不顾个人安危,跳入水中,将两名儿童成功救起,自己却体力不支,不幸光荣牺牲,年仅23岁。

孟瑞鹏同学在少年儿童生命受到严重威胁的紧急关头,不怕牺牲,挺身而出,用宝贵生命诠释了当代青年学生的价值追求和崇高使命,展示了当代青年学生良好的综合素质和精神风貌,体现了当代青年学生高度的社会责任感和敢于担当的精神。孟瑞鹏同学是践行社会主义核心价值观的典型模范,是全国大学生的优秀代表。为表彰孟瑞鹏同学的先进事迹,教育部决定追授孟瑞鹏同学"全国优秀大学生"荣誉称号。

各地教育部门和各高等学校要组织广大学生向孟瑞鹏同学学习,学习他挺身而出、见义勇为的优秀美德,学习他奋不顾身、不怕牺牲的英雄气概,学习他乐于奉献、甘于献身的高尚情操。坚持立德树人基本导向,充分发挥先进典型的示范引领作用,教育引导广大青年学生以身边的榜样为标杆,积极培育和践行社会主义核心价值观,努力成为信念坚定、品德优良、知识丰富、本领过硬的中国特色社会主义事业的合格建设者和可靠接班人。

教育部
2015 年 3 月 25 日

(录自教育部网站)

更多决定例文,请扫描

三、意见

(一)意见的概念

意见是一种适用于对重要问题提出见解和处理办法的公文。

意见属于可多个方向行文的公文。由领导机关或主管部门就某一问题提出的意见,有关部门必须认真贯彻执行,不能当作一般参考来对待。意见的内容偏重于原则的阐述,具有普遍的指导意义。意见在提出处理问题的办法时,为使有关机关有所遵循,一般规定得比较具体,具有可操作性。

(二)分类

按行文方式来分,意见可分为转发的和直发的两种。

主管部门就自己主管的工作提出了指导性的意见,但由于与执行单位没有隶属关系,不能直接行文,于是先呈报给执行单位的上级机关,再由上级机关批转给有关单位执行。这一类意见就叫转发意见。上级机关对下属机关的工作提出指导意见,由于是领导与被领导的关系,可以直接下达。这一类意见就叫直发性意见。

按性质、内容来分,意见可分为指示性意见和计划性意见两种。

指示性意见用于上级机关或有关主管部门阐述和说明开展某项工作的指导思想、执行要求等,对下级进行原则性指导。计划性意见用于上级机关或业务主管部门制定开展某项工作的部署、要求和具体措施等,带有工作计划的一些特点。

(三)格式与写法

1. 标题

意见的标题常由发文机关、事由、文种三要素组成,如《上海市人民政府关于加快本市民政事业发展的若干意见》。有时也可省略发文机关,如《关于本市宣传贯彻〈国家通用语言文字法〉的意见》。

2. 主送机关

经上级批转下发的意见,因主送机关已标注在批转通知中,故无须再标注主送机关。直接下发的意见,需要标注主送机关。因下属的单位较多,主送机关也可能有多个。

3. 正文

(1)前言。意见的正文,一般先写前言,前言可有选择地写明以下一些内容:① 说明提出意见的目的;② 交代提出意见的依据;③ 阐述所布置工作的意义和重要性。

(2)主体。前言写完以后,接下来要写主体部分。如是指示性意见,主体部分要写出意见的具体内容,包括明确工作任务,阐明对此项工作应有的基本认识,提出原则性的要求、政策性的措施、处理的办法等。为了使表达有条理性,一般采用分层、分段、分条前加序号与小标题的写法。如是计划性意见,主体部分要写明目标、措施、步骤三项内容。

(3)结尾。局部性意见大多没有专设的结尾段落,最后一个条款写完了就不再写下去,自然结束。内容多、篇幅长的意见也可有结尾段落,提出号召、希望和督查要求,也可以有一些必要的补充。

4. 发文机关署名、印章与发文日期

直接下发的意见,一般都在文后署上发文机关名称、盖上发文机关印章并写上发文日期。由上级机关用通知等公文批转(或印发)的意见,发文机关和成文日期均见于通知,意见本身不需要再在正文之后盖上发文机关印章与写上成文日期了。

撰写意见,要以有关政策为依据,因此在执笔成文之前,撰稿者要认真学习研究有关方针、政策、法令、法规,避免写出的意见与有关文件精神相违背。意见的提出要针对实际工作中的问题与现实需要,有的放矢地提出具有可行性和预见性的政策。另外,意见的提出要实事求是,切实可行。提出的措施、办法要合理,符合下情,制定的计划指标要留有余地,要允许下级机关或有关部门结合本单位的实际,在不违背原则的前提下因地制宜地去灵活执行。

例文3-5   国务院办公厅关于优化学术环境的指导意见

国办发〔2015〕94号

各省、自治区、直辖市人民政府,国务院各部委、各直属机构:

良好的学术环境是培养优秀科技人才、激发科技工作者创新活力的重要基础。近年来,我国学术环境不断改善,为推动产出重大创新成果,促进经济社会发展发挥了积极作用。但目前我国支持创新的学术氛围还不够浓厚,仍然存在科学研究自律规范不足、学术不端行为时有发生、学术活动受外部干预过多、学术评价体系和导向机制不完善等问题。为进一步优化学术环境,更好调动广大科技工作者的积极性,深入实施创新驱动发展战略,推动大众创业万众创新,经国务院同意,现提出以下意见。

一、总体要求

（一）指导思想。全面贯彻党的十八大和十八届二中、三中、四中、五中全会精神,按照党中央、国务院决策部署,强化问题导向,坚持改革驱动,全面推进人才使用、吸引、培养的体制机制创新,加快实现政府职能从研发管理向创新服务转变,着力构建符合学术发展规律的科研管理、宏观政策、学术民主、学术诚信和人才成长环境,引导科技工作者自觉践行社会主义核心价值观,促进我国创新文化建设,为科技事业持续健康发展提供有力保障。

（二）基本原则。

坚持创新导向。紧紧围绕创新驱动发展、推动大众创业万众创新、提高自主创新能力的要求,破除制约创新的观念和体制障碍,支持有利于激活创新要素的探索和实践,鼓励科技工作者增强创新自信,创立新学说,开发新技术,开拓新领域,创造新价值。

坚持学术自主。维护科技工作者在科研活动中的主体地位,激发科技工作者研究探索的主观能动性,充分发挥科学共同体在学术活动中的自主作用,建立科学、规范的学术自治制度,健全激励创新的学术评价体系和导向机制。

坚持自律为本。引导科技工作者发扬爱国奉献、创新求实、淡泊名利、追求卓越的优良传统,坚守学术诚信,完善学术人格,遵守学术规范,维护学术尊严,正确行使学术权力,履行社会责任,倡导崇实、唯实、求实的良好学风。

坚持依法治学。建立保障学术自由的法治基础,强化知识产权保护,依法保障科技工作者开展学术活动的权利,引导科技工作者自觉遵守宪法和法律法规,抵制学术不端行为,确保科研活动造福人民、服务国家。

坚持宽松包容。坚持人才是第一资源的理念,营造宽松的学术环境和敢为人先、宽容失败的学术氛围,尊重科技工作者个性,倡导科学面前人人平等,鼓励学术争鸣和质疑批判,培育竞争共生的学术生态。

（三）主要目标。到2020年,在影响学术创新的科技体制机制改革关键环节和重点领域取得突破性进展,与实施创新驱动发展战略的要求相适应的科研管理、人才培养等制度体系进一步完善,学术自治理念全面落实,学术评价更加科学规范,学术生态环境明显改善,创新人才竞相涌现,科技工作者探索研究的积极性显著提升。

二、任务要求

（四）优化科研管理环境,落实扩大科研机构自主权。（略）

（五）优化宏观政策环境,减少对科研创新和学术活动的直接干预。（略）

（六）优化学术民主环境,营造浓厚学术氛围。（略）

（七）优化学术诚信环境,树立良好学风。（略）

（八）优化人才成长环境,促进优秀科研人才脱颖而出。（略）

三、保障措施

（九）发挥政府部门的引导促进职能。（略）

（十）强化高校和科研院所的保障作用。（略）

（十一）增强科技社团的自律功能。（略）

（十二）引导企业积极承担社会责任。（略）

（十三）突出科技工作者的主体地位。（略）

各地区和有关部门要增强大局意识、责任意识，把优化学术环境作为重要内容纳入工作日程，加强组织领导，强化协同合作，狠抓任务落实，以更好的学术环境，激励广大科技工作者投身创新实践，为建设创新型国家、实现中华民族伟大复兴中国梦作出更大贡献。

国务院办公厅

2015 年 12 月 29 日

（录自国务院政府网站，本书收入时有改动）

更多意见例文，请扫描

第三节 通知与通报

一、通知

（一）通知的概念

通知这种公文，适用于发布、传达要求下级机关执行和有关单位周知或者执行的事项，批转、转发公文。

在国家行政机关、人民团体、企业和事业单位的公务活动中，通知起着承接上下、联系内外的多方面的作用。它可以用于传达上级机关的指示，可以用于要求下级机关办理某一事项，也可以用于告知下级机关需要知道的事项，因此，它具有"传达"和"领导"的作用。它又可以用于批转下级机关的公文，也可以用于转发上级机关、同级机关和不相隶属机关的公文，因而它又具有"桥梁"和"纽带"的作用。它在发挥上述四种作用的同时，又必然地具有"记载"和"凭证"的作用。但是，在这么多用途中，它主要是用于"传达"和"告知"，因此，它应该属于传达性或者告晓性公文。

（二）通知的特点

1. 应用广泛，使用频率高

在所有公文中通知的数量居首位，其原因有二：其一，通知不受内容轻重繁简的限制，可以用于布置工作，传达重要指示，也可以用于交流信息，告知一般事项，或用于转发、批转公文，任免与聘用干部，比较灵活、实用。其二，通知的作用广泛，一切机关与社会组织均可制发通知，不受机关或组织性质、级别的限制。

视频演示，请扫描

2. 内容单纯，行文简便

一件通知一般只布置或通报一项工作事项，对写作的格式无严格要求，与其他指令性公文相比较，显得灵活简便。

3. 具有执行性

通知多用于下行文，其内容是要求下属单位予以执行或办理的事项，如用于布置工作，用于转发或批转公文，要求所属单位予以学习讨论和执行、办理。即使是会议通知或任免干部的通知也同样要求受文者服从通知的安排，执行通知上所述的事项。

（三）通知的分类

1. 发布性通知

发布性通知是上级机关发布一般行政法规、条例、办法等公文时所用的通知。

2. 批示性通知

批示性通知是批转下级机关的公文，或者转发上级机关、同级机关和不相隶属机关的公文时所用的通知。

3. 指示性通知

上级机关对下级机关的某项工作有所指示，要求办理或执行而根据公文内容又不适于用命令或指示时，则用指示性通知。

4. 会议通知

上级机关召开比较重要的会议，不宜用电话或其他形式通知，可提前向所属有关单位发会议通知。

5. 任免通知

上级机关在任免下级机关的领导人或上级机关的有关任免事项需要下级机关知道时，要发任免通知，如《××大学关于李××等三位同志担任处长职务的通知》。

6. 一般性通知

上级机关的有关事项需要使下级机关知道或办理时，用这种通知，如启用印章，成立、调整或撤销某个机构，催报材料、报表，变更作息时间等。

（四）格式与写法

1. 标题

通知的标题一般有两种写法：一是由发文机关、事由和文种构成，如《国务院关于清理检查"小金库"的通知》。二是由事由和文种构成，如某大学教务处发的《关于做好期中教学检查工作的通知》。如果通知的内容紧急，可在标题中"通知"两字前加上"紧急"两字，如《湖北省人民政府关于抗洪救灾的紧急通知》。

发布性通知标题中的"事由"一项，由"关于颁布""关于发布""关于实施""关于印发"等词与原文名称(不省略书名号)组成。

批示性通知的标题，一般也要写"发文机关、事由和文种"三个要素(若被转发或批转的公文文种也是通知，为简明起见，也可以省略文种一项)，其中"事由"一项又有两种写法：

（1）由"转发"或"批转"二字与省略书名号的原文名称组成，如《国务院办公厅转发全国妇幼卫生工作会议纪要的通知》。

(2) 由于原文标题较长,可由"关于转发"或"关于批转"四字与原文编号加"文件"二字组成,如《××省人民政府关于转发国发〔2003〕8号文件的通知》。

2. 主送机关

在标题下、正文前顶格书写。

3. 正文

通知的正文,包括通知缘由、通知事项、通知要求三部分。不同种类的通知,其正文的写法有所不同,下面分别作说明:

(1) 发布性通知的正文都很简短,只需写明发布的意义和目的,提出执行的要求就可以了。

(2) 批示性通知的正文一般包括发文的缘由,对批转、转发文件的评价,执行要求等部分。有的批转、转发文件的通知,不仅要表明本机关的态度,还要结合本地区、本单位、本部门的实际情况作出具体的指示性意见。对下级机关要求的通常用语,有"参照执行""遵照执行""研究执行""认真贯彻执行"等不同的提法。要根据所批转、转发文件的具体情况,仔细推敲,选择合适的词语。

(3) 指示性通知的正文,其缘由部分可以写发出本通知的依据或目的,也可写发出本通知的意义,文字应力求简短概括,然后用"特作如下通知"或"特通知如下"转入通知的内容。通知的事项大多采用分条列项法,具体地提出要求和措施、办法。结尾可写可不写,如有结尾,可用"特此通知"这样的惯用词语。

(4) 会议通知的正文,一般包括召开会议的机关、会议名称、会议起止时间、地点、会议内容和任务、参加会议人员的条件和人数、报到时间及地点、与会人员所携带的文件材料等内容。

(5) 任免通知的正文,要写清决定任免的时间、机关、会议或依据文件以及任免人员的具体职务。

(6) 一般性通知的正文,要交代需办什么事、什么时间完成和要求等。

4. 发文机关署名、印章和成文日期

通知在文末要有发文机关署名、成文日期并盖上机关的印章。

拟写通知,主题要集中,重点要突出,措施要具体,并且还要讲求时效,以便提高效率,不要贻误时机。

例文3-6

**教育部关于做好2016年元旦春节寒假
期间有关工作的通知**

教电〔2015〕522号

各省、自治区、直辖市教育厅(教委),新疆生产建设兵团教育局,部属各高等学校:

2016年元旦春节寒假在即,为切实做好节假日期间各项工作,让师生欢度平安祥和的假期,根据中办国办通知要求,现就有关事项通知如下。

一、深入扎实开展"送温暖"活动,精准细致做好困难师生帮扶工作。各地教育部门和学校要摸清困难师生数量和需求,有针对性地开展扶贫助困和走访慰问活动,真情实意帮助困难师生,特别是灾区师生、因公牺牲(伤残)教师及遗属等特殊困难群体。各级领导干部要践行"三严三实"要求,增强群众观念,改进工作作风,扑下身子主动深入基层,深入一线,深入偏远艰苦地区了解实际情况、倾听师生意见建议。要落实好教师待遇政策,细致务实开展好走访慰问离退休教职工活动。加强与铁路、公路、水路等交通部门的联系,积极配合有关部门做好学生春运工作,为学生返乡及节后返校提供便捷的票务服务。安排好留校师生特别是内地民族班留校学生节假日期间的学习生活,改善节日伙食,确保食品供应充足、饭菜价格基本稳定。加强后勤保障,特别是做好雨雪冰冻强降温等灾害天气的防范应对,保障学校冬季供暖。

二、切实做好学校安全防范和防灾避灾工作,保障师生安全。各地教育部门和学校要牢固树立生命第一、安全第一的思想,严格按照安全生产工作"党政同责、一岗双责、失职追责"的要求和当地党委政府的统一部署,针对教育工作特点,深挖细查安全工作方面的漏洞和隐患,立查立改,立行立改,绝不敷衍塞责、应付了事。要加强重点场所区域排查。在寒假前和开学前集中力量对学生宿舍、教师公寓、食堂餐厅、教室、礼堂、图书馆、实验室(实训基地)、实验用品仓库、锅炉房、配电室、校园施工现场、学校老旧房屋等区域和人员密集场所安全隐患进行全面排查整治。要加强重点领域检查。以安全生产大检查"回头看"活动为抓手,组织开展好以危险化学品和易燃易爆物品为重点的校园安全专项排查整治活动。针对冬季火灾易发多发,全面开展消防安全检查,及时消除隐患,严防发生煤气中毒,严防因燃放烟花爆竹、违章用电等引发火灾。要认真排查节令食品安全隐患,落实自查制度,确保校园食品安全。积极会同食品药品监管、卫生防疫部门加强传染病防控,保障师生在校饮水安全,严防肠道传染病发生。要协调有关部门加强校车安全管理,特别是针对大雾、降雪及雪后路面结冰,及时提示校车驾驶人员谨慎安全行车,不违章不超载,保证师生安全。教育学生遵守交通规则,增强交通安全意识,不乘坐违章车辆。提醒学生注意校外安全,避免因滑冰溺水、拥挤踩踏造成意外伤害。要加强校园安全管控。加强校园安全巡查,加强门卫值守,强化应急处置措施,严防社会闲杂人员进入学校滋生事端,严防暴力恐怖袭击事件发生。要加强防灾避灾工作。对学校周边灾害风险隐患,特别是泥石流、山体滑坡等重大地质灾害风险隐患做到心中有数,及时提醒师生避让,积极向当地有关部门反映并协调解决。健全雨雪冰冻、雾霾寒潮等灾害性天气预警机制,做好防灾避灾应急预案。要加强重要时间节点安全教育。学生集中离校返校前后,通过安全教育课、发放安全知识手册、消防安全演练、家长会、致学生家长书信等途径普遍开展安全知识教育,强化师生安全防范意识,增强自救能力。

三、丰富师生假期精神文化生活,倡导文明新风。各级各类学校要深入学习宣传党的十八届五中全会精神,使"创新、协调、绿色、开放、共享"的发展理念深入师生心中。要引导师生在假期返乡期间积极开展社会实践、社会调查、文明旅游宣传、社区志愿服务等主题鲜明、贴近群众的假期活动,培养社会担当和责任意识。积极开展内涵丰富、健康向上的文体活动,传承中华民族优秀传统文化。积极倡导绿色健康文明的社会新风尚,减少烟花爆竹燃放,降低对环境的污染。

四、持续深入落实中央八项规定精神,务实节俭廉洁过节。各地教育部门和学校要深入学习宣传《中国共产党廉洁自律准则》和《中国共产党纪律处分条例》,认真落实全面从严治党主体责任,把纪律和规矩挺在前面,模范执行中央八项规定精神和反对"四风"要求,不打折扣、不做选择、不搞变通。要务实节俭组织好正常的党、团、工会活动,保障教职工按规定享有的正常福利待遇。要严肃财经纪律,严禁年底突击花钱和滥发津贴、补贴、奖金和实物,营造务实节俭廉洁过节氛围。针对寒假春节和新学期开学前后等重要时间节点,严格执行廉洁从教要求,严禁教师违规收受学生及家长礼品礼金等行为,严禁中小学校和在职中小学教师有偿补课。严禁党员领导干部违规用公款吃喝、旅游和参与高消费娱乐健身活动,严禁用公款购买赠送贺年卡及烟花爆竹等年货节礼,严禁用公款接待亲友、外出旅游,严禁公车私用或"私车公养",严禁违规出入私人会所,严禁违规操办婚丧喜庆事宜并借机敛财,严禁违规参加老乡会、校友会、战友会。各级教育纪检监察部门要加大监督执纪问责力度,对违规违纪行为严查快办,坚决拒绝"节日腐败"。

五、强化应急工作机制和处置措施,做好节假日值班和信息报送工作。要高度重视节假日期间值班工作,严格落实值班和领导带班制度,强化值班岗位责任,严肃值班纪律,带班领导要随时掌握学校安全动态。要健全应急协调机制,制订完善应急工作预案,畅通信息报送渠道,遇有突发事件和重要紧急情况要及时准确上报地方党委政府和我部,并及时采取有效措施妥善应对和处理。

六、强化工作落实,抓好监督检查。各地教育部门和学校要高度重视,认真部署落实元旦春节寒假期间的有关工作。主要负责同志要亲自主持研究部署,明确工作任务和责任人,狠抓工作落实。各级教育督导部门要在寒假前和开学前通过专项检查、重点抽查、随访暗查等多种方式开展督导检查。教育部24小时监督举报电话受理中心对节假日期间的监督举报情况进行专项汇总,接受师生和社会监督。对于工作落实不力、造成不良后果的,要严肃追究相关领导和责任人的责任,并视情况予以通报。

教育部
2015年12月29日

(录自教育部政府门户网站)

例文 3-7　上海市政府办公厅印发《关于完善本市养老基本公共服务的若干意见》和《关于鼓励社会力量参与本市养老服务体系建设的若干意见》的通知

沪府办〔2015〕124号

各区、县人民政府,市政府有关委、办、局:

经市政府同意,现将《关于完善本市养老基本公共服务的若干意见》和《关于鼓励社会力量参与本市养老服务体系建设的若干意见》印发给你们,请认真按照执行。

上海市人民政府办公厅
2015年12月28日

关于完善本市养老基本公共服务的若干意见
(原文略)

关于鼓励社会力量参与本市养老服务体系建设的若干意见
(原文略)

(录自上海市政府网站)

例文 3-8 国务院批转发展改革委关于 2015 年
深化经济体制改革重点工作意见的通知

国发〔2015〕26 号

各省、自治区、直辖市人民政府,国务院各部委、各直属机构:

国务院同意发展改革委《关于 2015 年深化经济体制改革重点工作的意见》,现转发给你们,请认真贯彻执行。

国务院

2015 年 5 月 8 日

关于 2015 年深化经济体制改革重点工作的意见
发展改革委
(内容略)

(录自国务院网站)

例文 3-9 教育部办公厅转发河南省教育厅关于范县
3 名教师擅自离岗查处情况的通报的通知

教师厅〔2015〕5 号

各省、自治区、直辖市教育厅(教委),新疆生产建设兵团教育局:

近期,河南省濮阳市范县高码头镇个别中小学教师擅自离岗并请人顶岗,严重损害学生利益,在社会上造成恶劣影响。该事件经媒体曝光后,我部和河南省教育厅高度重视,第一时间进行核查并严肃处理了相关教师和责任人。这一事件,反映出个别教师职业道德缺失、无视法规制度,一些基层学校在教师管理方面不严不实,县级教育行政部门监管不力等问题,必须引起高度重视。

为深刻认识这一事件的警示作用,杜绝此类事件再次发生,现将《河南省教育厅关于范县 3 名教师擅自离岗查处情况的通报》转发给你们,请重点做好以下工作:一是高度重视教师队伍建设工作,依法治教,加强监管,进一步完善规章制度,强化教育部门和校长的主体责任,严格规范教师从教行为;二是大力开展师德师风教育,提倡爱岗敬业、教书育人、为人师表的优良师德,引导广大教师争做党和人民满意的"四有"好老师;三是组织开展中小学教师管理情况专项摸底排查,重点排查聘用管理情况、出勤上岗情况、遵守规章制度情况,重点整治教师"吃空饷",特别是教师私自聘人代岗等问题。

有关工作情况请及时告我部教师工作司。

教育部办公厅

2015 年 12 月 24 日

河南省教育厅关于范县 3 名教师擅自离岗查处情况的通报

（内容略）

（录自教育部网站）

更多通知例文,请扫描

二、通报

（一）通报的概念

通报是一种适用于表彰先进,批评错误,传达重要精神和告知重要情况的公文。

通报和通知都具有传达和告知的作用,从这一点上看,它们都属于传达和告晓性公文。但是,通报又可以用于表扬和批评,因此,它又属于奖励和告诫性公文。

通报对具有代表性的典型事例、新鲜经验以及重要情况予以表扬、批评、倡导与宣传,使所属干部受到教育或引起警觉。在通报中,主要是通过事实与数据来表达作者的观点与意图,作者重于叙事而不过多地阐发与评论道理。

（二）通报的分类

1. 直述式通报和转述式通报

根据形式来分类,通报可分直述式通报与转述式通报两种。直述式通报是由发文机关直接发出的内容比较单一的通报,文中直接叙述情况,连同处分决定带分析、要求一贯到底,一文完成,例如《中共××市委纪律检查委员会关于李××等受贿问题的通报》。转述式通报是发文机关转发已有的成文或内容较多(不大好归纳成一篇)的成文的通报,例如最高人民法院在 1963 年发出的《关于"贵州省仁怀县人民法院卢德华同志模范事迹"的通报》,就是转述贵州高级人民法院通报的仁怀县人民法院卢德华同志的模范事迹的。

2. 批评性通报、表扬性通报和情况通报

根据内容来分类,通报则可以分为:批评性通报,这是一种批评严重错误的通报,其内容是对重大责任事故的处理、对违纪案件处分决定的公布等;表扬性通报,这是一种表扬先进的通报,其内容是表扬先进人物、介绍

先进经验等;情况通报,这是一种用于传达重要精神与重要情况的通报,可以引起人们的警觉与注意,对当前的工作起指导作用。

(三) 格式与写法

1. 标题

通报的标题,一般由发文机关、事由和文种构成,有时也可以由事由和文种构成。

2. 受文机关

除普发性的通报外,其他一般通报都应标明受文对象和范围。其书写格式与一般公文相同。

3. 正文

通报正文的写法,转述式通报与直述式通报有所不同。转述式通报因已带附件,正文中不必直接详细叙述所要通报的事实。在正文的开头,要交代转发的文件名称,并对事实加以分析、评论,然后说明转发的目的,提出要求。直述式通报的正文,一般包括通报事由、事由评析、处理意见三部分,不同内容的通报,其正文在写法上也有所区别。

批评性通报的正文,首先要简明扼要地写清被通报单位或个人的主要问题、情节及错误的性质、原因等,然后陈述对所通报错误、问题或事故的处理意见和决定,并在此基础上提出告诫性要求,指出应从中吸取教训,以防止类似事件的再次发生。

表扬性通报的正文,要首先简要介绍有关单位或个人的事迹,接着概括评析和指出向先进典型学习的主要内容,最后发出号召、希望,提出要求或作出决定。

情况通报的正文,主要有两种写法:

(1) 分类叙述式。即将各种情况按类划分,每一类用小标题标明,逐项进行叙述、分析和评议。这适用于一些内容较多、情况较复杂的通报,如毛泽东同志写的《关于情况的通报》。

(2) 自然分段式。即按事情的发展过程自然分段。这常见于一些会议通报。它一般按会议概况简述(如会议议题、参加人员、时间等)、讨论情况、议定事项等顺序写来,有些类似会议纪要,如《中共中央政治局会议通报》。

4. 发文单位署名、印章与成文日期

在正文右下方,写上发文机关名称、成文日期并盖上印章。

撰写通报,要切实做好调查研究,事实要准确,评议要有分寸。还要抓住时机,及时通报,才能发挥应有的作用。

例文 3-10

教育部办公厅关于近期发生多起
学生意外伤害事故的通报

教基一厅〔2012〕11 号

各省、自治区、直辖市教育厅(教委),新疆生产建设兵团教育局:

近日,河北、江西、山东、河南、湖南、广西、陕西等地陆续发生多起学生和幼儿上下学交通事故和受伤害事件,造成多名学生幼儿死伤,令人十分痛心。特别是 2012 年 12 月 24

日,江西省贵溪市一载有15名幼儿的面包车侧翻坠入水塘,造成11名幼儿遇难。12月19日,陕西省西安市蓝田县三官庙镇某寄宿制学校一名初中女生被劫持到校外遭多人强暴,让人十分震惊。当前我国部分地区雨雪冰冻极端天气肆虐,新年元旦、寒假和春节又即将到来,地方各级教育部门和学校务必把学生生命安全放在第一位,切实把各项安全防范措施落实到人、落实到校,切不可麻痹松懈,坚决防止学生意外伤害事故的发生。

一、严防交通安全事故。各地教育部门要立即行动起来,与公安、交通等有关部门协调配合,采取分区包校的办法,对学生和幼儿上下学交通情况进行全面排查,督促所有提供校车服务的车辆取得校车使用许可,驾驶人取得校车驾驶资格,确保车况良好、驾驶员合格、路段安全、行驶合法。坚决取缔非法接送学生车辆。教育部门要及时把掌握的非法车辆接送学生情况通报公安交管部门。雨雪灾害严重的地区,要加大排查力度。

二、切实落实校园安全防范措施。各地教育部门和中小学校要按照2012年12月17日发出的《教育部办公厅关于河南光山县22名小学生被砍伤事件的通报》(教电〔2012〕431号)要求,全面落实人防、技防和物防措施。特别要加强门卫,严防校外无关人员闯入校园。要高度重视农村寄宿制学校特别是女生宿舍的夜间值守,严格落实出入登记、值班巡逻制度,坚决防止外来人员进入。

三、积极预防冬季常见事故。冬季是火灾、煤气中毒、滑冰溺水等事故的高发期。各地教育部门要帮助和督促学校加强消防安全管理,确保制度落实、设备合格。特别要对仍采用燃煤取暖的学校开展一次全面排查,及时消除隐患,预防煤气中毒。在农村江河湖泊较多地区,要健全联动机制,切实落实村委会、监护人责任,加强学生在上下学路上、周末和节假日的监管,防止学生到冰面玩耍发生溺水事故。

四、开展有针对性的安全教育。各地教育部门和中小学校要结合本地、本校实际,对学生开展一次有针对性的安全教育,特别要根据元旦、寒假、春节等节假日多发易发事故特点,加强对学生的滑冰安全、用火用电安全、燃放烟花爆竹安全和乘坐车辆安全教育。

教育部办公厅
2012年12月26日

(录自教育部网站)

例文3-11

共青团××市委
关于表彰萧××等同志英勇救列车的通报

共青团员萧××同志是××火车站客运班的服务员。今年1月30日中午一点多钟,她和班里的同志正在站台迎接快要进站的243次旅客列车,突然在相距进站火车台30多米处,有辆满载卧具的三轮车,由于一个车轮在接车股道骤然悬空,连人带车翻到道心,眼看一场人死车覆的事故就要发生。就在这紧急时刻,共青团员萧××毫不犹豫地冲下站台,扑到道心,拼力往道外扒大堆卧具。共青团员李××、王××,待业青年杨××也迅速赶来救援,将三轮车拼命推到了道外。也就在这一刹那,列车呼啸而过,重大伤亡事故避免了。

萧××等四位同志不顾个人安危,英勇抢救列车,保护了国家财产和人民的生命安全,发扬了共产主义精神,充分体现了当代青年的精神面貌,为广大共青团员、青年树立了好榜样。

为表彰萧××等同志的英勇事迹,授予萧××模范共青团员的光荣称号,给予共青团员李××、王××,待业青年杨××通报表扬,并发给他们物质奖励。希望全市共青团员、广大青年学习他们这种不顾个人安危,奋力抢救国家财产英勇献身的精神,争做一代共产主义新人。

共青团××省××市委
20××年×月×日

(根据有关材料改写)

第四节　公告与通告

一、公告

(一)公告的概念

公告是一种适用于向国内外宣布重要事项或者法定事项的公文。

公告属公开宣布的告晓性公文,主要用于公布宪法、国家重要领导人出访、任免、逝世以及其他一些国家重大事项等,通常在报纸、电视台、电台发布。此外,司法机关、税务、海关、新华社等机关也可用公告的形式宣布有关规定或决定的事项。

在公布性文件中,公告公布的范围最为广泛,它可以在世界范围内予以公布,而且行文庄重,态度严肃,其制作者一般为党和国家的领导机关及其领导人,基层单位对一些具体事项不宜使用公告来公布。

(二)分类

公告按其性质、内容和发布机关的不同,一般可以分为国家事项公告和司法公告。

国家事项公告,是宣布关系国家政治、经济、军事等方面的重要事项的文告。司法公告,则是由司法机关依照法律的有关规定发布重要的事项时使用的文告。按《中华人民共和国诉讼法(试行)》规定,人民法院送交诉讼文书,无法送达本人或代收人时,可以发布公告送达;法院强制迁出房屋或者强制退还土地,要发出公告,通知被执行者限期履行;法院公开审理有关案件时,要事先发布公告,说明当事人姓名、案由和开庭时间、地点,等等。

(三)格式与写法

1. 标题

公告的标题,一般多采用"发文机关名称+公告"的形式,如《中华人民共和国外交部公告》。少数也采用"发文机关名称+事由+公告"的形式,如《中国人民银行关于调整储蓄利率的公告》。

2. 正文

公告的正文,一般由"公告缘由""公告事项"和"公告结语"三部分内容组成。

公告缘由也叫公告依据,常常用一两句话即可交代,即要写出根据什么会议或规定发布本公告。

公告事项是公告的核心部分,要写明公告的具体内容,如果内容较多,可采用分条列项的形式,文字要求简明、具体、准确,一般不需加分析与评论。

公告结语可写可不写。如需写结语,则用"特此公告""现予公告"等规范性的语言。

3. 发文单位署名、印章和发布日期

公告需有发文单位署名与发布日期,在媒体上公开发布的公告,可以不盖印章。发布日期也可以写在标题之下。

例文 3-12

全国人大机关直属事业单位
2016 年招聘毕业生公告

全国人大机关直属事业单位 2016 年接收应届高校毕业生工作现已开始,欢迎广大应届高校毕业生报考。现将有关需求信息予以公布,凡符合条件者,均可报名。

报名者请登录全国人大机关事业单位接收应届高校毕业生网上报名系统(http://210.82.32.97/wsbm/login.action),注册成功后填写有关报名信息,并在填写完成后将系统自动生成的报名表打印好,用平信或 EMS(其他快递无法签收)邮寄至:北京市西城区前门西大街 1 号全国人大常委会办公厅人事局干部一处(邮编:100805),信封上务必标明"报名登记表"字样(报名截至 2016 年 1 月 12 日)。

咨询电话:010-83083496

附:全国人大机关直属事业单位 2016 年接收应届高校毕业生需求信息表

全国人大常委会办公厅人事局
2015 年 11 月 6 日

(录自山西人事人才网)

更多公告例文,请扫描

二、通告

(一) 通告的概念

通告是一种适用于在一定范围内公布应当遵守或者周知的事项的公文。

通告既具有告晓性,又具有法规性,在某种情况下具有法律效力与行政约束力。

通告与公告相比较,有共同点,即都属于告晓性公文,但两者也有区别:

(1) 宣布的事项不同。通告用于宣布一般性事项,并且还可以宣告应当遵守或遵照办理的事项。公告则只用于宣布重大事件,是具有特定用途的公文。

(2) 公布的范围不同。通告在国内一定范围内公布,而公告则向国内也向国外公布。

(3) 发文的机关不同。通告可以由各级政府机关发布,而公告只能由中央最高权力机关和最高管理机关发布。

(二) 分类

1. 知照性通告

即告知一些应当知道或需要遵守的简单事项通告,如《中华人民共和国公安部关于在全国实施居民身份证使用和查验制度的通告》。

2. 办理性通告

即办理一些例行事项的通告,其内容如注册、登记、年检等。

3. 行止性通告

即公布一些令行禁止类事项的通告,其内容如查禁淫秽书画、收缴非法枪支、加强交通管理、查处违禁物品等。下面所附的例文 3-14 即是这类通告。

(三) 格式与写法

1. 标题

通告的标题,有三种组成方式:①"发文机关+事由+文种";②"发文机关+文种",如《北京公安交通管理局通告》;③"事由+文种",如某高校发出的《关于禁止学生酗酒的通告》。

2. 正文

通告正文,一般包括通告缘由、通告事项或通告规定、通告结语这样三部分内容。

(1) 通告缘由。要写明发布本通告的原因、依据和目的,要求说理充分,文字简明,末句用"特通告如下"或"现将有关事项通告如下"等惯用语引起下文。

(2) 通告事项或通告规定。这部分是正文的核心,要具体写明本通告的有关事项或有关规定。如果事项或规定的内容较多,可用分条列项的办法写出,一条写一个内容,文字表达要准确、严密、通俗,语气要坚定庄严。

(3) 通告结语。要简明扼要地提出执行日期、措施及希望、要求等,或采用"特此通告"之类惯用语作为结尾。有些通告,也可以没有结语。

3. 发文单位署名、印章与发布日期

与公告相同。

例文 3-13 上海市公安局关于加强本市烟花爆竹安全管理的通告

根据《上海市烟花爆竹安全管理条例》,现通告如下:

一、2016 年 1 月 1 日起,禁止在本市外环线以内区域燃放烟花爆竹。

二、2016年1月1日起,禁止在外环线以外区域的下列场所燃放烟花爆竹:

(一)国家机关驻地;

(二)文物保护单位;

(三)车站、码头、机场等交通枢纽,轨道交通设施以及铁路线路安全保护区内;

(四)易燃易爆危险物品生产、经营、储存单位;

(五)输变电、燃气、燃油等能源设施安全保护区内;

(六)医疗机构、幼儿园、学校、养老机构;

(七)商场、集贸市场、公共文化设施、宗教活动场所等人员密集场所;

(八)区、县人民政府划定并公布的其他区域、场所。

三、重污染天气期间,本市一律禁止燃放烟花爆竹。

四、在禁止燃放烟花爆竹的区域内,任何单位和个人不得经营、储存、运输烟花爆竹。

五、未经许可,任何单位和个人不得经营、运输烟花爆竹,不得举办焰火晚会以及其他大型焰火燃放活动。

六、对非法生产、经营、储存、运输、燃放烟花爆竹的单位和个人,公安机关将依照法律、法规规定予以处罚。构成违反治安管理行为的,依法给予治安管理处罚;构成犯罪的,依法追究刑事责任。

七、鼓励市民举报非法生产、经营、储存、运输、燃放烟花爆竹行为。举报热线:12345、110。

特此通告。

上海市公安局
2015年12月31日

(录自上海市公安局网站)

第五节 函 与 纪 要

一、函

(一)函的概念

函适用于不相隶属机关之间商洽工作,询问和答复问题,请求批准和答复审批事项。

从函的主要作用来看,它应属商洽性公文。函主要在平行机关或不相隶属的机关之间使用,有时上级机关对下级机关询问一般性的问题,下级机关向上级机关询问具体事项、报送统计报表或一些简单物件,答复上级机关询问的一般性问题等,也可用函来进行。在行政机关的公务活动中,函不具有"指挥""领导"的作用,但它具有"桥梁""纽带"作用,同时也具有"记载"和"凭证"作用。

（二）函的分类

1. 公函

公函具有较完整的公文格式，用于商洽、询问、答复工作中比较重要的问题和请求主管部门批准某些事宜。它属于正式公文，要用带有文头的正式公文用纸并编排文号。

2. 便函

便函用于询问、答复、联系、介绍某些一般性的公务事宜。它不属正式公文，不编文号，不列标题，用机关信笺直接书写并盖上公章即可发出。

（三）格式与写法

1. 标题

公函的标题，由发文机关、事由和文种三部分组成。有时也可省略发文机关，由事由和文种两部分组成。

2. 文号

函的发文字号，一般单独编列，以区别于请示、批复等公文。

3. 主送机关

即接受公函的机关。复函的主送机关与来函的发文机关是一致的。

4. 正文

公函的正文，一般分为开头、中段、结尾三部分。

开头说明出函的原因。如为复函，则以对方来函作为引据，如"××××年×月×日函悉"。中段说明发文单位所联系的事项和意见，或者答复对方提出的问题和要求。结尾部分，如果是要求对方答复的，可用"即请函复""请予研究函复"；如果不要对方答复的，则用"特此函达""特此函达，即希查照"；如果是答复对方的，可用"此复""特此函复""特此函复，请查照办理"等语。

5. 发文机关名称、印章和日期

正文结束以后，写上发函机关名称和发函日期，并加盖印章。

拟写函，应简短明快，不用套话。平行函应注意措辞，语气要委婉、恳切，讲究礼貌，不可强人所难，忌用指令性的语言。

例文 3-14　关于催报"贯彻全国方便食品科技会议精神"的函

××商业局：

全国方便食品科技会议以后，省局于 6 月间召开了九个市商业局参加的方便食品座谈会，传达了全国会议精神，提出了要求。最近，在商业局局长参加的储运工作会议上，又作了传达，要求各市贯彻会议精神，把方便食品工作开展起来。

为了互通情况，给即将召开的全省方便食品座谈会做好准备，请按下列要求，将材料于 8 月中旬报送省科技办公室。

一、采取哪些措施贯彻全国方便食品科技会议精神，效果如何，目前工作进展情况如何？

二、当前本市生产的传统方便食品种类、数量、实际需要量,请按6月会上发的表格填报。

三、新研制了哪些方便食品(如膨化食品、方便汤料、儿童食品、疗效食品等),生产数量、群众反应如何?

四、在开展方便食品工作中,遇到哪些问题,是怎样解决的,现在还存在哪些问题?

××省商业厅

××××年×月×日

(根据有关材料改写)

例文3-15 　　　　国务院办公厅关于同意陕西省承办
2021年第十四届全国运动会的函

国办函〔2015〕155号

体育总局、财政部:

你们《关于批准陕西省作为第十四届全国运动会承办单位的请示》(体竞字〔2015〕186号)收悉。经国务院领导同志批准,现函复如下:

一、同意陕西省承办2021年第十四届全国运动会。

二、筹备和举办第十四届全国运动会的经费主要由陕西省人民政府自筹,中央财政给予一次性定额补助;场馆设施建设所需资金由陕西省人民政府自行负担。

三、体育总局和陕西省人民政府要严格按照党中央、国务院有关规定,充分结合当地经济社会发展实际,坚持量力而行、量入为出、节俭高效原则,共同组织好第十四届全国运动会。

国务院办公厅

2015年12月29日

(录自中国政府网 http://www.gov.cn)

二、纪要

(一)纪要的概念

纪要是一种适用于记载会议主要情况和议定事项的公文。

会议纪要是在会议记录的基础上概括、提炼写成的,是择要反映会议精神和情况的纪实性和指导性的公文。它可以上报,向上级单位汇报会议情况和结果;也可以发给平级单位或下级单位,以传达会议精神和议定事项,或要求与会单位共同遵守,执行。会议纪要有沟通情况、交流经验、统一认识、指导工作的作用。

(二)纪要的分类

1. 议决性会议纪要

议决性会议纪要是与会人员经过商议,对某些事项或问题作出一致决定,需要共同遵守执行时,用会议纪要形式写下的文字依据。在一般的日常办公会议中,经常使用这种会议纪要。

2. 周知性会议纪要

周知性会议纪要是通过如实传达会议情况,以达到传递信息、交流经验目的的一种纪实性会议纪要。一些座谈会、经验交流会、学术讨论会经常使用这种会议纪要。

(三) 格式与写法

1. 标题

会议纪要的标题,一般由会议名称和文种组成,如《全国农村爱国卫生运动现场经验交流会纪要》。在报刊上公开刊登的会议纪要,也可由正、副两行标题组成,正标题阐述会议主要内容精神,副标题交代会议名称、范围和文种,如《以十六大精神为指导 开创乡镇企业工作新局面——××地区乡镇企业工作会议纪要》。

2. 正文

会议纪要的正文,包括会议的基本情况、会议的主要精神、结尾三部分。

(1) 会议的基本情况。会议的基本情况在开头部分书写,用简要的文字介绍会议召开的目的和指导思想、会议的时间和地点、会议名称、主持单位、与会代表、主要议程、讨论的主要问题、会议的效果和意义等。

(2) 会议的主要精神。这部分是会议纪要的主体,要写会议研究的问题、讨论的意见、作出的决定、提出的任务、确定的措施等,这是与会单位会后贯彻的依据。常见的一般有三种写法:

第一种是归纳法,即将会议讨论、研究的内容归纳出几个问题来写。有的会议规模比较大,讨论的问题比较多,涉及的方面比较广,这就要把许多意见加以分类整理归纳,并列出小标题或标上序号。

第二种是概述法,即将会议的发言内容、讨论的情况综合到一起,概括地叙述出来,以反映会议的精神。一些小型会议的纪要,多采用这种写法。

第三种是发言记录式的写法,就是按照会上发言的顺序,把每个人发言中的主要意见写出来,一些座谈会的纪要,多采用这种写法。

用归纳法与概述法写的时候,常用"会议讨论了""与会者认为""会议认为""会议强调""会议指出"等语言来叙述,把会议的主要精神阐述出来。

(3) 结尾。结尾一般提出号召,要求贯彻会议精神,完成会议提出的工作任务。有的会议纪要也可以不要结尾。

3. 日期

日期可写在正文之后,也可以写在标题之下。会议纪要可以不加盖印章。

撰写会议纪要,一定要突出中心,抓住重点,真正地写出会议的"要"来。另外,要注意真实地反映出会议的情况和与会者的观点,条理要清晰,语言要准确、简明扼要,防止含糊其辞,产生歧义。

例文 3-16 教育部艺术教育委员会第五届委员会会议纪要

教育部艺术教育委员会第五届委员会会议于 2010 年 3 月 1 日在上海举行。教育部副部长陈小娅出席会议并向第五届委员会委员颁发了聘书。根据《教育部关于聘请第五届艺术教育委员会委员的通知》(教体艺函〔2010〕2号),本届艺教委委员共68人,主任委员是北京大学资深教授、北京大学艺术学院院长、著名美学家叶朗先生;王耀华、仲呈祥、杨贵仁、周荫昌、杨瑞敏、杨力等6人为副主任委员。第五届艺教委委员有的是在艺术教育委员会工作多年的资深委员,有的是新聘任的委员;有的是富有建树的艺术教育工作者,有的是文艺界知名人士;有的是学养深厚的理论研究者,有的是富有实践经验的第一线教师。

陈小娅在会议上就《践行以人为本的科学发展观,推进学校艺术教育改革发展》作了讲话。她指出,要认真学习实践科学发展观,以促进人的全面发展为宗旨,以贯彻《国家中长期教育改革和发展规划纲要》为契机,在教育事业发展的大格局大环境中来谋划、推动学校艺术教育的改革与发展,要用科学发展观来提升艺术教育理念、规划艺术教育发展、指导艺术教育实践、评价艺术教育成果。加强学校美育和艺术教育是时代发展使然,是促进人的全面发展的必然要求。要加快艺术教育的立法工作,坚持依法治教,把学校美育和艺术教育摆到应有的位置上。学校艺术教育要以全面提高教育教学质量为中心,以农村学校为重点,实现区域内的均衡发展;要坚持教育公平的原则,让每个学生都成为艺术教育的受益者;要坚持正确的育人导向,把社会主义核心价值体系融入生动丰富的艺术教育活动之中,使之内化为青少年的自觉精神追求,引导青少年形成正确的价值观和审美观,陶冶情操,养育心灵,开启心智,塑造健全人格;要通过艺术教育让青少年接受中华民族和世界各民族优秀文化艺术的滋养,培养深厚的民族情感,弘扬伟大的民族精神,建设中华民族共有精神家园。

陈小娅指出,要正确认识学校艺术教育的性质和价值,把艺术教育摆上应有的位置。她以教育部组织的学生艺术展演活动、高雅艺术进校园活动为例,强调艺术教育活动要坚持正确的育人导向,要通过人类先进文化艺术的哺乳,在青少年的心灵中植入真善美的精神基因;要面向全体学生,注重在普及基础上的提高,让学生在参与和体验的过程中提高艺术素养和人文修养,培养健全人格,传承和吸纳优秀文化艺术,抵制不良文化影响。校园文化不同于影视娱乐文化、社会流行文化,应该具有鲜明的教育性和导向性,应该具有引领青少年"向真、向善、向美、向上"的特质。她希望艺教委的各位专家就艺术教育的性质、价值、功能、地位、实施途径等问题进行具有导向性的宣传,发挥引领作用,让全社会正确认识艺术教育,促进艺术教育的健康发展。

陈小娅对各位委员多年来积极参与教育部组织的有关专题调研工作和教育督导工作,表示衷心感谢;并希望专家们坚持求真务实,围绕当前学校艺术教育的重点、难点、热点问题,继续深入调查研究,不断取得具有理论价值和实践意义的研究成果,为学校艺术教育提供有力的智力支撑和专业支持,为推进我国学校艺术教育的改革与发展做出新的贡献。

第四届委员会主任委员靳尚谊先生做了工作报告。他从为学校艺术教育建言献策、提供专业咨询;参与指导艺术教育科研工作,提升艺术教育水平;参与学校艺术教育督导和有关调查研究工作;参与起草、修改有关艺术教育教学文件;参与、指导艺术师资培训和艺术教育活动以及组织有关艺术比赛活动等方面,全面总结了第四届委员会的工作。并从与时俱进，提升教育理念，坚持正确导向；关注实践，面向基层，加强调查研究；依靠部党组领导，紧密配合主管司局；热情参与，以身作则，严于律己，发挥自身的积极性和专业优势等方面，谈了工作经验和体会。他代表第四届委员会希望新一届委员会在推进艺术教育立法、促进艺术教育资源建设和艺术教育质量评估改革等方面有新的进展。

第四届委员会副主任委员周荫昌先生在会上发言，他深情回顾了参与艺教委工作的体会，表示将继续做好新一届委员会的工作。

叶朗先生代表新一届委员会讲话。他对教育部的充分信任表示由衷感谢，他从促进人的全面发展、构建中华民族共有精神家园的角度，对美育和艺术教育的价值和意义进行了精辟的阐述，并就加强宣传引导和加强调查研究等方面谈了对艺教委工作的设想。他表示将和本届全体委员共同努力，建言献策、求真务实，开拓创新，尽心尽力为推进我国学校艺术教育的改革和发展做出贡献。

（录自《教育部公报》2010年第6期）

思考与练习

1. 请示与报告相比较，有哪些异同点？

2. 滨海市第二中学拟改名为鲁迅中学，按规定，中学改校名需得到市教育局批准。请你代滨海市第二中学向滨海市教育局写一份请示。

3. ××大学学生艺术团需到国外演出，出国前要进行一个月的训练，拟请滨海市交响乐团指挥曹××先生来校做指导教师。但此事需征得滨海市交响乐团的同意。请你就此事代××大学学生艺术团给滨海市交响乐团写一份函。

4. ××大学行政领导班子每隔两周要开一次办公会议，请你代该校校长办公室秘书写一份办公会议纪要，内容可自定。

5. ××市治安状况较差，请你代××市公安局草拟一份通告，提出一些明令禁止的事项。

6. ××中学向××市教育局送交了一份报告，介绍了该校进行教学改革的经验。××市教育局认为这个报告写得很好，该校的经验值得向全市推广。请你代××市教育局写一份批转性通知。

7. 请你代所在学校的团委写一份表扬性通报，表扬你校某个共青团员的先进事迹。

8. ××理工大学后勤保障处所属的第一学生食堂是个先进集体，该食堂共有38名职工，他们千方百计改善伙食，做出来的饭菜价廉物美，受到了广大学生长期的一致好评。请你以××理工大学的名义，写一篇对该校第一学生食堂的表彰决定。

9. 2015年3月,××外国语学院发动全校团员、青年开展了学雷锋活动,涌现了许多好人好事。通过这次活动,广大团员、青年的思想觉悟有了很大提高。请你以××外国语学院团委的名义,向××市团委写一份报告,汇报这次学雷锋活动的情况。

10. 指出以下一篇公文的错误,并予以重写。

公　　告

2014年金秋十月,我校将迎来百年华诞。百年峥嵘岁月,世纪风雨沧桑。我们将通过百年校庆活动,进一步振奋师生精神,凝聚校友情谊,汇聚各界力量,共绘美好蓝图。

百年校庆庆典活动将于2014年10月28日上午9时在××大戏院举行,我们热切期盼各级领导、校友、社会各界人士莅临盛会,共襄盛举。

特此公告,敬请周知。

东海市××××小学
2014年10月5日

11. 指出下面这篇公文的错误,并予以改写。

××供销合作社文件
××字(15)第××号

关于再次请求解决××仓库划交的紧急请示报告

×××:

关于×社所属省棉麻公司××仓库划交的问题,我们曾于×月×日以凤棉字(××)第××号报告×××,至今未见批复。现在麻类调拨在急,××不按我们双方协商的意见执行,拒收红麻于库外,致使全省麻类调拨、储存业务中断。

目前汛期临近,××、××、××等沿江各县麻的库存量达×××万担,纷纷来人来电要求迅速调出。为了不使国家财产遭受损失,我们特再报告,请示迅速解决××仓库划交的问题,以应急需。恳请上级领导立即作批示。

(单位印章)
二○××年×月×日

12. 分条列项地指出以下这篇公文文稿的错误并简述理由。

关于区教育局校办企业管理科更名的报告

区委、区经委、区政府:

经局务会议讨论通过,决定我局校办企业管理科更为名××区校办工业总公司,原该科科长王××同志任总经理。

以上报告如无不妥,请即批复。

××区教育局
2015年6月

13. 修改下面这篇公文。

××市人民政府照转省档案局《关于加强档案工作的报告》

各单位：

省档案局《关于加强档案工作的报告》已经市政府同意，现照转给你们，望认真贯彻执行。

近几年来，档案行政管理机关在档案业务指导和档案行政执法中，做了大量工作，取得了比较优秀的成绩。各级人民政府要加强对档案工作的领导，继续严格贯彻执行党中央、国务院关于进一步加强档案工作的指示精神，注重发挥各级档案行政管理机关的作用，为全面提高我市档案工作的水平创造条件。

××省人民政府办公厅
2014 年 11 月 3 日

14. 天宇设计院准备派五名新近接收的大学毕业生到华宁建筑公司下属的××项目部实习三个月，以积累一定的实际工作经验。为此，决定先去函联系此事。请你以天宇设计院的名义，给华宁建筑公司写一份联系此事的函。

15. 根据以下提示，请你以教育部的名义，拟写一份会议通知。

教育部拟于 2015 年 3 月 8 日—11 日在上海××大学召开全国现代远程教育教学工作会议，研究进一步加强现代远程教育试点高校网络高等学历教育学历证书和学位证书规范管理工作，要求全国各省(市)教育主管部门、各试点高校各派一人出席会议。

16. 修改下面这份通知。

转发教育部办公厅关于加强校庆管理的通知

市属各高校党委，各区、县级市教育局，局属各中小学校、中职学校：

现将省教育厅《转发教育部办公厅关于加强校庆管理的通知》(×教办〔2014〕××号)(以下简称《通知》)转发给你们，请各单位认真贯彻落实《通知》的要求，在工作中切实加强对校庆工作的管理，确保校庆活动规范、有序、健康进行。

××市教育局××科
2014 年 10 月 12 日

在线测试，请扫描

第四章 事务文体的写作

第一节 计 划

一、计划的概念、作用和分类

（一）计划的概念

计划是根据党和政府的有关方针、政策以及上级的指示、要求，依据本部门的实际情况，对未来一定时期内的工作、生产、学习等，拟订目标、内容、步骤、措施和完成期限的一种文书。在日常工作中，"安排""打算""规划""设想""方案"等，都是人们对今后的工作或活动做出的部署和安排，因而也都属于计划这个范畴。一般说来，安排、打算常用于时间较短，内容较具体，并偏重于工作步骤和方法的计划；规划是带有全局性、长远性和方向性的计划；设想是初步的、供参考的计划；方案则是对某项工作从目的、要求、方法到具体步骤都作出较为全面部署与安排的计划。

（二）计划的作用

制订计划是日常工作中不可缺少的环节，也是一种科学的工作方法。就一项具体的工作、活动来看，一般总是先有决策，再有计划，然后组织实施。计划既是决策内容的具体化，又是组织实践活动的纲领。在发展速度越来越迅速、竞争越来越激烈的当今社会里，靠"偶然""碰巧"获得成功的概率越来越小，"凡事预则立"已成为大众的共识。无论是制定长远规划，还是解决眼前问题；也无论是一个国家的五年、十年国民经济发展成就的取得，还是一个大学生学业的成功，人们都可以看到计划在其中发挥的积极作用。

（三）计划的分类

计划的种类很多，按照不同划分标准，可以将计划分为不同种类。

1. 生产计划、工作计划和学习计划

按性质分类,有生产计划、工作计划和学习计划等。人们为进行生产,必须制订各种各样的计划,如"产量计划""品种开发计划""成本计划"等。工作计划是为筹划和实施某项工作而制订的计划。学习计划是单位、组织或个人为安排学习而制订的计划。学习计划通常包括基础理论学习计划、业务学习计划、技术培训计划等。

2. 个人计划和组织计划

按范围分类,有个人计划和组织计划等。个人计划是个人为未来而作的设计,一般有个人学习计划、个人进修计划、个人工作计划、个人创业计划等。组织计划指组织为自己未来各方面的工作制订的计划,如生产计划、福利计划、公关应急计划等。

3. 短期计划和长期计划

按时间分类,有短期计划和长期计划等。短期计划的时间跨度并不统一,一般而言,年度、季度、月度计划都属于短期计划。短期计划通常是针对某些实际工作制订的,因此,它往往比较详细具体,具有较强的可操作性。长期计划涉及的时间跨度大,一般并不针对某项具体工作,而是对某方面的工作作出纲领性的规划。人们通常把三年以上的计划叫做长期规划,如三年规划、五年规划、十年发展纲要等。

除了以上的分类之外,实际工作中运用的计划种类还有很多。如按内容分,有生产、销售、采购、财务、教学、学习计划等;按涉及对象分,有中央政府、委办、部门、公司、科室、班组、个人计划等;按效力分,有指令性计划和指导性计划等。

二、计划的结构和基本内容

(一)计划的结构

1. 标题

标题又叫计划名称,主要表明制订计划的单位、期限和种类,如《交通大学2014—2015学年教学改革计划》,就包括了单位名称、计划期限和计划种类三项内容。标题中也可以不出现单位名称,只在正文结尾处写上单位名称。如果计划尚未正式确定,或是征求意见稿、讨论稿,须在标题后用括号注明"草案""初稿""未定稿""供讨论用"等字样。

2. 正文

正文是计划的主体,一般包括下列几项内容:

(1)前言。前言的作用是简要地说明制订计划的依据和理由,宏观概括今后总的工作任务。如果是普通的、简要的计划,前言部分可以省略,直接就写计划的目标和任务。

(2)目标和任务。这部分要明确写出计划要达到的目标、指标和要求,要做哪些事,数量上、质量上和时间上的具体要求等。

(3)措施和步骤。这部分要详细说明完成任务的具体措施,行动步骤,时间分配,人力、物力和财力安排等。

(4)其他事项。除以上内容外,如还有须注意的问题,可以放入"其他事项"处加以说明,或以单列条文的形式给予表述。

3. 结尾

结尾的内容一般包括在执行计划时应该注意的事项,需要说明的问题,或是提出要求、希望和号召等。

结尾的最后是落款，要注明制订计划的单位名称和日期。如果在计划标题上已标明了单位名称，结尾处就不必重复。上报或下达的计划，要在落款处加盖公章。此外，与计划有关的一些材料，如在正文里不宜表达，可以在正文后面附文、附表或附图说明。如果需要抄报、抄送某些单位，在正文之后应分别写明。

（二）计划的基本内容

1. 情况分析

认真研究工作实际状况是制订计划的基础。制订计划前，首先要分析研究工作的现状，如上阶段的工作已经做到了什么程度，有哪些优点和缺点，有些什么经验和教训等。其次，要依据客观的形势和上级的指示、要求，考虑本部门、本单位的实际状况，以及和其他部门、其他单位工作的相互关系，对计划涉及的情况作全面的分析研究，分清哪些是实施计划的有利条件，哪些是不利条件；实施计划面临的主要矛盾是什么，次要矛盾又是什么，从而使计划建立在切实可行的基础之上。

2. 任务和要求

计划提出的任务和要求，既要符合实际情况，具有可操作性，又要是在可能范围内的最高目标，具有挑战性。如果不具备可行性，计划就不踏实，不但无法实现，而且还会挫伤执行计划者的信心；如果计划定得太低，过于保守，虽然留有的余地多了，但也不利于激励执行者充分发挥积极性去争取最好的结果。

3. 步骤和措施

在明确了计划任务以后，还需要根据实际条件，确定工作方法和步骤，采取必要的措施，以保证计划的完成。实际情况的发展总要比人们所预料的复杂得多，在计划的执行中常常会遇到一些原来没有考虑到的这样或那样的问题和困难，这是正常的现象。具体而有效的工作方法、步骤和措施的确定，常常是计划得以顺利完成的关键因素之一。

三、计划的写作要求

（一）顾及大局，服从整体

下级服从上级，局部服从全局，这是制订计划的原则之一，也是计划写作的基本要求之一。制订计划的目的，是为了执行和贯彻党和政府的有关方针、政策，更好地完成本单位、本部门的各项工作任务。因此，计划的制订和写作，必须从整体利益出发，把本单位、本部门的小计划纳入国家、上级的大计划之中，正确处理好个人与集体、当前与长远、局部与整体的关系。这样制订出来的计划就能比较切合工作实际，能够发挥、调动各方面积极性。

（二）实事求是，留有余地

计划的制订要依据实际情况，而不能依照个人的主观愿望和意志；要对当时当地现实情况加以具体的科学分析，而不要从抽象的原则出发；要进行认真、深入、系统、全面的调查研究，把调查研究作为制订计划的前提和基础，而不要闭门造车。既要先进，又要稳妥；既要积极，又要留有余地。不搞空指标、假指标，不搞"一刀切""一窝蜂"。要根据需要与可能相结合的原则制订计划，否则制订出来的计划不是保守就是脱离实际。

(三) 具体明确，突出重点

计划的目的、任务、指标、措施、办法、步骤、负责单位或相关人员等，都应写得具体、明确，切忌含糊不清，模棱两可，职责不明。要根据每一个时期任务的主次、缓急来安排工作的程序，把中心工作和重点任务突出出来。如果没有中心和重点，所有工作都像报流水账似的写入计划，结果必然是主次不分，杂乱无序，什么工作也做不好。通常在写计划时，重要的、紧迫的工作应安排在前面，一般的、可缓的工作安排在后面，这样写，既使行文错落有致，又使计划便于执行。

(四) 语言简洁，朴素自然

计划的语言要简洁明了，朴实自然，讲求实用。文风要朴实，以说明、叙述为主，不能铺陈花哨。此外，计划的写作要尽可能周全、完善。由于实际工作是十分复杂的，在其发展过程中，往往会出现一些无法预见的新问题。因此，在制订计划时，事先一定要对工作过程中可能发生的问题，进行充分的分析和估计，并对预防和克服可能发生的问题提出有效的措施和方案。按照这样的计划进行工作，就比较主动，就容易取得成功。

例文 4-1 国家突发环境事件应急预案

1 总则（略）

2 组织指挥体系（略）

3 监测预警和信息报告

3.1 监测和风险分析（略）

3.2 预警

3.2.1 预警分级

对可以预警的突发环境事件，按照事件发生的可能性大小、紧急程度和可能造成的危害程度，将预警分为四级，由低到高依次用蓝色、黄色、橙色和红色表示。

预警级别的具体划分标准，由环境保护部制定。

3.2.2 预警信息发布

地方环境保护主管部门研判可能发生突发环境事件时，应当及时向本级人民政府提出预警信息发布建议，同时通报同级相关部门和单位。地方人民政府或其授权的相关部门，及时通过电视、广播、报纸、互联网、手机短信、当面告知等渠道或方式向本行政区域公众发布预警信息，并通报可能影响到的相关地区。

上级环境保护主管部门要将监测到的可能导致突发环境事件的有关信息，及时通报可能受影响地区的下一级环境保护主管部门。

3.2.3 预警行动

预警信息发布后，当地人民政府及其有关部门视情采取以下措施：

(1) 分析研判。（略）

(2) 防范处置。（略）

(3) 应急准备。（略）

（4）舆论引导。（略）

3.2.4 预警级别调整和解除

发布突发环境事件预警信息的地方人民政府或有关部门，应当根据事态发展情况和采取措施的效果适时调整预警级别；当判断不可能发生突发环境事件或者危险已经消除时，宣布解除预警，适时终止相关措施。

3.3 信息报告与通报（略）

4 应急响应

4.1 响应分级（略）

4.2 响应措施（略）

4.2.1 现场污染处置（略）

4.2.2 转移安置人员（略）

4.2.3 医学救援（略）

4.2.4 应急监测（略）

4.2.5 市场监管和调控（略）

4.2.6 信息发布和舆论引导（略）

4.2.7 维护社会稳定（略）

4.2.8 国际通报和援助（略）

4.3 国家层面应对工作

4.3.1 部门工作组应对

初判发生重大以上突发环境事件或事件情况特殊时，环境保护部立即派出工作组赴现场指导督促当地开展应急处置、应急监测、原因调查等工作，并根据需要协调有关方面提供队伍、物资、技术等支持。

4.3.2 国务院工作组应对

当需要国务院协调处置时，成立国务院工作组。主要开展以下工作：

（1）了解事件情况、影响、应急处置进展及当地需求等；

（2）指导地方制订应急处置方案；

（3）根据地方请求，组织协调相关应急队伍、物资、装备等，为应急处置提供支援和技术支持；

（4）对跨省级行政区域突发环境事件应对工作进行协调；

（5）指导开展事件原因调查及损害评估工作。

4.3.3 国家环境应急指挥部应对（略）

4.4 响应终止

当事件条件已经排除、污染物质已降至规定限值以内、所造成的危害基本消除时，由启动响应的人民政府终止应急响应。

5 后期工作（略）

6 应急保障

6.1 队伍保障

国家环境应急监测队伍、公安消防部队、大型国有骨干企业应急救援队伍及其他相关方面应急救援队伍等力量,要积极参加突发环境事件应急监测、应急处置与救援、调查处理等工作任务。发挥国家环境应急专家组作用,为重特大突发环境事件应急处置方案制订、污染损害评估和调查处理工作提供决策建议。县级以上地方人民政府要强化环境应急救援队伍能力建设,加强环境应急专家队伍管理,提高突发环境事件快速响应及应急处置能力。

6.2 物资与资金保障

国务院有关部门按照职责分工,组织做好环境应急救援物资紧急生产、储备调拨和紧急配送工作,保障支援突发环境事件应急处置和环境恢复治理工作的需要。县级以上地方人民政府及其有关部门要加强应急物资储备,鼓励支持社会化应急物资储备,保障应急物资、生活必需品的生产和供给。环境保护主管部门要加强对当地环境应急物资储备信息的动态管理。

突发环境事件应急处置所需经费首先由事件责任单位承担。县级以上地方人民政府对突发环境事件应急处置工作提供资金保障。

6.3 通信、交通与运输保障

地方各级人民政府及其通信主管部门要建立健全突发环境事件应急通信保障体系,确保应急期间通信联络和信息传递需要。交通运输部门要健全公路、铁路、航空、水运紧急运输保障体系,保障应急响应所需人员、物资、装备、器材等的运输。公安部门要加强应急交通管理,保障运送伤病员、应急救援人员、物资、装备、器材车辆的优先通行。

6.4 技术保障

支持突发环境事件应急处置和监测先进技术、装备的研发。依托环境应急指挥技术平台,实现信息综合集成、分析处理、污染损害评估的智能化和数字化。

7 附则

7.1 预案管理

预案实施后,环境保护部要会同有关部门组织预案宣传、培训和演练,并根据实际情况,适时组织评估和修订。地方各级人民政府要结合当地实际制定或修订突发环境事件应急预案。

7.2 预案解释

本预案由环境保护部负责解释。

7.3 预案实施时间

本预案自印发之日起实施。

附件:(略)

(录自中国政府网 http://www.gov.cn,本书收入时有改动)

第二节　总　　结

一、总结的概念、作用和分类

(一) 总结的概念

如果说计划是对未来的展望与构想,那么总结则是对过去的回顾与思考。总结是人们在某一阶段的工作结束之后,对其进行检查、反思和研究,找出经验教训,最终形成的理论化、系统化的书面材料。日常使用的小结、体会等,也属于总结。

(二) 总结的作用

1. 获取经验,汲取教训

一个阶段的工作或学习,总蕴涵着人们一定的脑力和体力劳动,因此,及时有效地总结宝贵的经验供今后的实践参考是十分必要的。此外,决策的失误、运作的偏差、关键时刻的优柔寡断等都会带来沉痛的教训,通过总结,可以为后来者提供借鉴。

2. 交流信息,推广经验

在网络技术日益普及的今天,全球一体化已成为世界发展的总趋势。在许许多多的领域里,不同国家、地区、民族、组织的人们需要及时交流信息,借鉴成功的经验,避免在无知盲目中走弯路。

3. 上情下达,加强管理

有时总结既要上报,又要下发,有时还会通过各种渠道加以传播,因此,它能起到上情下达、互通情况的作用。对集体而言,总结能沟通上下级的联系,使上级了解下级完成任务的情况,加强对下级工作的指导和管理。总结可以使人们形成理论联系实际的工作作风,养成勤于思考、善于思考的习惯,在工作中增长才干,提高水平。实际的工作既是平常的,又是独特的。人们在工作中积累起来的大量经验、教训会直接对其工作实绩产生影响。"前事不忘,后事之师",总结能帮助人们避免无谓失误,使各项工作有条不紊地开展。

(三) 总结的分类

总结可按时间、内容、范围分为不同的类别。

1. 年度总结、季度总结和月度总结

这类总结既可写成全过程总结,也可写成阶段性总结。这要视实际要求而定。除了年、季、月总结外,根据需要,有时还可以进行周总结、日总结。

2. 综合性总结和专题性总结

综合性总结也叫全面总结,单位的年终总结一般常用这一类总结。综合性总结是对各项工作的全面回顾,务求重点突出,避免面面俱到、没有中心和重点。专题性总结也称为单项总结,这是对某项任务的经验或教训所作的总结,内容集中而有针对性,在日常工作、生活中运用也极为广泛。

3. 单位总结和个人总结

这两种总结,在归纳总结以往工作的一般优、缺点的同时,还应力求从理论的高度对已经形成、出现的经验和教训进行概括,以便举一反三,从点到面,使总结能发挥更大的效用。

二、总结的结构

(一) 标题

总结的标题有三种写法:一种是由单位名称、时间期限和文种名称三部分构成,这种标题通常用于工作总结,如《海达资本管理公司2015年工作总结》;也可以在标题中加上具体内容和范围,如《沪江电信局2015年减员增效工作总结》。如果总结发放范围明确,可以在标题中省略单位名称,只写时间期限、内容范围、总结种类。第二种标题的写法似一般文章。这类标题多用于经验总结,如《加强管理监督,防范金融风险》。第三种是采用正副标题的写法,即用正标题概括总结内容,用副标题标明单位名称、时间期限、总结种类等内容。这类标题多用于专题性总结,如《严肃党纪国法,推进反腐倡廉——市海关党委专项整风总结》。

(二) 正文

1. 开头

也称前言,一般应简要概述总结的内容和目的。开头的方式主要有以下几种:

(1) 概述式:概括介绍基本情况(工作背景、时间、地点等)。
(2) 结论式:提出总结的结论,使读者明白总结的核心所在。
(3) 提示式:对工作的主要内容进行提示性的简要概括。
(4) 提问式:开头提出问题以引起读者对该文的关注,明确总结的重点。

2. 主体

一般由基本情况、经验和教训、设想和安排等内容组成。

基本情况包括总结对象涉及的环境背景、具体任务、实施步骤等。经验和教训指总结工作成效和带规律性的、有指导意义的体会。除了所取得的成就、经验之外,对工作中曾出现的失误也应实事求是地说明,做到既不一味铺陈优点,也不有意回避缺点。设想和安排是在总结经验教训的基础上,针对工作中实际存在的问题,提出解决办法。主体部分的结构形式通常可采用"情况——经验——问题——建议"的顺序,分成四大部分进行总结,这是写总结的传统方法。根据需要还可以用其他形式,如阶段式,用于对周期长、阶段性显著的工作进行总结,把整个工作过程按时间顺序划分为若干阶段进行总结;并列式,以具体的工作项目为顺序,把要总结的内容按性质逐条排列,夹叙夹议,这种形式较适用于专题性总结。此外,也可按时间的顺序、围绕的中心、突出的重点等进行总结,还可按文章的自然段落安排行文的层次。

3. 文尾

按照行文的去向注明报送、抄送、下发单位。以机关名义作的总结一般不在文尾署名,而是写在标题下。个人所作的总结,通常在正文右下方署名。日期写在文尾最后处。

三、总结的写作要求

（一）态度诚实，思想端正

总结的目的是要从对过去的回顾中汲取经验教训以指导今后的工作，因此，应当客观、全面、辩证地分析事物，从中得出科学的结论。切不可未做言做，未得言得，弄虚作假，欺世盗名。

（二）占有充足的材料

总结必须建立在事实的基础上，而对构成事实的要素如时间、进度、空间变迁、人员构成、各种其他因素等，均须作材料的搜集工作，掌握真实的数据信息。没有丰富的实际材料作为叙述、归纳与评判的基础，总结的内容很难做到准确、全面、客观、公正。因此，占有充足的材料是写好总结的前提。

（三）实事求是地评价过去

如实评价过去，既要总结成功的经验，也要分析失败的教训，不可对成绩夸大其词，也不能对缺点避而不谈。只有具备科学性和可信性的总结，才会对今后的工作有实际的指导意义。

（四）突出重点，兼顾全面

写总结时，视野应当开阔远大，不拘泥于一个部门、一件事情，要根据写作的目的和总结的不同性质，突出重点内容，切忌主次不分，详略不当，面面俱到却又处处浮光掠影。

（五）层次清晰，文字简洁

总结可以有上行、平行、下行三种去向，三种阅读对象都要求总结的行文必须层次清晰明了。文字不求华美，以准确简洁为好，以便让阅读者在尽可能短的时间内抓住要领，用于实务。

视频演示，请扫描

例文4-2　　2015年上海市金山区政府信息公开工作年度总结

本年度总结根据《中华人民共和国政府信息公开条例》（以下简称《条例》）和《上海市政府信息公开规定》（以下简称《规定》）的要求，由金山区人民政府办公室综合区政府各委办局和街镇（金山工业区）的政府信息公开年度报告撰写，文中所列数据的统计期限从2015年1月1日起至12月31日止。

一、概述

推进政府信息公开工作是促进法治政府、创新政府、廉洁政府和服务型政府建设的重要举措。2015年，我区认真对照国务院、市政府政府信息公开年度工作要点，坚持"规定动作不遗漏、创新工作有特色，重点工作要聚焦、常规工作要兼顾"的原则,结合本区实际,逐一对照抓落实,年度各项工作全面完成。

(一)提前谋划部署,有序推动工作。1月,我区着手制订《2015年金山区政府信息公开重点工作安排》。6月,国务院、市政府信息公开年度工作要点下发后,我区认真对表,查漏补缺,以项目化的方式对年度工作任务进行细化分解,确定了9个方面42项具体工作,每项具体工作都明确了责任单位、时间节点和具体要求,做到既统筹兼顾,又有所侧重。

(二)注重公开实效,加强平台建设。发挥"上海金山"门户网站第一平台建设,结合国务院第三方测评工作,对门户网站信息公开专栏进行了调整优化,突出了规范性文件、新闻发布、政策解读、热点回应、重点领域等百姓较关注热点信息,改善了栏目视觉效果和便捷性能,加快了数据更新速度,网站获得"上海市优秀网站"称号。同时,注重培育网络主流舆论场,构筑了覆盖不同受众、具有较强网络话语地位的官方微博微信,打造了多功能立体化平台。

(三)注重能力提升,开展多元培训。将业务培训作为重要工作,制定了年度培训计划,组织开展了针对不同对象的多元化、多层次的政府信息公开培训。

(四)注重机制建设,夯实基础工作。加强市、区信息公开工作平台的互联互通,做到了市级平台机构信息全面完整、依申请信息及时录入、季度统计表准时报送。实行政府信息公开工作定期提示制度,区政府办公室围绕一个阶段政府信息公开的重点工作和日常工作中发现的主要问题进行工作提示。强化工作督查督办,通过走访调研、季度督查、工作讲评等形式,有效推动信息公开各项工作落实。

二、主动公开政府信息情况

一年来,我区坚持把内容深化作为重点,坚持公文类信息与非公文类信息并重,加强信息发布、解读和回应工作,强化制度机制和平台建设,全年公开公文类政府信息2 420件,主动公开率46.5%。

(一)做实政策文件解读工作。制定了《关于做好本区政策文件解读工作的实施办法》,并针对工作落实中存在的主要问题,专门下发了《关于进一步做好本区政策解读工作的有关提示》,完善解读工作流程,建立了区政府办公室牵头,文件起草单位、区政府法制办、区政府新闻办、"上海金山"门户网站协调联动的工作机制,并充分发挥金山报和"i金山"等微博、微信等新媒体作用,做到解读形式多样化。

(二)深化财政信息公开。继续深化区本级财政预决算信息公开,在按规定向社会公开月度(季度)地方收支情况、区级政府预决算报告,以及公共财政收支、政府性基金收支预算调整、执行和决算等信息的基础上,全区47家预算主管部门(涉密部门已除外)的年度部门预算信息、区本级"三公"经费和部门"三公"经费预算信息于4月在政府门户网站和各部门网站全面公开,部门预算收入科目细化公开到目级,财政拨款支出科目细化公开到项级。

(三)稳妥推进权力清单信息公开。区委、区政府将建立权力清单、责任清单和负面清单作为年度五大重点调研课题之一进行研究。区发展改革委、卫生计生委、安全生产监管局、石化街道和漕泾镇作为先行先试单位,权力清单在"上海金山"门户网站行政权力专栏进行公布。

(四)全面推进公共监管信息公开。全面落实安全生产事故调查报告公开,年内共公开12起生产安全一般事故调查报告全文和区政府批复。落实安全生产"黑名单"制度,年内在区政府门户网站公布了4批26家危险化学品行业"黑名单"企业。加强国资国企信息公开力度,下发了《关于推进区属企业信息公开工作的通知》,公开了区属企业基本情况、总体经营状况、社会责任报告、财务会计报表等信息。落实重大建设项目公开制度,每月公布重大项目进展情况。

(五)推进公共资源信息公开。全面落实保障性住房信息公开,动迁安置房、经济适用房、公共租赁房和廉租住房年度建设计划、开竣工项目、计划完成情况、分配政策、分配房源、分配程序、分配对象、分配过程、分配结果信息全面公开。实施阳光征收,制定发布了本区集体土地征收补偿标准,依托市规划土地局信息平台,全面公开了土地征收与房屋补偿相关信息。

(六)推进公共服务信息公开。依托金山教育网,及时发布教育综合改革推进情况及有关改革举措,统筹推进招生计划、程序、收费、咨询申诉渠道等信息公开。推进社会组织尤其是公益慈善类组织信息的公开,及时公开社会组织成立、变更、注销等信息,详细公开上海市慈善基金会金山区分会慈善业务基金支出明细表,主动接受社会监督。加大社会救助信息公开力度。此外,区人力资源社会保障局及时做好人力资源社会供求信息及分析信息发布工作,区卫生计生委及时公开了医疗卫生领域信息,方便人民群众。

三、依申请公开政府信息情况(略)

四、复议、诉讼情况(略)

五、主要问题及改进措施

一是以权力清单为主线,深化政府信息公开内容。以梳理公布的权力清单为基础,推动行政处罚案件信息、行政许可信息深入公开,加强信用信息共享,提高行政执法透明度。继续深入抓好本级政府预决算、部门预决算、部门"三公"经费预决算、财政专项资金使用情况等方面信息公开工作。有组织有计划地公开保障房建设、环境保护、食品质量安全、突发事件、安全生产等公共资源配置、公共服务、公共监管信息,继续推进重大工程建设项目、国有企业信息公开,有力保障群众及时了解社会民生,畅通监督行政权力运行渠道,切实提高政府信息公开社会效益。

二是以平台建设为支撑,提升政府信息公开实效。加强信息供应主体沟通协同,发挥网站、微博微信、电视报纸等新旧媒体各自优势,打破政府信息发布碎片化局面。调整优化区政府门户网站信息公开专栏,统筹整合部门之间、上下级政府之间现有门户网站,避免重复建设"信息孤岛",提升政府信息发布效能,打造传播主流声音的政府网站集群。对本地区突发事件、应急事件,依法按程序第一时间通过政府网站发布动态信息。借助新旧媒体开辟多元化公众参与渠道,提升政府感知能力。通过发布规范性文件草案、重大工程建设等政府信息,征求群众意见,反馈采纳情况,完善重大决策,凝聚社会共识。通过数字化、图表图解、音频、视频等方式,对政策文件进行深入浅出、通俗易懂的解读,增强网站的吸引力与亲和力。

三是以培训指导为保障,强化依申请应对能力。继续做好具体案例指导,仔细研究、认真回复部门咨询的依申请信息公开问题,避免不必要的行政诉累。致力开展优质高效的点对面指导,精心收集、详细点评发放区内外典型案例,促进有关单位把好收件受理关、答复内容关、答复程序关。高度关注最高人民法院发布的指导案例,及时通报司法机关关于依申请公开案件疑难复杂问题观点看法。搭建互动交流平台,改变单向传播知识模式,组织具体工作人员共同探讨难题、交流互鉴经验,调动具体工作人员主动学习、深入研究、努力推进工作的积极性。

四是以跟踪落实为抓手,确保各项任务落实到位。着力源头管理,通过收文环节确定发文主体、标注是否解读等,确保精简公文、政策解读要求落实到位。对照年度重点工作,实施项目管理,坚持牵头抓总,督促牵头部门研究制定、组织实施细化量化的操作规定及标准。强化数据统计报送、培训会议参加等工作动态跟踪,建立实时台账,按季通报情况,及时肯定先进、鞭策后进,形成抓落实的倒逼机制。加强走访调研,坚持问题导向,会同有关部门分析原因、明确计划、解决问题,强化难题破解,确保责任目标顺利实施。健全科学完善的考核评价体系,将实时记录的台账作为年终考评依据,并引入第三方评估机制,综合日常考核及第三方评估,年底对各部门工作进行排位通报,充分发挥绩效考核引领工作落实的"指挥棒"和评价工作实施的"测量仪"作用。

附件:2015年政府信息公开情况统计表(略)

更多总结例文,请扫描

(录自上海金山门户网站 http://jsq.sh.gov.cn,本书收入时有改动)

第三节　简　报

一、简报的概念和作用

(一) 简报的概念

简报是政府机关、企事业单位、人民团体等组织用来汇报、反映、沟通情况和交流经验的一种书面报告。它不能代替正式公文,也不公开出版。日常工作中常见的党政机关、企事业单位、部队、学校以及各种生产、经营、服务机构等的通讯、动态、情况反映、信息通报、内部参考资料等都属于简报的范围。简报具有简短灵活的特点,使用范围很广,是一种很有用的应用文书。

(二) 简报的作用

1. 汇报作用

简报虽然不是公文,但可以通过它向上级汇报本单位、本部门、本系统、本地区的工作情况和重要动态,使上级能及时了解下情。实际工作中大量的情况通过简报呈报,既方便领导有针对性地指导下级的工作,又便于领导进行相关决策时作参考。

2. 交流作用

通过简报可以向平级单位传递信息，交流工作中的新情况、新问题、新经验、新成绩，便于相互了解、相互学习，促进各项工作。

3. 指导作用

简报可以用于向下级单位宣传党和政府的方针、政策，传达有关会议的精神，交流推广典型经验，倡导、表彰好人好事，批评不良倾向，指出应该注意的问题。在实际工作中，上级对下级工作的指导，有时就是以通过下发简报的形式实现的。简报常常是上级领导开展工作、推动工作的重要工具。

二、简报的分类和特点

（一）简报的分类

简报的形式多样，种类不少，从不同的角度、用不同的方法对简报可以作出不同的分类。常用的简报有以下三种：

1. 情况简报

情况简报也叫工作简报，一般有两种常用形式：一是综合性情况简报，二是专题性简报。综合性情况简报是在明确的主题贯穿下，综合反映生产、经营、服务等工作的情况和问题。这类简报既有广度，又有深度，不是有闻必录，什么都反映，而是抓住主要问题，反映最有价值的情况。专题性简报主要是将某一项专门工作的动态、进展、问题向主管部门反映，或向有关部门、下属单位作通报，借以传播信息，推动工作。

2. 动态简报

动态简报的特点是迅速及时、简明扼要地反映新近发生的事件、情况。这种简报内容新，反应快，动态性、时效性强。动态简报一般也有两种：工作动态简报和思想动态简报。工作动态简报主要反映本系统、本部门内部工作的正反两方面的新情况和新动向；思想动态简报主要反映公众对政府重大方针、政策的反应和认识，社会上的某种思潮或思想倾向，各行各业各阶层的思想状况等。这类简报多见于有关单位编发的"内部参考"。这种动态简报一般都具有内部参考和保密性质，其流通、阅读范围有较严格的限定。

3. 会议简报

会议简报主要是及时报道某种会议的概况，会上交流的情况、经验，探讨、研究的问题，反映会议形成的决议和基本精神。会议简报不能只反映会议的一般进程，或者罗列一些议程，而要突出要点，为上级领导和有关部门提供新鲜内容和信息。会议简报一般以报道会议内容为主，既可以综合报道会议各个阶段的情况，也可以摘登大会发言或小组讨论发言。在编发发言摘要时，要力求准确、全面、如实地反映出发言者的基本观点和思想倾向，并且尽可能送交发言人或大会秘书处有关负责人审阅后再编发。

（二）简报的特点

1. 真实性

编写简报是一项严肃的工作，简报中所反映的材料必须真实、可靠，对事物的分析解释，必须坚持实事求是的科学态度,符合实际。事件、材料、数据要仔细核实。不管是反映成绩还是反映问题,都必须杜绝锦上添花或隐瞒真相的做法。

2. 准确性

简报的准确性体现在内容、材料和语言等几个方面。内容要选择具有价值、值得重视的情况和问题;所运用的材料要经过调查研究,仔细核实,确保其真实性;语言的使用要准确、规范,要避免用词、用语不当,语义混淆。

3. 及时性

简报要写得快、编得快、印得快、发得快,以便及时向有关人员提供情况,使他们不失时机地处理问题,制定政策。重要的情况要在第一时间加以反映,一日一报,甚至可以一日数报,以便更好地发挥简报的作用。现代通信技术发展迅速,可以充分利用网络、传真和专线电话等现代化手段,加快信息传递的速度。

4. 新鲜性

新鲜事物的产生,往往包含着事物发展的必然性、普遍性。简报报道的新情况、新经验、新动向应具有较大甚至很大的参考价值。如果简报反映的都是人所共知的旧闻,或仅有个案价值的事件,那就失去了它的作用和意义。

5. 简明性

简报的篇幅通常都比较短小,因此,其内容必须简练。除综合性的简报外,一般简报均为一事一报,字数以千字左右为宜,过长就不是"简报"了。如果可报道的内容确实很多,可以分几期编发。内容力求简明,行文平实为宜,不需作艺术描述、理论阐述,只要将"什么情况"、"怎么回事"写明就可以。

三、简报的格式和结构

(一) 简报的格式

1. 报头

报头设在第一页的上方,约占全页 1/3 的篇幅,下边用横线与正文部分隔开,通常报头有五方面的内容:

(1)简报名称。用大号字写在报头正中部位,如"财经简报""金融动态"。简报名称可以套红,也可以不套红。文字常用印刷体或书写体,一般不用美术字,以示正规。简报名称宜相对固定。

(2)期号。在简报名称下面居中写明期号并用括号括起来,一般写成"第1期"的形式,也可写成数字形式,如"(1)"。

(3)主编单位。在期号之下,间隔横线之上的左侧,顶格写主编单位的名称。

(4)印发日期。写在期号之下,间隔横线之上的右侧。

(5)密级与缓急程度。如简报需注明秘密等级、缓急等级,应在简报名称的左上方标明。

2. 按语、标题和正文

简报如有按语,则先写按语,再写标题,后写正文。正文一般由开头、主体和结尾三部分组成。

3. 报尾

报尾在简报末页的下方,也用横线与正文部分隔开。它有两个基本内容:一是发送范围,写在版尾的左方;二是印发的份数,写在报尾的右下方。

简报格式如图4-1所示。

图 4-1　简报格式

(二) 简报的结构

1. 按语

简报的按语就是简报的编者针对简报的某些内容所写的说明性或评论性的文字。按语一般写在标题之前,并在这段文字的开头之处写上"编者按""按语"或"按"等字样。转发式的简报一般都要加上编者按语,其他重要的简报也要加编者按语。简报的按语常常是根据领导的意见起草的,但按语不是指示、命令,没有指令性公文的作用。按语的特点是把简报的内容和现实工作联系起来,表明领导的意见,帮助人们加深认识,准确把握工作的方向,对下级的工作起到督促、指导的作用。简报的按语一般有两类:一种是说明性按语,它常常是对简报的内容、作用和现实意义等作一些说明。这类按语一般文字很短,有时就一句话,如:

编者按:根据中央领导同志的意见,现将中国人民银行关于欧元危机的报告摘登如下,供各单位参阅。

另一种是批示性按语,它常常是针对一些有典型意义的事件和反映当前工作中存在的问题作出评论,表达领导机关的看法、意见或对下级的要求。

2. 标题

编写简报十分讲究标题的写作。好的简报标题能准确、简要、生动、鲜明地概括全文的内容。一般说来,简报标题的写法类似于新闻标题的写法,但又不像某些新闻标题那样引题、正题、副题一应俱全。如果采用正副标题的写法,正标题揭示文章的思想意义,副标题写出事件与范围,对正标题起补充说明作用。

3. 正文

正文是简报的中心部分,它通常由开头、主体和结尾三部分组成。

(1)开头。简报的开头,常见的有三种形式:一是叙述式,即开门见山地把要反映的事件的时间、地点、人物、起因和结果在开头部分直接写出,使读者一目了然;二是结论式,先写出事情的结果或因此而得出的结论,然后再作具体说明或得出结论的理由;三是提问式,即一开始就用一个或数个问题把主要事实提出来,引起读者的注意,然后再用回答的语气在主体部分作具体的叙述。

(2)主体。主体是简报的最主要的部分,一定要写得充实、有力。要用有说服力的事实、数据、情况、问题等典型材料,支持简报的结论或让读者了解真实的情况,作出自己的判断。主体部分常用的写法主要有以下几种:一是按时间顺序写,即按照事件发生、发展和结束的自然顺序来写,这种写法比较适合报道一个完整的事件;二是按空间变换的顺序写,这种写法适用于报告一个事情的多个场面,或者用于围绕一个中心,综合报道几个方面的情况;三是归纳分类表述,把所有的材料归纳成几个部分、几条经验、几种倾向或几种做法,分别标上序号或小标题,逐一写出;四是夹叙夹议法,就是边叙述情况,边议论评说,这种方法适用于反映具有某种倾向性问题的简报;五是对比法,即在对比中展开叙述,既可以作纵横对比,也可以作好与坏、正与反的对比等等。

(3)结尾。简报的结尾有两种,一种是把主体部分情况、事实叙述完后,干净利落地结束全文。另一种是用一句话或一段话收束全文。收束全文的句子,或用来总括全文的内容,或提出今后打算。对于未完事件或连续性事件,常用"事情正在处理中",或"事件发展情况将随时给予通报"等语句结尾,以加强简报的连续性。

例文 4-3

东城政协简报

第 12 期

政协北京市东城区委员会办公室　　　　　　　　　　　2016 年 3 月 11 日

西城区政协到我区学习交流

3 月 11 日,西城区政协副主席王瑞珠一行 8 人组成的考察组就"政协协商与党委政府有效衔接研究"到我区学习交流。区政协副主席王红、李铁生,区委、区政府、区政协相关部门负责同志出席。

会议听取了东城区研究室主任关于"东城区政协协商与党委政府有效衔接研究"的情况介绍。政协初步构建了以党委加强领导、政府大力支持、政协积极承办为框架,以计划共同制定、课题共同确立、实施共同组织、人员共同参与、责任共同承担为内容的协商活动新格局。双方还针对政协与党委的对口协商、界别协商、提案办理协商等方面工作进行了深入的交流和探讨。大家一致感到:加强人民政协协商民主建设,是当前积极适应新的社会发展形势的迫切要求,也是加强人民政协工作的客观要求,只有不断加强政协协商民主建设,才能更好地发挥好委员主体作用。为区域经济、社会全面发展提供智力支持和履职保证。

(专委会工作五室)

区政协提案委与区相关单位对口协商

3月9日下午,区政协提案委与区委办、政府办、信息办,就做好今年的提案督办工作进行了对口协商。大家一致认为,提案是政协委员履职的重要手段,是委员履行职责最直接、最有效的途径,做好提案办理工作不仅体现承办单位高度的政治性,更体现了对政协和委员的尊重。提案办理过程中,区委办和政府办将在提案者和提案承办单位之间搭建起顺畅的沟通协调平台,进一步提高提案办理实效。

(专委会工作四室)

主题词:政协　简报
报:市政协　区委
送:区人大办公室　区政府办公室　区委宣传部　区委研究室　各区县政协
发:全体政协委员　区处级单位

政协北京市东城区委员会办公室　　　　　　　　　　2016年3月11日

编辑:文××　　审核:高××　　签发:郝×　　共印31份

(录自北京东城区政协网 http://zhengxie.bjdch.gov.cn)

第四节　规章制度

一、规章制度的概念、作用和特点

(一) 规章制度的概念

规章制度是章程、条例、规定、办法、细则、规则、规程、制度、守则、公约、须知等的总称,它是在一定的范围里制定的一种具有法规性与约束力,要求有关人员必须按章办事,共同遵守的文件,也就是说,它是在一定范围内要求人们必须共同遵守的行为规范和准则。

(二) 规章制度的作用

规章制度是一种使用范围十分广泛的应用文体。上至国家最高领导机关,下至最基层的企事业单位,乃至社会生活的某些方面,都需要用规章制度规定有关人员应该遵守的事项和职责或应该达到的标准等,以保证公务活动、生产活动、工作、学习、生活等有序、正常、协调地进行。为了创造良好的环境,建立正常的秩序,建立、健全各种规章制度是十分必要的。

（三）规章制度的特点

1. 要求的统一性

规章制度的统一性主要是指规章制度的内容必须有法律和政策作为依据。任何规章制度的制定，都必须以国家颁布的各种法律、法规，党和政府制定的有关路线、方针、政策为依据，统一在国家法律及党和国家的大政方针之下，不能借任何理由制定违背人民根本利益的规章制度。

2. 规定的具体性

规定性是规章制度的主要特点。所谓规定性，是指规章制度按照所涉及对象的性质、范围，限定人们可以做什么，不可以做什么；可以怎样做，不可以怎样做，用以规范人们的行为。因此，规定的内容必须具体、严密、细致、周全，对规章制度实施过程中可能会出现的情况要有充分的估计。规章制度的内容要有逻辑性，要前后一致，缜密无隙。

3. 形式的条列性

规章制度的主要内容，几乎都是以条款序列的。这是规章制度的规定性、严密性在形式上的具体体现。应该怎样做，不应该怎样做；怎样是对，怎样是错，界限要分清，要作出相应的规定，这就自然地形成了形式上的条列性。条列的安排要有层次性，层次应根据具体文种的内容需要而设置，可多可少。多的可以有七级：编、章、节、目、条、款、项；少的只有条（项）一级。常用的多为条、款二级或章、条、款三级。

二、规章制度的分类

规章制度的种类很多，常用的有以下几种：

（一）章程

章程是党团组织、社会团体、学术组织等对其性质、宗旨、任务、组织机构、组成人员及其活动规则等作出的规定，一般由本组织、团体制定并经其代表大会通过。章程是一种根本性的规章制度，具有很强的严肃性和法规性。如《中国共产党章程》，就是由中国共产党中央委员会制定，中国共产党全国代表大会通过的根本法规，每一个中国共产党党员必须无条件遵守的章程。同样，任何一个组织、团体的章程对该组织、团体的所有成员也都具有约束力。

（二）条例

条例是为指导某一方面长期性的工作、活动正常开展而制定的较为原则和全面的规范，一般由主管该方面工作、活动的党和政府的相关部门根据国家的有关法律、政策制定，由党的领导机关、国家权力机关或国家最高行政机关批准（通过）颁发。条例是具有强制性和约束力的法规性文件。在我国，根据工作、活动的性质和管辖的权限，有人大通过发布的条例，如《中华人民共和国学位条例》（1980年2月12日全国人大常委会通过发布）；有政府机构制定发布的条例，如《中华人民共和国失业保险条例》（1999年1月22日国务院制定发布）。

（三）规定

规定是政府机关、社会团体、企事业单位等针对特定范围内的工作和事务或专门问题制定的要求和规范，也是一种具有强制性和约束力的法规性文件。规定所规范的对象和范围比较集中,措施和要求也比较具体。同章程、条例相比,规定的针对性更强,长期稳定性则相对少一点。从规定的制发机关、单位来看,有政府行政机关制定发布的规定,如国务院 1990 年 10 月 22 日发布的《中外合资经营企业合营期限暂行规定》;有社会团体、企事业单位处理本团体、本单位的某种工作和事务所制定的规定,如《上海市公安局关于国庆期间交通管理的暂行规定》。

(四) 办法

办法是政府机关、社会团体、企事业单位针对某项工作或某一方面的活动制定的具体的要求与规范。办法是一种具有强制性和约束力的规定性文件,与条例、规定相比,它所规定的内容更具体,有些办法就是根据相关条例、规定中的某些条款制定的。如国务院发布的《产品质量监督施行办法》,就是根据国务院发布的《标准化管理条例》中的有关条文制定的,它比条例具体,更具有操作性。此外,办法与条例、规定的使用范围也不同。条例、规定多用于某些重大问题、重要事项,而办法一般用于具体事务或某一事项。如财经领域的资金管理、票汇结算、税务管理、信贷手续等工作,一般就是用各种办法来管理、规范、协调的。

(五) 细则

细则是政府机关、社会团体、企事业等单位根据上级机关发布的有关条例、规定或办法,结合本地区、本部门、本单位的实际情况,制定的具有一定的补充性、辅助性的详细的实施规则。它也是一种规定性的文件,比条例、规定、办法更具体、更明确。在实际工作中,细则往往是实施条例、规定、办法之类规章的补充性、辅助性文件,因为细则对原法律、法规的某一重要原则、重要事项或某些关键词语负有诠释的任务,或把上级发布的有关条例、规定、办法中较原则性的规范具体化、细密化,使其更加具体、更加明确,以利于贯彻实施。如《中华人民共和国商标法》第四十一条规定:"已经注册的商标,违反本法第十条、第十一条、第十二条规定的,或者是以欺骗手段或者其他不正当手段取得注册的,由商标局撤销该注册商标;其他单位或者个人可以请求商标评审委员会裁定撤销该注册商标。"这里"以欺骗手段或者其他不正当手段取得注册的"行为,涵盖面比较宽泛,执行时不好把握。所以,1993 年 7 月 15 日修订的《中华人民共和国商标法实施细则》第二十五条对它作了诠释:"(1) 虚构、隐瞒事实真相或者伪造申请书件及有关文件进行注册的;(2) 违反诚实信用原则,以复制、模仿、翻译等方式,将他人已为公众熟知的商标进行注册的;(3) 未经授权,代理人以其名义将被代理人的商标进行注册的;(4) 侵犯他人合法的在先权利进行注册的;(5) 以其他不正当手段取得注册的。"经过这样的诠释,《中华人民共和国商标法》的有关规定内容就具体、明确了,执行起来也就比较容易掌握。

(六) 规则、规程

规则和规程基本相同,它们都是政府机关、社会团体、企事业等单位管理具体事务或活动时所使用的规定性文件。通常,规则是指在一定范围内针对某一具体事项或活动制定的,要求有关人员共同遵守的准则;规程是指在一定范围内针对某一具体事项、活动或某项操作制定的,要求有关人员共同遵守的统一要求和程序。在实际应用中要注意规则、规程与规定、办法等文种的异同。和规定相比,规则、规程的使用范围有所不同:规定是法规性文件,多用于重要的工作、问题,所涉及的领域较广泛;规则、规程只是规定性的文件,多用于具体的事务性的工作或某种活动、某种操作,所涉及的范围较窄。规则、规程与办法既有共同之处,又有不同之点。共同之处是,它们所规范的事情多是具体性的事务;不同之处是,它们在规范人们的行为上侧重不同:办法侧重于对问题的处理和解决,重点是提出解决问题的措施和办法,而规则、规程侧重于统一的要求和规格,要点是提出管理事务或活动的章法程序。

(七) 制度

制度是党政机关、人民团体、企事业等单位为加强对某一部门工作的管理和严格组织纪律而制定的要求有关人员共同遵守的规定性文书。制度的制定依据相关的法律、法规,一经颁布,有关人员必须遵守,若有违反,就要受到相应的处罚,所以制度具有很强的强制性和约束力。制度的使用范围十分广泛,凡是要求有关人员共同遵守,并按一定程序办理的事情,都可以使用制度规范人们的行为,以确保各项工作正常、有序地进行。除了通过一定的途径发布相关的制度之外,还可以在某些有效的场所张贴有关的制度,这样做,既能时时提醒相关人员,又便利其他人进行监督,如在某些工作场合,张贴相关的"岗位责任制度"。这是制度的一个特点,实际工作中应注意加以合理的运用。

(八) 公约、守则

公约是一定范围或行业的成员或其代表,在自觉、自愿的基础上,经过集体讨论制定的须共同遵守的道德规范和行为准则。守则是政府机关、社会团体和企事业等单位根据上级有关指示精神和实际工作需要制定的,要求所属成员严格遵守的行为准则。公约和守则都是具有一定的规定性和约束力的文书,但是,它们的使用范围有所不同:公约多用于公共事业方面的道德、行为规范,如《交通大学爱国卫生公约》;而守则除了用于各行各业人们的道德、行为规范之外,还常常用于生产工艺等的具体操作规范,如《水下焊接工艺守则》。

三、规章制度的结构和写法

(一) 规章制度的结构

由于规章制度的种类较多,涉及的内容又广,要把各种规章制度归入一种结构是不现实的,也是不必要的。但是,各种规章制度的结构却又有许多相同之处,以下就规章制度的常用结构作一介绍。

1. 部首

(1) 标题。规章制度的标题一般有两种构成形式:一种是两元素构成法,即由事由和文种构成,如《水利资源保护条例》;另一种是三元素构成法,即由制文机构名称(或施行范围等)、事由和文种构成,如《财政部关于企业财务检查中处理财务问题的若干规则》。

(2) 制发时间和单位。一般在标题之下用括号注明规章制度通过的日期,或批准、公布的年、月、日,如《集体商标、证明商标注册和管理办法》(国家工商行政管理总局2003年4月17日发布)。

2. 正文

（1）总则。总则是关于制定各种规章制度的目的、意义、依据、指导思想、适用原则和范围等的说明性文字。规章制度制定的依据，通常总是在正文的开始部分就予以明确。如《中华人民共和国人民警察使用警械和武器条例》第一章第一条就写明条例制定的依据："根据《中华人民共和国警察法》和其他有关法律的规定，制定本条例。"

（2）分则。分则也就是规范项目，这是规章制度的实质性规定内容，是要求具体执行的依据。如1993年4月22日国务院发布的《股票发行与交易管理暂行条例》，其分则部分就对"股票的发行""股票的交易""上市公司的收购""保管清算和过户""上市公司的信息披露""调查和处罚"以及"争议的仲裁"等事项，分别列专章作了规定。

（3）附则。附则是对规范项目的补充说明，其中包括用语的解释和解释权、修改权、公布实施的时间等项内容，一般放在正文的最后。如《社会保险费征缴暂行条例》最后一章（第五章）为附则，共三条："第二十九条　省、自治区、直辖市人民政府根据本地实际情况，可以决定本条例适用于本行政区域内工伤保险费和生育保险费的征收、缴纳。第三十条　税务机关、社会保险经办机构征收社会保险费，不得从社会保险基金中提取任何费用，所需经费列入预算，由财政拨付。第三十一条　本条例自发布之日起施行。"

（二）规章制度的写法

如前所述，各类规章制度的结构略有差异，写法也就有所不同。下面对一些常用的规章制度的写法作一简单的介绍。

1. 章程

（1）标题。章程的标题一般由组织名称和文种构成。组织名称为政党、社会团体、学术组织或企事业单位等的名称，文种即是章程，如《中国写作学会章程》。

（2）发布的时间。章程总是由一定的会议通过的，因此，要在标题之下，居中写上通过该章程的会议名称和时间，并加上圆括弧。

（3）正文。章程的正文都是以条文的形式写成的。正文一般分为序言、主体、附文三个部分。序言也称总则，是正文的开头部分，通常要写明制定章程的意义、目的、根据、章程适用的范围以及总的原则精神等。主体又称分则，由若干条款组成，写出章程的具体内容，是正文的主要部分。每一条目陈述一个具体问题，如果所陈述的问题较复杂，可以在这一条下面再分几款来叙述。为求表述清楚，每章里的条款应当按问题之间的联系和逻辑顺序排列。

（4）附文。附文或称附则，是主体部分的补充和说明，列于章程的最后。一般用于明确章程的修改权、解释权、具体实施细则的制定权以及其他需要说明的事项等。附文的形式可以单独列为一章，也可以不作一章，只写两三个条款放在最后。

（5）署名。一般企业的章程署名，通常放在尾部，写明制定章程的企业名称、时间、章程通过的年、月、日。如果在标题下已有这两项内容，可以省略不写。如果是中外合营企业的章程，署名一般在正文下方，分别写上合营各方单位名称、法定代表人（或代理签署人）、职务等。书写位置一般甲方在左，乙方在右；其下写明年、月、日并应加盖单位印章。

2. 条例

（1）标题。条例的标题一般有两种构成形式：一种由事由和文种构成，如《广告管理条例》；另一种由施行范围、事由和文种构成，如《上海市市政建设管理条例》。如果条例在内容上还不够成熟，尚待进一步修改，可以在标题里标明"暂行""试行"等字样，如《事业单位登记管理暂行条例》。

（2）制发时间、依据。一般在标题之下用括号注明该条例通过的日期及会议名称，或条例批准、公布的年、月、日和机关名称。如果条例是随"命令""令"等文种同时公布的，这项内容可以不写。

（3）正文。条例的正文一般由总则、分则和附则三部分组成。总则是关于制定条例的目的、意义、依据、指导思想和适用原则、范围等的说明性文字。表述要简洁明了。分则是规范项目，是条例的实质性规定内容。为便于理解和执行，分则各章可分为若干条款加以陈述。附则是对规范项目的补充说明，其中包括用语的解释、解释权、修改权、公布实施的时间等项内容。条例的正文基本上采用通篇条文式结构，它有两种表述方法：一种是条款式，全文按序列条，另一种是章条式，全文分若干章，第一章为总则，最后一章为附则，中间为分则。其中分则各章可以设标题标明该章内容，每章下包含若干条，分别写出有关规定事项，条的顺序按整个条例编排，不按章单排。这种表达形式纲目清晰，表意明白，便于理解、执行，多用于内容庞杂的条例。

3. 规定

（1）标题。规定的标题一般有两种构成形式：一种由事由和文种构成，如《关于对外贸易中商标管理的规定》；另一种由制文机关名称、事由和文种构成，如《中华人民共和国海关关于进出境旅客通关的规定》。如属短期内适用或尚待进一步修改的规定，在标题的文种前要加上"暂行""试行"等字样，如《驰名商标认定和管理暂行规定》。

（2）制发时间、依据。规定的制发时间、依据写在标题之下，用括号注明规定制发的日期和会议，或通过的会议、时间，或批准、发布的机关、时间等。如规定是随"命令""令"等文种同时发布的，这项内容可以不写。

（3）正文。规定正文的内容由总则、分则和附则组成。总则交代制定规定的缘由、依据、指导思想、适用原则、范围等。分则说明规范项目，即规定的实质性内容和要求，附则说明有关执行要求等。正文的结构形式基本上是通篇条文式，也有的是绪言加条文式。两者的区别在于总则内容安排的形式。通篇条文式，总则就在第一章或第一条加以表明；而绪言加条文式是在条文前面，加一段绪言，作为总则内容，然后以条文形式说明分则、附则内容。规定的条文部分有三种表述方法：第一种是标序列述式，按序号依次写明规定内容；第二种是条款式，按序列条，把规定的内容用条款的形式逐条加以明确；第三种是章条式，全文分若干章，第一章为总则，最后一章为附则，中间为分则。

4. 办法

（1）标题。办法的标题一般有两种构成形式：一种由事由和文种构成，如《票汇结算办法》；另一种由发文机关、事由和文种构成，如《国家科委关于科学技术研究成果的管理办法》。如属试行或尚待进一步完善的办法，须在标题的文种前加上"暂行""试行"等字样，如《商品交易市场登记管理暂行办法》。

(2) 制发时间、依据。时间、依据写在标题之下，用括号注明制发的日期，或制发、批准办法的机关、会议及时间等。有的办法随"命令""令"等文种同时发布，这一项目内容可不写。

(3) 正文。办法的正文内容由总则、分则和附则组成。总则是关于制定办法的目的、意义、依据、指导思想、适用原则和范围等的说明文字；分则是规范项目，即办法的实质性内容和要求、执行办法的具体依据；附则是对规范项目的补充说明，其中包括用语的解释、解释权、修改权、公布实施的时间以及执行要求等。办法的正文一般是通篇条文式结构，通常有两种表达方法：一种是条款式，全文按序列条，条下有时设款分项。另一种是章条式，全文分若干章，第一章为总则，最后一章为附则，中间为分则。其中分则各章可以设标题标明该章内容，每章包括若干条，分别写出有关规范事项。这种写法多用于内容比较庞杂的办法。

四、规章制度的写作要求

（一）依法定规，按法制度

规章制度的制定必须严格依据党和国家的有关法律、法规、方针、政策。如上所述，章程、条例与规定等规章制度是必须严格遵照执行的；办法、细则、规则、制度等规章制度是规定性的文件，也须遵照执行。各类规章制度公布之后，对相关的人和事具有明确的强制性和约束性，起着规范行为的作用。因此，它们的内容及制定过程必须符合党的有关方针、政策和上级指示精神，必须符合国家的法律，政府的行政法规和法令，这是规章制度写作的第一要求。

（二）实事求是，切实可行

在制定各种规章制度时，一定要坚持实事求是的原则，要进行深入细致的调查研究，切实领会党和政府的相关法律、法规、方针、政策和上级指示精神，充分掌握实际情况。只有这样，才能制定出符合国情、符合实际、切实可行的规章制度，才能对相关的工作起到管理、指导、规范等作用。

（三）结构严谨，内容具体

各种规章制度都是要求有关人员遵照执行的，因此，在写作时就要做到结构严谨，条理清晰，内容明确，便于执行人员理解和操作。要严格划清各种界限，具体、明确地说明操作的事项应该怎么做，不应该怎样做；同时，语言要准确、严谨、周密，不能有疏漏、含糊和有歧义，充分体现出规章制度的严肃性。

（四）定期检查，及时修订

制定各种规章制度是件十分严肃的工作，各种规章制度一经发布，都具有相对的稳定性。但是，随着社会的飞速发展，新情况、新问题层出不穷，为了适应客观形势的发展，符合实际情况的需要，在实施过程中对各类规章制度不断进行完善，是十分必要的。根据社会的实际发展和需要，修改那些不适应的内容，补充一些必要的新内容，是规章制度写作的特殊之处，尤其是那些写明"试行""暂行"的规定、办法等，都要定期检查，适时地进行修改或补充。

例文 4-4　　　鼓励留学人员来上海工作和创业的若干规定

第一章　总则（略）
第二章　高层次留学人员所符合的条件和留学人员为本市服务的方式
第六条　本市重点引进战略产业和重点项目急需的高层次留学人员。本规定所称的高层次留学人员除符合留学人员条件外，还需符合以下条件：

（一）在国际学术技术界享有一定声望，为某一领域的开拓人、奠基人或对某一领域的发展有过重大贡献的著名科学家；

（二）在国（境）外著名高校、科研院所担任相当于副教授、副研究员以及以上职务的专家、学者；

（三）在世界知名企业中担任高级管理职务的经营管理专家，或在著名跨国公司、金融机构担任高级技术职务，在知名律师（会计、咨询）事务所担任高级技术职务，熟悉相关领域业务和国际规则，有较丰富实践经验的管理人员和技术人员；

（四）在国（境）外政府机构、政府间国际组织、著名非政府机构中担任中高层管理职务的专家、学者；

（五）学术造诣高深，对某一专业或领域的发展有过重大贡献，在国际著名的学术刊物发表过有影响的学术论文，或获得过有国际影响的学术奖励，其成果处于本行业或本领域学术前沿，为业内普遍认可的专家、学者；

（六）主持过国际大型科研或工程项目，具有比较丰富的科研、工程技术经验的专家、学者、技术人员；

（七）拥有重大技术发明、专利等自主知识产权或专有技术的专业技术人员；

（八）具有特殊专长并为本市急需的特殊人才。

第七条　根据有关法律、法规、规章以及国家和本市有关规定，鼓励留学人员采取多种方式，为本市经济社会发展服务：

（一）在国家机关担任国家公务员（入外籍的除外）、顾问或咨询、技术专家；

（二）以技术入股或投资的形式创办高新技术企业；

（三）担任国有企业法人代表；

（四）在学校、科研院所、医疗机构、文化艺术院团、新闻媒体、金融机构、重点（开放）实验室、工程技术研究中心以及其他企事业单位受聘担任或兼任专业技术职务、中高级管理职务、顾问或名誉职务；

（五）投资开办教育、医疗机构或建筑设计、律师、会计、咨询等服务机构；

（六）利用先进科学技术、设备和资金等条件，与高等院校、科研院所、各类企业等进行合作研究或建立合作研究开发基地；

（七）担任重大工程、重点项目的高级管理或技术职务；

（八）来本市讲学或进行学术、文化艺术等方面的交流；

（九）在境外开展接受委托科研项目的研发活动，或将境外科研项目委托本市有关研究单位、团体进行研发；

（十）依托境外的科研、教育、培训机构，与有关单位合作或接受委托，为用人单位培养人才；

（十一）在本市注册中介机构为本市引进外资、技术、项目等提供中介服务，联系外国专家来本市举办各种学术技术交流活动，联系国外学术技术团体开展科技经济方面的国际交流与合作，在境外从事为本市产品开拓国际市场推介营销等中介服务；

（十二）应聘在本市单位驻境外机构工作；

（十三）以其他方式为本市服务。

第三章　创办企业和其他经济实体

第八条　市人力资源社会保障局为留学人员创办企业享受优惠政策提供资格认定等相关服务，市工商局、市财政局、市地税局、市商务委、市质量技监局、上海海关、国家外汇管理局上海市分局等部门提供集中服务，方便留学人员办理企业注册登记等相关手续。

第九条　市人力资源社会保障局可先受理留学人员委托国内亲友代为申请创办留学人员企业享受优惠政策的资格认定，再由相关部门办理有关手续，以便利留学人员来上海投资创办企业。

第十条　本市设立留学人员创业园区。留学人员创业园区享受高新技术开发区和经济技术开发区内孵化机构的优惠政策，并可引进和建立若干专业化风险资金或创业资金。

第十一条　本市鼓励和支持有条件的留学人员创业园区建立为留学人员提供创业资本支持和融资担保的种子资金和担保资金，为园区内企业在吸引国际创业投资和争取上市等方面创造条件。

第十二条　各留学人员创业园区为留学人员创办企业时在企业注册、土地使用、税务、商检、进出口代理、商务、公用事业、劳动人事等方面提供便利服务，简化手续，减少环节，并为注册在园区内的留学人员企业提供场租、资金扶持和信息服务等方面的优惠待遇。同时，协助留学人员按程序申报本市各类政府资助项目。

第十三条　各级政府要加大对留学人员创业园区的扶持力度，积极支持创办留学人员创业园区，关心留学人员创业园区的建设和发展。要建立留学人员创业园区高新技术项目的评估机制，选择技术含量高的企业进入创业园区，使其真正成为留学人员高新技术企业孵化和创新科研成果转化的基地。

第十四条　市人力资源社会保障局要会同各区县政府及相关部门对留学人员创业园区加强指导、扶持和管理。市人力资源社会保障局要定期对留学人员创业园区进行考察评估。

第四章　相关待遇（略）

第五章　附则

第四十条　本规定自2016年2月1日起施行，有效期至2020年12月31日。

（录自上海政府网，本书收入时有改动）

思考与练习

1. 为了做好新生入学工作，××大学校长办公室拟出了以下几项主要工作，请根据这些工作安排，拟写一份××大学迎新工作计划。

① 教务处在 7 月 20 日前将新生班级名单整理好，教室安排好，并审核教学大纲。
② 后勤处在 7 月 25 日之前将新生电子就餐卡准备好。
③ 学生处在 7 月 25 日前将《学生手册》、学生证、校徽下发到各系。
④ 学生处在 7 月 25 日之前确定军训及新生入学教育方案。
⑤ 各系办公室负责安排所在系新生报到场地布置及报到接待工作。
⑥ 财务处负责新生学杂费收费、助学贷款发放工作。
⑦ 7 月 30 日，新生入学报到。学生处统筹全面工作。

2. 总结的基本内容一般应包括哪些方面？

3. ××大学为帮助本校学生更好地完成择业工作，从 2015 年 9 月起面向全校本科生开设了《大学生成功就业指导》这门选修课，由该校获××市职业咨询师资格的教师任教。

《大学生成功就业指导》是一门实践性很强的生涯教育课程，以活动为主进行团体训练，使学生在真诚与接纳的氛围中开放自我、彼此分享真实体验，通过团体训练提高就业竞争力。本课程通过精心设计的活动来创设一定的情境，使学生真实体验就业过程，通过亲身参与来增加就业实战经验，从而提高择业技能。内容涉及职业素质训练、职场世界探索、求职信和简历的制作、面试、角色转换等。本课程分为三部分：求职概述；职业素质训练和职场世界探索；就业技巧强化训练。本课程 18 学时，1 学分，共开设 6 个平行班。

××市教委认为××大学新增的这门选修课对做好本市大学生就业工作有一定的积极意义，也值得其他高校借鉴，便决定根据上述内容出一期简报，请代为编发。

4. 以下是从《广告管理条例》和《广告管理条例施行细则》中节选的部分内容，请仔细对照《细则》和《条例》相应的条款，指出这两种文种在写作上的异同。

广告管理条例	广告管理条例施行细则
第二条　凡通过报刊、广播、电视、电影、路牌、橱窗、印刷品、霓虹灯等媒介或者形式，在中华人民共和国境内刊播、设置、张贴广告，均属本条例管理范围	第二条　《条例》第二条规定的管理范围包括： （一）利用报纸、期刊、图书、名录等刊登广告 （二）利用广播、电视、电影、录像、幻灯等播映广告 （三）利用街道、广场、机场、车站、码头等的建筑物或空间设置路牌、霓虹灯、电子显示牌、橱窗、灯箱、墙壁等广告 （四）利用影剧院、体育场（馆）、文化馆、展览馆、宾馆、饭店、游乐场、商场等场所内外设置、张贴广告 （五）利用车、船、飞机等交通工具设置、绘制、张贴广告 （六）通过邮局邮寄各类广告宣传品 （七）利用馈赠实物进行广告宣传 （八）利用其他媒介和形式刊播、设置、张贴广告

续表

广告管理条例	广告管理条例施行细则
第七条　广告客户申请刊播、设置、张贴的广告，其内容应当在广告客户的经营范围或者国家许可的范围内	第十条　根据《条例》第七条的规定，广告客户申请发布广告，应当出具相应的证明： （一）工商企业和个体工商户应当交验《企业法人营业执照》副本和《营业执照》 （二）机关、团体、事业单位提交本单位的证明 （三）个人提交乡、镇人民政府、街道办事处或所在单位的证明 （四）全国性公司、中外合资经营企业、中外合作经营企业、外商独资经营企业，应当交验国家工商行政管理局颁发的《中华人民共和国营业执照》 （五）外国企业常驻代表机构，应当交验国家工商行政管理局颁发的《外国企业在中国常驻代表机构登记证》
第十一条　申请刊播、设置、张贴下列广告，应当提交有关证明： …… （八）其他各类广告，需要提交证明的，应当提交政府有关部门或者其授权单位的证明	第十四条　根据《条例》第十一条第（八）项的规定，申请刊播下列内容的广告，应当提交有关证明： （一）食品广告，应当提交所在地(市)级以上食品卫生监督机构批准的《食品广告审批表》 （二）各类展销会、订货会、交易会等广告，应当提交主办单位主管部门批准的证明 （三）有奖储蓄广告，应当提交上一级人民银行的证明 （四）个人启事、声明等广告，应当提交所在单位、乡(镇)人民政府或街道办事处出具的证明

5. 根据自己所参加的学校社团或自己的兴趣爱好，拟写一份社团组织的章程或守则。

在线测试，请扫描

第五章 信息文体的写作

第一节 消 息

一、消息的特点与种类

（一）消息的特点

消息，也叫消息报道、新闻。它用简洁明快的文字，迅速及时地反映现实生活中新近发生的具有意义的事实，是新闻报道中运用最广泛的一种文体。消息的主要特点有以下两点。

1. 时效性

在实际工作中，新闻常和"抢"字连在一起。"抢新闻""抢消息"很生动地反映出消息特别注重时效的特点。和其他文种相比，消息的优势就在于反映事件的速度最快。消息的时效性，是消息质量的一个重要组成部分。再好的消息报道，如果延宕发布的时机，被他人抢了先，就有可能成为废纸一张。

2. 真实性

真实性是消息的另一个基本特点。消息报道的内容，无论是重大事件，还是寻常小事，都要真实可靠，不允许有任何虚构和夸张。真实性是消息的生命和灵魂，一旦出错，危害极大，新闻媒体在公众中的良好形象和信任度需要很长的时间才能恢复。因此，从某种程度上讲，"真实性"比"时效性"更加重要。

（二）消息的种类

消息的种类较多，从不同的角度出发，可以对消息作出不同的分类。根据目前较通行的方法，按照写作特点可将消息分为四类。

1. 动态消息

动态消息主要用于迅速、及时、准确地报道国内外重大事件和生活中出现的新情况、新变化、新成就、新动向、新风尚。动态消息以叙述为主,其结构完整,文字简明,篇幅短小,时效性强,是新闻中用得最多的一种体裁。

2. 典型消息

典型消息又称经验消息,主要是反映一些具体部门、单位在一定时期内产生的工作成效、典型经验或深刻教训,用以指导全局,带动一般,具有较强的针对性和指导性。典型消息往往由事实引出道理,从个别事例中总结经验,叙述较完整,分析较系统。

3. 综合消息

综合消息主要是综合反映带有全局性的事件、情况、动向、成就、经验和问题的报道。这种报道涉及面较广,声势和作用较大,因此需要占有比较充分和全面的材料,要有较强的概括性。它往往以若干动态消息为基础,把动态消息的点和综合消息的面结合起来,将一个地区某方面的情况或某项工作的情况报道出来。

4. 简明消息

简明消息又称简讯、短讯或快讯。它是新闻报道中最简练、最短小的一种新闻体裁。它的内容相对较为简单,篇幅较为简短,但报道的领域却极为广泛。通常情况下,简明消息所报道的不是重大主题,而是有新闻价值的小事。

二、消息的结构

(一) 标题

消息的标题,要求用非常简明的语言标出报道的内容,点明其意义,以此来吸引读者,激发读者的阅读兴趣。精彩的标题是一篇报道成功的一半,出色的标题通过精心的构思,能简明、准确地把新闻内容的精华概括出来。

消息标题大致有以下三种形式:

1. 多行标题

多行标题在三行以上,除了正题之外,还有引题和副题。

引题的位置在正题之上,又称"肩题""眉题"。它时常用来介绍背景,烘托气氛,引出正题,与正题互为补充。

正题是标题的主体,要对消息中最主要的内容和含义作出概括与说明,其特点是明确、简练、突出。

副题的位置应在正题之下,又称"辅题""子题"。它的作用多是补充介绍正题提供的事实与思想,点明意义,扩大效果。

引题、正题和副题,要根据消息本身的分量和传播的需要来取舍,一般而言,重要的消息要"三题俱全",普通的消息就不需要面面俱到了。

2. 双行标题

双行标题是由引题和正题或正题和副题组合而成。有时,也可以把双行标题中的正题称为实题,引题、副题称为虚题。实题把消息中最主要的事实概括出来,虚题则是对消息意义的阐发,气氛的渲染。

3. 单行标题

单行标题就是只有一条正题。它简洁明了地反映消息内容的主旨,其特点是鲜明、醒目、上口、易记。

(二) 导语

导语就是消息的开头,较长的分段消息,第一段话就是导语;较短的不分段的消息,往往第一句话就是导语。需要留意的是,文学作品的高潮往往在后部或在结尾,而消息相反,它必须把最重要的事实放在最前面,愈重要的愈在前,形成一种"倒金字塔"结构。因此,导语是一则消息里最有价值、最精粹的"核心"部分。要把最重要、最新鲜、最有意义的事实写在导语里。既要写得具体准确,又要做到短小精悍,同时还要生动形象,引人入胜。

(三) 主体

主体是消息的主干和中心部分。它承接导语,围绕主题全面展开消息的事实,对导语所概括的内容进行具体阐述,进一步展现和深化主题。与导语相比,主体部分的篇幅要大得多,内容也要丰富得多。因此,写作时要注意条理性和逻辑性,着重要注意以下几点。

1. 层次分明、详略得体

一般安排消息的层次有两种顺序:一是根据事实情况发生的先后,按时间顺序排列;二是按事物的内在联系,依据事件发展的逻辑安排材料。前者容易把事件写得有头有尾,使读者对事件全过程有鲜明的印象,但也容易把消息写得平铺直叙,啰唆冗长;后者的优点是逻辑性强,因果关系、主次关系明确,容易被读者接受,缺点是行文布局要求较高,稍不注意,就会散乱无主,文思不畅。

2. 语言简练、起伏有致

消息的语言讲究凝练,要避免主体里的语言和导语的语言互相重复,要摒弃形式主义和繁琐哲学的做法,力争用最精彩的语言写出最新鲜、最吸引人的内容。

(四) 背景

消息报道的事实都是在一定的历史条件和环境条件下发生的,都有较为特殊的背景,因此,不能忽略必要的背景介绍。深刻地揭示出事件的背景资料,可以使消息枝叶并茂,信息丰富。写背景时要注意,有时某一消息的背景材料非常丰富,甚至个别的背景材料本身还有较特殊的"背景材料"。因此,背景的写作就不能为写背景而写背景,一定要为深化消息的主题服务,为帮助读者理解消化消息服务,详略要得当,分寸要合适,不可喧宾夺主;同时写法要灵活,可穿插,也可一次叙述。如果背景材料对消息本身并无积极作用,则应不写,坚决从简,切勿狗尾续貂,因文害意。

(五) 结尾

尽管消息的结尾不像某些文体如小说、散文那样讲究,有时甚至可以忽略不写,但通常情况下,消息的结尾和表现事实的完整性及逻辑的严密性有一定的关系,因此,对消息的结尾也应该给予相应的重视。就形式而言,有的消息结尾是作一概括性的小结,帮助读者加深印象;有的是用启发、激励的话语作结束,加强读者的感受;有的则有意不把话说尽,给读者以思索回味的余地。最主要的是,无论怎样写结尾,都应杜绝一般化、公式化写法,也要避免使用现成的口号、空洞的议论作为结尾。这种老套的结尾,于消息写作有百害而无一利,宁肯删去,绝不凑合。

三、消息的写作要求

（一）要素应齐全

消息所提供的内容千差万别，但无论是什么样的内容，一篇消息都应具有一些不可缺少的要素。时间、地点、人物、事件、原因、结果这六大要素必须齐全。这也就是世界新闻界通常说的五个"W"和一个"H"：when（何时）、where（何地）、who（何人）、what（何事）、why（何因）和how（何果）。消息写作，要把这六大要素交代清楚，而且每一个要素必须写得准确、真实，不能弄虚作假或张冠李戴。

当然，有时六大要素中的某一个或几个也可以省略，但必须是在一定的前提和条件下才能这样做，如在连续报道中，前篇已交代清楚有些要素，则后面的报道可以省略相关要素，或消息的个别要素是人所共知的，不会使读者产生误解的，也可以省略。

（二）结构要合理

与其他文体相比，消息的结构有其特殊的地方。一般来说，文学作品的高潮通常放在整个作品的后面或是结尾部分。而消息却与此相反，它要把最重要的事实放在最前面，也就是说，把"高潮"安排在开头，然后再介绍其他比较次要的内容和材料，将最不重要的材料放在结尾。人们形象地把这种结构称为"倒金字塔"式。

所谓结构合理，是根据不同文体的不同功能和阅读要求确定的。消息采用"倒金字塔"结构，既便于读者阅读，使读者一目了然地知道最重要的事实，又便于编辑处理庞大的来稿，以最快的速度选取最好的、最重要的消息。在社会发展日趋高速高效的情况下，为使忙碌不堪的人们尽快地了解更多的信息，信息需要向"更短""更快""更精"的方向发展。因此，"倒金字塔"式结构至今仍然有其生命力，仍然是消息的主要结构形式。

（三）叙述是主体

由于读者阅读消息只是要了解事实真相，并不追求艺术享受，因此，消息的叙述方式一般不需详尽地描写事件的全过程，而是简明扼要地舍去一切可以去掉的成分，以便更准确、更精确地概括出事情的发生和发展，以及事实本身的内在联系。当然，特殊情况下，消息中也可以有一点描写，用以渲染气氛，增强感染力。但消息中的描写，不需要像文学作品那样，对环境和人物作细致的描绘。有时，消息中也可以有一些议论，借此点明事实的意义，拓深消息的思想深度，但消息不能像论说文那样，靠论证来说明观点，不能让消息围绕着议论展开，如果颠倒了事实和议论的位置，就违背了消息用事实说话的基本要求。

（四）形式要精悍

短小精悍的消息有利于抢时间、争速度，向读者提供更多的新信息，扩大报道领域。报道的内容要精要，要善于裁剪，要舍得割爱。当然，对消息的长短问题，要辩证地看待，不能搞形而上学僵化的一套。形式的长短要从实际出发，遇到重大新闻事件确有大量信息需要传播，绝不能受"短小精悍"的束缚，可以打破常规，"用墨如泼"，不能死抱"短小精悍"的教条。只要有需要、有内容，可以不拘一格，当长则长；而如果内容空洞无物，再短小，依然是一堆废话，毫无意义。

例文5-1　　　两会开幕在即　5 000名中外记者掀"新闻大战"

记者　刘贤　傅艺明　杨程晨

全国政协十二届四次会议3日将在北京举行,年度全国两会因此拉开帷幕。与此同时,一场超过5 000名记者参与的"新闻大战"已先行打响。

据悉,此次境外媒体超过1 000名记者报名参会;境内媒体报道人大与政协的记者各有2 000余名,同时持两会双证的人并不多。

3月1日,位于梅地亚中心的2016年全国两会新闻中心正式对记者开放。中新社记者2日在梅地亚中心注意到,容纳20余台电脑的通信网络服务室已面向记者开放;新闻中心分为内地媒体、港澳台媒体与外国媒体三组分别接受记者咨询;场内摆放着多语言版本的《习近平谈治国理政》等参考资料。

从1日开始,政协委员陆续前往北京驻地报到。2日中午12时左右,在港澳委员的驻地贵宾楼,距离大批委员抵达尚有3个多小时,已有港澳媒体架起摄像机,等待对港澳委员进行采访。

第六年报道全国两会的香港《大公报》记者李理对中新社记者表示,他今年更加关注"十三五"规划与香港发展应如何契合。

当天下午,包括李理在内约500名记者参加了本次全国政协大会发布会,记者挤满了前排座椅以及会场两边的过道,争取获得向发言人王国庆提问的机会。

俄罗斯塔斯社记者阿列克谢·谢利谢夫在当天的记者会上得到了一次提问的机会。作为一名经济学博士,在记者会结束后,他的关注点将放在中国经济——金融改革如何进行、房地产和财政赤字问题如何解决,都是他关注的焦点。

全国政协十二届四次会议将于14日闭幕。从3日开始,在为期12天的会期内,委员们的"头脑风暴"将会陆续聚焦在中外媒体的视野之内。

（录自中国新闻网）

第二节　广　　告

一、广告的概念和作用

（一）广告的概念

广告是个外来词语,是英语"advertising"的译名。在我国的古代汉语中,没有"广告"这个词,与其词义相近的有"幌子""告白""仿单""招巾"等词。大约从19世纪末开始,我国报刊上出现了"广告"这个术语。到了20世纪20年代广告一词已被普遍采用。上海辞书出版社2002年1月版《辞海》把广告定义为"通过媒体向公众介绍商品、劳务和企业信息等的一种宣传方式。一般指商业广告。从广义来说，凡是向公众传播社会人事动态、文化娱乐、宣传观念的都属于广告范畴。"由此可见，广告有广义和狭义之分。广义的广告包括经济广告和非经济广告。经济广告一般指推销商品或提供劳务的营利性广告，非经济广告通常指出于某种传播、宣传目的而做的广告，如征婚广告、公益广告。狭义的广告就是指经济广告，它是现代广告的主要方面。我们在这里讨论的主要是经济广告。

经济广告是一种商业性、传播性和竞争性都很强的应用性文体，是连接生产、流通、交换和消费诸多环节的桥梁。其主体是可以确认的、承担费用的商品经营者或服务提供者；其对象是消费者；其内容是传递商品或劳务信息；其手段是通过报刊、电视等媒介来进行；其目的是通过传播获得经济效益。广告主、广告媒介、广告信息和广告费用是广告活动的四个基本要素。

（二）广告的作用

1. 传播商品信息

商品经济是广告诞生的土壤。企业生产的产品、提供的服务，只有被消费者接受，才能转化为财富。在商品竞争激烈、产品层出不穷、服务日趋周到的市场经济里，消费者只有在获取某一商品、某种服务相关信息的情况下，才可能成为其消费者。借助大众传播媒介，广告可以迅速、有效地把商品的信息传递给消费者。一种产品、一种服务要想在较短的时间内占有一定的市场份额，为进一步扩展打下基础，借助广告传播是明智的选择。如我国中央电视台黄金时段的广告效应就非常显著。虽然费用很大，但不少商品在中央电视台黄金广告时段播出后，在极短的时间里就完成了产品信息的广泛传播。

2. 介绍商品功能

随着高新技术的发展，当今社会的现代化生产水平越来越高。产品的门类多，新商品的数量和种类多，高新技术产品的功能日趋复杂。除了传播一般的商品信息以外，广告还是介绍有关商品知识的重要途径。不少商品的性能、用途、使用、保养方法、工作原理和产品性能等，有时就是通过广告传达给受众的。这样的广告能发挥认识功能，帮助消费者认识和了解商品，从而起到传递信息、沟通产销的作用。

3. 影响消费行为

激烈的竞争造就了一个"千挑万选"的消费时代。庞大的商品堆积，一方面给消费者带来方便，另一方面也增加了消费者的选择困惑。面对众多的商品，消费者怎样才能找到最称心如意的商品？广告是指导消费行为的主要手段之一。消费者可以通过广告了解到各种商品的不同特点，同一种商品的不同性能，同一性能商品的不同服务水准……在现代商品经济日趋发达的社会中，广告对人们的影响几乎到了无孔不入的地步。消费者的消费行为越来越多地受到广告直接、间接的影响。

4. 激发消费愿望

由于经济广告的制作和传播有极强的促销目的，而且其制作和传播常常会投入较大的人力、物力和财力，因此，能否最大限度地促成消费者的购买行为，是衡量一则广告成功与否的重要标准。优秀的广告，往往能诱导消费动机，激发消费者潜在的需求，引起消费者购买该商品的欲望，并最终采取购买行动。例如，许多化妆品就是通过诱发消费者永无止境的爱美欲望，从而激发起他们的消费积极性。

5. 美化社会环境

广告主从自己的经济利益出发,最看重广告的经济效益,这是可以理解的。但是,从传播的效果看,一味追求经济效益的广告有时会适得其反。广告首先要被受众注意、接受,才有可能产生经济效益。实践证明,发挥广告的美化功能可以使广告起到很好的传播作用。广告的受众成千上万,彼此的差异极大,但爱美是人的天性,广告如能给人以美的享受,则可以吸引受众的目光。广告的美化功能已越来越多地为人们所重视。好的广告,有时也是一件精美的艺术作品,无论是实物造型、字画色彩,还是音响旋律、人物表演,都能给人以美的享受。这样的广告,在传播经济信息的同时,也美化了人们的生活。

二、广告的分类

根据不同的分类标准,可以对广告进行不同的分类,对此学术界尚无统一的定论。从应用写作的角度说,了解广告的分类,目的是加深对广告具体内容的理解。

(一)根据广告传播的传媒分类

广告的发布必须依靠某种传播媒介,媒介是广告所依附的实体。随着广告业的日益发展,广告的媒介越来越多。按传播传媒分类,是广告最常见的分类形式。目前常用的媒介物有:

1. 印刷媒介物广告

包括各种报纸、杂志、招贴、海报、印刷品、传单、小册子、样本、宣传卡、日历、电话号码本及书籍等广告。

2. 户外媒介物广告

有路牌、墙壁、橱窗、店面、招牌、展板及各种空中广告等。

3. 交通媒介物广告

有车辆车厢、船舶船舱、火车地铁广告等。

4. 电器媒介物广告

有霓虹灯、霓虹灯塔、灯箱、灯饰等广告。

5. 电子媒介物广告

有电台、电视、网络、电影、幻灯等广告。

6. 其他媒介物广告

有文艺节目、报告、广告歌曲、包装、礼品等广告。

(二)根据广告发布的地点分类

按发布的地点分类,广告一般可分为销售现场广告(POP)和非销售现场广告。凡是设置在商业街、购物中心、商店内及周围的广告叫做销售现场广告,其主要形式有:橱窗广告、货架陈列广告、商店内的灯箱广告和卡通形象广告等。除了销售现场广告以外的其他广告形式都统称为非销售现场广告。

(三)根据广告传播范围分类

按此分类,广告可分为国际性广告、洲际性广告、全国性广告、地区性广告、区域性广告、针对某一具体单位甚至是个人的广告。

（四）根据广告具体目的分类

一般可分为销售广告和需求广告。

销售广告是指最终以促进商品销售为目的的广告，如商品广告、企业广告、观念广告等。

需求广告是指为了购进某种商品的广告。如工厂的原材料购进广告、零售批发商业企业的商品求购广告、银行鼓励存款的广告、保险公司招揽保险业务的广告等。

（五）根据广告的内容分类

根据广告的内容可将广告分为商品广告、企业广告、服务广告、商品（或服务）与企业综合广告、观念广告、商品（或服务）与观念结合的广告等。

应注意的是，商品广告是广告中最常见的形式，根据商品的具体内容还可作进一步的分类。如化妆品广告、家用电器广告、纺织品广告、服装广告等。在商品大类下还可以进一步细分。有多少种商品，就可以进行多少种分类。

（六）根据广告在传播时间上的要求分类

按此分类，广告可分为时机性广告、长期广告和短期广告。

时机性广告包括新产品问世、展销会开幕、价格变动、企业开业等对商品销售有利的时间和机会所进行的广告活动。

长期广告主要包括与企业战略有关的、长时间对其一种商品所进行的广告活动。

短期广告一般指只在短时间内进行的广告活动。

（七）根据广告表现的艺术形式分类

按此分类，广告可分为图片广告、文字广告、表演性广告、演说广告等。

图片广告主要包括摄影广告和绘画广告，它以诉诸视觉为形式。随着图像处理技术的发展，图片广告在广告中的运用越来越多，作用越来越大。

表演广告用各种表演艺术形式来达到广告目的。电视广告和销售现场广告较多采用这种形式。

演说广告主要指用语言艺术来推销商品，主要有广播广告和销售现场广告。

在实际工作中，上述几种广告艺术形式通常在一个广告中被同时采用，以达到最佳的广告效果。

（八）根据广告的表现形式分类

按照广告的表现形式的不同，可以把广告分为印象型广告、说明型广告和情感诉说型广告。

印象型广告的特点是时间很短，一般只宣传一个简单而又重要的广告主题，使人逐渐形成广告印象。通常情况下，广告活动主要的目的就是对公众施加影响，使他们对广告内容留下印象。

对产品进行详尽说明的广告称为说明型广告。说明型广告通常用于高价耐用商品、专用商品和生产资料等的宣传。

情感型广告是用特定的情感诉求方式使消费者对广告的商品或企业产生特有的感情，一般适用于消费品，尤其是化妆品、食品、服装等日用品。

以上只是对广告的分类作一简要的概述。结合目前我国的实际情况，从广告的数量看，网络、杂志、广播、报纸和电视是广告最重要的五大媒体；从广告的传播手段看，基本上可分为音响、图像、影像和文字四大类；从广告内容看，可分为商品（产品）、服务、文娱和公关广告等。

三、广告文案的写作

（一）广告文案的基本结构

1. 标题

标题往往处于文案的醒目位置。标题的作用是揭示广告的内容，吸引消费者的注意，美化文案的形式。如果按照诉求的方式进行划分，常用的文案标题形式有直接、间接和综合三种。

（1）直接标题。这类标题直接以广告主、商品、品牌名称、货物牌号等为标题，通过标题把广告所要传播的信息直接传递给受众，使受众一看标题就能了解广告的主要内容。如"戴尔电脑"、"远大中央空调"。这种标题把广告中品牌名称等有价值的信息直截了当地告诉消费者，具有简单、明朗、确切的特点。由于一个广告标题的形成不是一朝一夕的事情，需要投入大量的资金和精力，因此，它对那些历史悠久、品牌独特的产品，或打算创立品牌、提升知名度的广告主作用比较大，而对于一般的广告主和产品，作用就较小。一个对受众吸引力不够强的标题，其广告效益也会受到相应的影响。

（2）间接标题。这类标题本身并不直接传播商品的名称、牌号、制造商等，而是采用耐人寻味的方法，把受众注意的重点吸引到广告的正文中来。间接标题大多采用各种修辞方法或哲理丰富、含义隽永的语言，言外有言，趣味盎然。如某电子秤的标题："公道不公道，只有我知道"。这类标题虽然不直接表达广告的内容，但却能诱发受众的兴趣，让他们结合广告文案的全文，理解广告的全部含义。

（3）复合标题。这类标题综合直接标题和间接标题两者之长，既直接推出企业名称、商品或牌号等，又配以形象、抒情、隽永的语句，虚实结合，表里兼顾，使标题别具一种吸引力。如："雷霆动力　纵情千里——千里马轿车""海内存知己，天涯若比邻——'星球'收录机给您带来四海知音"。由于复合标题兼有其他标题之长，又具有较大的信息容量，所以很受广告主和受众的喜爱。

2. 正文

在出色的广告标题吸引了受众的注意以后，能否进一步说服受众，使他们从广告的关注者转变为消费者，这就要看广告正文的写作了。正文是广告的具体内容，它比标题详细周密，是广告标题的延伸和说明。如"Toshiba 复印机"广告的标题是："请君感受世界首创涡轮式复印机的力量"，其正文就由一组具体有力的数字对"世界首创涡轮式复印机"作出说明，让读者通过广告"感受"其"力量"，强化广告的传播效应：

隆重推出有史以来第一台涡轮启动式复印机——新型 Toshiba2230Turbo。在精致的机壳下，是一套业经授予专利的先进复印系统。

拥有它，你一分钟能复印 22 份材料。如果按下涡轮键，则一分钟可复印 30 份。现在你可以提高工作效率 40%，同时节约 33% 的增色剂。更具创新精神的是，我们并没有因为增加涡轮启动而提高价格。

一般来说,广告的主题总是通过广告正文充分表现出来的。同标题的写作一样,广告正文也要讲究重点突出,结构紧凑,材料充实,介绍清楚。

如:"商务通"广告的正文把该产品的优点仅用寥寥数语便概括出来:

您还在使用破烂不堪的电话号码本吗?您还在为经常忘记约好的事情而尴尬吗?您还拎着沉甸甸的公文包四处奔波吗?信息时代,现代人当然应该配备商务通。

就广告文案的表现形式而言,常见的正文类型有:叙述式,即在广告正文中,简要介绍产品的名称、性能、特点,有时产品的内容比较专业、枯燥,所以,叙述式正文常常以某种故事形式展开,以期达到引人入胜的效果;描写式,即用文学性的语言对广告的内容和受众可能会从该广告中获得的利益,进行生动的描绘,引起受众的注意和兴趣,以加强广告宣传的力度;问答式,即在广告正文中以对话问答的方式表达有关商品的情况,它往往针对消费者的心理,或自问自答,释疑解惑,或形如剥笋,步步引导,常用于介绍知识性比较强的产品或技术;论述式,即在叙述事实的基础上进行理性的分析,不仅仅告诉受众广告传播的"是什么",而且进一步告诉受众"为什么",把产品的内在要素用合乎逻辑的方式加以表达,以强化其打动人的力量。

3. 落款

广告的目的就是要把广告信息的受众变成广告产品的消费者。和品牌广告不同,有些广告除了告诉消费者重要的商品信息以外,还要传播一些其他的信息,诸如购买的方式和方法,这些内容通常可以放在落款中。落款是在广告正文之后,为那些需要购买商品或要进一步了解商品的消费者提供更详细的信息,一般包括广告主通讯地址和联系方法,商品的购买方式和价格等。落款虽然不是广告的主要内容,而且不容易写得出色,但却是真正的消费者十分关心的内容,因此也不能掉以轻心,马虎了事。一是要准确无误,地址、电话号码、网址等不能有错;二是要区分轻重缓急,不要把所有的信息都往落款栏里堆,从公司地址到董事长、总经理姓名,一个都不落;三是要考虑消费者的接受习惯,不要用公式化、机械化的方式排列信息,以免受众生厌而影响广告的效果。

(二) 广告写作的基本要求

1. 创意要实用

一个奇妙的创意,往往是一个优秀广告的基础。但是,广告文案的写作毕竟是一种经济文体的运用,它可以从奇思妙想开始,但总要以促进消费结束。也就是说,评价广告文案优秀与否的最终标准是经济效益而不是艺术价值。因此,广告文案的创意有别于文学艺术,不能忽略广告主的要求,不能无视受众的习惯。广告大师、奥美广告公司的创立者大卫·奥格威从自己几十年的广告创作实践中总结出了不少经验,在谈及广告创意时,他这样说道:当我写一则广告时,并不希望人们觉得它很有"创意",我倒是希望人们觉得它很有意义而去购买该产品。优秀的撰稿人从不会从文字娱乐的角度去写广告文案。衡量他们成就的标准是看他们使多少新产品在市场上腾飞。

2. 内容要健康

《中华人民共和国广告法》第三条规定:"广告应当真实、合法,符合社会主义精神文明建设的要求。"第七条规定:"广告内容应当有利于人民的身心健康,促进商品和服务质量的提高,保护消费者的合法权益,遵守社会公德和职业道德,维护国家的尊严和利益。"由此可见,广告内容真实、健康是广告法确定的一个基本规则。做广告当然需要使用各种新颖别致的创作手法,但这同广告的内容必须真实可靠并不矛盾,不以假充真是广告内容最基本的要求。毋庸讳言,在广告写作的实践中,有些人为了追求经济效益而置国家的法律法规于不顾,或是以假乱真,或是低级庸俗,甚至把迷信落后的东西都拿来为己所用。事实证明,如果不遵守国家法律法规,做违法乱纪的广告,不仅会侵害消费者的合法利益,也会连累制作、传播这些广告的公司和媒体,而最终广告主也会受到相应的惩罚,名誉受损,自砸招牌,严重的甚至会受到法律的制裁。

3. 形式要新奇

广告的内容要真实健康,但形式却要活泼多样。广告的创作是一种独创性劳动,靠简单的模仿或人云亦云的方法是无法取得好效果的。要善于抓住产品特点来标新立异,使广告词具有新奇活泼的冲击力。出色的广告构思新颖活泼,不落俗套,耐人寻味。2010年7月凡客诚品邀请了青年作家韩寒和青年演员王珞丹出任形象代言人,广告人在研究凡客诚品品牌诉求,剖析代言人的特质后认为,"80后""自我奋斗""获得成功""个性鲜明"这些要素既符合现代年轻人的成长心态,也能和凡客诚品品牌进行很好的融合。于是,原奥美广告公司创意总监邱欣宇为其撰写了两段"表达自我且极富个性化的语言"的广告文案。

韩寒版:爱网络,爱自由,/爱晚起,爱夜间大排档,爱赛车;/也爱59元的帆布鞋,/我不是什么旗手,/不是谁的代言,我是韩寒,/我只代表我自己。/我和你一样,我是凡客。王珞丹版:我爱表演,不爱扮演;/我爱奋斗,也爱享受生活;/我爱漂亮衣服,更爱打折标签;/不是米莱,不是钱小样,不是大明星,我是王珞丹/我没什么特别,我很特别;/我和别人不一样,我和你一样,我是凡客。

广告推出后,反响很大,各种仿作甚至恶搞蜂拥而至。据不完全统计,一个月不到,已经有2 000多张"凡客体"图片在网络、QQ群及各大论坛上疯狂转载。娱乐明星、新闻人物等被人们用"凡客体"追捧或恶搞。此外,也有不少企业推介、公益广告、社区信息发布等也借用了"凡客体"进行传播。

4. 语言要简洁

广告的写作受到许多因素的制约,其中经济因素的制约是很重要的一个方面。广告的撰制和传播都要花费一定的财力,因此,广告的篇幅总是有限的。这就要求广告的语言尽可能简洁明了,信息要准确实用,尽可能用寥寥数语概括广告的关键内容,让消费者在很短的时间就能认识了解产品信息。大卫·奥格威说:不要旁敲侧击,要直截了当。避免那些"差不多,也可以"等含糊其辞的语言。不要用最高级形容词、一般化字眼和陈词滥调。要有所指,而且实事求是。

例文5-2　　大卫·奥格威为劳斯莱斯汽车撰写的广告文案

标题:这辆新型"劳斯莱斯"在时速60英里时,最大噪音是来自电钟

副标题:"什么原因使得'劳斯莱斯'成为世界上最好的车子?"一位知名的"劳斯莱斯"工程师说,"说穿了,根本没有什么真正的戏法——这只不过是耐心地注意到细节。"

正文：

1. 行车技术主任报告："在时速60英里时，最大噪音是来自电钟。引擎是出奇的寂静。3个消音装置把声音的频率在听觉上拔掉。"

2. 每部"劳斯莱斯"的引擎在安装前都先以最大气门开足7小时，而每辆车子都在各种不同的路面试车数百英里。

3. "劳斯莱斯"是为车主自己驾驶而设计的，它比国内制造的最大车型小18英寸。

4. 本车有机动方向盘，机动刹车及自动排档，极易驾驭与停车，不需司机。

5. 除驾驶速度计之外，在车身与车盘之间，互相无金属衔接。整个车身都加以封闭绝缘。

6. 完成的车子要在最后测验室经过一个星期的精密调整。在这里分别受到98种严酷的考验。例如：工程师们使用听诊器来注意听轮轴所发出的低弱声音。

7. "劳斯莱斯"保修3年，已有了从东岸到西岸的经销网及零件站，在服务上不再有任何麻烦了。

8. 著名的"劳斯莱斯"引擎冷却器，除了"亨利·莱斯"在1933年死时，把红色的姓名第一格字母HR改为黑色外，从来没更改过。

9. 汽车车身之设计制造，在全部14层油漆完成之前，先涂5层底漆，然后都用人工磨光。

10. 移动在方向盘柱上的开关，你就能够调整减震器以适应道路状况（驾驭不觉疲劳，是本车显著的特点）。

11. 另外有后车窗除霜开关，控制着由1 360条看不见的在玻璃中的热线网。备有两套通风系统，因而你坐在车内也可随意关闭全部车窗而调节空气以求舒适。

12. 座位垫面是由8头英国牛皮所制——足够制作128双软皮鞋。

13. 镶贴胡桃木的野餐桌可以从仪器板下拉出。另外有两个可在前座后面旋转出来。

14. 你还能有下列各种额外随意的选择：做浓咖啡的机器、电话自动记录器、床、盥洗用冷热水、一支电动刮胡刀等。

15. 你只要压一下驾驶者座下的橡板，就能使整个车盘加上润滑油。在仪器板上的计量器，指示出曲轴箱中机油的存量。

16. 汽油消耗量极低，因而不需要买特价汽油，是一种使人喜悦的经济车。

17. 具有两种不同传统的机动刹车：水力制动器与机械制动器。"劳斯莱斯"是非常安全的汽车——也是非常灵活的车子。可以在时速85英里时宁静地行驶。最高时速超过100英里。

18. "劳斯莱斯"的工程师们定期访问以检修车主的汽车，并在服务时提出忠告。

19. "班特利"是"劳斯莱斯"所制造。除了引擎冷却器之外，两车完全一样，是同一工厂中同一群工程师所制造。"班特利"因为其引擎冷却器制造较为简单，所以便宜300美元。

对驾驶"劳斯莱斯"感觉没有信心的人士可买一辆"班特利"。

价格：本广告画面的车子——在主要港口岸边交货——13 550美元。

假如你想得到驾驭"劳斯莱斯"的愉快经验，请与我们的经销商接洽。他的地址写于本页的底端。

劳斯莱斯公司位于洛克菲勒广场 10 号。

(摘自刘友林《实用广告写作》,中国广播电视出版社 2002 年版,本书收入时有改动)

第三节 说 明 书

一、说明书的概念和作用

(一) 说明书的概念

说明书是一种以说明为主要表达方式,对客观事物或者事理作具体、平实、客观、全面、系统的介绍,能使读者了解其用途、性能、使用和保养方法等相应常识和信息的实用性文体。说明书的产生和大规模商品生产有着密切的关系。随着科学技术的迅猛发展和新产品的不断出现,说明书在生产、科研、信息、商业和服务等领域获得越来越广泛的运用。特别值得关注的是,在知识经济已现端倪的今天,科学技术和知识正向社会化、商品化过渡,传统"产品"的概念也正在发生着相应的变化。作为产品介绍、信息传递、广告宣传的重要工具的说明书,应用的范围也日趋扩大。

(二) 说明书的作用

1. 说明指导作用

说明产品的工作原理、制造材料,指导用户了解产品的用途、性能、使用和保养方法等等,以便用户正确、合理地使用产品,是说明书的基本作用。随着科学技术的发展,产品日趋多样化、复杂化、电子化,即使是人们日常使用的生活用品,都会包含许多新技术、高科技的成就。向普通用户介绍使用产品的最合理的程序,介绍维修、保养的注意事项,已经是很多产品说明书必不可少的内容。此外,在生产领域、科研领域中使用新工艺、新设备,其新技术、高科技的含量往往更多,说明书的说明指导作用就更加突出。不认真研读产品说明书,不按照说明书的说明指导行事,就有可能出现问题,甚至无法使用产品。

2. 广告宣传作用

产品说明书除了对产品作出综合说明之外,通常还会对本产品的高性能、高效率加以特别的提示和强调,以显示本产品与其他同类产品的不同点。这些不同点往往是本产品优越性的集中体现。通过说明书将产品的优点传播出去,常常是增加产品市场竞争能力非常有效的手段。实践表明,一旦消费者到了接触、研读产品说明书的阶段,他们所考虑的往往不是"要不要买"产品的问题,而是考虑在同类产品中到底购买哪一家产品。在这种关键时刻,通过说明书对消费者施加影响,往往能起到事半功倍的宣传作用,促使他们最终放弃其他同类产品而选择本产品。所以,产品说明书决不仅仅只是一种随物附送的印刷品,还可以是以印刷品形式出现的"广告员"和"推销员"。

3. 信息检索作用

产品说明书除了指导读者如何使用产品外,根据需要还可以提供与产品相关的科学技术信息和产品情报。产品说明书介绍的产品,一般在技术上已经比较成熟,数据稳定可靠,可以向消费者和相关的科技人员提供有价值的信息,客观上为同类产品的选型、设计和制作提供了参考数据。同时,说明书的数据既真实可靠,又无须保密,是信息传播、检索的重要渠道。

4. 强制指令作用

有些说明书具有很强的指令性,未经一定程序不得随意更动。例如,操作说明书对产品的检验、调试和使用等各个环节所作的说明,具有较强的指令特性,如果违反其指令说明,就可能给产品的使用造成不便,甚至造成伤害事故。如压力锅的使用次序说明包括容量、合盖、扣阀、排气、降压和开盖等,如果不遵从说明书的指令,违反使用次序,就是违章操作,容易引发事故。

二、说明书的特点和分类

（一）说明书的特点

1. 知识性

说明书以传递产品信息和说明有关问题为主要目的,知识性是其重要的特点。优秀的说明书,应能详细地为读者提供产品的有关知识,使读者既知道说明书介绍的产品是什么,又了解产品的工作原理。大多数情况下,说明书中的知识是对已有理论、原理的具体应用,对相关领域人员是公知公用的,但对普通的读者来说,说明书的知识内容就可能是陌生的。与科学论文、研究报告相比,说明书的知识性具有实用性、针对性的特点。如药品说明书说明药物的主要原料组成、药理、功能和用法用量等内容,能让使用者获得该药的基本知识,并得到正确使用该药的指导。有的药品说明书还会向使用者提供更多、更广的相关知识,比如人体的反应、疗效的测定。特别值得一提的是,当前随着人们环境保护意识的加强,不少产品说明书除了对产品性能、使用、维护等进行说明之外,还对将来产品的废弃处理方式给予指导和说明。如一些便携式计算机说明书中就明确指出：液晶显示器内的荧光灯含有水银,请不要把它放入将掩埋处理的垃圾中,应当按照当地条令和法规的要求处理。

2. 客观性

说明书的客观性包含两方面的意义。首先,客观性指的是作者在撰写说明书时,其态度是客观的：对所介绍、说明的事物进行冷静、客观的解说,不带任何个人感情色彩,这既是说明书作者必须要有的态度,也是说明书客观性的具体体现。其次,客观性是指说明书所介绍的知识、产品情况必须符合实际,不得有半点虚假和欺骗。由于说明书是使用产品的"向导",因此,说明书应该客观、准确、全面、真实地反映说明对象的本质、现象,不能作任何虚构和伪饰,也不允许用含混、花哨、夸大之类的言词混淆视听,误导使用者。

3. 条理性

由于说明书使用范围很广,说明对象的功能各具特色,性状千差万别,所以,如何说明就显得很重要。就写作而言,不论说明的对象怎样不同,内容如何变化,所属的领域又如何不同,只要抓住对象的具体特点,掌握对象所反映的客观事理,遵从认识和写作的规律,由简入繁,深入浅出,就能驾驭各种对象,写好各种类型的说明书。

从理论上分析,说明书所说明的事物都有着确定的内容和内在规律性,这就使说明书的写作有一定的规律可循,其中,条理性就是很重要的一条规律。说明客观事物,必须抓住其内在的规律性,有条有理,层次井然,切不可颠三倒四、语无伦次,使说明条理紊乱,令人费解。为了使说明书的知识性和客观性能得到充分的体现,许多产品都有国家颁布的统一标准,或行业发布的规范准则,以确保说明书基本数据项目和其他必备数据项目的齐全。这就为说明书的条理性提供了基础。

4. 实用性

说明书写作都有着明确的实用目的。说明书中对知识的解说,目的在于告诉使用者如何使用说明书所说明的对象,脱离了这个实用目标,说明书就失去了它的存在价值。如产品说明书是为了帮助用户正确使用和维护产品,专利说明书是为了取得国家有关部门对专利权的保护。由此可见,说明书只传达对于解决实际问题有价值的知识和信息,有很强的针对性和实用性。如果说明书没有具体的实用价值,或实用性不强,其介绍的知识再多,传达的信息再新,表述的条理再清晰,也是没有什么意义的。

(二)说明书的分类

在日常实际使用中,说明书大体有以下几种分类:

1. 阐释性说明书和述说性说明书

按说明书的内容分类,说明书通常可分为以下两种:

(1)阐释性说明书。这类说明书主要用于解说事物、阐释事理,如工程设计说明书、产品设计说明书、毕业(课程)设计说明书、专利说明书、产品使用说明书、标准编写说明书等。

(2)述说性说明书。这类说明书主要用于简述事物的概况或介绍简单情节等,如用形象化的手法介绍产品,电影、戏曲等的情节简介、演出说明,连环画、摄影集的解说词等。

2. 条款式说明书和概述式说明书

按说明书的书面形式进行分类,说明书一般也有两种:

(1)条款式说明书。这类说明书说明的事物或阐释的事理通常比较复杂,篇幅也较多,多数情况下,要把说明对象的内容分列成若干部分,在每个部分中,再根据需要,分条列款进行说明,从而将对象说明清楚,如工程设计说明书、产品设计说明书、大型设备安装说明书等。这种说明书往往是给技术人员或专业人员阅读,并要逐条逐款地参照实践,所以表述必须明白易懂,条理清楚。

(2)概述式说明书。这类说明书的特点是用概括、准确的语言,对说明对象的基本面目或大概情况作出说明,如电影人物介绍、戏剧情节简介。

3. 文字式说明书、图表式说明书和影像式说明书

按说明书的表达形式分类,目前常见的说明书有以下几种:

(1)文字式说明书。这种说明书运用文字、数字和符号,以简要叙述的方法介绍事物,常用于内容浅显、易于理解的事物,如药品说明书、家用电器说明书。文字式说明书常用的表现形式有文章式、条款式和问答式等。由于文字具有说理性强、表述清晰的特点，便于向使用者传达知识，传播信息。

（2）图表式说明书。有些说明对象单纯用语言说不太清楚，为了便于使用者了解与使用，往往需借助于图表说明，如财务状况变动表、仪器设备电器线路表、产品结构图解表等。由于图表直观性强，传达的知识信息直观，使用者能轻松掌握说明书所说明的内容，因此，不少说明书在用文字说明产品的适用条件、使用方法、维护与保养、安全注意事项等内容时，还辅之以图形予以解释，有些说明书甚至以图形为主，文字为辅。

（3）影像式说明书。随着高新技术的发展，有些产品设计与结构日趋复杂，无论是了解还是使用，都需要掌握一定的技术与技巧，如录像机、计算机、数码照相机等。这类产品的说明，假如仍采用文字或图表的形式，常常会遇到麻烦，要么解释不清，要么篇幅太长，使使用者前后翻查，非常不便。而使用影像式说明书，问题就能得以解决。影像式说明书可以针对产品每个环节中出现的不同情况，以动态图像介绍其结构原理、工作过程、安装使用要求、维护保养事项等，使人有身临其境的感觉，如同专业人员手把手地教导使用者进行操作，极大地方便了说明书的使用者了解、掌握说明书的知识和要求。目前不少产品的说明书已经使用计算机多媒体光盘、影碟、录像带、网站视频等方式。随着信息和电子技术的迅猛发展，计算机运用日益普及，影像式说明书的制作和使用将会越来越多。

三、说明书的写作

（一）说明书的内容

普通生活用品的说明书内容简单，通常仅用文字陈述，特殊产品的说明书内容复杂些，常有图表、数据相辅；简单的说明书大多直接印在商品包装上，复杂的说明书需要装订成册，随产品赠送。一般而言，说明书的基本内容有以下这几个方面：

1. 封面

和其他应用文不同的是，简洁、美观的封面对说明书通常是必不可少的。不同种类的说明书，其封面的内容也有所不同。如产品说明书的封面，其内容一般有产品商标、规格型号、产品名称、生产单位和通讯地址等；毕业设计说明书的封面，其内容通常有课题名称、作者及其单位、指导教师、设计时间等。

2. 目录

简单的说明书不一定需要目录，但如果说明书的信息丰富，内容复杂，通常要有目录，以便于使用者迅速检索、查阅需要的内容。目录一般由说明书的章节名称、页码及附录（标准规范、图纸、计算机操作程序等）构成。

3. 正文

正文是说明书的核心，主要由以下几部分构成：

（1）前言。前言也叫绪言、序言，其作用是简要介绍说明书的内容及特点。前言的文字要精练，内容要简明扼要。如产品说明书的前言可以说明产品的研制简况及主要特点，也可以简要介绍产品的性能、原理和用途，或者说明产品的设计目的、作用和使用范围等。

（2）主要内容说明。根据说明书不同的对象，这部分的内容相对比较灵活。如产品说明书主要内容一般要涉及产品的主要技术指标、工作原理、使用方法、保养维修、产品成套明细表、系列产品明细表及附属备件及工具等；设计说明书的主要内容通常包括几种设计方案的比较、最佳设计方案的论证和确定、可行性操作的论证、成本的分析、新工艺和新材料的使用说明等。

（3）结束语。一般的说明书并不需要结束语部分，有些比较特别的说明书，在正文结束后，有时还需要明确强调某些情况、知识和信息，就必须有结束语。如毕业设计说明书，往往把设计的结论性意见、完成设计的体会、提出设计尚未解决的问题、对指导教师及相关帮助者的感谢、其他需要说明的问题等内容都放在结束语中。除以上内容外，根据需要，还可将附录、参考文献等列入正文最后。

4. 封底

为了使说明书整洁、美观，通常总是给说明书加上封底。有的说明书封底就是一张与封面相同的单色纸，有的则还承载一些相关的信息。产品说明书的封底往往是传播产品生产者有关信息的理想媒体，能起到宣传、广告的作用。特别值得一提的是，有些特殊的产品除了向使用者赠送说明书外，生产者还在网络上放置更为详尽的资料供人们调用，这些网址通常也印在封底合适的位置。

（二）说明书的写法

同说明书的内容一样，说明书的写作方法也是多种多样的。在日常工作中，常用的说明书的写作方法有以下这几种：

1. 定义说明法

所谓定义说明法，就是通过对事物下定义的方式进行说明。这种方法通过下定义明确对象的内涵与外延，指出其性质特点，使它与别的事物严格区别开来。这是一种严密、科学的说明方法。它既指明了事物的本质特点，又确定了该事物的界限。在高科技领域中，无论是科技产品的说明书还是科研成果说明书，定义说明法是常用的方法。如有的电视机采用数码管作为显像设备，说明书中对数码管这种非普通物品作出说明："数码管是用来显示数字和符号的器件。根据显示原理可分为：辉光放电数码管、荧光数码管、半导体数码管、等离子数码管和液晶数码管等。本产品使用的是辉光放电数码管。"

2. 解释说明法

解释说明法运用准确、严谨的语言，揭示事物的特征，把一事物区别于它事物的特性解释清楚，使说明书的使用者能获得一个明确的概念。这种说明方法常用于新产品说明书、施工安装说明书中。如《黄浦江越江隧道施工说明》对"盾构法隧道施工"所作的解释："采用盾构作为施工机具，在地层中修建隧道的一种方法。盾构的外壳是圆筒形的金属结构，在它的保护下安全地进行施工。它的前部为装置开挖设备的切口环，中部为装置推进设备（千斤顶）的支承环，尾部为掩护拼装衬砌工作的盾尾。施工时，前部开挖地层，同时在尾部拼装衬砌，然后用千斤顶顶住已拼装好的衬砌将盾构推进，如此循环交替逐步前进。"虽然"盾构施工法"是一种极为专业的名称，但经此一解释，就使人对它有了基本的了解。解释说明法没有定义法要求严格，在对事物下定义比较困难时，人们比较喜欢采用它。

3. 比较说明法

比较说明法是将两种或两种以上的事物加以比较来说明事物的一种方法。采用比较说明法，通过比较同类事物的异同，便于把握和了解事物的特点，给使用者以具体、深刻的印象。如《长虹 D2965 型彩电说明书》对该电视机采用的超级晶靓显像管作的说明，就是用比较法："超级晶靓显像管是现代高科技的结晶，非普通平面直角显像管所能比拟。特殊的大口径电子枪提供了良好的聚焦性能，很好地改善了边角聚焦，使全屏图像更加清晰；选用价格昂贵、性能卓越的殷钢荫罩自动修正热膨胀现象引起的电子束偏移，使色纯度更纯、更稳定；先进的新型浸渍阴极，同等条件下使用，超级晶靓显像管的平均寿命是平面直角显像管的 1.7 倍。"通过与普通平面直角显像管的对比，超级晶靓显像管的优越性一目了然，即使是不懂专业技术的普通消费者，也能从中了解两种显像管的区别，从而有力地推动了该产品的销售。

4. 数据说明法

不少产品、工程、设计等的说明，涉及大量的参数、数值和数据等，单用文字不容易说清楚或说明力度不够，这时就需要采用数据说明法。数据说明法可以使说明书更具有科学性和说服力，因此，在与科学技术相关的领域中，这是一种被普遍采用的方法。如对药物的使用和疗效的说明，几乎就离不开数据说明法。服药都有严格的剂量控制，药物说明书中必须说明每日服药的次数、每次的剂量；疗效率的百分数，也须用具体的数据作说明。使用数据说明，必须注意数据的准确性。如果采用的是约数，一定要在文中交代清楚。如果说明书涉及大量的数值、数据，宜考虑将相关的数值、数据分门别类，用图表作分类说明，使说明书显得美观整洁，易于使用。

5. 图表说明法

图表说明法是将一些难以用文字说清楚的事物、现象或数字排列成图表加以说明，其优点是直观、清晰，使人一目了然。顾名思义，图表说明法可以分成图示法和表格法两种形式。如果需要说明的内容较多，可以按照某种标准或方法，将内容划分成不同的类别，用表格把内容按类分别加以说明。表格说明的优点在于它能清晰地显示不同说明对象的差异性，使人们能够比较迅速地了解、掌握被说明事物的特点。有些说明的对象比较特殊，在说明其特点、结构、性能等时，除了用文字、表格之外，还必须辅以图示才能将其解释清楚。图示法经常运用于产品构造说明、产品安装说明、工程施工说明等场合。有时为了求得生动、直观的效果，一些说明书除了用文字对对象作出说明外，也会附上图示，以增强说明效果。

除以上所列的方法以外，说明的方法还有很多，如介绍说明法、比喻说明法、顺序说明法、举例说明法等，在此就不一一赘述。究竟采用哪种方法为好，要从实际出发。

例文 5-3　　××移动硬盘高速王使用手册

○ 系统要求

硬件需求：有 USB2.0 接口笔记本电脑，桌上型个人电脑或苹果机系统。

操作系统：WinXP、Mac OS 10.0 或以上。

○ 硬件安装

step1　激活你的电脑至正常操作系统状态，并确认系统的 USB2.0 接口功能正常。

step2　将 USB 连接线一端插入移动硬盘的 USB2.0 接口。

step3　将 USB 连接线的另一端插入电脑的 USB2.0 接口。

由于某些型号的笔记本电脑的 USB2.0 接口供电不佳，当你使用 USB 总线供电型的 USB2.0 外接子系统时必须额外连接一个直流 5 V（内"＋"外"－"）的适配器才能使用，如有上述情形请咨询××服务中心。

○ 卸载 USB2.0 外接子系统

◎ WinXP

step1　双击任务栏上的绿色小箭头显示如下图（图略）。

step2　按 stop，点选所要卸载的 USB2.0 设备，按"完成"。

step3　当系统提示"mass storage device 设备现在可以安全地从系统中移除"时，即可将 USB 连接线自电脑 USB 接口中拔出。

◎ Mac OS

关闭所有窗口，再将 USB2.0 盘符图标放入［回收站］后，将 USB 连接线自 MAC 的 USB 接口中拔出。

当系统正在对 USB2.0 外接子系统执行资料拷贝或应用程序正调用 USB2.0 外接子系统资料，在程序执行完毕或结束时，请勿将 USB2.0 外接子系统拔出，中途拔出 USB2.0 外接子系统将会导致资料遗失或损坏。

○ 硬盘区分

◎ WinXP

step1　在 WinXP 操作系统中，单击［开始］，选择［设置］，打开［控制面板］，双击［管理工具］，双击［计算器管理］，打开［存储］中的［磁盘管理］，显示如下图（图略）。

step2　选择新增加的 USB2.0 硬盘符号（disk#），符号右边为该硬盘的分区情况。

step3　点选右边的分区数据，按鼠标右键弹出选项，选择［创建硬盘分区］。

step4　依系统指示设定主分区或扩展分容量。

step5　选择档案系统格式，点选快速格式化，按［下一步］。

step6　当系统完成对 USB2.0 硬盘分区及格式化后，在［我的电脑］内，就会看到新增加的 USB2.0 盘符。Windows FAT32 档案系统限制当硬盘档案系统选择为 FAT32 时，每次硬盘分区大小不可大于 32 GB。

思考与练习

1. 以下是某报编辑部收到的实习生发来的一则消息，编辑认为该稿件的结构不符合新闻写作常用的格式，应予调整。请你对该消息进行改写，并拟定标题。

昨天下午，记者咨询沪上多家机票代理点得知，目前乘东航班机往返香港的机票价格大约在 1 700 元，加上税金，总花费大约在 2 000 元以上。港龙航空的票价则更高一些。而上航在开航后的三天内，将推出"超低价"优惠：单程 800 元（不含税），往返票 1 128 元（不含税）。

今天上航将正式开通沪港客运航线，介入这条"黄金走廊"的客源争夺战。而与上海

"阔别"16年的国泰航空,本周五也将重回沪港客运航线。正逢许多市民制定赴港"血拼"①计划的当口,两家航空公司打的"如意算盘"非常明显。东航和港龙航空不甘示弱,推出形形色色的优惠、奖励,力图在"血拼族"争夺战中以巧取胜。

沪港客运线被业界誉为香港与内地的"空中黄金走廊",目前主要由东航和港龙航空一同经营。东航每天飞香港的航班大约为十几个,港龙航空飞香港的航班则达每天16个。上航和国泰航空的加入,将使上海每天飞香港的航班达到34~35个,航班密度几乎达到每小时1.5班。根据航班计划安排,上航今天起每天执行6个上海往返香港的客运航班,早上、中午、下午各有一个航班从浦东机场起飞。国泰航空重回沪港客运航线后每天将有一班客机来往于香港机场和浦东机场。

民航业内人士认为,虽然上航低价入市,但是新开的航班个数毕竟有限,要推动沪港航线机票价格全线下跌不太可能。不过,沪港航线今后的服务竞争显然将日趋激烈。

面对上航的低价竞争,东航和港龙航空也没闲着,纷纷打出优惠促销牌应对。记者昨天在东航官方网站上看到,从11月20日到12月20日的一个月时间里,搭乘东航航班赴港返沪,均可以获得额外积分奖励,其中部分舱位单程额外奖励1 500点积分,来回程额外奖励3 000点积分。而港龙航空也在票价上"放低姿态",称乘客如果搭乘12月1日至20日之间港龙航空的部分航班前往香港,即可以人民币2 200元起购得往返香港上海经济舱机票。

2. 按照消息写作的要求,写一篇报道校园学习、生活新动态的消息。

3. 请选择一个你喜爱的商品,为它拟写一个将刊登于报纸的广告。

4. 以下是某电讯公司上海分公司刊登的一则平面广告,请对其创意、形式、语言表述等内容加以分析。

郑 重 通 告

上海地区所有手机用户请注意:

即日起,无需换号,只要拥有一部××专门为您定制的世界风双网双待手机,即可体验二机合一、新旧号码同时使用。"双网覆盖广,双待随意听,双号更自由",让您工作生活同时在线,轻松实现全球通信无缝漫游。

详情垂询:×××××

中国××有限公司上海分公司
2015 年 11 月 28 日

5. 细读一份你认为写得比较好的产品说明书,了解说明书在生活中的实际运用情况,并为你喜爱的某个产品拟写一份说明书。

6. 图文并茂是说明书常用的表达方式。下面的例文用图示和文字说明了使用三星

---

① 血拼:英文 shopping 的音译,即购物。

数码录音笔的注意事项。图一中录音笔的上下左右四种图示表示了四种要特别注意的事项，请在图下的材料中找出和这四种图示相关的文字说明。图二说明了数码录音笔电池用完后应当如何处理，请根据图示的意思，配写文字说明。

● 注意事项

图一

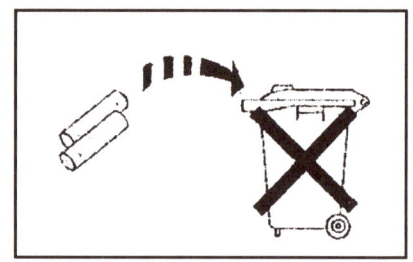
图二

请勿在浴室或有水汽的地方使用本机。亦请勿在本机上放置任何装有水或液体的容器(如化妆品，药品，花瓶，花盆，杯子等)，并且过热(例如火炉，燃着的蜡烛)或者强磁力的设备或者电场(如喇叭……)易造成故障。如果机器发生故障，应从主电源断开电线，你的机器只适合于家用不适合于商用。本产品只能个人使用。如果你的机器或碟片储存在寒冷的地方，带入室内会结露，等待大约2小时才能到达室温。

在线测试，请扫描

第六章 财经文体的写作

第一节 合 同

一、合同的概念和作用

(一) 合同的概念

合同也叫契约,有广义、狭义之分。广义的合同泛指发生一定权利义务关系的协议,狭义的合同专指当事人之间设立、变更、终止民事关系的协议。我们这里讲的是狭义的合同。《中华人民共和国合同法》第二条规定:合同是"平等主体的自然人、法人、其他组织之间设立、变更、终止民事权利义务关系的协议"。

自然人是个人在民事法律关系上的称谓。法人是指依照国家规定的法定程序组成的、经过国家认可的社会组织或团体。它有独立支配和依法经营管理财产的权利和偿还债务的义务,能以自己的名义进行独立的民事活动,参加民事诉讼。法人的行为能力是由它的法定代表人来行使的。法人代表有权以本单位的名义签订合同,或授权他人代表本单位签订合同。

(二) 合同的作用

1. 约束作用

依法订立的合同一经签署,就具有法律的约束力,当事人既可以充分享受合同规定的权利,又必须全面履行合同所规定的义务。任何一方不得擅自变更或解除合同中的内容。如果订立合同的某一方不经对方同意,擅自变更或解除合同,要罚以违约金;因一方没有遵守合同的规定所造成的对方的损失,要罚以赔偿金,等等。

2. 保障作用

社会化大生产,要有严格的责任制,以协调各个方面、各个环节的活动。从经济活动的角度看,责任和利益是双位一体的,责任制的健全和物质利益的分配是相辅相成的。合同规定了双方的权利和义务,任何一方不履行合同都要受到经济制裁,双方的经济利益都可以通过合同得到有效的保障。

二、合同的类型

（一）合同的分类

民事活动的范围很广,与此相适应,合同的种类也很多。对合同进行分类,有助于掌握各类合同的性质、特点和作用。从合同的内容、适用时间、权利义务关系、样式等方面对合同进行分类,是人们常用的方法。

按合同的内容分,有购销合同、建筑工程承包合同、加工承揽合同、货物运输合同、供用电合同、仓储保管合同、财产租赁合同、借款合同、财产保险合同、科技协作合同、技术转让合同、补偿贸易合同、出版合同等。

按合同的适用时间分,有长期合同、年度合同、季节合同和临时合同等。

按双方的权利、义务关系分,有双务合同和单务合同。双务合同的双方都享有权利并承担义务,如购销合同;单务合同仅对一方发生权利、对他方只发生义务,如信贷合同。

按合同的样式分,主要有表格式和条款式两种。表格式合同是把某项合同中必须明确规定、必然涉及的内容,设计在一份表格中,必要时逐项填写。表格合同的特点是：格式固定、便于管理,比较规范。它可以减少因经办人员经验不足或粗心造成的疏漏,是实际工作中被广泛采用的一种合同形式。它的缺点是格式固定,不够灵活,有些内容在表格中无法反映。条款式合同是把双方达成的协议列成若干条具体的文字内容,逐条写入合同。条款式合同不受固定格式的限制,比较灵活,尤其适用于一些内容比较复杂的合同。它的优点是应用面极广,能适应几乎任何情况。但同时对写作也提出了更高的要求,其文字和含义的表达必须明确一致,没有歧义。

（二）合同的种类

《中华人民共和国合同法》把合同分为以下 15 个种类,在此作一个简单的介绍。

买卖合同。买卖合同是出卖人转移标的物的所有权于买受人,买受人支付价款的合同。

供用电、水、气、热力合同。供用电合同是供电人向用电人供电,用电人支付电费的合同。供用水、气、热力合同按此类推。

赠与合同。赠与合同是赠与人将自己的财产无偿给予受赠人,受赠人表示接受赠与的合同。

借款合同。借款合同是借款人向贷款人借款,到期返还借款并支付利息的合同。

租赁合同。租赁合同是出租人将租赁物交付承租人使用、收益,承租人支付租金的合同。

融资租赁合同。融资租赁合同是出租人根据承租人对出卖人、租赁物的选择,向出卖人购买租赁物,提供给承租人使用,承租人支付租金的合同。

承揽合同。承揽合同是承揽人按照定作人的要求完成工作,交付工作成果,定作人给付报酬的合同。承揽包括加工、定作、修理、复制、测试、检验等工作。

建设工程合同。建设工程合同是承包人进行工程建设，发包人支付价款的合同。建设工程合同包括工程勘察、设计、施工合同。

运输合同。运输合同是承运人将旅客或者货物从起运地点运输到约定地点，旅客、托运人或者收货人支付票款或者运输费用的合同。

技术合同。技术合同是当事人就技术开发、转让、咨询或者服务订立的确立相互之间权利和义务的合同。

保管合同。保管合同是保管人保管寄存人交付的保管物，并返还该物的合同。

仓储合同。仓储合同是保管人储存存货人交付的仓储物，存货人支付仓储费的合同。

委托合同。委托合同是委托人和受托人约定，由受托人处理委托人事务的合同。

行纪合同。行纪合同是行纪人以自己的名义为委托人从事贸易活动，委托人对其支付报酬的合同。

居间合同。居间合同是居间人向委托人报告订立合同的机会或者提供订立合同的媒介服务，委托人支付报酬的合同。

三、合同的基本内容

《中华人民共和国合同法》第十二条规定："合同的内容由当事人约定，一般包括以下条款：（一）当事人的名称或者姓名和住所；（二）标的；（三）数量；（四）质量；（五）价款或者报酬；（六）履行期限、地点和方式；（七）违约责任；（八）解决争议的方法。"以下就一些主要条款的写作作一介绍。

（一）标的

合同的标的是指民事活动要达到的目的，是订立合同当事人双方权利和义务所指向的对象，它反映了当事人订立合同的要求。没有标的，当事人订立合同的目的就无从实现。一般来说，合同的标的通常是货物、劳务、工程项目、货币、劳务劳动成果和脑力劳动成果等。不论标的是指财产、劳务、还是指一定的工作任务，都必须明确具体。标的不明确，合同就无法执行，所以标的是合同必备的最基本的条款。

同时，标的的写作应注意其合法性。国家禁止或限制流通的物品如赌具、淫秽物品、武器弹药、毒品之类不能做标的，土地、国家文物等也是禁止买卖的。

（二）数量和质量

一定的数量和质量是合同标的的具体体现。合同必须在条款中明确规定标的的数量（包括计量单位）和质量，因为它是衡量标的的指标，确定权利和义务的尺度，计算价款或酬金的依据。假如合同中没有具体而准确的标的数量、计量单位和明确的质量标准，合同就不能成立；即使能够成立，标的的数量、质量如有含糊，发生了矛盾或出现了差错，也难以确定当事人的责任、权利和义务，就会造成合同纠纷。标的的数量、质量写作要注意以下几点：一是项目要完善。标的涉及的数量、质量的各项要求、数据要详尽地、全面地罗列清楚，不能因粗心而遗漏，也不能为图省力而简略。二是数字要精确。合同中的数字必须精确，除了标的数量要精确以外，规定标的质量的数字也要尽可能明确。三是计量单位要明确。合同中的计量单位写作要明确、具体,不能使用"车"、"箩"、"套"、"堆"等含糊不清的量词,不然会给合同的执行带来隐患,从而引起纠纷。

(三) 价款或报酬

价款是指购买产品、服务或信息等的一方向对方支付的按一定价格计算的货币金额;报酬是指为设计、施工、承揽加工、运输货物、保管货物等进行劳动服务的一方应得到的对方支付的报酬金额。价款和酬金通常由价格、总额和支付方式三部分组成。合同的当事人在签订合同时必须对价格进行协商并在合同中标明计算标准。国内经贸合同应以人民币作为计价标准,对外经贸合同应当注明以何种货币作为计价和支付标准。通常情况下,合同当事人可以自由商定买卖价格。但是,对政府定价的商品、劳务,或者政府规定了一定的价格涨落幅度的商品、劳务,合同双方不能自由商定价格,必须遵守政府有关价格管理的规定。合同价格一旦约定,任何一方不得单方面变动价格。合同中的价格总额应该大写。除了一些民间金额较小的合同以外,企业之间因履行合同而发生的支付行为通常是通过银行进行结算的。所以在合同中还需要写明结算方式、开户银行、账号名称、账号、结算单位等内容。

(四) 履行的期限、地点和方式

履行期限是指合同履行的时间界线,它对双方都是有制约力的:既包括一方实现权利的期限,也包括另一方履行义务的期限,反之亦然。所以,在合同中要把当事人履行各自所承担的权利和义务(通常是交货和付款的期限规定)都写明。履行地点是合同履行的空间范围,即合同当事人在什么地方履行各自应承担的义务。履行地点直接关系到履行义务的费用,因此必须在合同中写明并严格履行。履行方式是指双方当事人在履行各自承担的义务时所采取的方式,一般可分为时间方式和行为方式两个方面。时间方式是指对所承担的义务是一次履行完毕,还是分期履行,如产品购销合同中,交货是一次交清还是分批交付。行为方式指当事人交付标的物的方式,如货物是由供方送货还是需方自提,须事前商定,明确写入合同。

(五) 违约责任

合同当事人一方不履行合同义务或者履行合同义务不符合约定的,应当承担继续履行、采取补救措施或者赔偿损失等违约责任。《中华人民共和国合同法》对必须承担的违约责任和不必承担的违约责任都作出了明确的规定,合同双方或多方都应当遵守。在合同的履行过程中,无论是故意还是无意,违约现象时有发生。一旦发生违约,善后的重要问题是合理确定责任。所以在合同中明确违约责任是非常关键的,订立合同时必须明确规定违约的责任,否则,就无法保证合同的顺利执行。

四、合同的写作要求

(一) 文字和语体要求

合同的文字表述要准确严谨,与当事人的协商相一致,与当事人的意图相一致。语句要简练、缜密,不能含混不清、模棱两可;字词要明白、清晰,不能因词语表达不明而引起误解或歧义。对容易引起误解或歧义的词语,要专门规定它的意义,以免留下隐患。

要防止由于错字、别字、漏字、标点符号使用不当等产生歧义,造成合同的解释分歧和执行障碍。

(二) 逻辑要求

合同写作还必须有严密的逻辑性。概念要准确,不能交叉;表达要严谨,不能自相矛盾。要防止概念模糊或产生歧义,以避免在履行合同时发生错误,出现争执和纠纷。合同的各项条款结构要严谨,使用的各种词组、概念内涵和外延要明确、周密,不能因为逻辑错误使合同条款产生歧义。

视频演示,请扫描

例文 6-1 岗位聘任合同书

甲方:××大学××处

乙方:_____

为了规范管理,保证职能部门工作的正常完成,更好地为教学、科研及其他工作服务,甲方受学校委托,根据岗位设置、岗位职责、任职条件,通过全校公开招聘,平等竞争的规定程序,聘任乙方为本单位工作人员。甲乙双方共同签订以下聘任合同:

第一条 合同期限

乙方自愿应聘到甲方工作,甲方根据岗位职责和岗位素质要求经面试考核同意聘任乙方:

1. 试用期限自_____年____月____日至_____年____月____日止。
2. 聘任期限自_____年____月____日至_____年____月____日止。

第二条 工作岗位及职责要求

1. 乙方受聘在_____科(办公室)_____岗位工作。
2. 乙方的主要岗位职责和主要工作任务如下:

(1) _____;
(2) _____;
(3) _____;
(4) _____。

乙方在完成本岗位工作的同时,还应完成甲方安排的其他临时性工作任务。

3. 乙方在聘期内,应遵守国家的法律和学校的各项规章制度,认真履行岗位职责,努力做好本职工作,自觉接受甲方对乙方进行的年度考核,并达到学校所规定的考核要求。

第三条 工作报酬及待遇

1. 按照国家和学校的工资政策、社会保障政策及规定,乙方享受相应的工资待遇、福利待遇和社会保障。
2. 甲方按照××大学的有关规定,依照年度考核结果确定并兑现乙方相应的校内工资、岗位津贴和奖金。

3. 乙方在聘期内经甲方同意,并在符合××大学有关规定的前提下可短期出国访问,短期进修或以同等学力申请硕士、博士学位。在乙方进修或在职学习期间,甲方有权根据乙方考勤情况按比例酌情减少乙方的岗位津贴或校内工资。

第四条　工作纪律

1. 甲乙双方均应严格遵守国家的有关法律法规和学校的各项规章制度,自觉履行本合同中所规定的权利和义务。

2. 甲方应对乙方进行政治思想、职业道德及遵纪守法等方面的教育;乙方应保证服从甲方的工作安排,遵守有关工作纪律、保密纪律和劳动纪律,按时、保质、保量地完成工作任务。

3. 乙方在聘期内若有违纪行为,甲方将按照国家有关法律和学校的有关规定以及相应程序报送学校进行处理。

第五条　合同的变更、终止和解除

1. 本合同签订后,甲乙双方须全面履行合同规定的义务,任何一方不得擅自变更合同。确需变更或终止合同时,在甲乙双方协商一致的基础上,变更合同或终止合同,并报送人事处备案。

2. 乙方在试用期内若不能胜任本岗位工作,甲方有权提出终止合同,并允许乙方在一个月内另找新的工作岗位;逾期未找到新的工作岗位,甲方应及时将乙方送交校人才交流中心。

3. 在聘任期内,若因工作需要,学校组织部门对乙方进行正常的组织调动,本合同自动终止。

4. 乙方有下列情形之一时,甲方有权解除聘任合同:

(1) 被依法追究刑事责任者或被劳动教养的;严重违反国家政策、法规和规定,严重违反校纪校规和本部门规章制度及劳动纪律者,学校给予相应行政纪律处分的;工作严重失职、营私舞弊或有严重责任事故的;

(2) 年度考核不合格,经批评教育和警告后在3个月内工作仍无明显改进者;

(3) 在聘用期内,旷工或无正当理由逾期不归连续超过十五天,或者一年内累计超过三十天的;

(4) 患病或非因工负伤,超过三个月,无法从事原岗位工作,也不服从甲方另行安排工作岗位的;或超过六个月转为"劳保"的;

(5) 因客观环境或情况发生重大变化致使本合同无法正常履行,且经协商不能就变更合同达成协议的。

5. 乙方有下列情况之一时,甲方不得解除聘任合同:

(1) 因工负伤在医疗期内的;

(2) 在孕期、产假和哺乳期间的女教职工,且又不属于本条第4款所列情形的;

(3) 其他符合国家规定条件者。

6. 有下列情形之一者,乙方有权要求解除聘任合同:

(1) 甲方不能按聘用合同规定支付相应的工作报酬和待遇的;

(2) 甲方不履行合同规定或违反国家政策、法规、侵害乙方合法利益的;

（3）乙方因某种正当原因不能继续履行本合同并提前三十天书面通知甲方的。

7. 甲方按本条第4款提出解除聘用合同，必须提前一个月通知乙方，经乙方同意后按有关程序办理解除合同的手续。

8. 乙方与甲方解除聘任合同后，甲方应及时报校人事处备案，乙方应及时交接工作，并在一个月内寻找新的聘用单位，逾期未果的应及时到校人才交流中心报到，超期不报到的，校人事处将按有关规定进行处理。

第六条　违约责任

1. 若无正当理由或不满足本合同第五条所列情况，任何一方单方面要求在合同期内终止或解除合同均属违约行为，应支付对方违约金2 000元。

2. 甲方为乙方提供培训、进修后，乙方在服务年限内违约者，除应支付违约金外，还应赔偿培训费。

3. 因不可抗力因素造成不能履行本合同以致给对方带来损失时，违约方可不承担经济责任。

第七条　争议处理

聘用双方因履行本合同发生争议且协商未成时，可在15日内申请学校劳动争议调解委员会进行调解，不愿调解或调解无效，乙方可直接向当地人事仲裁机构申请仲裁。

第八条　本合同一式三份，甲乙双方各执一份，交校人事处备案一份。

第九条　本合同经甲乙双方签章后生效，涂改无效。

甲方(代表)：　　　　　　　　乙方：

(签字、盖章)：　　　　　　　(签字)：

　年　　月　　日　　　　　　　年　　月　　日

更多合同例文，请扫描

第二节　市场调查报告

一、市场调查报告的概念和作用

(一) 市场调查报告的概念

市场调查报告是对市场进行深入调查研究后，对调查所获得的信息资料进行系统、科学和周密的整理，根据实际需要进行分析、归纳、综合后撰写的书面报告。它是记述市场调查成果的一种经济应用文。市场调查是市场调查报告写作的前提与基础，要想写出好的市场调查报告，首先必须认真进行市场调查。如何选择市场调查的范围和内容，应该根据市场调查报告的要求而定。

(二) 市场调查报告的作用

1. 均衡供需

通过市场调查,可以了解市场供需情况,对商品、服务等市场的供需情况进行预测,制定供应总量计划和品种计划,这对于合理、均衡地组织市场供应,使供给和需求的关系趋向平衡具有重要作用。

2. 指导生产

通过市场调查,可以了解消费者的各种需求,有利于企业按消费者的需要生产产品,提高产品在市场上的占有率,顺利完成商品从生产到消费的转移。

3. 合理定价

通过市场调查,可以充分了解同类产品、相同服务的市场价格,有利于企业在保证经济效益的基础上,确定自己产品或服务的适当价格,使产品或服务具有较强的竞争能力。

4. 了解信息

通过市场调查,可以充分了解同行业的经营情况,学习他人先进的管理经验,有利于提高自身的经营水平,达到以最小劳动消耗取得最大经济效益的目的。

二、市场调查报告的特点和分类

(一) 市场调查报告的特点

1. 针对性

针对性是指市场调查报告的写作要有明确的目的性。或总结经验,或汲取教训,或反映情况,或探明真相,等等。总之,市场调查报告都是为了切实指导实际工作,以推动经济健康发展。实践证明,调查报告的针对性越强,其指导意义、参考价值和社会作用也就越大;反之,如果调查报告没有针对性,或是针对性不强,则起不到应有的作用。

2. 真实性

尊重客观实际,依据事实说话,不虚构、不臆测、不武断是真实性的基本要求。材料的真实是保证市场调查报告真实性的基础。市场调查报告中涉及的一切材料,诸如历史资料、现实材料、典型事例、统计数据等都必须言之有据、准确无误。同时,科学方法的运用,也是保证市场调查报告真实性的可靠手段。要根据不同的调查对象、调查范围,选用恰当合理、科学细致的调查方法,获取真实、丰富、可靠的材料,以确保调查报告的真实。

3. 典型性

优秀的调查报告往往能通过某个具体事例的调查,反映出带有普遍意义的问题。解剖一个"麻雀",做的是"点"上的工作,但若能抓住问题的本质,对"面"上的工作就能起指导作用。要写出具有典型价值的调查报告,必须注意两点:一是对调查得来的所有材料,要进行科学的分析研究,从中找出规律性的东西,反映市场变化的内在规律;二是报告的结论要准确可靠,在结论基础上提出的建议必须切实可行,有较为广泛的适应性和实实在在的可操作性。

4. 时效性

市场调查报告要及时、迅速、准确地反映、回答现实经济生活中出现的具有代表性的紧迫的问题。市场调查必须迅速,撰写报告应当及时。一旦报告的内容"过时",失去了现实的意义,报告也就不再有价值。随着我国社会主义市场经济日趋成熟,市场变化日益加快,新的情况和问题会不断出现,这就需要市场调查报告的撰写必须迅速、及时,否则就会落后于市场的变化,失去市场调查报告的参考和指导价值。

(二) 市场调查报告的分类

市场调查报告的种类很多,依据不同标准,从不同角度,可以把市场调查报告分成各种各样的种类。

1. 通讯式调查报告、论说式调查报告和总结式调查报告

按文体特点分类,可将市场调查报告分为通讯式、论说式和总结式三种。通讯式调查报告偏重于对调查过程和调查的情况加以叙述,使读者对调查对象产生鲜明深刻的印象。论说式调查报告侧重于对调查的材料进行分析论证,阐述由论证形成的作者的见解,并以此来引导读者。总结式调查报告是通讯式和论说式两种方式的结合,它既全面地反映实际情况,又有较浓重的理论色彩,使读者对调查的对象和作者通过分析、归纳得出的结论都有深刻的印象。

2. 综合调查报告、专题调查报告和典型调查报告

按调查范围、调查方式分类,可将市场调查报告分为综合调查报告、专题调查报告和典型调查报告三种。综合调查报告以普遍调查的方式为基础。普查涉及面广,得到的资料全面,因而它的结论覆盖面广,准确程度高,指导作用相应也就大。但普查的规模大、范围广,要耗费大量的人力、物力,所需时间也较长。专题调查报告范围比较明确,常常是为了特定的目的,选定某一个专门对象进行专项调查。专项调查获取的资料不及普查全面,所以准确性不如普查高,但它花费的人力、物力少,耗时也少,使用较为灵活,适用范围广。典型调查报告涉及的范围比专题调查报告更小。它选用一个典型事例作为调查对象,通过调查个别,达到了解一般的目的,也就是人们通常讲的"解剖麻雀"式的方法。其优点是投入小,收益大,通过对典型事例的调查、研究,得出具有普遍意义的结论,用以指导和推动面上的工作。

3. 情况调查报告、事件调查报告、经验调查报告和问题调查报告

按目的、作用、内容分类,可将市场调查报告分为情况调查报告、事件调查报告、经验调查报告和问题调查报告四种。情况调查报告是针对某一个地区、某一个事件或某一调查对象的基本情况,作较为系统深入的调查分析。它以叙述情况、描述事实为主,较少分析、议论,主要是为有关部门、有关人员掌握客观情况服务,为这些部门或人员研究、处理问题,制定政策、法规,决定方针、路线提供现实的依据。事件调查报告针对现实经济生活中的突出事件,把该事件的来龙去脉、前因后果、背景材料以及有关情况清晰而完整地陈述出来。它也以叙述为主,较少议论。经验调查报告通过对典型事例的调查分析,为某一方针、政策的执行、落实提供典型经验和具体做法。这类调查报告的政策性、理论性较强,具有普遍的指导意义。问题调查报告重在反映工作中的不足之处。"问题"的含义较广泛,它不限于狭义的事故、错误,还包括应当引起重视和值得研究的矛盾、倾向、隐患等。

它的职能是揭露问题、剖析问题和提出解决问题的方法、意见,为解决实际工作中的矛盾提供良方。无论是"问题"的提出,还是"问题"的解决方案,都要以事实为依据,明确其范围、性质和程度,切不可主观臆断,背离现实,产生误导作用。

除以上的分类之外,市场调查报告还可以按调查的时间、市场的性质和商品的类别等进行分类,在此不再赘述。

三、市场调查报告的写作

(一)市场调查报告的结构

1. 标题

市场调查报告的标题可以由调查的单位、内容和范围构成,也可由调查的对象和事由构成,如《关于国产彩电在国外市场地位的调查报告》;也可以直接指出或用提问的方式揭示调查对象的状况,如《国产名牌彩电为何热销》;也可运用正副标题的形式。标题要与市场调查报告的内容相符合,力求做到简洁、醒目、新颖。

2. 前言

前言也称作引言,是调查报告的开头部分,可独立列出来,标明"前言"或"引言",也可与正文合为一体,作为报告的"开场白"。无论独立与否,其文字都要简明扼要,其内容一般概述三个方面问题:调查的缘由、目的,调查的对象、范围,调查的经过(时间、地点、过程等)和方法。同时也可以简要概括全文的主要内容和观点。

3. 正文

正文是全文的主体,其结构一般有纵横两种形式。横式结构根据调查的材料、问题的性质、得出的结论、意见等,概括为若干并列的几个部分,分别加以说明和阐述。横式结构使报告显得条理清楚,说理充分,运用比较方便,在实际工作中使用较为普遍。纵式结构根据事情发展的先后顺序或材料内容的逻辑关系,前后有序地组织调查材料,各个部分之间前后顺序不能颠倒,前面部分常常是后面部分的前提和条件,后面部分往往是前面部分的进展和必然结果。这种结构的好处是,情况、研究、建议等内容一一展开,环环相扣,层层深入,能给人深刻的印象。一般对新生事物、典型事件的调查,多用这种结构。

4. 结尾

结尾是全文的最后部分。有些市场调查报告在正文表述完后,即告结束,没有单独的结尾。多数报告有结尾。结尾部分或是对全文的概括归纳,或是重申观点,或是提出希望和建议,或是提出未能解决而又须引人注意的问题。

(二)市场调查报告的写法

1. 做好写作前的准备工作

在进行市场调查报告的写作之前,必须先认真地进行市场调查,搜集资料,做好写作的各项准备工作。在对资料进行分析研究过程中,还应参阅相关的政策法规和理论资料,发现带有规律性的东西,找出解决问题的办法。前期的准备工作做得越充分,对调查报告的完成越有利。

2. 选用恰当的表述方法

市场调查报告是一种兼有说明文、记叙文、议论文的一些特点而又不同于这三种文体的一种应用文体。一方面,它要如实客观地介绍通过调查所了解到的实际情况,因此,要运用叙述、说明的表述方法;另一方面,它又必须有报告者的鲜明观点,而且要通过对材料的分析研究,预测市场的发展趋势,并提出相应的建议和决策,因此,又要运用议论的表达方法。由于市场调研报告往往既要反映情况,又要揭示规律、表述观点、提出解决问题的方法,所以,它常常是综合使用叙述、说明和议论三种表达方法。要注意正确把握文体的性质和表达方法。叙述时,选用的事实要确凿,数据和图表要准确;说明时,文思脉络要清晰、完整;议论时,观点要鲜明,观点与材料要统一,符合事理的发展逻辑。

例文 6-2

2016 年 2 月中国手机市场调查报告

王彦恩

一、品牌关注格局

苹果夺冠,三星紧随其后

2 月,中国手机市场参与竞争的百余家厂商中,前十五品牌累计获得 88.4% 的关注比例,用户关注集中。具体来看,苹果以 21.4% 的关注比例位居榜首,三星紧随其后,关注度亦在两成以上。华为与荣耀分别以 16.3%、2.9% 的关注比例排在第三与第七位。(注:本月华为与其子品牌荣耀数据分开统计)

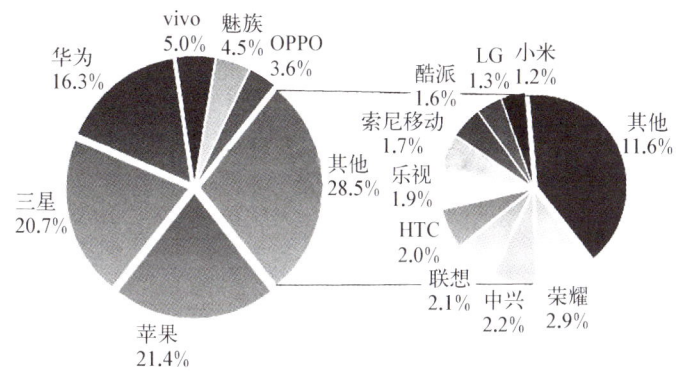

图 1 2016 年 2 月中国手机市场品牌关注比例分布

七家品牌排名升,四家下降

与上个月相比,前十五最受关注的品牌中,七个品牌排名升,其中苹果由上月的亚军升至冠军位。魅族则由上月的第九跃至第五位,关注比例上涨了 2.4 个百分点。三星、乐视、酷派、小米品牌排名均较上月出现不同位次的下滑。

表 1 2016 年 1—2 月中国手机市场品牌关注比例对比

排 名	品 牌	1月	品 牌	2月
1	三星	20.2%	苹果↑	21.4%
2	苹果	19.8%	三星↓	20.7%

续表

排 名	品 牌	1月	品 牌	2月
3	华为	18.2%	华为	16.3%
4	vivo	5.1%	vivo	5.0%
5	小米	3.9%	魅族↑	4.5%
6	OPPO	3.6%	OPPO	3.6%
7	乐视	2.5%	荣耀	2.9%
8	中兴	2.2%	中兴	2.2%
9	魅族	2.1%	联想↑	2.1%
10	联想	2.0%	HTC↑	2.0%
11	HTC	1.9%	乐视↓	1.9%
12	酷派	1.7%	索尼移动↑	1.7%
13	索尼移动	1.6%	酷派	1.6%
14	金立	1.4%	LG	1.3%
15	努比亚	1.3%	小米↓	1.2%
	其他	12.5%	其他	11.6%

二、产品关注格局

（一）产品系列

苹果 iPhone 6S 系列独占鳌头

从产品系列来看，本月苹果 iPhone 6S 系列以 11.2% 的关注比例独占鳌头，关注比例较上月上涨了 1.2 个百分点。华为 Mate 8 系列位居第二，获得 7.6% 的关注比例，相较于其他上榜的产品系列，拥有较为明显的领先优势。排在第三至第十的八大产品系列关注度均在 4% 以下。

整体来看，前十五系列上榜产品分别来自苹果、华为、三星、vivo、魅族、OPPO、荣耀旗下，其中苹果上榜产品系列最多，有五个系列。

（二）产品型号

苹果 iPhone 6S（全网通）以 10.9% 的关注比例夺冠

从产品关注来看，本月苹果 iPhone 6S（全网通）以 10.9% 的关注比例仍为最受用户关注的机型，关注比例较上月上涨 1.4 个百分点，涨幅明显，用户关注更加集中。华为 Mate 8（NXT－AL10/3GB RAM/全网通）与苹果 iPhone 6S Plus（全网通）分别以 5.3%、3.5% 的关注比例排在第二、第三位。

整体来看，本月最受关注的十五款产品分别来自苹果、华为、三星、vivo、魅族、OPPO、乐视、中兴厂商旗下，其中三星上榜机型数量最多，有四款入围。

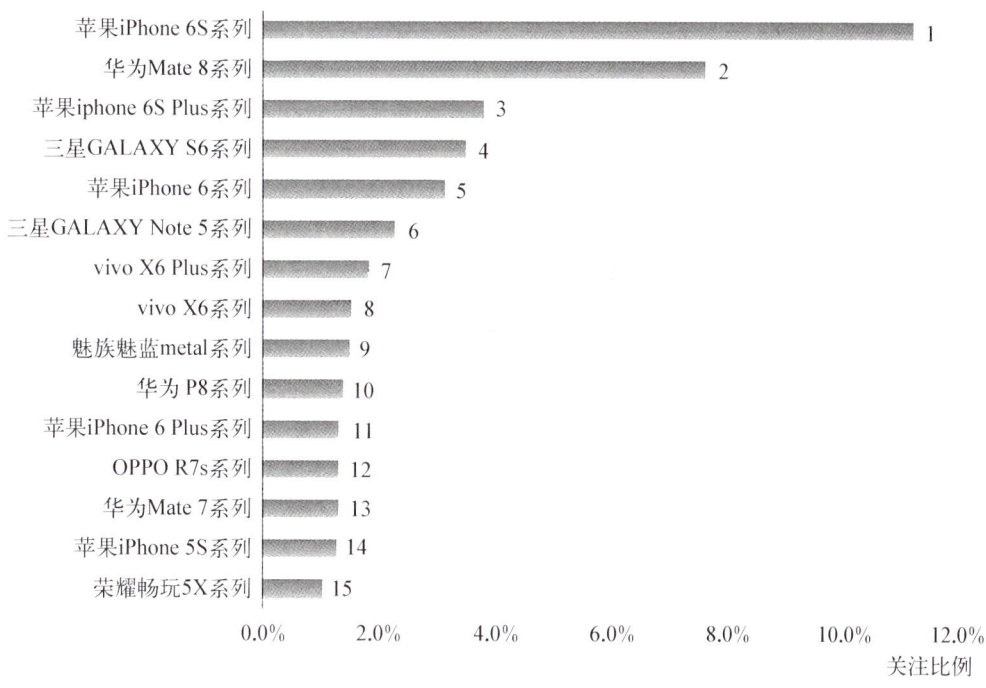

图2　2016年2月中国手机市场产品系列关注排名

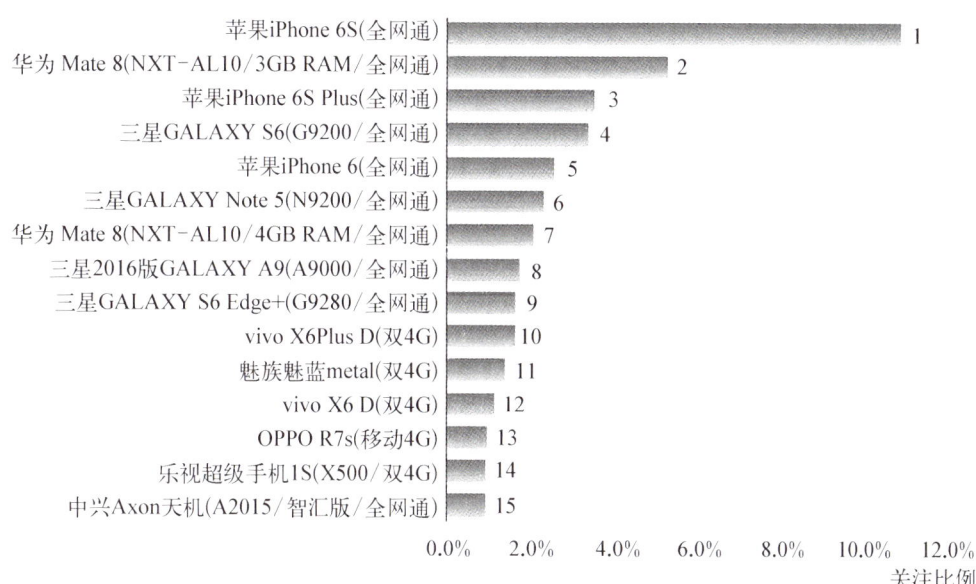

图3　2016年2月中国手机市场产品关注排名

表2 2016年2月中国手机市场最受关注的十五款产品及主要参数

排名	产品名称	主屏尺寸	操作系统	核心数	后置摄像头	29号价格
1	苹果 iPhone 6S(全网通)	4.7	iOS 9	双核	1 200	￥4 850
2	华为 Mate 8（NXT－AL10/3GB RAM/全网通）	6	华为 EMUI 4.0	真八核	1 600	￥2 950
3	苹果 iPhone 6S Plus(全网通)	5.5	iOS 9	双核	1 200	￥5 570
4	三星 GALAXY S6（G9200/全网通）	5.1	Android OS 5.0	真八核	1 600	￥3 650
5	苹果 iPhone 6(全网通)	4.7	iOS 8.0	双核	800	￥4 030
6	三星 GALAXY Note 5（N9200/全网通）	5.7	Android OS 5.1	真八核	1 600	￥4 250
7	华为 Mate 8（NXT－AL10/4GB RAM/全网通）	6	华为 EMUI 4.0	真八核	1 600	￥3 450
8	三星 2016版 GALAXY A9（A9000/全网通）	6	Android OS 5.1	真八核	1 300	￥2 999
9	三星 GALAXY S6 Edge＋(G9280/全网通)	5.7	Android OS 5.1	真八核	1 600	￥4 800
10	vivo X6Plus D(双4G)	5.7	Android OS 5.1	真八核	1 300	￥2 998
11	魅族魅蓝 metal(双4G)	5.5	Flyme 5	真八核	1 300	￥999
12	vivo X6D(双4G)	5.2	Android OS 5.1	真八核	1 300	￥2 498
13	OPPO R7s(移动4G)	5.5	Color OS 2.1	真八核	1 300	￥2 499
14	乐视超级手机 1S(X500/双4G)	5.5	eUI 5.5	真八核	1 300	￥1 099
15	中兴 Axon 天机（A2015/智汇版/全网通）	5.5	Android OS 5.0	真八核	1 300	￥2 699

（三）不同类型产品结构

4G手机关注度稳增1.3%

从手机类型来看，本月4G手机关注度依旧呈稳步上升走势，达到92.3%，小幅涨1.3%。国产手机关注度与上月持平，仍为49.0%。八核与5.0英寸及以上大屏手机关注度则较上月均出现下滑，其中大屏手机关注度降1.6%。

（四）不同价格段产品结构

2 001—3 000元机型关注度大涨6.7%

从价格段来看，本月售价在2 001—3 000元的机型关注度大涨6.7%，达到26.9%，成为用户关注度最为集中的价格区间。相应的，1 000—2 000元机型关注度则下降近5个百分点，降至20.4%。千元以下机型关注度与上月基本持平，微降0.2%。

（五）不同屏幕尺寸产品结构

5.5英寸以上超大屏手机关注度涨4.2%

尽管5.0英寸及以上屏幕机型关注度整体较上月出现下降，但5.5英寸以上超大屏手机关注度本月则出现较大幅度上涨，达到24.1%，涨4.2个百分点。5.1—5.5英寸屏幕机型关注度降至40%以下，为38.9%。

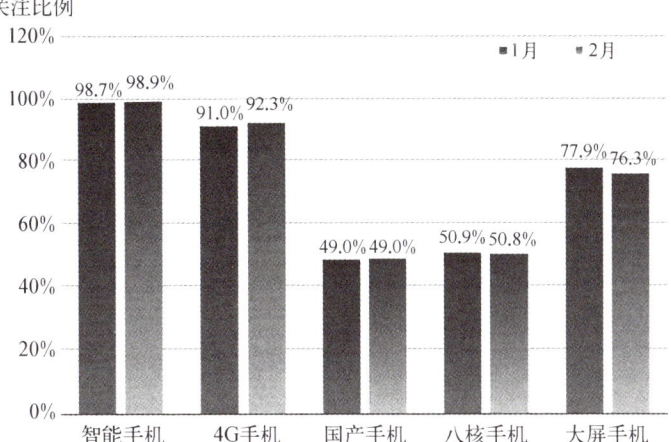

图4 2016年1—2月中国手机市场不同类型产品关注对比

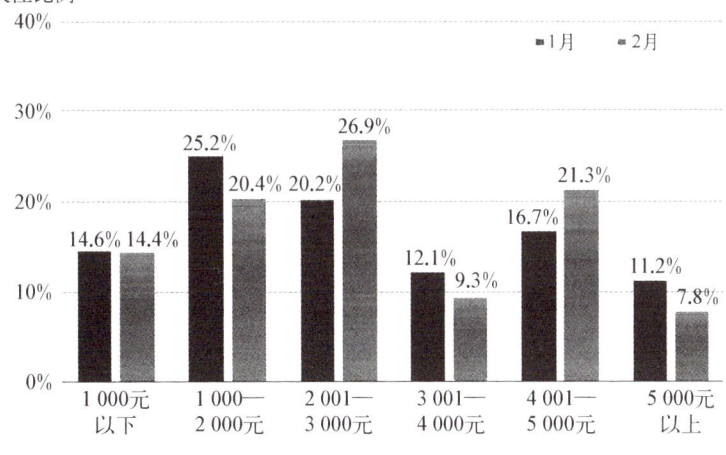

图5 2016年1—2月中国手机市场不同价格段产品关注对比

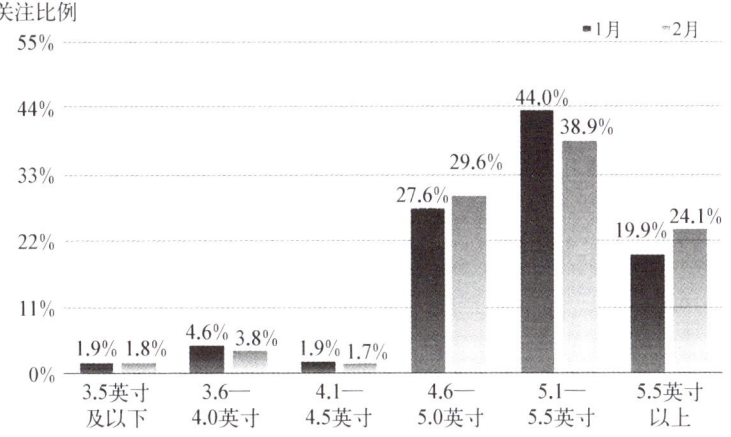

图6 2016年1—2月中国手机市场不同屏幕尺寸产品关注对比

ZDC 总结

整体来看，价格战已经不再是手机市场的主旋律，用户的关注重点也较以往发生了显著的变化。用户对性价比的兴趣正在降低，取而代之的则是质价比，谁的质量更好，体验更好，价格哪怕稍微高一点点，用户都会忽略不计。

（录自互联网消费调研中心网 http://zdc.zol.com.cn/）

第三节 市场预测报告

一、市场预测报告的概念和作用

（一）市场预测报告的概念

市场预测报告简称为"市场预测"，它是一种特殊形式的调查报告。市场预测是人们在对市场进行调查分析的基础上，运用各种信息和资料，利用科学的方法和手段，对市场发展趋势作出的分析、预见和判断。市场预测报告就是具体反映市场预测的研究过程及其成果的一种经济应用文。它的重点在于对未来的市场发展趋势及其规律进行研究和判断，从而提出有针对性的措施和建议，供决策者参考。

（二）市场预测报告的作用

1. 预测作用

市场是一个魔方，它的情况复杂，发展瞬息万变。预知未来市场的变化，是经济发展的客观需要。通过市场预测，可以预见未来市场的某些情况，如社会需求总额和供应总额平衡与否。市场供需一般有三种情形：供过于求，供不应求，供求平衡。健康的市场追求供求平衡，供过于求对生产经营者不利，供不应求对消费者不利。因此，对市场进行预测，可以为调整国民收入的积累与消费的比例，调整生产结构和投资结构发挥积极作用。

2. 调整作用

通过市场预测，可以预见市场主要商品需求的变化趋势，为调整产品的生产和经营提供依据，为开拓市场、扩大经营提供信息。就企业而言，其生存与发展的关键在于不断地提高市场占有率。为此，必须对市场发展趋势、市场潜在购买力、消费者心理倾向、同行业其他企业经营状况等外部环境作周密的分析预测，为企业决策的调整提供依据，使企业把握发展机会。

3. 指导作用

市场预测可以反映市场的具体需求趋向、竞争对手的状况。对生产企业来说，市场预测是改进产品，按需生产，增强产品竞争能力的有效工具。它对企业的产品发展，甚至对企业本身的发展都起到实际的指导作用。市场预测分析是企业提高经营管理水平的重要条件和手段。在预测分析的基础上，企业的生产经营活动能减少盲目性、随意性，在预测分析的指导下，生产经营活动能尽可能有序、合理地进行，这样就有可能取得最佳的经济效益。

二、市场预测报告的特点和分类

（一）市场预测报告的特点

1. 全面性

无论什么经济活动，其运作都不是孤立的。一项经济活动从酝酿、启动、实施到结束，都是处在整个社会经济开放的体系中，与其他经济活动不可避免地联系在一起。无论是宏观的经济调控，还是具体的业务处理，都必须把经济活动放在社会活动的系统中，从多方面、多角度综合各种因素去考虑，只有这样才有可能作出正确的推断和预测。所以，进行经济预测，看问题一定要全面，不能只看到和预测内容直接有关的方面，也不能把目光仅仅局限于经济一个层面，要树立从宏观上对问题进行总体把握的全面意识。

2. 预见性

市场预测不是"算卦""占卜"，而是对经济活动进行科学分析，作出科学判断。市场预测的预见性首先来自对多方面经济信息的全面、准确的了解；其次，市场预测的预见性来自对经济活动必然规律的认识和揭示；再次，市场预测的预见性来自科学的分析、预测方法。预见性及预见的准确性直接决定了预测报告的价值。

3. 指导性

市场预测报告具有极强的实用性，这也是其价值的具体体现。市场预测报告凭借准确的经济信息，勾画出未来经济活动发展的前景，为科学决策提供可靠的依据。失去了对经济实践的指导，市场预测报告就失去了它存在的价值。比如，对五百年后世界纸张供需状况的预测是没有实际价值的，所以从来不会有哪个机构或企业会耗费人力、物力和财力作这样的预测报告，即便有好事者写出这类报告，也不会有指导价值。

4. 时效性

在市场经济环境下，经济活动常常是瞬息万变的。掌握时机，趋利避害是决胜商场的要诀。能否抓住时机，在激烈的竞争中立于不败之地，和能否正确、及时地作出预测密切相关。预测工作做好了，知道时机可能在何时、何处出现，就可以从容准备。是良机，便及时捕捉；是危机，就适时化解。反之，如果预测不及时，良机来临，也会因为没有做好准备而与其失之交臂；危机降临，仓促应付，会加重损失。

（二）市场预测报告的分类

按照不同的标准，可对市场预测报告作不同的划分。日常工作中比较常见的市场预测报告大体有以下几种类别：

1. 宏观预测和微观预测

根据经济活动范围的不同，可以把预测分为宏观预测与微观预测。宏观预测是从宏观经济管理的角度，对市场总体的发展方向进行综合性预测；微观预测是从某一具体的经济应用角度出发,对影响该经济活动的市场环境进行预测。在实际工作中,宏观预测与微观预测并不是相互脱离的,而是相辅相成的。宏观预测以微观预测为基础,微观预测以宏观预测为指导。

2. 国际市场预测和国内市场预测

根据不同的空间层次,可以把预测分为国际市场预测和国内市场预测。其中,国际市场又分为全球性、洲际性、地区性的预测;国内市场也分为全国性的或某个行政区、某个经济区域或某个特定区域的预测。

3. 近期预测、短期预测、中期预测和长期预测

根据时间的长短不同,可以把预测分为近期预测、短期预测、中期预测和长期预测。预测时间长短的划分,可以根据预测对象和要求的不同而确定。通常人们把为期一年以内的预测称作近期预测。短期预测指为期在一至两年的预测。中期预测指为期在三年以上至五年(包含五年)的预测。长期预测指五年以上的预测。

三、市场预测报告的写作

(一) 市场预测报告的结构

1. 标题

标题一般由范围、时间、对象三部分组成,如《长江三角洲地区2012至2015年IPTV(交互式网络电视)需求量的预测》,就依次标明了预测范围、预测时间和预测对象;有时也可省略时间,只标明预测范围、对象;带有整体性的预测,可省略范围,只标明预测时间、对象,如《2016年互联网金融市场发展展望》。

2. 正文

市场预测报告的正文由基本情况、预测分析、建议三部分组成。基本情况部分主要运用资料和数据,对相关市场的历史和现状作简要的回顾和说明。预测的特点,就是根据过去、现在的情况推测未来。所以,必须选择有代表性的资料、数据来说明市场的历史和现状,这是进行预测分析的事实基础。预测分析部分重在分析研究。要对在调查研究中所取得的资料、数据进行认真分析和研究。建议部分要依据预测分析的结果,为决策者提出切合实际的、有价值的、值得参考的建议。

(二) 市场预测报告的写作要求

1. 明确预测的对象和目标

市场预测报告涉及的范围很广,预测对象的提出往往反映了报告的工作指向。每一份预测报告都有其考察、分析与预测的特定对象,对此,报告要开宗明义,给予明确的阐述,具体说明报告涉及的市场范围、市场构成、问题性质,以及提出这些问题的背景、依据或意义,从而使报告具有明确的针对性。预测对象和预测目标是有机地联系在一起的。预测对象和目标一旦确定,预测报告的总纲就随之而立了,报告结构的组织安排等事项就有了准绳。

2. 充分占有资料

市场预测报告必须以全面、完整的资料、数据作为依据,因此,必须做好两方面的工作：一是认真搞好市场调查,二是建立资料档案。对搜集来的资料、数据,要认真审核,把真实准确的资料、数据分类列入资料档案。充分占有资料,不仅要大量地收集资料,而且要充分地分析和消化资料,提炼和概括资料。对报告中使用的数据资料,应说明其来源或出处,以保证资料的严肃性和可信性,为预测市场发展趋势和提出对策建议提供真实依据。

3. 进行科学的分析和预测

预测是科学分析的结果。预测的重点是要抓住已经了解的市场变动因素,分析市场的可能走向。预测可以采用不同的分析方法和表述方式,但由分析引导出的预测,必须体现清晰的逻辑条理,不能牵强附会或故弄玄虚。预测结果的表达必须非常严谨,不要夸大其词,任意发挥,也不要闪烁其词,模棱两可。对预测的可靠程度及可能影响预测可靠程度的因素,要作必要的说明,不要偏执一面之词,过于绝对。

4. 提供对策建议

预测报告在分析、预测的基础上,还可以根据需要,提出一些有针对性的决策参考意见,供预测报告使用者参考。根据不同的决策需要,这部分内容可以是较为抽象的策略思路,也可以是非常具体的对策措施。不论是何者,都必须针对具体的实际问题,说明提出对策建议的意图和目的,且对策应具有切实可行的操作性。

例文6-3　　　　受累航运低谷　造船业破产潮临近

裴　昱

2016年航运业的复苏笼罩在一片雾霾之下。航运市场低迷,航运企业经营状况持续恶化的态势仍在蔓延。

被誉为国际干散货运输市场走势晴雨表的波罗的海干散货指数(BDI)持续下跌,连创历史新低。据最新数据显示,1月27日,BDI指数已降至337点。近一个月内BDI指数暴跌近30%,无一日上涨。

与此同时,造船企业陷入经营困境。中海集运预亏28亿元,多家造船企业申请破产重组,五洲船舶破产倒闭更是近十年来国内第一家国有船厂倒闭。

专家表示,发展中经济体经济放缓,国际大宗货物市场需求端购买力不足等原因导致运力过剩、运价下跌,航运业遭遇了史上最难过的一年。2016年航运企业亏损、倒闭的情况可能会更多,市场的严峻形势将进一步持续。

船厂破产航运市场持续低迷

2016年1月份,BDI指数暴跌近30%,无一日上涨。据最新数据显示,BDI指数自1月4日473点起连续下跌,到1月13日BDI指数跌破400点,至1月27日,BDI指数已降至337点,创该指数诞生以来最低值。而2008年5月,该指数最高曾达到过11793点。

BDI指数反映了即期市场的行情,衡量的是铁矿石、水泥、谷物、煤炭和化肥等资源的运输费用。

航运业的低迷,是触发造船业破产潮的诱因之一。

1月23日,中海集运(601866.SH)发布2015年业绩报告,归属于上市公司股东的净利润约为-28亿元人民币。而2014年,中海集运实现净利润10.61亿元人民币。

据上海国际航运研究中心发布的《2015年第四季度中国航运景气报告》显示,干散货海运企业中,已有超六成企业长期处于亏损状态,近四成企业流动资金长期处于紧绷状态,而企业融资的难度与成本都已经非常高,有相当一部分濒临破产。2015年3月,韩国最大干散货航运商之一,不少国际航运公司正式进入破产程序。

前不久,舟山市中级人民法院宣布,受理浙江省海运集团提请舟山五洲船舶修造有限公司(以下简称"五洲船舶")破产清算一案,这是近十年来,国内第一家破产倒闭的国有船厂。同样有着国资背景的舜天船舶(002608.SZ)也因资不抵债申请破产重整。

与此同时,2015年来,东方重工、明德重工等民营船厂申请破产重整,没有破产的企业,盈利状况也十分堪忧。造船企业的经营状况每况愈下。

受制航运造船难复苏　造船市场需求锐减

"在船价暴跌的市场下,船价跌去70%已经太正常不过了。也就是说,2010年花3 000万美元买条船,现在只值750万美元。这时船东把船还给银行是最好的选择,但是由于有担保,不敢把船还给银行止损,硬撑的结果就是大型船东顷刻坍塌。"上海友鸿船务公司薛船长接受《中国经营报》记者采访时表示。

"2008年金融危机之后,航运市场呈现波动式下降的趋势,2015年市场形势尤其差。"上海国际航运研究中心国际航运研究室主任张永锋在接受记者采访时表示。

"发展中经济体的经济增长开始放缓,外贸形势较差,2015年国际大宗货物市场需求端购买力不足,铁矿石、煤炭、原油等大宗货物价格大幅下跌,是影响航运市场不景气的重要原因。从运力层面看,运力增长大于需求增长,造大船的规模经济能暂时降低成本,因此很多企业跟风造大船,增加了许多订单,导致运力过剩。"张永锋从不同角度分析了航运市场低迷的原因。

交通运输部水运科学研究院经济政策与发展战略研究中心研究员谢燮告诉记者,BDI指数创历史新低,一是由于市场供需关系严重失衡,过剩的运力尚未通过有效的市场机制淘汰。二是,航运业燃油成本占整体运营成本的份额比较高,油价的持续走低也压低了运价,进而造成BDI指数屡创新低。

"2009年以后随着欧债危机爆发及航运业投资风险上升,传统的一些欧洲航运基金大量撤离航运市场。但随着中国造船能力的提升和金融资本迫切走向国际的愿望,中国金融机构开始更多地参与国际船舶融资,特别是部分投机性投资的介入,也成为导致运力过剩的原因之一。"张永锋表示。

"相较于国际金融机构撤离航运市场,我们恰好在这一时期推出一些自贸区、融资租赁等政策,使得我们的金融机构在市场并不好的情况下大幅进入市场,甚至有些金融机构变成了船东,他们也要为这波供给过剩承担责任。"谢燮也认为金融机构的介入是供给过剩的一部分原因。

在谈及为什么2015年市场格外差时,薛船长表示,由于《破产法》在国内没有得到执行,该破产的公司没有破产,形成大量僵尸企业。为了挽救僵尸企业,合法的、非法的手段用了很多,苟延残喘了几年,现在政策一收紧,问题就全暴露出来了。

"船舶大型化也是市场崩溃的一大因素。因为大船的成本更低,吸引船东不断造大船,利用规模经济参与市场竞争。结果大家都这么想,现在大船负担更重,相应的物流等成本增加,装不满的话,经济性根本无法实现,最后市场越拼越差,加速了问题的爆发。"谢燮认为。

中国船舶工业行业协会最新公布的数据显示,2015年,全国造船完工量4 184万载重吨,同比增长7.1%;承接新船订单量3 126万载重吨,同比下降47.9%。中国船舶工业行业协会认为,接单难、交船难、盈利难、融资难,是当前船舶工业面临的严峻形势。

张永锋分析道,这个数据说明,市场突然之间变得更差了。而完工量增长则说明,大家预期市场在短期内是会复苏的,而且交付的估计很多都是大船。但是新船订单量变少,是因为大家开始更加谨慎,认为短期内市场复苏可能性不大,对市场信心不足。

"难点在于,如果航运市场供需关系失衡这个基本面不改变,航运企业可作为的空间不大。2009年到现在,企业能控制的成本基本控制了,进一步想控制成本很难。"他说。

经营状况一直良好的全球最大航运公司马士基航运,2015年第三季度利润大幅下滑,并宣布,将在2017年前从23 000名全球雇员中裁员4 000人,取消35个班轮班次,削减航线运力。

"一些企业可以通过裁员等办法降低成本,维持企业保本微利运行。但是国企的成本很难减下来,管理成本、人工成本、隐性成本等都很难减。"谢燮认为,政府要在反不正当竞争和反垄断方面把好关。只有让僵尸企业死完,让有经营能力的企业活下来,市场才能进入良性运转。

"当然,这个过程会很痛苦,企业倒闭、银行坏账、人员安置等问题都不容忽视。"张永锋说。

张永锋认为,2016年航运业形势仍然比较严峻。全球需求没有大亮点,中国经济放缓,运力过剩的情况很难在短时间内改变,市场很难出现大的反弹,甚至还有更差的可能。

谈到对未来市场的预测,谢燮也认为,短时间内看不到整个航运行业复苏的期望,2016年仍然将面对运价的低迷。但部分新兴航线具有发展前景,比如与环印度洋区域相联系的航线。过剩的运力将通过激烈的方式被清出市场,预计2017年航运市场的价格能够回归到整个行业保本微利的状况。

(录自东方财富网,本书收入时有改动)

第四节 标 书

一、标书的概念和作用

(一) 标书的概念

标书是招标书与投标书的统称。标书是为适应经济活动中招标、投标的需要,按照一定格式和要求编制成的一种经济法律文书。

招标书是招标一方根据有关的法律规定,为实现招标目的而编制的关于招标内容和具体要求的文件。招标书通常包括招标公告和招标章程。招标公告也称招标书,它是为招人投标而发布的公告,是对招标项目的一种综合说明。例如,在工程建设中,招标书可以按照不同的工程需要分为工程建设全程、勘测设计、材料设备供应工程、施工和装潢等几种类型。这些招标书主要用来说明招标一方关于工程的质量与其他相关事项的要求。又如,在租赁经营中,招标书主要表明出租方关于出租的经营目标、年度经营目标、经营期限、租金数额、租金计算办法和支付方式以及租赁双方的有关权利和义务等方面的具体要求。

投标书是投标者根据有关的法律规定,为达到中标承包项目、买卖商品等目的,依照招标书的要求编制的关于实施招标要求的文字方案。投标书又可以称为投标标函。例如,在工程建设中,根据不同的招标书的要求,投标书必须说明工程的总报价以及达到招标要求的打算和采取的具体技术措施等。有资格参加投标的企业、集团和个人只有接到邀请招标通知、指定招标通知或见到公开招标广告、索取到招标书之后才能进行投标书的编制。

(二) 标书的作用

招标和投标被广泛地运用于国际商业贸易、租赁业务以及工程建设承包、发包等经济竞争活动中。改革开放后,竞争机制逐步被引入中国。在中国,最先采用招投标方式的是工程建设、勘查、施工等经济领域。近年来,随着改革的深入和商品经济的发展,招投标这种竞争手段愈来愈广泛地被经济活动领域的各方面采用。比如大宗商品的交易、企业承包经营、企业租赁经营以及国有土地使用权有偿出让,以及政府、机关及社会组织的物质采购等,都可以运用招标方式进行。

招标和投标的运用,有助于经济活动在公平、公正、公开的良好气氛下有序展开,既有利于经济的发展,也有利于防止行贿受贿等腐败现象的发生。目前,我国对于基本建设工程的招标、企业承包经营招标、企业租赁经营招标、国有土地使用权有偿出让招标等都有比较完善的法规,对招标有关事项作了明确规定。这些法规和规定对在我国经济活动中引入竞争机制,保证招标、投标活动的顺利进行提供了法律保证。例如,实行施工招标的建设工程项目,必须符合国家计委、城乡建设环境保护部门制发的《建设工程招标、投标暂行规定》中的下列条款:"实行工程施工招标,必须有经过批准的工程建设计划、设计文件和所需的资金。"同样道理,投标方面也只有符合国家有关规定的企业、集团和个人才可以参加投标。比如《建设工程招标、投标暂行规定》指出:"凡是持有营业执照、资格证书的勘察设计单位、建筑安装企业、工程承包公司、城乡建设综合开发公司,不论是国营的还是集体的,均可参加投标。"

二、标书的内容

标书的内容通常由标题、正文、落款三部分组成。

(一) 标题

标书的标题由招标、投标者名称,招标、投标项目及事由和文种(招标书或投标书)组成。例如《海马制药厂污水处理车间工程招标书》这个标题,"海马制药厂"是招标者名称;"污水处理车间工程"是招标项目及事由;"招标书"是文种。又如,《东海建筑装潢有限公司承包海伦大厦室内装潢投标书》这个标题,"东海建筑装潢有限公司"是投标者名称;"海伦大厦室内装潢"是投标项目及事由;"投标书"是文种。

(二) 正文

标书的正文由开头、主体两个部分组成。

1. 开头

招标书的开头通常是实行招标的事由、项目(企业)名称、招标形式和有关的依据。例如,某公司发布的招标书开头这样写道:"经本公司承包经营招标发包委员会讨论决定,本公司下属力丰毛纺织厂承包经营实行公开招标。招标细则如下。"其中,"经本公司承包经营招标发包委员会讨论决定"是招标的依据;"力丰毛纺织厂承包经营"是招标企业的名称与事由;"公开招标"是招标的形式。

投标书正文的开头一般开门见山,直接说明投标的意图。比如《太极生态环境技术工程公司关于海马制药厂污水处理车间工程投标书》的开头可以这样写:"海马制药厂:我公司研究了你们厂污水处理车间工程的招标引进、招标补充要求、设计图纸以及有关的要求,并参观了现场,我们公司愿意接受邀请,参加该工程招标。"

2. 主体

标书的主体是标书的核心部分。招标书的主体是说明招标的内容和具体要求以及有关的事项;投标书的主体是说明投标者的具体计划和打算等。

招标书的主体一般应有以下内容:招标项目(企业)情况简介,招标对象、范围,招标的主要内容,招标投标双方的权利、义务,承包形式,招标日程安排以及投标起止日期、报名地点等。

不同类型的招标书其主体的某些具体内容也有所不同。有些招标书主体还有一些具体的规定和要求。比如,建筑工程施工招标书的正文主体部分内容应包括:工程综合说明(包括项目名称、地址、工程内容、发包范围、建设工期和现场施工条件等),施工设计图纸以及说明书,实物工程量清单,材料供应方式和备料情况,工程款项的支付方式,技术质量要求,投标起止日期和开标日期、地点,合同的主要条款,等等。其中,某些内容比如施工设计图纸以及说明书、工程量清单等,可以单独编制作为招标书的附件。

投标书的主体部分内容一般要包括以下内容:投标者的情况简介,实施招标标的主要内容的具体措施,愿意承诺的合同条款,等等。和招标书一样,不同类型的投标书主体部分的内容也不相同。比如,建设工程施工投标书的正文主体部分,其主要内容有:综合说明(投标者情况简介,工程总报价,关于实施招标标的的主要内容的措施以及愿意承诺的合同条款等的简要说明),工程总造价和价格组成分析,计划开工、竣工的日期,施工组织和工程形象进度计划表,主要施工方法和保证质量的措施,临时占用的土地数量,等等。其中,工程总报价和价格组成分析、施工形象进度表等可以单独编制,作为投标书的组成部分。

(三) 落款

招标书的落款要写上招标书的制作者(单位、团体或个人)的名称,招标书的制发日期。为了方便投标者了解情况,沟通信息,踊跃投标,有的招标书的落款还可以写上招标单位的法人代表姓名、地址、电话、传真、电子信箱等;招标咨询单位以及咨询单位的法人代表或委托人姓名以及地址、电话、传真、电子信箱等。

投标书的落款就是投标者(单位、团体或个人)的名称,投标书的制发日期。同招标书一样,为了与招标者沟通信息,力争中标,投标书的落款也还可以写上投标单位的法人代表姓名、地址、电话、传真、电子信箱等。

三、标书的写作要求

(一)标书写作的准备

编制招标书是为了实现招标的目的,而能不能选择到最佳的中标者中标,关系到能否以最佳的方式实现招标目的;投标者编制投标书是为了在竞争中获胜,达到中标的目的。因此,在编制招标书、投标书之前,双方应尽可能地掌握与招标、投标活动有关的资料与信息。

招标书写作前,作者要了解、掌握招标项目的名称、招标的主要内容、招标范围和形式、招标地点和时限等信息,以便制定出既坚持必要的标准和要求,又具吸引力的招标书。

投标书写作前,作者要了解、掌握与招标项目相关的法律、法规政策,竞标者的情况,招标项目的市场信息等内容,以便制定出既具竞争实力,又能为本企业获取最大经济效益的投标书。

(二)标书写作的文字要求

通过招标、投标活动进行的经济活动,通常总是一次性完成,其中没有一般商贸洽谈过程中反复商讨、讨价还价的磋商。同时,招标、投标书又是招投标双方最终签订中标合同的依据,招标书和投标书的文字表达是否准确、严谨、得体,会直接影响到招标和投标的成败,进而影响双方的利益,因此,应当十分重视标书的文字表述。

招标书的目的是吸引投标者产生投标的欲望而踊跃参与竞争,因此招标书一定要写清楚招标的目的和要求,做到准确、清楚和严密,不能模棱两可、含糊不清,产生歧义。

投标书的目的在于中标。投标书的表达内容和形式,是给招标者的第一印象,因此,投标书的写作要充分表达投标者拥有的综合素质,体现出实施招标要求的实力,显示投标方案的科学性和可行性,以尽可能增强中标的可能性。但同时也应注意,投标书的写作必须坚持实事求是的态度,不能为达到中标的目的,作不切实际的自我介绍和承诺。投标书的语言文字也要做到准确、严谨、明白。

例文6-4　　武义县口腔医院正负压系统招标公告

根据《中华人民共和国政府采购法》等有关规定,浙江省建设工程设备招标有限公司受武义县口腔医院委托,就正负压系统进行公开招标,欢迎国内合格的供应商前来投标。

一、招标项目编号

2016-0222。

二、采购组织类型

分散采购委托代理。

三、招标项目概况(内容、用途、数量、简要技术要求等)

标项内容	数　量	单　位	预算金额(万元)	简要技术要求、用途	备　注
正负压系统	1	批	58.00	详见招标文件	

四、投标供应商资格要求

1. 符合《中华人民共和国政府采购法》第22条规定的投标人资格条件,具有独立法人资格,具有民事责任能力,工商营业执照具有本次招标内容经营范围的供应商。

2. 其他要求:

(1) 具有独立承担民事责任的能力。

(2) 具有良好的商业信誉和健全的财务会计制度。

(3) 具有履行合同所必需的设备和专业技术能力。

(4) 有依法缴纳税收和社会保障资金的良好记录。

(5) 参加政府采购活动前三年内,在经营活动中没有重大违法记录。

(6) 具有医疗器械生产企业许可证、医疗器械注册证(投标产品型号和注册登记表型号相符)。

(7) 投标货物均必须符合国家有关部门规定的医疗使用和卫生要求,并提供相关证明材料。

(8) 具有类似项目成功实施案例,独立承接过医院正负压系统工程实例一个(以合同和用户使用报告原件为准),饮用水卫生安全产品卫生许可批件。

(9) 法律、行政法规规定的其他条件。

五、招标文件的发售时间、地点、售价

1. 发售时间:2016年3月16日至2016年3月24日(双休日及法定节假日除外)上午:8:30—11:00,下午:13:30—16:00。

2. 发售地点:浙江省杭州市黄龙体育中心西内环道8号1-3。

3. 标书售价(元):每本500(售后不退)。

六、投标截止时间

2016年4月6日上午9点。

七、投标地点

武义县武阳中路2号建行14楼。

八、开标时间

2016年4月6日上午9点。

九、开标地点

武义县武阳中路2号建行14楼。

十、投标保证金

投标保证金:10 000.00元

交付方式：银行转账/银行缴款
收款单位(户名)：武义县公共资源交易中心
开户银行：建设银行武义县支行
银行账号：33001677335059234567

十一、其他事项

1. 供应商认为采购文件使自己的权益受到损害的,可以自收到采购文件之日(发售截止日之后收到采购文件的,以发售截止日为准)或者采购文件公告期限届满之日(招标公告为公告发布后的第6个工作日)起7个工作日内,以书面形式向采购人和采购代理机构提出质疑。质疑供应商对采购人、采购代理机构的答复不满意或者采购人、采购代理机构未在规定的时间内作出答复的,可以在答复期满后十五个工作日内向同级政府采购监督管理部门投诉。

2. 投标人购买标书时应提交的资料：

(1) 经有关部门年检通过的企业法人营业执照副本原件及复印件(加盖公章)。

(2) 经办人身份证及复印件及法人授权委托书原件,法人身份证复印件(均加盖红章)。

(3) 也可将上述资料扫描件邮件形式发送到 zctc2011@163.com,请确保清晰无误,以收到回复:"已登记"为准。

联系人：马女士,电话：0571-87631270。

注：本次招标项目有图纸,请投标人在购买招标文件时向代理机构索取。

十二、联系方式

采购代理机构名称：浙江省建设工程设备招标有限公司
联系人：马女士
联系电话：0571-87631269
传真：0571-87631300
地点：浙江省杭州市黄龙体育中心西内环道8号1-3

(录自浙江政府采购网,本书收入时有改动)

思考与练习

1. 阅读下文,并回答问题。

《中国投资指南》网站项目招标公告

中国国际招标网受对外贸易经济合作部外国投资管理司和国际电子商务管理司的委托,对《中国投资指南》网站项目进行国内公开招标,现邀请国内合格的投标人前来投标。

一、招标内容和招标编号

此次招标共包括三个包的内容,分别如下。

A包(招标编号：MPIS0203)：中国投资指南数据资料采编录入中心(包括法律法规

及政策体系数据库、投资环境及投资促进数据库、外商投资行业发展状况及政策信息数据库三个栏目)。对于 A 包,投标人可选投其中一个栏目。

B 包(招标编号:MPIS0204):中国投资指南网站建设和相关软件开发。

C 包(招标编号:MPIS0205):中国投资指南网站业务栏目维护与运营。

二、招标文件售价

A 包:600 元/栏目,1 800 元/整套

B 包:1 200 元/套

C 包:1 200 元/套

三、招标文件发售时间与地点

时间:2015 年 6 月 3 日至 2015 年 6 月 24 日(节假日除外)

上午 9:00—11:30,下午 13:30—16:30(北京时间)

地点:北京市海淀区土地信息产业基地信息中路 26 号瑞宝大厦 4 层中国国际招标网

四、投标截止时间与开标时间

2015 年 6 月 25 日上午 10:00(北京时间)

五、投标地点与开标地点另行通知

六、联系方法

电话:010-62965172 转 681、634

传真:010-62965060

联系人:张××、周××

七、购买标书时请携带

营业执照复印件

法人授权委托书的原件

中国国际招标网

2015 年 6 月 3 日

请回答:

① 本标书标题由哪几个部分组成?

② 文中"中国国际招标网"是招标的_____。

③ 文中"对外贸易经济合作部外国投资管理司和国际电子商务管理司"是招标的_____。

④ 文中"《中国投资指南》网站"是招标的_____。

⑤ 文中"A 包、B 包、C 包"是招标的_____。

⑥ 文中"600 元/栏目,1 800 元/整套"是_____。

⑦ 文中"2015 年 6 月 3 日至 2015 年 6 月 24 日(节假日除外)"是_____。

⑧ 文中"2015 年 6 月 25 日上午 10:00(北京时间)"是_____。

⑨ 文中"2015 年 6 月 3 日"是_____。

⑩ 文中"瑞宝大厦 4 层"是_____。

⑪ 文中"张××、周××"是＿＿＿＿＿＿。
⑫ 文中"电话：010-62965172-681、634"是＿＿＿＿＿＿。
⑬ 文中"营业执照复印件"是指＿＿＿＿＿＿。
⑭ 文中"法人授权委托书的原件"是指＿＿＿＿＿＿。

2. 阅读下文，并回答下面的问题。

2004年全球钢材市场预测报告（节选）

根据国家信息中心提供的消息，国内有关人士认为，2004年钢材市场将保持供给相对平稳、价格小幅度攀升的态势。但由于各地经济发展不平衡，以及运输到货等因素的影响，少数钢材品种在局部地区有可能发生较为明显的波动。

现对2003年下半年及2004年的市场情况分析如下：

国际钢材市场仍将看好。在2003年下半年西方工业国家经济复苏的带动下，出现了世界范围的钢材热，各国对钢材需求增长，出口量锐减。当今世界最大的钢材出口国——日本，因地震重建任务繁重，钢材出口量大幅下降，进口量迅速上升。世界上许多钢材厂都在寻找钢坯，以提高产品附加值。按这种趋势预算，2003年至2004年，国际钢材市场形势看好。国际钢材需求增幅不大。据预测，2004年钢材需求总量与2003年相比，增幅不大，2004年钢材的需求增长不会太大，供求会达到大体平衡。

资源供给较为宽松。2003年上半年，全球各钢材企业都在贯彻"限平、停滞、增畅"和"限产压率"的举措，下半年供求形式转向平衡，各钢材厂都会增加"高质量、多品种"的产品，占领市场，力争出口。今年仍然是这种趋势。2004年钢材的供求总体将逐渐平衡，但线材等品种有过剩的可能。由于全球钢铁企业的线材生产能力普遍提高，可能会导致普碳材供大于求。从而在品种、质量、价格上展开激烈的竞争，加大钢铁企业的销售难度。而在短时期内"三板一片"的产量难以大幅度提高，供不应求的局面难以改观，价格仍将居高不下。

供求基本平衡。根据有关部门的预测，2003年钢材资源量比去年有所下降。虽然2003年资源供给少于需求，但由于有2002年结转的大量库存，仍能实现供求平衡。2004年钢材的资源量增幅不会大，但由于需求也不会太旺，也可以达到供求平衡，有的地区还会比较宽松。

市场价格小幅上升。2003年下半年钢材价格总体平衡，2004年可能会出现小幅度的波动，这种波动往往出现在一个地区，货紧时价格上涨，货到时价格又会下跌，但总的趋势是价格会在成本上升、出口价上升的推动下，小幅度上升，一般不会再次出现暴涨。

（录自慧聪网）

请回答：
① 本报告的标题由哪几个部分组成？
② 本文篇幅短小，材料简洁，几乎没有数据，但对市场的预测仍然比较明确、具体。

请指出报告中对2004年全球钢材市场的基本预测是什么。

③ 请把本文第三自然段至第七自然段的第一句话列出,单独连成一句话。你是怎样理解这句话和全文基本预测的关系的?本文这样写,在表达上有什么益处?

3. 结合你的专业,在精力、物力许可的范围内展开一次市场调查,将调查的结果写成报告。

4. 请指出以下这份合同中存在的问题,并加以改正。

合 同

甲方:宏图大学生物学院实验中心办公室

乙方:熊大庆(安建建筑工程公司一把手)

甲方因教学科研需要,经国家相关部门批准,建造一座生物实验中心大楼。经双方协商,订立本合同。

1. 甲方委托乙方建造中心大楼一座。

2. 建造费用为5 960.72万元。

3. 付款办法:甲方在2014年7月1日前付款约1/3,余款在完工后再付。

4. 大楼建造工期等待乙方准备好后,择日开工。乙方力争在1年内完工,如遇困难,争取在1年半内交工。

5. 如果双方因工程质量发生争执,应本着协商的态度加以解决,协商不能解决,任何一方都有权采取进一步的措施,直至提起诉讼。

6. 本合同一式两份,双方各执一份。

甲方代表:李人立
乙方代表:熊大庆
2015.6.9

5. 简述合同的基本内容和写作要求。

在线测试,请扫描

第七章
诉讼文体的写作

第一节 起诉状

一、民事起诉状

(一) 民事起诉状的概念和特点

民事起诉状是民事原告或其诉讼代理人,在原告的民事权益受到侵害或与人发生争执时,为维护原告的合法权益,依法向人民法院提起诉讼所递交的书状。

民事案件主要有三类:一是婚姻家庭纠纷案件,如离婚、赡养、抚养等纠纷案件;二是财产权益纠纷案件,如继承权、损害赔偿、合同等纠纷案件;三是知识产权纠纷案件,如著作权、专利权之类的纠纷案件。

民事起诉状具有下列特点:原告必须是与本案有直接利害关系的公民、法人和其他组织;必须是向具有管辖权的第一审人民法院提起诉讼;争执的焦点是民事权益或其他民事纠纷。

(二) 民事起诉状的内容

1. 首部

(1) 标题。民事起诉状。

(2) 当事人的基本情况。按原告、被告、第三人的顺序分别列写。在原告栏,如果原告是公民的,在"原告"这个称谓后面,依次写明姓名、性别、出生年月日、民族、籍贯、职业或工作单位和职务、住址等基本情况。如果原告是法人或其他组织的,依次写明:原告名称、所在地址、法定代表人或代表人姓名、职务、电话;企业性质、工商登记核准号;经营范围和方式;开户银行、账号。如果原告有代理人的,另起一行列写代理人的姓名和基本情况。律师担任代理人的,只列写姓名、所在律师事务所名称和职务。

如果被告是公民,写法与原告相同。其中,出生年月日确实不知道的,可写其年龄。被告是法人或其他组织的,只列写单位名称、所在地址和电话。

如果在原告和被告以外,还有独立的诉讼参加人即民事案件的"第三人"(案件处理结果与之有法律上的利害关系,可以申请参加诉讼的人),则在被告之后,另起一段,列写第三人的姓名(或单位名称)和基本情况,并说明第三人与原、被告的关系。

2. 正文

(1)诉讼请求。诉讼请求是原告请求人民法院解决有关民事权益争议的具体问题,也是原告希望通过诉讼所要达到的目的要求,即诉讼标的。有多项具体要求的,可分项表述。

请求事项的写作一是要明确具体,二是要合法合理,三是要周全精练。

(2)事实与理由。民事案件事实的具体内容主要包括以下几方面:当事人之间的法律关系;民事纠纷的发生、发展过程,即纠纷的起因、时间、地点、经过、结果等;当事人之间争执的焦点和具体内容;被告应承担的责任,一般是说明被告应承担的民事责任。

诉讼的理由部分包括认定案件事实的理由和提出法律根据的理由。前者事实理由,是在叙事基础上,概括分析纠纷的性质和危害后果,分清是非曲直,明确责任,然后论证权利义务关系,说明所提出的诉讼请求是合理合法的。后者法律理由,是用法律规定衡量纠纷事实,说明孰是孰非,并援引有关法律条文作为起诉的法律依据。

(3)证据和证据来源,证人姓名和住址。证据是证明所述事实真实性、可靠性的依据。民事诉讼法规定,当事人对自己提出的主张,有责任提供证据。民事诉讼的证据种类有书证,物证,视听资料,证人证言,当事人的陈述,鉴定结论,勘验笔录七种。列举证据时,要写明证据名称和内容,证明何事;说明证据材料的来源和可靠程序;写明证人姓名和详细住址,以便人民法院调查核实。

3. 尾部

(1)写明送达人民法院名称。
(2)附项。写明起诉状副本的份数,提交证据的,要写明证据的名称和数量。
(3)起诉人署名。如是法人或其他组织,写明其全称,加盖单位公章。
(4)注明起诉日期。

二、行政起诉状

(一)行政起诉状的概念和特点

行政起诉状是公民、法人或者其他组织,认为行政机关和行政机关工作人员的具体行政行为侵犯其合法权益,向人民法院提起诉讼,要求依法裁判所递交的书状。

行政起诉状具有下列特点:第一,原告只能是行政管理行为的相对人,即认为具体行政行为侵犯其合法权益的公民、法人或者其他组织。第二,原告必须是以自己的名义向人民法院提起诉讼。第三,被告只能是作出具体行政行为的行政机关或者法律、法规授权的组织。第四,必须属于人民法院受案范围和受诉人民法院管辖。

（二）行政起诉状的内容

1. 首部

（1）标题。行政起诉状。

（2）当事人的基本情况。以原告、被告、第三人的顺序，分别列写诉讼参加人的称谓和基本情况。

原告是公民的，写明其姓名、性别、出生年月日、民族、籍贯、职业或工作单位和职务、住址等。原告是法人或者其他组织的，写明其名称、所在地址、法定代表人或代表人姓名、职务、电话；企业性质、工商登记核准号；经营范围和方式；开户银行、账号。

如果有权提起诉讼的公民死亡，其近亲属可以提起诉讼；有权提起诉讼的法人或者其他组织终止，承受其权利的法人或者其他组织可以提起诉讼。

被告的基本情况，写明被告的名称、所在地址、法定代表人的姓名、职务、电话。

行政诉讼的被告，必须根据行政诉讼法的规定来确定。

与诉讼标的有法律上的利害关系的其他公民、法人或者其他组织，可以作为第三人列入当事人栏。原告、被告及第三人为两人以上的，应当分别写明各自的基本情况。诉讼参加人有代理人的，紧接被代理人之后，列写代理人的称谓、姓名和基本情况，律师只列写姓名、工作单位和职务。

2. 正文

（1）诉讼请求。在行政诉讼中，原告的诉讼请求一般有三种类型：一是请求人民法院判决撤销或部分撤销违法的具体行政行为，称为"撤销之诉"。二是请求人民法院判决变更不当的具体行政行为，称为"变更之诉"。三是请求人民法院判决被告在一定期限内履行法定职责，称为"履行之诉"。

如果由于错误的具体行政行为或不履行、拖延履行法定职责侵犯原告合法权益而造成财产损失的，在请求法院撤销、变更或履行具体行政行为的同时，原告有权要求行政机关赔偿，在请求事项中一并列出，如"一、请依法撤销××××（被告单位名称）（年度）第×号××××处罚决定；二、请依法判令××××（被告单位名称）赔偿原告损失×××元。"

（2）事实与理由。行政起诉状的事实主要包括以下几个方面：原告引起被告作出具体行政行为的具体事项，即原告在何时何地因何原因实施了何种行为；被告作出具体行政行为的经过情况，以及具体行政行为的主要内容和依据；原告对具体行政行为是否申请过行政复议，复议机关是否改变原具体行政行为，以及改变的具体内容。

理由部分首先要提出对具体行政行为的不服之点，然后以事实和法律为论据，论证是非责任，得出行政机关具体行政行为不当的结论。与民事诉讼"谁主张，谁举证"不同，行政诉讼采用"被告负举证责任"的原则，一般不写证据材料。当然，原告可以向人民法院提供支持其诉讼请求的有关材料，人民法院在审理案件过程中，也有权要求当事人提供或者补充证据。

3. 尾部

（1）写明送达的人民法院名称。

（2）附项。写明"本诉状副本×份"等内容。

(3) 起诉人签名。如是法人或其他组织,写明其全称,加盖单位公章。
(4) 注明起诉日期。

三、刑事自诉状

(一) 刑事自诉状的概念和特点

刑事起诉有两种形式,一种由人民检察院提起公诉,一种由被害人或其法定代理人提出起诉。刑事自诉状就是被害人或其法定代理人直接向人民法院控告被告人的犯罪行为,要求追究被告人刑事责任或者同时承担民事责任所递交的书状。刑事自诉状和人民检察院提起公诉的起诉书,在法律上具有相同的性质和作用,一个是以公民个人名义的自诉,一个是代表国家提起公诉。刑事自诉是国家公诉以外的一种补充。但是,使用刑事自诉状提起诉讼的案件,仅限于告诉才处理和其他不需要进行侦查的轻微的刑事案件,主要包括伤害案、侮辱、诽谤案,暴力干涉婚姻自由案,重婚案,破坏现役军人婚姻案,虐待案和遗弃案等类案件。至于其他需要侦查的刑事案件,则由人民检察院提起公诉。

刑事自诉状的特点有:自诉人必须是被害人或其法定代理人,其他人无权提起诉讼;被告人的行为,必须是构成犯罪的行为;必须是对法定的自诉案件提起诉讼;必须是向对本案具有管辖权的第一审人民法院起诉。

(二) 刑事自诉状的内容

1. 首部

(1) 标题。刑事自诉状。

(2) 当事人的基本情况。在原告人栏内,写明自诉人的基本情况:先标明"自诉人"这一称谓,再写姓名、性别、出生年月日、民族、籍贯、职业或工作单位和职务、住址等项,以上各项的顺序不能颠倒,也不能随意增删。如果自诉人已委托代理,或者自诉人是未成年人或精神病人,应在自诉人的下一行写明委托代理人或者法定代理人的称谓和姓名、性别等个人基本情况,并注明与自诉人的关系。律师担任代理人的,只需列写姓名、所在律师事务所名称和职务。

在被告人栏内,写明被告人的称谓、姓名、性别、出生年月日、民族、籍贯、职业或工作单位和职务、住址等项。对被告人的出生年月日确实不知的,可写其年龄。

如果当事人为两人以上的,自诉人按受害程度轻重列出,被告人按罪行轻重列出,重的在前,轻的在后,然后分别写明各人的基本情况。

2. 正文

(1) 案由和诉讼请求。案由是案件的内容提要,而罪名能集中体现案由,表明被告人的犯罪性质。在通常情况下,案由可以直接写成控告的罪名。写罪名要求准确具体,要符合《刑法》规定的罪名。

诉讼请求,写明向人民法院提出依法追究被告人刑事责任的要求。如果由于被告人的犯罪行为而使自诉人遭受物质损失的,受害人有权提起附带民事诉讼。

(2) 事实与理由。事实部分首先应写明犯罪的时间、地点、动机、目的、手段、情节、结果等要素。如果由于被告人的犯罪行为而遭受物质、经济损失的,还应写明实际损失的财物名称、数额、经济损失总额等。对写进自诉状中的犯罪事实,应当查证属实。其次要写清因果关系,即侵害的结果是否确由被告人的犯罪行为所造成,被告人在实施犯罪行为时,主观上是否故意。

理由部分首先要通过对证据的真实性、有效性的分析,来证明被告犯罪事实的真实性。再次要结合犯罪构成的理论和我国刑法分则规定的构成某个具体罪的必备条件进行分析论证,确定被告人犯罪行为的性质。最后应援引刑法的有关条款论证对被告人追究刑事责任或同时承担民事责任的理由,从而说明诉讼请求的合法和合理。最后引用刑事诉讼法第十八条第三款的规定,作为起诉的根据,用"特向你院起诉,请依法判处"作为理由部分归结语。

3. 尾部

(1) 写明呈文的对象,即送达的人民法院名称。

(2) 附项。包括的内容有:自诉状副本的份数;证据(如物证、书证等)的名称和数量;证人姓名和住址等。

(3) 自诉人署名。如果由律师代书自诉状,仍以被害人口吻的第一人称来写,但在日期下一行写明代书人的姓名和工作单位。

(4) 注明起诉日期。

例文 7-1　　　　　　　　　民事起诉状

原告:北京奇虎科技有限公司

地址:北京市西城区新街口大街×号×座×××室

法定代表人:齐××

被告:腾讯科技(深圳)有限公司

地址:深圳市福田区赛格科技园×栋×××号

法定代表人:马××

被告:深圳市腾讯计算机系统有限公司

地址:深圳市南山区高新路南一路飞亚达大厦××楼

法定代表人:马××

案　　由

垄断民事侵权纠纷

诉 讼 请 求

一、请求法院判令两被告停止滥用市场支配地位的垄断民事侵权行为,包括但不限于停止限定 QQ 软件用户不得和原告交易、在 QQ 软件中捆绑搭售安全软件产品等行为;

二、请求法院判令两被告连带赔偿原告经济损失人民币 15 000 万元;

三、请求法院判令两被告向原告赔礼道歉,其具体形式包括两被告在其网站 QQ.com 连续十日刊登经原告认可的道歉声明,以及要求被告在人民日报、电脑报等平面媒体连续三日刊登经原告认可的道歉声明;

四、请求法院判令两被告承担原告为维权而支付的合理开支,包括调查费、公证费、

律师费等共计100万元;

五、请求法院判令两被告承担本案所有诉讼费用。

事 实 与 理 由

一、原告是360安全卫士软件及服务的提供商,为互联网安全软件相关市场中的经营者,享有在市场中公平竞争、诚信经营的权利

原告成立于2007年,系一家提供互联网产品服务的高科技企业。成立当年,原告即推出了360安全卫士软件及相应运营、维护服务。经多年潜心经营,原告以360安全卫士软件为核心,开发了360杀毒、360安全浏览器、360保险箱、360手机卫士等系列安全产品,成为中国领先的互联网安全软件及服务供应商。

(略)

原告认为,公平、有序竞争可以促进经营者不断改进自身服务、提升用户体验,并最终促进技术进步,提升社会整体效益。然而不正当竞争,特别是凭借市场支配地位排除、限制竞争的行为,不仅损害诚信经营者的权益,更损害市场的健康发展。因此针对被告的垄断民事侵权行为,原告认为必须打击,其不仅有利于维护受害者自身正当权益,亦有利于净化市场环境和维护公平竞争秩序。

二、两被告滥用其在即时通讯软件及服务市场的支配地位,损害了市场的竞争,侵犯了原告的合法权益

被告腾讯科技(深圳)有限公司是QQ即时通讯软件的著作权人,被告深圳市腾讯计算机公司为QQ即时通讯软件的实际运营人。两被告共同提供QQ即时通讯软件,并提供实际运营服务,应对该软件的实际运营产生的法律后果共同承担责任。被告经多年经营,在即时通讯软件及服务市场中取得市场支配地位,本应谨言慎行,维护健康的竞争环境。但被告却滥用其在即时通讯软件及服务市场上的支配地位,不仅意图排除相关市场上的竞争,更欲将其市场支配地位违法传导至互联网安全软件市场,阻碍包括原告在内的其他经营者的发展乃至生存。被告的本案行为,乃系典型违反反垄断法之民事侵权行径。

1. 被告在即时通讯软件及服务市场中具有市场支配地位

界定相关市场是认定滥用市场支配地位的前提。《反垄断法》第十二条规定,相关市场是指经营者在一定时期内就特定商品进行竞争的商品范围和地域范围。原告认为,本案中相关商品市场,为即时通讯软件及服务市场,相关地域市场,为中国大陆市场。

1.1 关于本案相关商品市场的认定。(略)

1.2 关于本案相关地域市场的认定。(略)

1.3 被告在本案相关市场中,具有市场支配地位。(略)

2. 被告滥用市场支配地位,排除、限制竞争,违反了反垄断法的规定

《反垄断法》并不反对经营者因商业机会、自然条件或者诚实经营所获得的市场支配地位,但如果具有市场支配地位的经营者,为了其一己之利,非法滥用其市场支配地位,排除或者限制正常竞争,损害消费者的利益,则为反垄断法所禁止。

本案被告为了排除、限制相关市场的竞争,并将其垄断地位非法地传导至其他市场领域中,不惜限制交易对象、搭售商品,构成了对其市场支配地位的滥用。

2.1 被告限定交易的行为构成市场支配地位的滥用,违反了反垄断法的规定,损害了原告合法利益。(略)

2.2 被告将QQ软件管家与即时通讯软件相捆绑,并且以升级QQ软件管家的名义安装QQ医生,滥用了市场支配地位,损害了竞争,违反反垄断法的规定。(略)

三、被告应对其垄断民事侵权行为承担相应法律责任

《反垄断法》第五十条规定,经营者实施垄断行为,给他人造成损失的,依法承担民事责任。根据《侵权责任法》第七条,行为人损害他人民事权益,不论行为人有无过错,法律规定应当承担侵权责任的,依照其规定。由此可见,由于垄断民事侵权行为系恶劣的侵权行为,行为者对其侵权的恶性及后果必然明知。本案中两被告主观上有意思联络,行为上有严密分工,共同实施滥用市场支配行为,导致原告受到侵权损害,其应当承担连带责任。

关于承担责任的形式,根据《侵权责任法》第十五条规定,被告应停止侵权、赔偿损失、赔礼道歉的民事责任。首先,被告应停止侵权行为。尽管被告中央政府行政主管部门的责令下,已经暂时停止其滥用支配地位行径,但被告从未承认其行为的非法性,也从未表示其将放弃再次实施该行为。由于被告的市场支配地位持续存在,其随时有滥用的条件与可能。因此原告诉请法院判决被告停止涉案滥用市场支配地位的行为。

其次,两被告还应赔偿原告的经济损失。本案中,由于被告滥用市场支配地位,不仅使得大量的用户卸载、删除原告的软件,也使更多用户迫于即时通讯的需求而放弃了使用原告软件。原告遭受巨额损失,被告因承担全面赔偿的责任。另外原告为制止被告的侵权行为,还支出了律师费、公证费以及其他费用,依法亦应由被告予以赔偿。因此,现原告请求两被告共同赔偿人民币15 000万元,同时原告保留进一步追加赔偿金额的权利。

再次,被告还应向原告赔礼道歉。由于被告在其公开信陈述其垄断行为的所谓合法性,大肆宣扬原告"违反道德底线"等,使得原告社会评价明显下降。此外,被告限制交易行为,使用户对于原告的产品信誉产生怀疑。被告贬损原告的行为是其限制竞争、维持垄断民事侵权行为的一部分。因此在本案中,被告应向原告公开赔礼道歉,以消除消极影响。

综上所述,被告滥用其在中国大陆即时通讯软件及服务市场上具有的支配地位,不仅损害用户利益,也损害了包含原告在内的市场参与者得合法权益。原告恳请贵院依法维护原告合法权益,支持原告全部诉讼请求。

此致
广东省高级人民法院

原告:北京奇虎科技有限公司
2011年10月12日

(录自百度文库,本书收入时有改动)

第二节 上 诉 状

一、刑事上诉状

（一）刑事上诉状的概念

刑事上诉状，是刑事诉讼当事人及其法定代理人，不服地方各级人民法院第一审的判决或裁定，依照法定程序和期限，向上一级人民法院提起上诉，要求撤销、变更原审裁判的书状。

上诉是法律赋予当事人的一种诉讼权利，刑事上诉状是当事人及其法定代理人行使上诉权的工具，也是第二审人民法院受理案件，进行审理的依据，它对及时纠正确有错误的判决或裁定，保证国家审判权的正确行使，保护当事人的合法权益，具有不可忽视的作用。

（二）刑事上诉状的内容

1. 首部

（1）标题。刑事上诉状。

（2）当事人的基本情况。公诉案件要写明上诉人（原审被告人）姓名、性别、出生年月日、民族、籍贯、职业或工作单位和职务、住址等。公诉案件不写被上诉人。

自诉案件要分别写明上诉人和被上诉人在原审诉讼中的称谓，用括号注明，再写姓名、性别、出生年月日、民族、籍贯、职业或工作单位和职务、住址等。

被上诉人不止一人的，按原审裁判上列写的次序依次排列。

（3）案由。内容包括：罪名、原审人民法院名称、制作时间、文书名称、编号以及上诉表示等，具体表述为：上诉人因……一案，不服×××人民法院×××年×月×日（年度）××字第×号刑事判决（或裁定），现提出上诉。

2. 正文

（1）上诉请求。上诉请求应当根据原裁判的不当之处，有针对性地要求第二审人民法院全部撤销或部分撤销或变更原判。请求应写得明确具体，不能笼统含糊。如"请求撤销××人民法院×××年×月×日（　）×刑初字第×号刑事判决，宣告上诉人无罪"。对附带民事诉讼部分提出上诉的，应写明是否承担经济赔偿及其具体数额等。

（2）上诉理由。上诉理由是上诉人针对原审裁判的不当之处所进行的反驳，不是针对人民检察院的起诉书或当事人的自诉状和答辩状进行反驳。写作时，可以从以下几个方面入手并提出相应的请求：一是认定事实方面，原审对事实的认定有无错误，事实有无出入、遗漏或不清楚的地方，等等。二是确定性质方面，原审对案件的定性有无错误，定罪和量刑有无不当，等等。三是适用法律方面，原审裁判所依据的法律是否适当，等等。四是审判程序方面，原审办案的过程是否符合法定的诉讼程序，有无违反刑事诉讼法规定的做法，等等。

3. 尾部

（1）写明呈送对象，即二审人民法院的全称名称。如果递交原审法院，则写明"××人民法院（原审法院）转送××人民法院（上一级法院）"。

（2）附项。写明上诉状副本、书证、物证等名称及数量。

（3）上诉人署名。如果是律师代书，则应注明"××律师事务所××律师代书"。

（4）注明上诉日期。

二、民事上诉状

（一）民事上诉状的概念

民事上诉状是民事诉讼当事人及其法定代理人，不服地方各级人民法院第一审判决或裁定，依照法定程序和期限，向上一级人民法院提起上诉，要求撤销或变更原审裁判的书状。

（二）民事上诉状的内容

1. 首部

（1）标题。民事上诉状。

（2）当事人的基本情况。上诉人是公民的，应写明姓名、性别、出生年月日、民族、籍贯、职业或工作单位和职务、住址等。上诉人是法人或其他组织的，应写明上诉人名称、所在地址、法定代表人或代表人的姓名、职务、电话。如果上诉人是企业法人的，还应写明企业性质、工商登记核准号；经营范围和方式；开户银行、账号等。上诉人如有法定代理人或委托代理人的，则应写有法定（委托）代理人的姓名、性别、出生年月日、民族、籍贯、职业或工作单位和职务、住址，注明与上诉人的关系。代理人是律师的，写明其姓名、工作单位和职务。

被上诉人是公民的，其写法与上诉人相同。被上诉人是法人或其他组织的，应写明被上诉人名称、所在地址、法定代表人或代表人姓名、职务、电话。被上诉人如有委托代理人的，写法同上。

如有第三人的，列写第三人姓名、性别等个人基本情况。

（3）案由。包括罪名、原审人民法院名称、处理时间、文书名称、案号以及作上诉表示等内容。具体表述为：上诉人因……一案，不服××人民法院×××年×月×日（ ）×××字第×号民事判决（或裁定），现提出上诉。

2. 正文

（1）上诉请求。上诉请求要明确具体，全面详尽。有些民事案件一审判决结果项目较多，上诉人对不服的项目如何处理，在上诉请求中应逐项列出，不要疏漏。

（2）上诉理由。民事上诉状针对原审裁判陈述、论证理由，通常从以下几个方面进行：对原审认定事实错误的论证；对原审适用法律不当的论证；对原审违反法定诉讼程序的论证。上诉理由写完之后，应概括重申上诉请求：为此，特向你院上诉，请求依法撤销（或变更）原判决（或裁定）。

3. 尾部

和刑事上诉状相同，要写明送达的人民法院名称、附交的本状副本份数、上诉人姓名

(如是法人或其他组织,则写明其全称,加盖单位公章)、具状日期。

三、行政上诉状

(一)行政上诉状的概念

行政上诉状是行政诉讼当事人,不服人民法院的第一审行政判决或裁定,依照法定程序和期限,要求上一级人民法院撤销、变更原裁判的书状。

(二)行政上诉状的内容

1. 首部

(1)标题。行政上诉状。

(2)当事人的基本情况。写法与民事上诉状基本相同。

(3)案由。应写明案件性质、原审人民法院名称、原审判决或裁定书正本发出的时间、文书编号等。具体表述为:上诉人因……一案,不服××人民法院×××年×月×日( )××字第×号行政判决(或裁定),现提出上诉。

2. 正文

(1)上诉请求。上诉请求,写法与民事上诉状基本相同。

(2)上诉理由。主要包括两个方面内容:一是概述案情及原审法院的处理经过、处理结果,为论证上诉理由奠定基础。二是针对原审裁判的不当之处进行反驳,阐明上诉理由。

3. 尾部

(1)写明送达的人民法院名称。

(2)附项。包括上诉状副本份数,附送的证据名称、件数、证人姓名、住址等。

(3)上诉人署名。如果法人或其他组织,写明全称,加盖单位公章。

(4)注明上诉日期。

例文 7-2　　　　　　　管辖权异议上诉状

上诉人(原审被告):××环保股份有限公司

法定代表人:××

住所地:××××××

联系电话:××××××

被上诉人(原审原告):××环保设备有限公司

法定代表人:××

住所地:××××××

联系电话:××××××

上 诉 请 求

请求依法裁定撤销××人民法院通知并将本案依法移送至××人民法院审理。

事 实 和 理 由

被上诉人诉上诉人合同纠纷一案,上诉人于 2015 年 2 月 1 日收到应诉通知书、民事诉状、举证通知书等相关诉讼材料，并于2014年2月28日对××法院提出管辖权异议。××法院于2015年3月28日作出通知，对上诉人提出的管辖权异议不予审查。上诉人对该通知不服，提出上诉，具体事实理由如下：

一、××法院以通知方式不予审查上诉人提出的管辖权异议，不符合民事诉讼法相关规定，上诉人对此有权提出上诉

《中华人民共和国民事诉讼法》第一百二十七条规定："人民法院受理案件后，当事人对管辖权有异议的，应当在提交答辩状期间提出。人民法院对当事人提出的异议，应当审查。异议成立的，裁定将案件移送有管辖权的人民法院；异议不成立的，裁定驳回。"据此，人民法院对于当事人提出管辖权异议的，都应当审查，而不存在不予审查管辖权异议的法定事由。所以，××法院认为上诉人没有在提交答辩状期间提出管辖权异议就不予审查，是违法的。此外，人民法院对于管辖权异议的处理，都应当通过裁定的方式而不能用通知，××法院对于上诉人提出管辖权异议以通知方式来驳回是不规范的。××法院即使认为上诉人提出管辖权异议不符合法律规定，也应当用裁定的方式驳回，而不应当用通知方式驳回，此举有变相剥夺上诉人提出管辖权异议上诉的嫌疑。上诉人不应当因为这种不规范地运用司法文书的行为而失去提出管辖权异议上诉的权利。

二、××法院对本案无管辖权，×××人民法院应当依职权将本案移送至有管辖权的人民法院

首先，××法院对于本案的定性存在重大失误，本案应为买卖合同纠纷而非承揽合同纠纷。对于买卖合同，出卖人的基本权利义务是转移标的物所有权，收取货款；买受人的基本权利义务是取得标的物的所有权，支付货款。对于承揽合同，承揽人的基本权利义务是按照定作人的要求完成工作，交付工作成果并收取报酬；定作人的基本权利义务是接受工作成果，给付报酬。在本案所涉及的合同中，被上诉人的义务是负责污水处理设备供货，安装施工、调试只是辅助性工作，是为了更好地促进买卖合同的达成及合同目的的实现。（实践中卖方为了更好地达成交易，在卖出货物后负责安装、调试的例子很多）上诉人的义务是支付被上诉人人所提供污水处理设备的货款，从合同第六条"结算方式和期限"中明显能看出，上诉人支付的对价在合同中的措辞为"货款"而非"报酬"（《合同法》第二百五十二条对承揽合同内容的规定为"报酬"），除预付款的支付是在合同生效后5日内外，上诉人后期支付货款都是以被上诉人供货进度和对货物的表观验收为依据，上诉人基于合同支付的对价显然并非是因为被上诉人付出了安装施工、调试工作而给予的报酬。合同中有不少篇幅涉及设备安装施工、调试，是因为要突出被上诉人承担的这些义务，以体现出该合同与一般买卖合同的不同。事实上，被上诉人提供的材料是从其他地方购得，并不是自己生产，即被上诉人并未完成污水处理设备的生产工作，被上诉人只是将设备转卖给了上诉人，这与在承揽合同中承揽人要亲自完成主要工作是相背的。故本案是买卖合同纠纷而非定作合同纠纷。

其次，依据《中华人民共和国民事诉讼法》第二十三条之规定："因合同纠纷提起的诉讼，由被告住所地或者合同履行地人民法院管辖。"另依最高人民法院关于适用《中华人民共和国民事诉讼法》若干问题的意见第十九条规定："购销合同的双方当事人在合同中对交货地点有约定的，以约定的交货地点为合同履行地；……"由此可知对于买卖合同纠纷,被告住所地法院和双方当事人约定的交货地点所在地法院均有管辖权。具体来说,被告(上诉人)住所地××法院和约定交货地点××法院对本案双方纠纷有管辖权,而××法院既不是被告(上诉人)住所地法院,也不是双方当事人约定的交货地点所在地法院,故对本案并无管辖权。而依据新修订的《民事诉讼法》第三十六条规定:"人民法院发现受理的案件不属于本院管辖的,应当移送有管辖权的人民法院,受移送的人民法院应当受理。"对此,××人民法院应当依职权主动审查自身对所立案或受理的案件是否有管辖权,虽然本案中上诉人没有在提交答辩状期间提出管辖异议,已经超过了法定期限,但这丝毫不会影响法律赋予受案法院审查是否有管辖权的职责,而我们曾以提醒的方式告知××法院并无对本案的管辖权,××法院应当认识到这一点并主动依法将案件移送至有管辖权的人民法院。

最后,即使按照合议庭对本案所涉合同性质的确定,认为本案原被告双方(被上诉人与上诉人)之间的合同是属于承揽合同中的定作合同,而按照最高人民法院关于适用《中华人民共和国民事诉讼法》若干问题的意见第二十条的规定:"加工承揽合同,以加工行为地为合同履行地,但合同中对履行地有约定的除外。"可见对于承揽合同纠纷,当事人约定的履行地法院和被告住所地法院均可以管辖,具体到本案,××法院和南京市××法院有管辖权,而××法院并非本案原被告(被上诉人与上诉人)约定的履行地法院也并非被告(上诉人)住所地法院,是没有管辖权的。

综上,上诉人认为:原审法院以一种极不规范的法律文书不予审查上诉人的管辖权异议,是不符合民事法相关规定的,故上诉人依法向贵院提起上诉,望裁如所请。

此致
××中级人民法院

上诉人:××环保股份有限公司
20××年××月××日

(录自中华文本库)

更多起诉状例文,请扫描

第三节　申　诉　书

一、申诉书的概念和特点

申诉书是刑事、民事、行政案件的当事人或法律规定的其他人,对已经发生法律效力的判决、裁定、不起诉决定等不服,按照审判监督程序提出申诉,要求人民法院或者人民检察院重新处理的诉讼文书。

根据刑事诉讼法、民事诉讼法和行政诉讼法的有关规定,有权提出申诉的主体,刑事案件是当事人、被害人及其家属或者其他公民;民事案件和行政案件则限于当事人。

申诉书与上诉状相比,两者都是认为原判决或裁定有错误而要求依法重新处理的诉讼文书,但区别较大:

第一,对象不同。申诉是针对已经发生法律效力的判决或裁定,包括二审终结的甚至已经执行完毕的判决、裁定;上诉只限于对尚未发生法律效力的第一审判决或裁定。

第二,案件管辖不同。接受申诉的可以是原审人民法院或上级人民法院,刑事案件还可以向人民检察院申诉;而接受上诉的只能是作出第一审判决或裁定的上级人民法院。

第三,受理与否不同。申诉书是否引起审判监督程序的发生,要视原裁判在认定事实或适用法律上是否确有错误来决定;而上诉状则必然会引起上诉审判程序。

第四,受理期限不同。申诉除申请再审外,一般不受时间限制;而上诉应在法定期限内提出,无正当理由耽误期限的,逾期不能上诉。

二、申诉书的内容和制作方法

(一) 首部

(1) 标题。刑事申诉、行政申诉写"申诉书",民事申诉写"再审申请书"。

(2) 当事人的基本情况。申诉人或申请人是公民的,写明姓名、性别、出生年月日、民族、籍贯、职业或工作单位和职务、住址等。是法人或其他组织的,写明单位名称、所在地址、法定代表人或代表人的姓名、职务。刑事案件如果不是当事人本人申诉的,要注明申诉人与当事人之间的关系。

(3) 案由。这段文字包括原处理机关名称、处理时间、处理文件的名称、编号、提出申诉的意愿等内容。具体表述为:申诉人(或申请人)×××,对×××人民法院×××年×月×日(年度)××字第×号××××,提出申诉(或申请再审)。

(二) 正文

(1) 请求事项。请求事项部分,应当写明申诉人或申请人请求人民检察院或人民法院解决的具体问题。先说明原受到的处理有何不当,再说明是请求人民检察院自行复查,还是按照审判监督程序向人民法院提出抗诉。或说明是请求人民法院自行再审、直接提审、还是指令下级人民法院再审。最后原则性地说明要求达到什么样的目的。

(2) 事实与理由。先用综合方法概述案情事实、原来的处理经过和最后的处理结果;然后针对原来的处理决定的不当之处,重点阐述,具体说明原决定书、判决书或裁定书是认定事实错误,还是适用实体法不当,抑或是因适用程序法不当而造成错误处理的结果;再列举证据和法律依据加以充分论证,证明原认定事实有错误或适用法律不当;最后自然引出申诉或申请再审的具体请求,使申诉请求成为论证的必然结论。

(三) 尾部

写明送达机关名称;附件的名称和份数,再审申请书要附交原判决(或裁定)书抄件一份;申诉人或申请人署名时,如系法人或其他组织的,应写明全称,由法定代表人或代表人签名,加盖单位公章;申诉(申请)日期。

例文 7-3　　　　　　　　　　民事申诉书

申诉人(一审被告、二审上诉人):××县××广播电视网络有限责任公司,所在地:××省××县广电大楼。

法定代表人:宋××,总经理。

申诉人因触电人身损害赔偿纠纷一案,不服××省××县人民法院于20××年6月22日作出的(20××)××民初字第92号民事判决和××省××市中级人民法院于20××年11月8日作出的(20××)×民终字第456号民事判决,特依法提起申诉。

申诉事项:按照审判监督程序对上述两级法院作出的一、二审判决提出抗诉。

申诉的事实和理由

两级法院一、二审判决以"××广电网络公司有责任对闭路电视线和闭路承载线与电力线同杆架设的问题进行整改,而未及时整改,同时在闭路电视线和闭路承载线被他人移动后未及时维护管理,形成重大安全隐患,对事故的发生较之××电力公司的责任更大些"为由,判令上诉人承担30%的赔偿责任,并承担连带责任,其认定事实的主要证据不足,适用法律有错误。具体理由如下:

首先,一、二审判决以同杆架设形成重大安全隐患和未对同杆架设进行限期或及时整改为由要××公司担责,其认定事实的主要证据不足,适用法律有错误。

1. 就法律适用来说,对同杆架设问题,是否构成违章形成重大安全隐患,应具体情况具体分析。本案××村是××××年自建的低压电力线路的产权人,其于××××年自行将闭路电视线及承载线同杆架设在自己的低压电力线路上,属该电力设施所有者的自主行为,不违反《××省电力设施保护实施办法》第二十三条关于"未经电力企业或电力设施所有者、管理者同意,不得同杆架设电力线、通信线、广播线、电视接收线、安装广播喇叭或悬挂广告牌"的规定,依法不属违章,不构成重大安全隐患。而一、二审判决依据哪部法律的哪条哪款认定本案中的同杆架设是违章而形成重大安全隐患并需进行限期或及时整改?事实上,一、二审判决对此既没有也无法引用相应的法律依据。显然,一、二审判决认定本案中的"同杆架设形成重大安全隐患需进行限期或及时整改"属适用法律有错误。

2. 就事实认定来说,对同杆架设问题,一、二审判决仅凭部分当事人的口说,并无上级有关部门勒令××公司限期或及时整改的文件或通知作为判决的依据,就牵强附会地认定同杆架设需要限期或及时整改,显然其认定的"对同杆架设需要限期或及时整改"这一事实的主要证据不足。

而从二审中××公司主动举出的新证据的来源看,该证据是一审庭审期间,××县安监局应县政府要求,对电力公司请求撤除同杆架设问题的答复。从该证据的内容可知,即使排除了电力设施所有者同意的同杆架设的情形,原有的同杆架设即电力设施所有者等所不同意的同杆架设也系历史遗留问题,需逐步改造,但在未经相关部门联合普查并认定为严重威胁生命财产安全的情况下,此类同杆架设也同样不属"限期整改"的对象。何况,本案的同杆架设还不属于此类需要逐步改造的同杆架设。

其次,一、二审判决以闭路电视线和闭路承载线被他人移动后未及时维护管理形成重大安全隐患为由要××公司担责,其适用法律有错误。

根据《广播电视设施保护条例》第七条第二款关于"禁止危及广播电视信号专用传输设施的安全和损害其使用效能的下列行为:……(二)移动、损坏传输线路、终端杆、塔桅(杆)及其附属设备、标志物"的规定,本案中,他人在未告知××公司更未经其同意的情况下,私自移动广电传输线路即闭路电视线和承载线,依法属危及广播电视信号专用传输设施的行为,××公司本身作为被侵权方,其有权诉诸法律以维护自身的合法权益。至于××公司何时发现被自己被侵权,以及该线路被他人擅自非法移动后是否又造成第三人损害,与××公司何干?

显然,××公司对此不应承担任何责任。而一、二审判决以"你的权利被侵犯了,未及时发现进行检查处理,你就有责任"的不合理逻辑,让被侵权的××公司担责,是不能成立的,因为权利被侵犯这一事实决不能反过来成为被侵权者担责的理由。

退一步说,闭路电视线本身并不带电,不属高危作业,除非用户投诉闭路电视信号中断,否则××公司就不应负有及时发现并进行检查处理的职责和义务。

第三,对本案的主要责任人之一××电力公司,一、二审判决均回避了其存在的另两项违章行为及其一连串违章行为在本案中所起的关键作用,反而认定"××公司对事故的发生较之××电力公司的责任更大些",其认定事实的主要证据不足;一、二审判决要××公司承担30%的赔偿责任,仅判令××电力公司承担20%的赔偿责任,其适用法律有错误,且明显有袒护××电力公司之嫌。

根据××县安办签发的《批复》所查明的事故原因:"电力公司要求村、社组织危改,且施工中,使用无证人员上岗作业违反技术操作规范,将电杆固定线与闭路承重线(注:实际为铁丝线)重合并接,且将电杆固定线选址于大路中间,又无绝缘设施,致王××路过时触电身亡。这是电击死亡的第一间接原因。"从上可知,××电力有限责任公司的违章行为至少有三:其一是电杆固定线与铁丝线重合并接,并未错开;其二是将电杆固定线选址于道路中间,而非路侧。由于现场路窄,造成过往行人与该电杆固定线必然进行接触;其三是未设置绝缘设施,即未按照规定加装隔电子。上述三项违章行为共同作用,严重危及他人人身安全,使人性命攸关。也就是说,上述三项违章行为若能避免一项,则本案悲剧即可避免。而一、二审判决仅认定了其第一项违章行为,回避了第二项和第三项违章行为,更回避了上述违章行为在致死王××过程中所起的关键作用,反而认定"××公司对事故的发生较之××电力公司的责任更大些",其认定事实的主要证据不足。

鉴于本案被害人王××是被电击致死的,又鉴于××电力公司存在多项违章行为(侵害行为)以及上述违章行为在致死王××过程中所起的关键作用,一、二审判决却仅仅判令××电力公司承担20%的赔偿责任;而一、二审判决认定××公司有两项"不作为"(注:尚不成立),就要承担30%的赔偿责任;二者对比,一、二审判决显失公正。显然,一、二审判决适用法律有错误,且明显有袒护××电力公司之嫌。

综上所述,一、二审判决认定事实的主要证据不足,适用法律有错误,对××公司作出了错误的裁决。为此，特根据《民事诉讼法》第14条和第185条之规定提起申诉，请求贵院依法提出抗诉，实施法律监督。

此致
××市人民检察院

申请人：××县××广播电视网络有限责任公司
20××年12月1日

附件：(20××)××民初字第92号民事判决书和(20××)×民终字第456号民事判决各一份。

（录自法律教育网，本书收入时有改动）

第四节　答辩状

一、答辩状的概念和特点

答辩状是民事、行政、刑事案件的被告人或者被上诉人在收到法院送达的诉状或上诉状副本之后，就被提起诉讼的事实和理由进行答复或辩护的书状。

答辩状具有很强的论辩性。它要用正确的事理驳斥错误的事理，以正确适用的法律条文校正引用不当的法律条文，展开充分的论证去驳倒对方的观点和论据。

二、答辩状的内容

（一）首部

（1）标题。应写明答辩状的类型，如"民事答辩状""行政答辩状""刑事答辩状"。

（2）答辩人的基本情况。写法和要求与上诉状相同。

（3）案由。写明：因……一案，提出答辩如下。

（二）正文

（1）答辩理由。答辩状的答辩理由，要根据原告的起诉状或上诉人的上诉状的具体内容来确定。除了被告或被上诉人同意原告或上诉人的诉讼请求外，必须针对原告或上诉人在起诉状或上诉状中提出的诉讼请求及其所依据的事实、理由进行答复和辩驳，把反驳对方的理由和对案件的意见鲜明地表达出来。一般可从两个方面入手：指出诉讼请求不合理，所依据的事实有错误；指出诉讼请求不合法，所依据的法律不当。

（2）答辩主张。在进行充分的答辩之后，要概括提出自己对本案处理的主张和请求。一审答辩状应提出对原告起诉状中的诉讼请求是完全不能接受，还是部分不能接受；上诉答辩状则要求第二审人民法院维持原审的判决或裁定，或提出其他请求。答辩请求要明确具体，合乎情理，切实可行。

（三）尾部

答辩状尾部的内容与申诉状相仿，可参考前面的叙述。

例文 7-4　　　　　　　　民事答辩状

答辩人：北京百度网讯科技有限公司

地址：北京市海淀区北四环西路 58 号理想国际大厦 12 层

法定代表人：李××（执行董事）

电话：010－8262×××× 　邮编：100080

北京市海淀区人民法院（下称"贵院"）受理的上海步升音乐文化传播有限公司（下称"被答辩人"）诉北京百度网讯科技有限公司（下称"答辩人"或"本公司"）录音制作权侵权纠纷案（下称"本案"）。

答辩人认为被答辩人的诉讼请求既没有事实根据也没有法律依据，恳请贵院依法判决予以全部驳回。

一、答辩人关于答辩理由的四大要点（略）

二、答辩内容所依据的事实与理由

（一）答辩人是一家中立的搜索引擎服务提供商

答辩人（www.baidu.com）主要为网络用户提供"新闻"、"网页"、"贴吧"、"mp3"、"图片"以及"网站"等信息的全面搜索引擎服务。答辩人所提供的"mp3"搜索引擎服务只是其中的一项，mp3 搜索原理、技术和软件与百度网页等其他搜索的原理、技术和软件完全一致，并且都是由程序自动完成整个流程。这种搜索方式在国外通常称为基于算法的搜索（Algorithmic Search）。

答辩人提供搜索引擎服务的过程为：网络用户向搜索系统发送搜索指令；搜索系统收到该指令后，依据技术规则、在世界互联网范围内自动地对与搜索指令相关的网页信息进行搜索；搜索系统取得搜索结果；搜索系统将搜索结果的列表提供给发出搜索指令的网络用户；网络用户自主决定是否对搜索结果的链接进行打开、打印或另存等操作。

因此，答辩人在提供搜索引擎服务的过程中，处于中立的沟通网络用户与搜索结果内容提供网站（页）之间的桥梁地位。尽可能地在搜索结果中展示所有客观存在的、与用户搜索指令相关的网页链接，这是包括答辩人在内的所有搜索引擎服务商共同追求的目标，是搜索引擎服务的一项本质特征，是广大网络用户希望通过搜索引擎服务最大范围获得信息自由的真实体现，也是合法、合理、不损害公众利益前提下设定搜索引擎服务商承担法律责任的必要视角。

（二）答辩人没有为涉案歌曲提供下载服务

答辩人搜索引擎收纳的世界范围内各具特色作为搜索对象的中文网页约有 8 亿个。如果该网站（页）不采取禁止或限制被作为搜索对象的技术措施，答辩人的搜索引擎服务系统就能够从其中获取用户所搜索的信息或文件的种类，其中包括 mp3 等文件的链接地址。按照这些文件所在网页提供的相关信息，系统将自动地给这些链接命名。

接受网络用户的搜索指令后，答辩人的网络搜索引擎服务系统将自动地对搜索指令进行处理,以检测得到的链接速度为基础,按照搜索引擎通用技术规则,向网络用户提供以链接列表为表现形式的动态搜索结果。基于搜索结果,用户可以完成不同的操作。操作结果由用户的具体指令、所使用的计算机配置环境,以及被链接网站(页)的控制代码等因素共同动态决定,不受答辩人搜索引擎功能的任何影响。

（三）答辩人的行为在本案中没有任何过错

答辩人非常重视包括对被答辩人在内的他人知识产权保护,并依据法律、法规等相关规定,在搜索引擎服务网站上发布了具有具体内容和实施步骤的"权利声明",为权利人维护权利提供了顺畅、有效和方便的途径。根据该"权利声明",任何人均可以通过向答辩人发送"权利通知"的方式,获得权利保护和救济。

就本案而言,答辩人没有任何侵犯被答辩人权利的故意。关于提供涉案歌曲的被链接网站(页)是否侵犯他人的权利,答辩人没有能力,也没有任何可能的手段加以判断;同时,也没有被任何权利人告知。所以,答辩人在对所链接网站内容是否侵权的事实不知情的情况下为网络用户提供中立的搜索引擎服务的行为没有任何过错。

综合以上各点,答辩人认为,即使被链接网站(页)构成对他人著作权的侵犯,由于答辩人仅提供中立的搜索引擎服务,不知道有侵犯著作权的行为发生,也没有经著作权人提出确有证据的侵权警告,依据法律规定和最高人民法院的相关司法解释,答辩人不应当承担民事责任。

三、涉案歌曲被链接网站(页)的所有者是应当参加诉讼的当事人

答辩人只实施了提供搜索链接服务的行为,真正为网络用户提供涉案歌曲下载服务的行为人是被链接网站(页)所有者。判断答辩人提供的搜索链接服务是否构成侵权,应当以认定被链接网站(页)的所有者是否构成侵权为前提,而不能仅以被答辩人所声明的从未向他人许可通过互联网向公众传播涉案歌曲就直接确定。如果涉案歌曲被链接网站(页)的所有者不参加诉讼,答辩人认为无法查明本案的事实。

综上所述,被答辩人的诉讼请求既无事实根据也无法律依据,请求贵院查明事实后判决予以全部驳回。

此致
北京市海淀区人民法院

答辩人：北京百度网讯科技有限公司

二〇〇五年七月二十八日

（录自腾讯网,本书收入时有改动）

 思考与练习

1. 以下的材料摘自某一案例,请据此写一份民事诉状。诉状中的某些内容可以酌情虚拟。

原告：刘××,男,32岁。被告：中国××银行××高新技术产业开发区支行。

2007年4月,原告在被告工大分理处开立活期存折账户,同年办理"存取消费卡",一直无偿使用。2014年12月10日,被告未经原告同意,擅自在原告账户上划扣所谓"卡年费"10元,并拒绝开具收款凭据。

原告认为,储户与银行的关系是平等的民事主体之间的储蓄合同关系,银行无权单方面变更、修改合同。被告擅自扣划原告存款的行为,既无法律依据也无合同依据,是一种侵犯原告财产权的行为,依法应承担侵权赔偿责任。除被告扣划的10元钱外,原告因该侵权行为而产生的误工损失,也属于直接损失的范畴,被告也应承担赔偿义务。为此,原告诉至××市××区人民法院,请求法院判令被告返还扣划原告的银行卡使用年费10元整;判令被告支付原告由交涉、诉讼所致误工损失800元整。

2. 什么是民事起诉状?一份民事起诉状应包括哪些内容?

3. 上诉状的种类有几种?写好一份上诉状要注意哪些方面?

4. 结合本节例文,阐述叙事清楚、说理充分在上诉状写作中的重要性。

5. 申诉状与上诉状的异同点有哪些?

6. 根据以下案例训练材料以石长福的名义写一份申诉状。

案例材料

原告:郑根,男,26岁。被告:石长福,男,37岁。

1998年9月,被告的姐姐石长珍,以自己的名义为其弟预购了一间商品房及与其相连的13.5米长、12米宽的宅基地。该房始终由被告使用,并在宅基地上自建两间房屋。1999年11月5日,土地管理部门给石长珍颁发了房产证。石长珍于2000年5月7日因姐弟反目将该房产卖给了原告郑根,并办理了过户手续。同年6月12日,双方还办理了公证。原告限被告3个月内搬出。3个月后被告无意迁出,原告再次通知被告迁出。被告拒绝迁出。为此,原告诉至法院。法院一审裁定原告胜诉。被告不服提起上诉,法院二审维持原判。

(摘自《法律文书写作与训练》,王重高主编,中国人民大学出版社2002年版。本书收入时有改动)

7. 答辩状的正文一般包括哪些内容?这些内容和答辩状的写作目的有什么关系?

8. 结合例文,简述答辩状答辩理由的写作要求。

在线测试,请扫描

第八章 公关礼仪文体的写作

第一节 求职函、辞职函、慰问函

一、求职函

（一）求职函的概念

求职函也称为求职书、求职信，是学校毕业生、下岗待业和拟转岗就业者向有关单位求职的专用书信。

用人单位根据业务需要，经常在媒体上发布招聘启事。想去应聘的人员可对照招聘启事上提出的用人条件，衡量自己的能力和特长是否符合对方的要求。如认为基本上符合对方的要求，就可写求职函给用人单位，这种求职函也称为应聘函。

（二）求职函的特点

1. 自我推荐性很强

求职函是写给可能招收自己的单位的，其目的就是推荐自己，表达自己的求职愿望态度与要求，以期达到被对方录用的目的。从这一角度来讲，求职函实际上就是自荐函，在函中要阐明自己的专长，向用人单位推荐自己。

2. 个人对单位的行文关系

求职函是个人发给用人单位的函，其行文关系不是个人与个人之间的书信往来，而是个人与单位之间的书信往来。有些求职函，它的求职对象是明确的。但有些求职函，它的求职对象是不确定的，求职者是将求职函写给所有的同类性质的单位。目前大中专毕业生所使用的，大多是这一种求职函。

（三）求职函的格式与写法

求职函是一种书信文体，它的格式与书信基本上是相同的，具体写法可参照例文 8-1。

求职函一般包括以下几部分：

1. 标题

由文种名称组成，在第一行居中写"求职函"或"求职信"三字即可。

2. 称呼

要顶格写明求职单位的名称或领导、负责人的姓名与称呼。

3. 正文

（1）开头。要交代清楚求职者的身份、年龄、学历等基本情况，给用人单位一个初步的完整印象。如果是有明确目标的求职函，在开头还可谈自己看到了该单位的征招信息与自己极想应聘的想法。

（2）中间部分。要针对用人单位在征招信息中提到的用人要求具体介绍自己，全面展示自己的专业特长、业务技能、外语水平以及其他能力，使用人单位意识到你是他们需要的最佳人选。

（3）结尾。要再次强调自己的求职愿望，恳请用人单位予以录用。

4. 落款

在正文的右下方署上求职者的姓名及成文的日期。

5. 附件

要附上自己的履历书（或称简历表）、学历证书、职业资格证书、获奖证书等，并写上自己的联系地址、联系方式。

个人履历书是在求职过程中不可缺少的一种专用文书，简要的个人履历书，要写明姓名、性别、籍贯、出生年月、婚姻状况、学历、职务职称、党派、通讯地址、联系方式（包括电话、通信地址、邮编、电子邮件）等一般的情况，更要重点写明受教育的情况、工作经历和能力，使用人单位对你有一个全面的了解。具体写法可参照例文8-2。

（四）求职函的写作要求

1. 实事求是

求职函要如实地介绍自己的情况，不能捏造自己的学历或成果，叙述自己的能力与水平时，要有分寸。不然，如果用人单位认为你的诚信有问题，就很难录用了。

2. 不卑不亢

求职函是希望用人单位录用自己而写的书信，所以态度要热切而诚恳，但也不要过于谦卑，自贬身价，要做到不卑不亢。

3. 言简意赅

求职函要写得简明扼要、直截了当，避免冗长、累赘。如果是手写的求职函，还要求书写端正，不能潦草，避免给用人单位留下一个不好的印象。

例文8-1　　　　　　　　求　职　信

尊敬的××公司领导：

您好！

我是××大学环境工程系给水排水工程专业的一名毕业生，希望借毕业自主择业的机会,选择一个满意的单位。

在供需见面会上,我与贵公司工作人员作了简短的交谈。为了使贵公司对我能有更全面深入的了解,现将我的简历、介绍材料、成绩单及荣誉证书等随信寄上,并把我的一些具体情况做一点补充。

我从 14 岁就独自一人远离父母到县城求学,到现在大学即将毕业,已近 10 年。艰苦的生活锻炼了我,使我具有较强的适应能力和吃苦耐劳的精神。

多年来,我一直担任学生干部,特别是在大学期间担任班级的团支书,尽职尽责,不敢有丝毫的懈怠。社会工作的锻炼使我有了较强的组织能力、较强的文字和口头表达能力,也使我懂得了在工作中顾全大局、服从指挥、统一步调的重要。工作中的成绩增强了我的自信,而失误又教会了我如何一步一个脚印地踏踏实实地工作。

我所学的课程及其成绩已在材料中列出。此外,平时我还自学了文史、企业管理、计算机操作等方面的知识,注意完善自己的知识结构,全面提高自身的素质,我懂得:女性不仅应有善良温柔的品格,也应具备男性的刚毅。我最喜欢的两句名言是:"但得有心能自奋,何愁他日不雄飞。""自强不息者终能自救"。

我不敢保证一到贵公司就能样样精通,但我愿意向周围的同事虚心请教,决心在保质保量完成本职工作的前提下,争取不断有所创新。对于具体的工作安排,我完全服从贵公司的需要,只要有事可做,忙点儿,累点儿,苦点儿,都没关系,望公司领导不要有什么顾虑。

我要说的最后一句话是:"我不会让贵公司失望的。"

谢谢您能阅读我的求职信!

此致

敬礼

自荐人:王××
2015 年 4 月 5 日

(根据有关材料改写)

例文 8-2　　　　　　　履　历　书

姓　　　名:张一民

性　　　别:男

年　　　龄:22 周岁

毕业学校:××大学中文系

毕业时间:20××年×月

家庭住址:××省××市××街××号

联系人:×××

电　　　话:××××××

邮　　　编:××××××

E-mail 地址:××××××

个人经历：

小学、中学期间积极向上，严于自律。尊敬师长，团结同学。自幼喜爱文学，热爱读书。大量阅读中外名著及各种理论专业书籍。在课余时间努力学习写作，基本掌握了散文、诗歌、消息、通讯等各类文体的写作要求，并写下大量散文、杂文及各种消息、通讯。曾在下列报刊发表文章：

《××日报》：《心中的故乡》《坐火车的感觉》

《职教论坛》：《难忘夜读》

《少年文史报》：《草原美食手扒肉》《爸爸妈妈和我》

《中学生博览》：《走出低谷》

《初中生课内外》：《认识鲁迅》《少年人生》《我是差等生》《男子汉，站起来》

《北方少年报》：《魂系草青处》《白桦林》

《学习导报》：《福楼拜的窗户》《文学常识集锦》

《××职业教育》：《四十不惑》《生命桥》

《中国少年报》：《童年的小河》《成功的答案》《校园花絮》

《××文艺》：《故乡情丝》《锻炼》

曾在"三峡风"征文中获二等奖，1992年当选为中国十佳文学少年候选人，获"全国读书读报优秀个人"奖。

学生时代积极参与各种社会活动，努力增强自己的实践能力。在大学刻苦学习新闻理论知识，积极学习新闻写作，具备一定的新闻实践工作能力。

高中时曾参与组建校文学社团"百草园"，编辑社刊《百草园》。

大学时在《××电力报》实习，熟悉报纸采编过程。任《学院报》通讯社主编时，能够较好地编排出体现自己学院特色的报纸。并采写出《民办大学，一路走好》《下岗女工，路在何方》、《国货，你该怎办》等关注社会问题的通讯。

本人拥护共产党领导，热爱社会主义。愿意在今天这个信息膨胀和倡导创意的时代里，投身新闻事业，并在将来的工作中，博采众长，吸取经验，实事求是，锐意进取，努力追求进步，日臻完善自己。

用我全部热情，敬业无涯！

（根据有关材料改写）

二、辞职函

（一）辞职函的概念

辞职函又叫辞职书，是公司或单位的职工由于种种原因，不想在原单位供职或谢绝所给职位，向公司或单位提出辞去现职并请求批准的一种文书。

现代社会人才流动频繁，过去那种一辈子在一个单位工作的情况已经很少了。单位与职工都有权双向选择。如果你认为在这个单位工作不能发挥聪明才智，或认为这个单位的待遇与你的能力、贡献不相称，就可以"跳槽"，向原单位提出辞职，选择到更合适的单位去工作。辞职函就是为了向原单位辞职而递交的书面信函。

（二）辞职函的格式与写法

辞职函的格式包括标题、受文者称呼、正文、落款四个部分，具体可参见例文 8-3。

1. 标题

以文种名称表明，在第一行居中写"辞职函"或"辞职信"三字即可。

2. 受文者称呼

要顶格写明辞职单位的名称或领导、负责人的姓名与称呼。

3. 正文

要提出辞职的理由。理由是各种各样的：有的是由于健康的原因；有的是由于学非所用，不能发挥自己的专业特长；有的是嫌单位的待遇太低，与自己的期望值相距太远，等等。理由应说得充分，有说服力。同时，对原单位在自己工作时期所给予的关心，应表示感谢。最后写明辞职的打算、辞职的时间并请求给予批准。

4. 落款

在正文的右下方署上辞职者的姓名及成文的日期。

（三）辞职函的写作要求

1. 态度要诚恳

辞职函是一种带有请求性质的信函，写作时态度要恳切，切忌生硬。

2. 考虑要周密

写辞职函之前，一定要周密地考虑辞职的利弊得失，千万不能草率从事。

3. 详略要得当

对于辞职的理由，有关部门与领导已经了解的，可以略写；有关部门与领导还不了解的理由，要详写。有些不便讲的理由，也可不写，可采取口头交换意见的方式来表达。

例文 8-3

辞 职 函

×××经理：

  我准备辞去现在的职务。我在××公司工作了 3 年，一直受到您的关怀与爱护，一旦离开，心中甚感内疚。但由于我在大学里学的是机械制造专业，与××公司的业务不对口。为了更好地发挥自己的专业特长，我决定于下月 31 日离职，请予批准。

×××

2014 年 × 月 × 日

（根据有关材料改写）

三、慰问函

（一）慰问函的概念

慰问函又叫慰问信，是有关组织、团体、个人向有关集体、个人表示慰劳、问候、致意的书信。所谓有关集体或个人，可以分作两类，一类是在"两个文明"建设中作出了重大贡献的,一类是由于某种原因而遭到暂时困难和严重损失的。慰问函对前者表示慰问,鼓励他们戒骄戒躁,乘胜前进;对后者表示同情和安慰,鼓励他们加倍努力,战胜困难。

除此之外,还有一种节日的慰问信。如每逢9月10日教师节,有关组织或学生要向教师发出慰问信。每逢春节,要向烈军属与坚守岗位的工人、军人发出慰问信。

(二) 慰问函的格式与写法

1. 标题

正中写"慰问函(信)",或者写"致××××××慰问函(信)",如是后者,"慰问函(信)"三个字也可写在第二行正中,字体要大些。

2. 开头

顶格写被慰问的单位或个人的称呼。如果是写给个人,应在姓名之后,加上"先生""同志"等相应的称呼,后加冒号。

3. 正文

正文另起一行,空两格写慰问的内容。慰问函的内容大体有以下几个方面:一是说明写慰问信的背景、原因;二是概括地写出慰问的具体内容;三是表示真挚的情意和亲切的慰问。接着另起一行,写祝愿的话。

4. 署名

写发信单位名称或个人姓名。署名右下方写发信的年、月、日。

(三) 慰问函的写作要求

(1) 要根据所慰问的不同对象,确定慰问函的内容。对在四化建设中有贡献的集体和个人,应侧重于赞颂他们的巨大成绩;对遭到暂时困难的集体和个人,则应侧重于向他们表示关怀和支持。

(2) 字里行间要洋溢着同志间的深厚感情,要充分体现组织的关心和温暖,使受慰问者在精神上得到安慰和鼓励,增强克服困难的勇气和继续前进的信心。慰问函的抒情性较强,语言要写得亲切、有感情。

例文 8-4　　　　　　　　**2015 年春节慰问信**

尊敬的各位理事,各位领导,各位朋友:

　　春风杨柳花絮飘,欢庆羊年喜乐笑。在这辞旧迎新的时刻,北京市东城区专家学者名人协会谨向您和您的家人,致以节日的问候和新年的祝福! 向长期以来关心、帮助、支持协会工作的各位领导、各位朋友和社会各界人士致以衷心地感谢! 并祝大家新春快乐!万事如意!

　　过去的一年,以习总书记为首的党中央注重谋划全局性、战略性、长远性的重大问题,不断加大反腐败斗争力度,显示了反腐惩恶的坚定决心。这一年,党的十八届四中全会胜利召开,描绘新的蓝图,提出新的愿景,明确新的目标,汇集新的思想,锐意推进改革,出台的一系列重大改革举措,许多同老百姓的利益密切相关,中国的改革与发展站在了新的历史起点。经济和社会发展取得新成绩,稳增长、调结构、促改革,经济建设稳中求进,扎实开展党的群众路线教育活动,增强了党的先进性和纯洁性,党风政风社会风气有了极大转变。总之,2014年是中华民族历史上具有重要意义的一年。

在区委区政府的正确领导下,协会深入学习贯彻党的十八届三中、四中全会和习总书记系列讲话特别是视察北京时的重要讲话精神,工作坚持稳中求进的工作总基调,积极适应区域经济发展新常态。2014年,全区立足于"国际化、现代化新东城"战略目标和"首都文化中心区、世界城市窗口区"总体定位,深入实施"两新四化"发展战略,促进经济社会全面协调可持续发展,努力在建设人文北京、科技北京、绿色北京和中国特色世界城市进程中走在全市的前列。以改革促发展、惠民生,形成了全区上下团结协作,共谋发展的良好局面。

回首过去的一年,协会继续广交朋友,广聚贤才,广辟渠道,聚集了一大批高层次、高职称、高学历的专家学者名人。一年来,专家学者们利用自己的专业知识,围绕东城区20年总体发展战略规划的实施,"十二五"规划的编制,在历史文化名城保护,城市建设与管理,文化创意产业发展,人才开发等方面,做了大量扎实有益的工作,为东城区经济和社会发展提供了强大的智力支持,做出了有目共睹的积极贡献。当前,东城区已经跨入由"国内一流城区"向"国际知名城区"迈进的新阶段,首都发展的更高标准和人民群众对美好生活的更高期待,给协会的各项工作带来了更广泛的机遇,我们要把控好新常态下蕴含的机遇,主动作为,凝聚人心,增添力量,丰富形式,创造氛围,充分发挥协会的桥梁和纽带作用,充分发挥专家学者的决策和参谋作用,为建设"国际一流的和谐宜居之区"的目标贡献更大的力量。

2015年是全面深化改革的关键之年,是全面推进依法治国的开局之年,也是全面完成"十二五"规划的收官之年。在新的一年里,殷切地希望各位专家学者一如既往地支持协会的工作,多献务实之策,多建睿智之言,出实招,谋良策,为东城区的经济和社会各项事业的发展贡献力量。以良好的精神状态和饱满的工作热情,再创新的辉煌!

恭祝各位专家学者、各位领导、各位朋友:佳节快乐!万事如意!身体健康!阖家幸福!

北京市东城区专家学者名人协会
2015年2月11日

(录自数字东城网 http://www.bjdch.gov.cn/)

第二节 贺信(电)、贺词

一、贺信(电)

(一) 贺信(电)的概念

贺信(电)是表示祝贺、赞颂的函电,常见于国家领导人、国家机关、团体对取得巨大成绩、作出卓越贡献的集体或个人,或者对国际、国内发生的重大喜事、对一些重要的会议、对知名人士的寿辰所表示的祝贺。在亲朋好友之间,也常常发出贺信(电),对一些值得庆贺的事表示祝贺。在现代社会中,贺信(电)已成为社会交往不可或缺的礼仪文书。

(二) 贺信(电)的格式与写法

1. 标题

标题有四种写法:只写"贺信"或"贺电"二字;写谁发出的贺信(电),如《国务院贺电》;写给谁的贺信(电),如《给中国女排的贺信》;写明谁给谁的贺信(电),如《中华人民共和国教育部给全国教师的贺信》。

2. 称谓

标题下另起一行顶格写接受贺信(电)的单位名称或个人姓名及称谓。如果是祝贺会议,只写会议的名称。

3. 正文

开头,用简练的词语写出祝贺的理由,表示祝贺。经常用"值此……之际,谨代表……向……表示热烈祝贺"之语。

主体,由于对象不同,主体的内容与措辞也应有所区别。如果是祝贺对方取得了突出成绩,在主体里就要充分肯定和热情赞扬对方新取得的成绩和意义。如果是祝贺会议,在主体里要侧重说明会议召开的重要意义和深远影响。如果是祝贺担任新的职务的领导人,主体就要侧重于提出祝愿,祝愿对方在任期内取得新的成就,并祝愿双方的友谊进一步加强。

结尾,写祝愿、鼓励、希望或要求方面的内容。

4. 落款

在正文的右下方写上祝贺单位的名称或姓名并写明日期。

(三) 贺信(电)的写作要求

1. 要有强烈的感情色彩

贺信(电)是向对方表示祝贺的,感情要饱满、充沛、真挚,给人以鼓舞、希望、褒扬之感。

2. 赞扬对方的成绩要实事求是

贺信(电)要热情赞扬对方所取得的成绩,但对成绩的评价一定要实事求是,切忌讲过头话,否则会使对方感到不安。

3. 语言要简练

贺信(电)的用语要简练,避免用那些老一套的陈词滥调,篇幅也不宜过长。

例文 8-5

中共中央　国务院　中央军委
致新疆生产建设兵团成立 60 周年的贺信

新疆生产建设兵团:

值此新疆生产建设兵团成立 60 周年之际,党中央、国务院、中央军委向新疆生产建设兵团 270 多万各族干部职工群众表示热烈的祝贺!向战斗在维稳一线的兵团军事指挥部和武警部队官兵、政法干警、民兵表示诚挚的慰问!向兵团事业创业者和老一代兵团人表示崇高的敬意!

1954年10月,党中央决定中国人民解放军驻疆部队大部就地集体转业,组建新疆生产建设兵团。这是党中央治国安邦的战略布局,是强化国家边疆治理的重要方略。60年来,新疆生产建设兵团作为新疆维吾尔自治区的重要组成部分,在新疆发展和稳定中发挥了特殊重要的作用。几代兵团人发扬"热爱祖国、无私奉献、艰苦创业、开拓进取"的兵团精神,扎根新疆沙漠周边和边境沿线,认真履行党和国家赋予的职责,切实当好生产队、工作队、宣传队、战斗队,充分发挥建设大军、中流砥柱、铜墙铁壁作用,在开发建设新疆、增进民族团结、推进社会进步、巩固西北边防等方面作出了重要贡献。特别是2010年中央新疆工作座谈会以来,兵团在新疆维吾尔自治区党委统一领导下,认真贯彻落实中央决策部署,坚持中央精神与新疆区情、兵团使命相结合,加快经济社会发展,重视保障和改善民生,促进民族团结,取得了新的成绩,兵团综合维稳戍边能力显著提升,经济社会持续健康发展,职工群众生产生活条件显著改善。中央充分肯定新疆生产建设兵团为祖国和人民建立的历史性功绩,兵团的战略作用不可替代。

2014年5月,中央召开第二次新疆工作座谈会,对新形势下新疆工作作出了新的全面部署。在推进新疆社会稳定和长治久安的进程中,兵团地位更加重要、责任更加重大、使命更加光荣。希望新疆生产建设兵团始终牢记党和人民重托,在以习近平同志为总书记的党中央坚强领导下,把思想和行动统一到中央决策部署上来,坚持国家利益就是兵团利益、新疆大局就是兵团大局,紧紧围绕维护新疆社会稳定和实现长治久安这个总目标,扭住发挥维稳戍边特殊作用这个关键,处理好屯垦和维稳戍边、特殊管理体制和市场机制、兵团和地方的关系,立足兵团自身特殊优势,加强维稳戍边能力建设,推动兵地融合发展,充分发挥兵团调节社会结构、推动文化交流、促进区域协调、优化人口资源的重要作用,使兵团真正成为安边固疆的稳定器、凝聚各族群众的大熔炉、先进生产力和先进文化的示范区。

新疆生产建设兵团是维护新疆社会稳定和实现长治久安的一支重要力量,党中央、国务院、中央军委将一如既往重视和支持兵团工作。中央相信,具有光荣传统的新疆生产建设兵团,一定能够继承发扬优良传统,牢记使命、敢于担当,坚决维护祖国统一、维护民族团结、维护新疆稳定,不断开创兵团改革发展事业新局面,为建设团结和谐、繁荣富裕、文明进步、安居乐业的社会主义新疆作出新的更大的贡献!

中共中央
国务院
中央军委
2014年10月7日

(录自新华网北京2014年10月7日电)

例文8-6　　　　　中共北京市委、北京市人民政府贺电

北京首钢篮球俱乐部女子篮球队:

欣闻北京首钢篮球俱乐部女子篮球队荣获2015—2016年中国女子篮球职业联赛总冠军,在此,向全体运动员、教练员表示热烈的祝贺!

多年来，北京女篮锐意进取，刻苦训练，在"三八"国际劳动妇女节106周年之际夺得全国联赛冠军，绽放巾帼风采，尽显体育健儿英姿，为首都赢得了新的荣誉，极大地激励和鼓舞了北京市民。

望你们保持和发扬优良传统，奋发有为，再立新功。望首都广大妇女同胞向北京女篮学习，争做信念坚定的时代女性和砥砺奋进的有为女性，凝聚智慧和力量，为推动首都经济发展和社会进步作出更大贡献。

中共北京市委
北京市人民政府
2016年3月8日

（录自2016年3月9日《首钢日报》）

二、贺词

（一）贺词的概念和分类

贺词又称祝词，它常用于重大节日、重要会议、宴请招待等群众性场合，是表示良好祝愿的一种文体。贺词一般通过口头表达，写好发言稿后直接到现场宣读。

贺词用于各种不同的场合，其种类较多，较常见有以下三种：一是祝事业，多用于祝贺会议开幕、重大工程开工典礼、某些活动剪彩仪式之前等，也用于外事活动、友好往来之中，祝对方事业成功，双方友谊与日俱增。二是祝寿，常用于对老年人，在贺词中希望他（她）健康长寿，赞颂他（她）已取得的成绩。三是祝酒，称为祝酒词（辞），用于喜庆佳节、招待贵宾的场合。

（二）贺词的格式与写法

1. 标题

可以只写"贺词"二字，也可写明制发机关与祝贺对象名称，如《武汉大学致中国写作学会第九届学术年会的贺词》。

2. 称谓

写明接受祝贺的对象。

3. 正文

开头，要说明祝贺的缘由以及致词者的身份（代表个人或代表集体），并表示敬意、祝愿或感谢。

主体，在不同种类的贺词中，其内容也各不相同。会议性的贺词，主体里要写明会议的意义。庆贺性的贺词，主体里要写明受贺对象所取得的成就及其意义。祝寿的贺词，主体里要概括受贺对象已取得的业绩，赞颂其奉献精神。

结尾，要表示祝愿，有时还可表示鼓励与希望。

（三）贺词的写作要求

1. 感情要真挚

贺词是向对方表示良好的祝愿，感情一定要真挚，要有发自内心的感情，切不可"例行公事"地敷衍几句。

2. 用词要准确

贺词中对被祝贺者成绩的概括,用词要力求准确,不能夸大其词,当然也不能故意贬低。

3. 篇幅力求简短

贺词的语言要求精练,篇幅不能过长。要言简意赅,避免啰唆拖沓。

例文8-7

2016年新年贺词
中华人民共和国主席　习近平

再过几个小时,新年的钟声就要敲响了。我们即将告别2015年,迎来2016年的第一缕阳光。在这辞旧迎新的时刻,我向全国各族人民,向香港特别行政区同胞和澳门特别行政区同胞,向台湾同胞和海外侨胞,向世界各国和各地区的朋友们,致以新年的祝福!

有付出,就会有收获。2015年,中国人民付出了很多,也收获了很多。我国经济增长继续居于世界前列,改革全面发力,司法体制改革继续深化,"三严三实"专题教育推动了政治生态改善,反腐败斗争深入进行。经过全国各族人民共同努力,"十二五"规划圆满收官,广大人民群众有了更多获得感。

这一年,我们隆重纪念了中国人民抗日战争暨世界反法西斯战争胜利70周年,举行了盛大阅兵,昭示了正义必胜、和平必胜、人民必胜的真理。我们全面实施改革强军战略,宣布裁军30万。我和马英九先生在新加坡会面,实现了跨越66年时空的握手,表明两岸关系和平发展是两岸同胞的共同心愿。

这一年,北京获得第24届冬奥会举办权,人民币纳入国际货币基金组织特别提款权货币篮子,我国自主研制的C919大型客机总装下线,中国超级计算机破世界纪录蝉联"六连冠",我国科学家研制的暗物质探测卫星发射升空,屠呦呦成为我国首位获得诺贝尔奖的科学家……这说明,只要坚持,梦想总是可以实现的。

这一年,我们有欣喜,也有悲伤。"东方之星"号客轮翻沉、天津港特别重大火灾爆炸、深圳滑坡等事故造成不少同胞失去了生命,还有我们的同胞被恐怖分子残忍杀害,令人深感痛心。我们怀念他们,愿逝者安息、生者安康!群众的生活中还有一些困难和烦恼。党和政府一定会继续努力,切实保障人民生命财产安全、保障人民生活改善、保障人民身体健康。

2016年是我国进入全面建成小康社会决胜阶段的开局之年。中共十八届五中全会明确了未来5年我国发展的方向。前景令人鼓舞、催人奋进,但幸福不会从天降。我们要树立必胜信念、继续埋头苦干,贯彻创新、协调、绿色、开放、共享的发展理念,着力推进结构性改革,着力推进改革开放,着力促进社会公平正义,着力营造政治上的绿水青山,为全面建成小康社会决胜阶段开好局、起好步。

全面建成小康社会,13亿人要携手前进。让几千万农村贫困人口生活好起来,是我心中的牵挂。我们吹响了打赢扶贫攻坚战的号角,全党全国要勠力同心,着力补齐这块短板,确保农村所有贫困人口如期摆脱贫困。对所有困难群众,我们都要关爱,让他们从内心感受到温暖。

我们只有一个地球,这是各国人民共同的家园。这一年,我国领导人参加了不少国际会议,开展了不少外交活动,推动"一带一路"建设取得实质性进展,参与了联合国2030年可持续发展议程、应对全球气候变化等国际事务。世界那么大,问题那么多,国际社会期待听到中国声音、看到中国方案,中国不能缺席。面对身陷苦难和战火的人们,我们要有悲悯和同情,更要有责任和行动。中国将永远向世界敞开怀抱,也将尽己所能向面临困境的人们伸出援手,让我们的"朋友圈"越来越大。

我衷心希望,国际社会共同努力,多一份平和,多一份合作,变对抗为合作,化干戈为玉帛,共同构建各国人民共有共享的人类命运共同体。

谢谢大家。

(录自新华网)

例文 8-8　　在庆祝中华人民共和国成立六十六周年招待会上的讲话

中华人民共和国总理　李克强
（2015 年 9 月 30 日）

各位来宾、各位朋友、同志们:

六十六年前新中国的诞生,开创了中国历史的新纪元,开启了中国人民追求幸福生活的新征程。今晚,我们隆重庆祝共和国的生日,全国各族人民以多姿多彩的方式祝福祖国。在这里,我代表党中央、国务院,向全国各族人民致以节日祝贺！向港澳同胞、台湾同胞和海外侨胞致以亲切问候！向关心支持中国现代化建设事业的国际友人致以衷心感谢！

六十六年来特别是改革开放以来,在中国共产党领导下,依靠中国人民的智慧和奋斗,中国特色社会主义事业取得了举世瞩目的辉煌成就。这体现在中国综合国力、国际影响力的显著提升上,体现在普通家庭生活的日渐富裕上,也体现在人民享有更多发展机会和社会不断进步上。这些成就,可以告慰那些为民族振兴前仆后继的先辈们,也让当代中国人感到自豪！

今年以来,在以习近平同志为总书记的党中央坚强领导下,全国上下共同拼搏,各方面工作都取得新的成绩。尽管世界经济低迷,我国经济下行压力加大,但通过实施有效的区间调控、定向调控、相机调控,经济运行在波动中走势向好,仍保持在合理区间,发展质量又有新的提升,系统性风险得到有效防范;通过持续推进简政放权、放管结合、优化服务和财税、金融、国企等结构性改革,进一步激发市场活力,大众创业、万众创新成效显现,服务业比重上升,消费对经济的拉动作用增强,结构调整又有新的进展;通过积极扩大就业和增加居民收入,进一步织牢社会保障"安全网",加大精准扶贫力度,人民生活水平又有新的改善。按照党中央、国务院决策部署,全国上下继续努力,攻坚克难,我们能够完成今年经济社会发展的主要目标任务。

中国作为世界第二大经济体,能够在经济总量10万亿美元的基数上,保持7%左右的增速十分不易,而要在新的起点上继续创造更加美好的未来,任务更加艰巨。面对机遇和挑战,我们要牢记肩负的使命和人民的重托,让施政所向更加符合民之所望,把改革开放和社会主义现代化建设事业不断推向前进。

发展是民族振兴的根本途径,是第一要务。过去中国发展靠实干,现在中国发展也要靠实干。要不断创新宏观调控方式,积极扩内需、调结构,巩固经济向好基础,提升发展质量效益,有效防控各类风险,促进经济中高速增长、迈向中高端水平。

改革开放是发展的动力之源。要坚定不移全面深化改革。深入实施创新驱动发展战略,以大众创业、万众创新汇众智、聚众力,增强发展新动能。要更宽领域、更高水平扩大对外开放,全方位参与国际竞争与合作,实现共赢发展。

人民幸福是衡量改革发展成效的标尺。要千方百计扩大就业,多渠道增加居民收入,努力解决困扰群众的难题,让贫困家庭的孩子不再被辍学绊倒,让普通群众不因大病陷入绝境,让心怀梦想的年轻人不被繁琐的手续挡在创业创新的门外,不断改善生态环境,持续增进群众的幸福感。

法治是现代国家治理的基石。要全面推进依法治国,加快建设法治政府,大力建设法治社会,使法治精神成为推动文明进步的重要保障。

来宾们、朋友们、同志们!

我们将坚持"一国两制"、"港人治港"、"澳人治澳"、高度自治的方针,支持香港、澳门繁荣、稳定、和谐,不断创造新的辉煌。

我们将坚持"和平统一、一国两制"基本方针,同台湾同胞共担民族大义,共享发展机遇,共传文化血脉,共筑海峡两岸命运共同体。

我们将坚持和平发展、合作共赢理念,与世界各国扩大利益汇合点,携手谱写人类和平与发展的新篇章。

来宾们、朋友们、同志们!

奋斗才能赢得未来。让我们紧密团结在以习近平同志为总书记的党中央周围,高举中国特色社会主义伟大旗帜,按照"四个全面"战略布局,扎实工作、锐意进取,为建设富强民主文明和谐的社会主义现代化国家、实现中华民族伟大复兴的中国梦继续不懈奋斗!

现在,我提议:

为庆祝中华人民共和国成立六十六周年,

为伟大祖国的繁荣富强和各族人民的幸福安康,

为中国人民同世界各国人民的友谊与合作,

为在座各位身体健康、家庭幸福,

干杯!

(录自 2015 年 10 月 1 日《解放日报》第 4 版)

第三节 欢迎词、欢送词、答谢词

一、欢迎词

（一）欢迎词的概念

欢迎词是在迎接宾客的仪式上或开会、举办宴会开始时，主人对宾客或会议代表的到来，表示热烈欢迎的讲话稿。

（二）欢迎词的结构

1. 标题

一般由致词人、致词场合、文种三个要素构成，如"广东省省长×××在××会议开幕式上的欢迎词"，有时也可只写"欢迎词"三字。

2. 称呼

写对欢迎对象的称呼，后加冒号。

3. 正文

开头要写致词人以什么身份、代表谁、对谁表示欢迎，接着写来访或召开此次会议的意义、作用，或者述说两国或两个单位之间的友谊、交往，对过去合作成就的回顾或对此次活动的希望等。

4. 结尾

祝愿宾客来访或会议取得圆满成功，祝愿宾客与会议代表在访问期间、会议期间过得愉快。

（三）欢迎词的写作要求

对欢迎对象的称谓要用全名，名字前要加"尊敬的"等字样，名字后要加头衔或"先生"、"女士"等词语。对外国元首来访，还应加上"阁下"、"殿下"等词语。

欢迎词要热情大方、不卑不亢。欢迎词一方面要使对方感到亲切、友好；另一方面对双方有分歧的问题，要坚持原则立场，不能迁就，应婉约友好地表达出自己的原则，不至于造成令人不愉快的场面。

欢迎词的语言要简短，尽量合乎口语，同时要力求生动。

例文 8-9　　　　　　第四届国际水产遗传学会议主席的欢迎词

女士们，先生们：

我非常愉快地代表大会组织委员会向应邀前来参加会议的全体与会者表示诚挚的欢迎。

本次大会将探讨水生生物、营养学、生理学、畜牧学中的各种遗传问题以及水生经济动物的疾病问题。会议的议题还将包括正在培养或有潜在培养价值的淡水、海水鱼类、两栖类、龟类、软体动物以及甲壳动物等。

我们还邀请诸位游览观赏武汉和中国其他地方的风景名胜。

我们深信本次第四届国际水产遗传学会议会取得圆满成功,并将是该领域最大的一次国际聚会。

请接受我们最热烈的欢迎!

(根据有关材料改写)

二、欢送词

(一) 欢送词的概念

欢送词是对宾客离别或会议结束、学生毕业、文艺团体下乡、下厂演出结束等表示热情欢送的致词。

(二) 欢送词的结构

1. 标题

与欢迎词大体相同,只需将"欢迎词"改成"欢送词"即可。

2. 称呼

与欢迎词写法相同。

3. 正文

首先要简要表达热情欢送之意,然后对宾客来访或会议取得的成功和友谊的加深予以称颂,再对未来进行展望,对进一步增进友谊与加强合作提出希望。

4. 结尾

要写对宾客的惜别之情,表示对再次来访的期待,并祝愿一路顺风。

(三) 欢送词的写作要求

欢送词的写作要求与欢迎词基本相同。

例文 8-10   欢　送　词

尊敬的女士们,先生们:

首先,我代表×××,对你们访问的圆满成功表示热烈的祝贺。

明天,你们就要离开××了,在即将分别的时刻,我们的心情依依不舍。大家相处的时间是短暂的,但我们之间的友好情谊是长久的。我国有句古语:"来日方长,后会有期。"我们欢迎各位女士、先生在方便的时候再次来××作客,相信我们的友好合作会日益加强。

祝大家一路顺风,万事如意!

(根据有关材料改写)

三、答谢词

（一）答谢词的概念和分类

答谢词是在喜庆宴会、欢迎或欢送会、授奖大会，或对曾经帮助过自己的有关团体表示感谢的致词。

答谢词有两类：一类是在交往活动开始时，先由主人致欢迎词，接着就由客人致答谢词；另一类是在交往活动结束后，客人对主人的盛情接待与安排表示感谢，具有辞别的性质。

（二）答谢词的结构

1. 标题

标题有两种形式：一是说明在什么场合下的答谢词，二是只写"答谢词"三字。有时，也可用"答词"作标题。

2. 称谓

另起一行顶格书写致谢对方的姓名、头衔，后加冒号。

3. 正文

首先要写对主人的盛情接待表示感谢，对主人方面作出的成绩和贡献表示赞颂，并表明自己对巩固和发展友谊的打算和愿望。

4. 结尾

再次表示感谢，并向对方表示良好的祝愿。

（三）答谢词的写作要求

答谢词的写作要求与欢迎词基本相同。

例文 8-11　　　　　　　在白宫南草坪欢迎仪式上的致辞

（2015 年 9 月 25 日，华盛顿）

中华人民共和国主席　习近平

尊敬的奥巴马总统和夫人，
女士们，先生们，朋友们：

在这金秋的美好时节，我和我的夫人怀着愉快的心情来到美丽的华盛顿。首先，我要感谢奥巴马总统对我的盛情邀请和热情接待。在这里，我向美国人民转达 13 亿多中国人民的诚挚问候和良好祝愿！

中国和美国都是伟大的国家，中国人民和美国人民都是伟大的人民。36 年前中美建立外交关系以来，两国关系始终乘风破浪、砥砺前行，取得了历史性进展。

2013 年夏天，我同奥巴马总统在安纳伯格庄园共同作出构建中美新型大国关系的战略抉择。两年多来，中美各领域交流合作取得重要进展，受到两国人民和世界人民欢迎。

中美两国携手合作，可以产生一加一大于二的力量。新形势下发展中美关系，应该随时而动、顺势而为。我这次访问美国，是为和平而来，为合作而来，我们愿同美方一道努力，推动中美关系得到更大发展，更多更好造福两国人民和世界人民。

——我们要坚持构建新型大国关系正确方向,使和平、尊重、合作始终成为中美关系的主旋律,确保两国关系沿着健康稳定的轨道不断向前发展。

——我们要坚持增进战略互信,加深相互了解,尊重彼此利益和关切,以宽广的胸怀对待差异和分歧,坚定两国人民友好合作的信心。

——我们要坚持互利共赢的合作理念,创新合作模式,拓宽合作领域,以实际行动和合作成果,给两国人民和世界人民带来更多福祉。

——我们要坚持增进人民友谊,大力推进两国民间交往,鼓励两国社会各界相向而行,不断夯实中美关系的社会基础。

——我们要坚持促进世界和平与发展,加强在重大国际和地区问题上的协调,合力应对全球性挑战,同各国人民一道,建设更加美好的世界。

30年前,我第一次访问美国,住在艾奥瓦州马斯卡廷市的美国老百姓家中。他们是那么热情、真诚、友好。我们亲切交流,临别时紧紧拥抱,这一幕幕情景至今令我难以忘怀。3年前,我再次回到马斯卡廷市,同老朋友重逢。他们对我说,友谊是一件大事。从这些老朋友身上,从很多美国朋友身上,我真切感受到了中美两国人民心灵相通的真挚感情,这让我对中美关系的未来抱有充分的信心。

女士们、先生们、朋友们!

事在人为。中美关系正站在21世纪一个新的历史起点上。合作共赢是中美关系发展的唯一正确选择。让我们坚定信念、携手合作,共同谱写中美关系发展新篇章!

(录自《人民日报》2015年9月26日03版)

第四节 请柬、聘书

一、请柬

(一)请柬的概念

请柬的"请",是邀请的意思;"柬"与"简"相通,是信件、名片、帖子的统称。请柬也称请帖、柬帖,是机关、团体或个人邀请对方参加某种活动而发出的信柬。在日常交际活动中,如宴饮、游览、会议、观赏均可向对方送去请柬。

请柬一般分为封面、封里两部分。

封面有竖式与横式两种,封面上都要用美术字或其他手写体写上"请柬"或"请帖"两字,多数用烫金,还用各种吉祥物装饰画面。

(二)请柬的结构

1. 称呼

第一行顶格书写被邀请人的姓名及称谓,后面加上冒号。

2. 正文

另起一行空两格书写,要写明邀请的理由、出席活动的具体时间和详细地点等。

3. 结尾

正文之后,紧接着写"敬请光临"或"希拨冗莅临为盼"等礼貌用语。也可另起一行,顶格书写"恭候光临""敬请光临"。

4. 落款

在结尾语的下一行右下方(竖写的在左下方)写上邀请者单位名称或个人姓名,再下一行写上请柬发出的年、月、日。

(三) 请柬的写作要求

请柬的写作要求如下:被邀请参加活动的时间、地点要写得准确、具体;措词要简洁、文雅、庄重,除用礼貌语外,其他语言也要体现出邀请者的诚心;请柬的正文如是手写的,字体要写得工整、美观。

例文 8-12

请　　柬

×××先生:

　　我公司定于2015年×月×日上午9时在黄山大厦举办贸易洽谈会,敬请光临。

××××公司(章)
2015 年 × 月 × 日

(根据有关材料改写)

二、聘书

(一) 聘书的概念

聘书也称聘请书,是一个单位在工作、学习、研究活动中,缺少一些必要的人员而聘请外单位的人员担任本单位的某个职务或承担某项工作时使用的文书。目前我国有不少单位都实行了聘任制,因此聘请本单位的人员担任某个职务时也可使用聘书。

(二) 聘书的结构

1. 标题

写上"聘书"或"聘请书",字体要较大。

2. 称呼

写上被聘请者的姓名,姓名后要加上"先生""小姐"等称谓。

3. 正文

先写聘请的缘由、目的,再写将要请他担任的职务、承担的任务。有的还要写任期、待遇,等等。

有一种直陈式的聘书,开头就写"兹聘请×××担任××职务",不写任务、任期,更不写待遇。

4. 结尾

另起一行空两格写"此聘"两字,也可不写。

5. 落款

在正文右下方写上聘请单位全称,加盖公章,在单位名称下写明年、月、日。

(三)聘书的写作要求

在聘书书写之前,聘请单位与被聘人双方充分协商讨论,在内容谈妥后再书写聘书,不能一厢情愿。

聘书是代表单位对应聘者进行邀请的信件,一定要讲究礼貌,态度热忱。如是手写的聘书,字迹要工整美观,不可潦草。

例文 8-13

聘　　书

×××教授:

　　兹聘请您担任我校第十八届"挑战杯"大学生辩论赛评委。

　　　　　　　　　　　　　　　　　　　　××大学团委(章)

　　　　　　　　　　　　　　　　　　　　2016 年 × 月 × 日

(根据有关材料改写)

思考与练习

1. 假设你是高校的应届毕业生,请根据你自己的情况写一份求职函。

2. 请你在 9 月 10 日教师节的前夕,给你班级的任课老师写一封慰问信。

3. ××大学大学生辩论队在第十届全国高校辩论赛中获得了冠军,请你以××大学学生会的名义,写一封贺信。

4. 2015 年 8 月 10 日,西安市高校团的干部代表团访问上海××大学,请你代上海××大学团委写一篇欢迎词。

5. 2015 年 6 月 10 日至 8 月 20 日,××市科级以上的文秘干部到××大学集中培训,收获甚大。8 月 20 日晚上,××大学举行告别晚宴,请你代××市人事局拟写一篇答谢词。

6. 2015 年 10 月 6 日是××中学成立 100 周年校庆纪念日,该校定于在那一天上午 9 时假该市长海电影院剧场隆重举行校庆大会。请你代××中学写一份请柬,邀请该市主管文教的副市长严××出席校庆大会。

7. ××大学拟聘请著名电影导演张××为该校兼职教授,请你代××大学拟写一份聘书。

第九章 学术论文写作

第一节 学术论文的概念与特征

一、学术论文的概念

学术论文是用来进行科学研究和描述研究成果的论说文。对于从事专业学习与研究的人来说,学会写学术论文是相当重要的。学术论文是科学研究的记录和总结,是与同事、同行们交流成果、传递信息的重要工具。因此,大学生都应该学会写学术论文。

学术论文的种类很多,就大学生的学术论文而言,就有学年论文、毕业论文、学位论文等。

学年论文是大学高年级同学练习撰写的论文。三年级以上的大学生,已经学了两三年的基础课,掌握了一些所学专业的基础知识,他们应该学会初步运用专业知识进行科学研究。学年论文的题目不宜太大,篇幅不宜太长,涉及问题的面不宜过宽,所论述的问题也不能要求过深。

毕业论文是大学应届毕业生的毕业作业。毕业论文的要求,应该在学年论文的基础上更进一步,它能总结大学生在校期间的学习成果,培养他们具有综合运用所学知识解决实际问题的能力,使他们受到科学研究规范的基本训练。毕业论文的写作,要在有经验的教师指导下进行。

学位论文是学位申请者为申请学位而提交的学术论文。如申请硕士学位,则应提交硕士学位论文;如申请博士学位,则应提交博士学位论文。本科大学生的毕业论文,就是申请学士学位的论文。

二、学术论文的特征

(一)独创性

学术论文必须具备独创性,这是由学术论文的性质决定的。学术论文是对科学研究成果的书面总结,科学的本质是创造,科学研究的生命是独创性,承袭与重复别人的观点称不上学术研究。鲁迅先生在20世纪30年代初期,曾给日本的一位评论家增田涉先生写过一副对联:"搔痒不着赞何益,入木三分骂亦精。"这是清代的名画家郑板桥所拟的一副对子,鲁迅先生借它表示了对于学术论著的一种希望,即肯定(赞)也好,批评(骂)也好,都要有真知灼见,要"入木三分",而不要"搔痒不着"。在进行科学研究的时候,只有不断地突破前人研究的水平,才能使科学文化有所进步。作为反映科学研究成果的学术论文,也必须有自己新颖独到的见解。

学术论文独创性的表现,主要是观点的新颖与深刻,但也并不局限于此。在撰写学术论文的时候,如果能从一个新的角度,用新的方法、新的材料来论证问题,也属于独创性的范畴。

(二) 理论性

学术论文的表现形态是概念、判断组成的推理体系,它具有较浓的理论色彩与理论深度。学术论文在说明观点的时候,有时也要用一些事实作为论据,但这时事实已失去了立体的形象性与生动性,它或者浓缩为简单的事件叙述,或者转化为一连串的数据与表格、图表。作者在撰写学术论文的时候,虽不排斥形象思维,但他主要是用逻辑思维来构思的。作者将感性材料(感觉、知觉、表象)进行抽象和概括而形成概念,运用概念进行判断和推理,使认识由个别到一般,由现象到本质,由偶然到必然,由感性到理性,即获得关于客观事物的本质、内在联系和规律性的认识,使认识升华到一定的理论高度。

(三) 专业性

科学有许多门类,分为许多学科。学科与学科之间,虽然有着千丝万缕的联系(当前还出现了许多边缘学科),但每门学科还是有着相对的独立性的。每一篇学术论文,是对某一学科研究成果的表达,都带有专业性。因此,不同专业的学术论文,他们的内容不同,写法也有区别(如社会科学论文与自然科学论文的结构安排就不一样)。学科的专业性决定了学术论文的读者面总是比较狭窄的,它不像政论、短评那样,具有众多的读者。但是,如果把学术论文写得深入浅出,文笔优美,提高可读性,那也会扩大读者面,突破只有搞本专业的人才会去阅读的限制。

第二节 学术论文的选题

一、选题的重要性

撰写学术论文最重要的工作,就是要确定选题,有人说:"选择好一个研究题目论文就成功了一半。"这是有一定道理的。题目如果选得不好,有的是无从下手,作者驾驭不了;有的是课题没有多少意义,论文写得再好对社会也没有多少价值。所以,题目选得好不好,可以说是学术论文写作成败的关键。

二、选题的原则

(一) 所选的论题应来自研究,是研究之后的必然结果

学术论文的选题,要与作者平时的研究项目结合起来,要选自己平素有研究积累的题目。比如,某个中文系的学生对苏轼很有研究,平时积累了这方面的很多资料,对苏轼研究中的某些问题有自己的见解,那么,他的学士学位论文可以写关于苏轼研究方面的题目。

在确定学术论文选题的时候,要反对抢"热门",赶"浪头",自己对这个问题根本毫无研究,因为看到社会上都在议论这个问题,便也去凑凑热闹,一窝蜂地去抢写这个选题。这样来写论文,是注定要失败的。

(二) 要选择自己有浓厚研究兴趣的题目

兴趣是研究的动力,对某个问题有强烈的研究欲望,能促使研究者去广泛地收集材料,对此作深入的思考。因此,有浓厚的研究兴趣,是选择论题的一个前提。如果对这个题目自己毫无兴趣,硬要去研究,即使勉强写出论文来,也不可能是高质量的。例如,一个哲学专业的大学生在校读书时,对萨特的存在主义很感兴趣,那么他就可写研究萨特哲学思想的毕业论文;相反,另一个学生对实用主义很感兴趣,对新康德主义兴趣不大,如果硬要他写关于新康德主义的研究论文,肯定是不会成功的。

(三) 要选择社会需要的、有学术价值的论题

学术研究要为社会服务,为四化建设服务,因此在选择学术论文题目的时候,首先要考虑到那些关系到国计民生的重大问题以及该学科发展中的关键问题。例如小城镇问题,对于发展农村商品经济关系极大,研究我国历史上尤其是明清时期小城镇的情况,在今天很有现实意义,因此,像《明清时期江南市镇的发展》这样的选题,是很有撰写价值的。

一篇学术论文,如果在前人研究的基础上,提出了自己的创见,或填补了学科建设上的某个空白,那么这篇论文就是有学术价值的。要学会在前人的重大研究成果的基础上,力争有所发现,有所前进。

(四) 选择论题的大小要恰当,难易要适度

在选择学术论文题目的时候,要根据自己的研究能力与掌握材料的多少来选择恰当的题目。题目不能太大太难,像《论巴尔扎克的小说创作》、《论〈红楼梦〉》这样的题目,对于大学应届毕业生来说,恐怕还驾驭不了,不如把题目定得小一点,改为论巴尔扎克的某一部小说或《红楼梦》中的某一个问题,这样容易谈得深入,论文也会写得好些。但是,学术论文的题目也不宜定得太小,像谈某某小说中的一个细节、谈某某小说的结尾、谈某某诗中一个字的用法等这类题目,似乎都太小,不像一篇学术论文,而像一篇文艺随笔短论。

第三节　学术论文的写作过程

一、收集材料

收集材料是学术论文写作的第一步工作,因为写一篇学术论文,最不可缺少的是材料。学术论文的观点,是从大量的材料中归纳、总结出来的。学术论文的作者,如果不掌握材料,就好像巧妇难为无米之炊,不管有多高的写作技巧,也是写不出优秀的论文来的。

一篇学术论文,观点和材料是两个基本要素。光有材料的堆砌而没有观点的统率,根本不能成为论文;但如果光有观点没有材料作为根据,这样的论文也是没有说服力的。所以,搜集材料是写论文准备阶段不可缺少的一环。

搜集材料的渠道很多,可以从有关书籍中去查找,可以从互联网上、杂志上去搜集,可以从报纸上去剪取,可以从书报广告中去寻觅,也可以利用《书目》《索引》《字典》《辞典》《手册》《年鉴》《年表》等工具书。

搜集材料的具体方法,大家普遍采用的有两种:写读书笔记与做卡片。

写读书笔记可以帮助我们提高读书的效率,巩固记忆,俗话说的"好记性不如烂笔头"就是这个意思。读书勤做笔记,有利于积累有用的材料,有利于提高文字表达能力,有利于训练思维的逻辑性和条理性,提高分析问题和解决问题的能力。

读书笔记一般有四种方式:

(1) 批注式。就是在读书的时候,在认为重要的地方打上圈点,画上线条,或在书页周围的空白处写上眉批、旁注。眉批、旁注的内容,可以是解释书中的字句,也可以是简单的心得、体会、评语、疑问等。

(2) 摘录式。就是一字不差地摘下书中的重要段落或格言警句。摘录的内容,根据自己的需要,可多可少。摘录要注明准确的出处,以便日后核对或引用。

(3) 提要式。就是用自己的话,写下读物内容的提纲。写提纲的时候,一定要吃透原文,深刻理解原文的基本内容,准确地把握原文的精神实质,不能随意发挥,更不能歪曲。提纲最好分行排列,每条提纲前标上序码。

(4) 心得式。就是在读完一本书或一篇文章以后,把自己的心得体会写下来,实际上就是写一篇读后感。这种形式的读书笔记,可以提高理解、分析能力、消化书本的内容,并能练习写作,提高文字表达能力。

卡片被人称为"研究领域的'雷达'",是读书时积累资料的一种灵活简便的方式,普遍被写学术论文的人所运用。卡片的种类很多,主要有:

(1) 索引卡片。就是把一篇文章的题目、作者姓名、出处抄在卡片上,以便日后翻检。

(2) 摘录卡片。就是把书中或文章中某一段或某几段话抄在卡片上,并且注明出处,以便日后引用。

(3) 提要卡片。就是用自己的语言,把读过的一本书或一篇文章的要点归纳出来,写在卡片上。做卡片要及时、持久、经常,不要做做停停。另外,要一事一卡,不要把不同性质的几条资料记在一张卡片上。

当今社会,正处于信息时代,计算机网络已被人们广泛使用。通过计算机网络搜集与储存材料,是一种快捷而有效的办法,已被大家普遍采用。

二、分析综合

材料搜集齐全以后,要对材料进行由此及彼、由表及里、去伪存真、去粗取精的研究、分析与提炼,用抽象思维进行概括,逐步形成明确的观点,也就是学术论文的论点。

在进行分析综合的时候,需要作多方面的思考,主要有:

1. 纵向思考

纵向思考就是对材料作历史的分析,探本溯源。从问题的提出到形成一定的结论,有一定的层次与环节,要一层一层地追索下去,最终必能弄个水落石出。如要写一篇论新时期小说创作中爱情题材的学术论文,就必须对我国各个历史时期写爱情题材的作品作一个纵向的考察,这样才能找出新时期的小说写爱情题材的特点,从而确立自己的论点。

2. 横向思考

横向思考是对所论对象及与之相近相似事物的思考。譬如要写论沈从文作品的学术论文,那么,要将沈从文的作品与他同时期的一些作家的作品作比较,从比较中发现他的作品独特的风格特色。在写比较文学论文的时候,横向思考用得更多,如对田汉与易卜生的比较,冰心与泰戈尔的比较,鲁迅与果戈理的比较,张天翼与契诃夫的比较等,都需要作横向的思考。

3. 多向思考

多向思考是一种从不同角度去思考问题的方法,这种思考,是要对材料从多角度多方位进行分析研究,从而形成崭新的观点,如对鲁迅笔下的阿Q这个典型,有许多人已经作过研究,在观点上出新比较困难,但厦门大学的学者林兴宅却用系统论的方法去作研究,对阿Q的性格作多向透视:从社会学看,阿Q是乡村贫雇农的写照;从政治学的角度看,阿Q是专制主义的产物;从心理学角度看,阿Q是精神病患者的肖像;从思想史的角度看,阿Q是辛亥革命的一面镜子;从哲学的角度看,阿Q性格是"异化"的典型。这样多向思考的结果,就得出了"阿Q性格是一个复杂完整的系统"的崭新观点。

确立论点,是学术论文写作中的重要一环。学术论文的论点,是作者对大量的材料进行分析、比较、研究后提炼出来的,是作者独立思考的产物,论点一经形成,对整篇学术论文就有统率作用。学术论文中的材料如何取舍,论证方法如何选择,结构层次如何安排,语言如何运用,都要服从于表现论点的需要。

三、拟出提纲

在搜集材料、比较分析之后,逐步形成了论点,决定了写到论文中去的能说明观点的材料,这时候,就需要拟定提纲。提纲是论文的基本骨架,有了提纲,可以帮助明确论文的层次和重点,执笔写作时就会有条不紊,体现出较强的逻辑性。

学术论文的提纲模式,主要有:

Ⅰ. 项目提纲:

  题目

基本论点
　　内容纲要
　　一、大项目(一个层次论点)
　　（一）中项目(一个段落的大意)
　　① 小项目(段中的一个个材料)
　　Ⅱ．结构提纲
　　（一）题目论题的范畴或中心论点(包括副标题)
　　（二）绪论(论题的提出)
　　（三）本论(论证的展开)
　　　　　分论点一：主要论据、论证方法
　　　　　分论点二：主要论据、论证方法
　　　　　分论点三：主要论据、论证方法
　　　　　……
　　（四）结论(论证的结果)
　　（五）参阅书目

四、执笔成文

提纲拟好以后，下一步的工作，就是执笔成文了。执笔成文的过程，就是用语言来表达作者观点的过程。因此，语言该怎么运用，就显得非常重要。

学术论文的语言，首先要求十分准确地表达作者的写作意图，要用最贴切、最恰当的词汇，正确反映自己的观点。其次，语言还要求通顺畅达，句子要合乎语法规范。再次，论文的语言，应力求简练与生动活泼，如果通篇都是冗长枯燥的叙述，必然会影响表达的效果，使读者兴味索然。撰写学术论文与文艺创作一样，也要追求个性，形成自己的语体，有自己独创的语言风格。

在执笔成文的时候，还会碰到一个引用资料的问题。由于论述的需要，写学术论文时经常要引用一些资料。引用资料要少而恰当，并且要正确理解原文的意思，不能断章取义，凭自己主观的需要作任意的曲解。

引文要仔细地核对原文，做到绝对无误。引用的方式，有段中引文与换行引文两种。段中引文一般都较短，夹在作者自己叙述的话中引用。对于所引的话，要加上引号。如果作者对引文在文字上作了变动，引的是原意，那么在引文前加上冒号就可以了。换行引文一般都较长，引的时候要另起一行，嵌在文中，比较醒目。在书写时要比正文缩两格。

引文的出处，可以紧接在引文之后注明，也可以在文章之后加尾注。

五、修改润色

修改润色，是学术论文撰写的最后一个环节。一篇优秀的论文，往往不是一次就能写成的，而要经过反复多次的修改润色，才能日趋完善。

学术论文修改的范围，主要有观点的订正、材料的增删、结构的调整、语言的修饰这样几个方面。

观点的订正,目的是使观点更正确,更能反映材料的实际。避免观点的片面性,甚至发生谬误。

材料的增删,可使论据更加有力,结构更加匀称,语言更加精练。

结构的调整,可使论文的脉络更加清晰,论证的逻辑性更加严密。

语言的修饰,能更精确地表达文义,也可使语言更鲜明、生动、简练。

第四节 学术论文的写作方法

一、论证方法

学术论文的论证方法,有立论、驳论两种。立论也叫证明,驳论也叫反驳。

(一)立论的方法

1. 例证法

例证法是选择具体典型的例子来证明某一观点的方法,例如,戴逸的《世纪之交中国历史学的回顾与展望》一文(载《历史研究》1998年第6期)在论述20世纪除了实证史学以外,还有一部分历史学家传播和运用马克思主义时,就用了以下例证:

1930年,郭沫若出版了《中国古代社会研究》,用马克思主义结合大量考古和文献史料,第一次揭示了中国古代社会的发展规律,为历史研究开辟了新天地。此后,范文澜的《中国通史简编》与《中国近代史》二书,对于整个中国历史做了全面的阐明,教育了当时千百万革命者和后代的历史学家。还有翦伯赞的《历史哲学教程》,系统地阐述了唯物史观的理论和方法。他们的研究成果为20世纪中国马克思主义历史学的发展奠定了基础。

这里举的例子,对于说明文章的论点,是较适当的。运用例证法,事例要少而精,要能揭示事物的本质。在叙述事例时,要写得概括简要,不需铺叙。如果需要一组材料来证明论点,那么,这一组材料要从不同角度、不同类型中去选择。

2. 引证法

引证法是引用别人的论点和论据,以证明自己的论点的方法。引用的材料,包括经典作家的言论,普通老百姓的经验、俗语以及公理、定理、定律、格言、结论、寓言、事例等。例如在苏勇的《管理学本土化与东方管理学》(载2010年10月31日《文汇报》第6版)一文的开头,就引用了管理学大师彼得·德鲁克对于管理问题的一段精辟论述:

管理是关于人类的管理,其任务就是使人与人之间能够协调配合,扬长避短,实现最大的集体效益……因为管理涉及人们在共同事业中的整合问题,所以它是被深深地植根于文化之中。管理者所做的工作内容都是完全一样的,但是他们的工作方式却千差万别。因此,发展中国家的管理者所面临的一个基本挑战就是,如何发现和确定本国的传统、历史与文化中哪些内容可以用来构建管理,确定管理方式。

引证法分直接引用与间接引用两种。直接引用,指直接引某书某人的原文作为论据,间接引用指摘引大意,并不引用原文。直接引用要仔细核对原文,不能断章取义,肢解原意;间接引用不能歪曲作者的本意,强加自己的观点。

3. 归纳法

归纳法是通过一些个别的事例,归纳它们的共同属性,综合它们的共同本质,得出一个带普遍性的论点。

例如,《李达对中国马克思主义史学的贡献》(载《华东师范大学学报》1990 年第 3 期)一文,先以大量的篇幅,论述了每个历史时期李达对中国马克思主义史学的贡献,最后,将李达史学研究的特点归纳为两点:① 有着强烈的革命性;② 十分注重经济史的研究。

运用归纳法时要注意两点:一是所举的事例要完全真实可靠,如果在众多的事例中有一个不真实,势必会影响结论的正确性,别人就能轻而易举地用反驳论据的方法把你的结论驳倒。二是这些事例要有共同的特点,它们具有共同属性,只有这样,才能自然而然地归纳出结论。

4. 演绎法

演绎法是引用一些经典著作的原话,或者是用公认的众所周知的科学原理与道理推断出一个新论点的论证方法。它同归纳法正好相反,是从一般到个别的方法,是根据已知的一般道理推断出新的结论。例如,一篇研究古典文学的论文这样写道:

现实主义的一个重要特征,就是它的真实性。白居易的诗真实地反映了唐代贞元至宝历年间的现实生活,反映了人民的疾苦和呼声。因此他的诗是现实主义的作品。

这段引文中的第一句话,是一个大前提;第二句话,是一个小前提;第三句话,是根据大前提推断小前提得出来的一个新的结论。

5. 对比法

对比法是用正反、前后两种事物(或道理)进行对比,通过对比来证明论点的方法。如下面一段纵比的论证:

伴随着固定资产投资的大幅度增长,银行的新增贷款也在迅速增加。1991 年,银行各项贷款增加 2 877 亿元;1992 年,银行各项贷款增加 3 572 亿元;1993 年银行各项贷款又进一步增加 4 846 亿元。从 1990 年至 1993 年,银行贷款增长率一直在 20% 和 20% 以上。银行贷款的迅速增加,导致信用总规模和货币供应量的不断扩张。(引自张卓元《坚持不懈地治理通货膨胀》,载《求是》1994 年第 21 期)

这段比较法,通过三年中银行新增贷款数字的纵向比较,清晰地展示了银行贷款迅速增加的趋势,从而有力地论证了由于银行贷款增加导致社会信用总规模和货币供应量的不断扩张,从而带来了通货膨胀的压力的论点。

运用对比法时,一定要选择和论题相反或相对的事物(或观点),这样一经对比,就能使被论证的事物的某些属性更加鲜明、突出,易于认识。

6. 类比法

类比法是把两种相同或相似的事物放在一起进行比较,从而得出与之相关的结论的方法。进行类比的两个事物的属性,要尽可能全面,尽可能是本质属性,这样得出的结论才能令人信服。例如,《〈水浒〉与〈堂·吉诃德〉结构异同论》(载《中外比较文学》1985 年第 1 期)一文,作者在对这两部作品进行类比后,发现两者在结构上有颇为相似的审美特征:

① 以陪衬人物作为总体布局和牵引情节线的支撑点;

② 以主要人物的传记部署长篇小说的纵向结构脉线;
③ 非主干情节的框架结构的横向穿插。

作者的类比论证,说明了文学作品虽有其特定的民族意识和民族色彩。但一旦"打出世界上去"(鲁迅语),便成为"又是世界性,又是人民性的文学"(别林斯基语)了。

7. 反证法

反证法是由证明反论题之假,来确定原论题之真的方法。反证法也是一种间接的证明方法,有的时候,我们要证明一个观点,却找不到正面的例子,或不便于从正面去证明,这时,我们就可以迂回地通过从反面去证明其不是什么,来证明其是什么。如有一篇反驳"开卷"都"有益"的议论文,其中这样写道:

"开卷"都"有益"吗?我认为不是。只有读好书才有益,而读了不好的书则未必有益。国外有个国家,曾出版了一本关于自杀的书,书中详细介绍了百种自杀的方法。此书推出后,短短几天,便有几百人仿效书中介绍的方法自杀。那些买书者是"开卷"了,可却丢了身家性命,这样的"开卷"能说"有益"吗?

8. 比喻法

比喻法是运用通俗易懂的事物、典故作比喻,通过比较对论点进行论证的方法。例如蒋和森写的《枝叶与花果》(载《红楼梦论稿》)一文,对《红楼梦》中的史湘云与翠缕"谈阴阳"这一段情节,作者认为虽与全书的主题关系不大,但自有它美学上的意义与作用,接下来作者就用比喻法来进行论证:

虽然,这一段描写,就《红楼梦》全书来讲,是枝叶,不是骨干。但是,枝叶也不可少,有干无叶,那不是树,而是柴。世界上只有画树的艺术家,而没有画柴的艺术家。

枝叶对于树的作用,不仅是生长的不可缺少的要素;而且从美学的观点来看,含雨带烟,蓊郁葱茏,全仗枝叶的层层相叠,一个画家在画枝叶时,无论是工笔勾勒或大墨挥洒,都不比画一束鲜花或一湾丘壑少费功夫。……

这部小说之所以显得那样的烟霞满纸,多彩多姿,重要原因之一,正是在于作家在书中不仅先立起主干,而且对于枝叶也不失于经营。他从生活的各个不同侧面,发掘了许多饶有诗意或是富有生活情趣的事件,匠心独运地把它们描画出来、穿插起来,组成了一幅干立参天而又浓荫覆地的巨大画卷。

史湘云与翠缕"谈阴阳",正是那"浓荫"中的一个枝头。

运用比喻法时,所选择的比喻事物和论题并不要求是同类,比喻事物和论题只要求某点是相通的,二者的关系是用比喻事物去"说明"论点。

(二) 驳论的方法

1. 反驳论点

反驳论点,就是指出对方论点的荒谬与错误,使对方的论点不能成立。例如,文艺评论家曾镇南曾写过一篇与鲁枢元教授商榷的文章,题目叫《文艺学与科学的思维》(载《江淮论坛》1990年第3期),在论文的一开头,曾镇南就指出鲁枢元所使用的"物质"概念是含混的。鲁枢元曾说过:"宇宙间的物质果然是'不生不灭'的、'无垠无边'的吗?回答已不是全部肯定的,物理学对于'黑洞'、'中微子'、'影物质'、'暗物质'的研究,起码已经取得了对这个问题进行怀疑的权利。"曾镇南指出:鲁枢元"把辩证唯物主义的物质概念和自然科学关于物质结构的观念混为一谈了。辩证唯物主义的物质概念,是人对具有千差万别的特殊性质和特殊状态的世界万物的一种科学的抽象,它抓住世界万物共有的本质特性——客观实在性进行概括。也就是说,物质这个范畴回答的是:有没有离开意识而独立又为意识所反映的客观实在?这是一个哲学问题。而'黑洞'、'中微子'、'影物质'、'暗物质'等概念,提出的是另一个问题,即物质按其物理结构的变化状态来说是怎样的?这并不是一个哲学问题,而是一个自然科学的问题。"这样指出对方论点的混乱与错误后,就很容易把对方的论点驳倒了。

归谬法也是反驳对方论点的一种方法。归谬法也叫引申法,它是首先承认对方的观点是"正确的",然后按其逻辑进行引申和推论,最后暴露出对方观点的荒谬和错误,从而驳倒对方。例如在讨论文艺的普及与提高关系的时候,有一种论点,认为文艺作品越是高级,读懂它的人就越少。有人写了一篇论文,反驳这种论点:"有人说,作品越高,知音越少;如果真是这样,那么,世界上谁也不懂的作品,就是最伟大的杰作了。"这样一引申以后,对方论点的荒谬就非常清楚,其论点不攻自破。

2. 反驳论据

反驳论据,就是指出对方的论据是虚假的,站不住脚的;或是指出对方的论据不够充分,用对方的论据,不能够有力地证明对方的论点。例如,"四人帮"一伙曾经胡说:谁讲物质利益,谁就是"修正主义者"。而支持这种谬论的根据是,张春桥曾说是"违背巴黎公社和中国革命不讲物质利益的原则"的。对此,有一篇论文这样反驳:

"四人帮"为了给他们的沾上物质利益就变修的谬论寻找根据,别有用心地歪曲革命历史。早在1958年,张春桥便扬言,巴黎公社和中国革命"并不讲究什么物质利益原则"。那就让我们以巴黎公社和中国革命为例,看看革命同物质利益究竟有什么具体联系吧。

离开一定的阶级的物质利益就无所谓革命。无论巴黎公社和中国革命都是为一定阶级的经济利益而发动的。前者是"可以使劳动者在经济上获得解放的政治形式",而中国的民主革命,为的是使工人、农民和其他革命人民从三座大山的重压下解放出来,解决各革命阶级最迫切的物质利益问题,为走上社会主义道路奠定基础。世界上根本没有不以一定阶级的物质利益为目的的革命。

给各革命阶级以一定的物质利益又是广泛深入发动群众、夺取革命胜利的重要基础,巴黎公社的英雄们,在被围困的城市内的短暂的统治中,也没有忘掉群众的切身利益问题,马克思在《法兰西内战》一书初稿中亲笔写下巴黎公社为改善工人阶级的经济状况而采取的八条措施……中国新民主主义革命,所以能取得胜利,也是由于革命给了人们看得见的物质利益的结果。因此,"四人帮"把无产阶级革命描绘为同物质利益无关的虚无缥缈的东西,只能是枉费心机。

以上的反驳,证明了"四人帮"用以说明"沾上物质利益就会变修"论点的论据是虚假的,是对巴黎公社和中国新民主主义革命史实的公然歪曲,因此,建立在这些虚假论据或题材之上的论点,也是不能成立的。

3. 反驳论证

反驳论证,主要是指出对方论证方法的错误,也就是要指出用对方的论据,不能推出对方的论点。例如,《光明日报》1978年11月15日发表了一篇论文题为《评姚文元的评新编历史剧〈海瑞罢官〉》,作者驳斥姚文元在论证过程中偷换了概念。他是这样分析的：

姚文元的观点是：清官没有平过冤狱；

姚文元的论据是：海瑞虽是清官，但他没有撤过一个县以上的官；

姚文元的论证是：没有撤官就等于没有平冤狱；

姚文元的结论是：海瑞平冤狱是假的。

从以上的分析中我们可以看出：姚文元在论证过程中，将"撤官"和"平冤狱"等同起来，这就无形中偷换了概念。因为"平冤狱"的标志不在于撤不撤官。论证上的逻辑错误，必然会导致得出错误的结论。

二、结构格式

为了统一学术论文的撰写和编辑的格式，便于信息系统的收集、存储、处理、加工、检索、利用、交流与传播，我国于1987年制定了国家标准《科学技术报告、学位论文和学术论文的编写格式》，其编写格式如下：

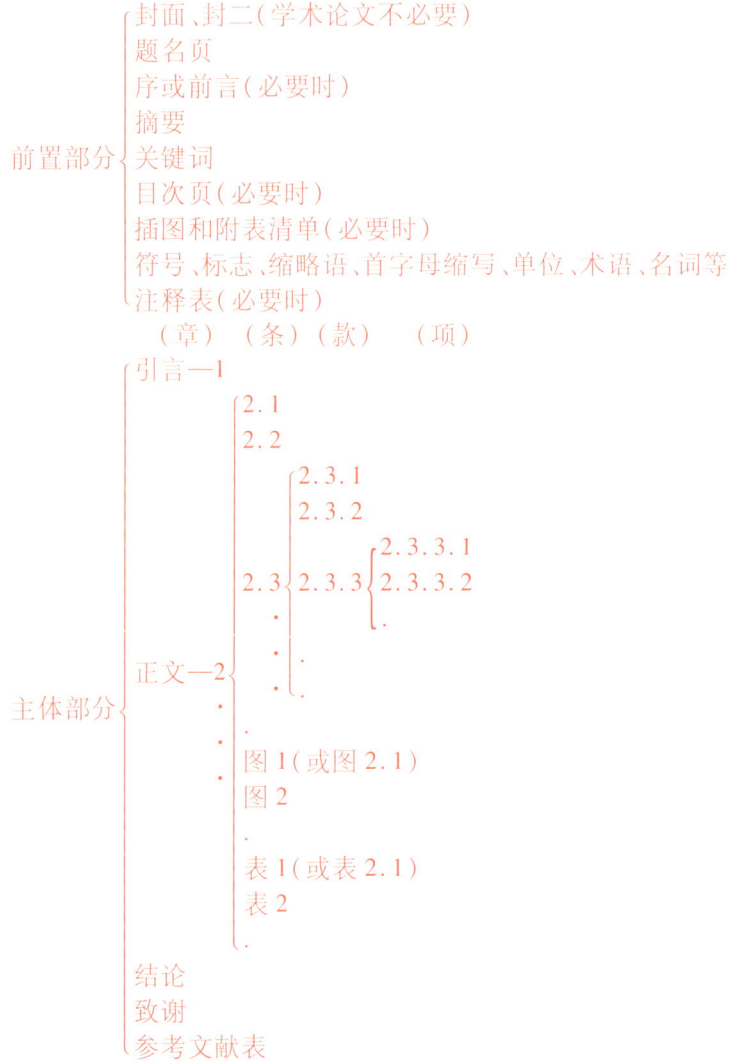

$$\text{附录部分(必要时)} \begin{cases} \text{附录 A} \\ \text{附录 B} \begin{cases} \text{B.1} \begin{cases} \text{B.1.1} \\ \text{B.1.2—B.1.2.1} \end{cases} \\ \text{B.2} \\ \vdots \\ \text{图 B1} \\ \text{表 B1} \end{cases} \end{cases}$$

$$\text{结尾部分(必要时)} \begin{cases} \text{可供参考的文献题录} \\ \text{索引} \\ \text{封三、封底} \end{cases}$$

目前,在杂志上发表的学术论文和在高等学校里撰写的学位论文,还没有严格实行国家标准论文编写格式,一般都用如下的通用论文格式：① 标题；② 作者；③ 绪论；④ 本论；⑤ 结论；⑥ 致谢；⑦ 参考文献；⑧ 注释。

下面对以上格式的各部分作点说明：

1. 标题

通用论文格式的标题,位于首页居中位置,可设正副标题,文中还可设小标题。

2. 作者

通用论文格式的作者,署名于标题下方居中。作者工作单位有的标在姓名之前,有的标在文尾。

3. 绪论

绪论位于论文首段,或用几段表达。"绪论"二字通常不在文中出现。

绪论的主要任务是提出问题。可以写以下内容：

(1) 开宗明义,提出中心论点；

(2) 阐释论题各概念定义；

(3) 说明研究背景,从而衬托所论问题的必要性和重要性；

(4) 说明研究的缘由,交代写作动机和写作目的；

(5) 论证研究课题的价值和意义；

(6) 摆出敌论,为驳论树"靶子"。

绪论可以只写以上的一个或一些内容。绪论要写得言简意赅,禁绝空话、套话、废话,防止离题千里。

4. 本论

本论是全文的重要部分,是全文的主体,需要用较多的层次段落表达。本论的格式有：

(1) 全文分段浑然成篇；

(2) 用小标题显示层次；

(3) 用空行显示层次；

(4) 通常用一、(一) 1. (1) 四级序码标示层次段落的编排。

"本论"二字通常不在文中出现。

5. 结论

结论是全文的收束,这部分的内容可以是总论点的归纳,也可以说明还有待研究的问题。这部分可以是一段,也可以分几段,还可以分条列写。"结论"二字有时也在文中出现。

6. 致谢

致谢要对在论文写作过程中给予过帮助的老师、同事、同学或其他人员表示谢意。致谢语言要诚恳、简洁,恰如其分。

7. 参考文献

在这一部分,要列出在论文写作过程中参考过的主要文献,书写格式如下:

(1) 专著、论文集、学位论文、报告的著录格式:作者、题名[文献类型标识]、版本(第一版不标注)、出版地、出版者、出版年、起止页码(任选);

例:[1] 吴秀明. 中国当代文学史写真(上) [M]. 北京:北京大学出版社,2010:67~80。

视频演示,请扫描

(2) 期刊著录格式:作者、题名、刊名、出版年份、卷号(期号)、起止页码;

例:[2] 杜心源. 现代"文学自我"探索中的"九叶诗派" [J]. 学术月刊,2005(11):104~107。

(3) 报纸文章的著录格式:作者、题名、报纸名、出版日期(版次);

例:[3] 王水照. 钱锺书先生的两篇审稿意见[N]. 文汇报,2010—11—17(10)。

(4) 电子文献著录格式:作者、题名、文献及载体类型标识、出处或网址、发表或更新日期、引用日期(任选)。

例:[4] 王明亮. 关于中国学术期刊标准化数据库系统工程的进展[EB/OL]. http://www.cajd.edu.cn/pub/wml.txt/980810 - 2.html,1998 - 08 - 16/1998 - 10 - 04。

8. 注释

注释是对引文出处交代说明。

注释方式主要有三种:

其一是夹注,也称为段中注或文中注。即在需要注释的地方,接着就在小括号内写明注释的内容。

其二是脚注,也称页下注。即在需要注释的地方用(1)、(2)、(3)或[1]、[2]、[3]等标示注码,然后把注释的内容置于本页下端。

其三是尾注,即在需要注释处的后面标示注码,然后把注释置于全文的末尾。

更多学术论文例文,请扫描

注释的格式,一般是:

(1) 图书——注明作者、书名、出版者、出版时间、版次、页数;

(2) 期刊——注明作者、篇名、期刊名、年份、期号;

(3) 报纸——注明作者、篇名、报纸名称、日期、版次。

思考与练习

1. 学术论文具有哪些特点？它与一般的议论文有何区别？
2. 学术论文在结构上是由哪些部分组成的？
3. 学术论文在论证时立论与驳论各有哪些主要的方法？
4. 修改下列参考文献的书写格式：

   （1）文学武著《京派小说研究》，中国社会科学出版社2011年版第306至322页。

   （2）潘啸龙：《楚文化与屈原》，载《文学评论》1989年第4期第101页至109页。

   （3）傅杰：《钱锺书先生说〈论语〉》，《文汇报》2010年11月17日第10版。

5. 结合自己的专业，写一篇学术论文，题目自定。

在线测试，请扫描

下编 基础写作导读文选

我怎么做起小说来
答《北斗》杂志社问
小品文的危机
关于小说题材的通信
治学方法·引言（节选）
我的读书经验
必须努力提高科技写作能力
拿起笔来之前
端正文风
大家都来重视提高公文质量
作文与运思
谈书评
我怎样写《骆驼祥子》
散文重要
记梁任公先生的一次演讲
再论说真话
谈修改文章
《儒林外史》的语言艺术
鲁迅简论怎样读书、研究、论辩
读书与写文章
怎样过语文关

鲁　迅

作者简介

　　鲁迅(1881—1936)，现代文学导师、小说家、杂文大师、学者、思想家，原名周树人，字豫才，浙江绍兴人。1902年去日本学医，后从事文艺工作，要求改良社会、人生，于1909年回国。辛亥革命后，在南京、北京任职执教。1918年5月，首次用笔名"鲁迅"发表我国现代文学史上第一篇白话小说《狂人日记》。五四运动前后，参加《新青年》杂志工作，陆续出版了《呐喊》《坟》《热风》《彷徨》《野草》《朝花夕拾》等专集，中篇小说《阿Q正传》尤为杰作。1926年8月后，南下在厦门大学、中山大学任教。1927年10月到达上海，从此在这里定居。先后积极参加、领导了革命文艺运动，进行了不懈的斗争，对中国革命文化事业作出了巨大的贡献。他对现代中国文化事业的贡献是多方面的，创作、研究之外，还翻译介绍了许多外国的进步文学作品。其著作有各种版本的《鲁迅全集》。

我怎么做起小说来

本文简介

　　从阅读、翻译、绍介开始——求叫喊与反抗——陈独秀催他写小说——启蒙主义、为人生、改良这人生——揭出病苦——引起疗救的注意——决定了怎样写——选择、提炼——使人能懂、爱读——塑造人物，写特点——决不硬做——对待批评的态度——批评应坏处说坏，好处说好——不可"不是举之上天，就是按之入地"

　　我怎么做起小说来？——这来由，已经在《呐喊》的序文上，约略说过了。这里还应该补叙一点的，是当我留心文学的时候，情形和现在很不同：在中国，小说不算文学，做小说的也决不能称为文学家,所以并没有人想在这一条道路上出世。我也没有要将小说抬进"文苑"里的意思,不过想利用他的力量,来改良社会。

但也不是自己想创作,注重的倒是在绍介,在翻译,而尤其注重于短篇,特别是被压迫的民族中的作者的作品。因为那时正盛行着排满论,有些青年,都引那叫喊和反抗的作者为同调的。所以"小说作法"之类,我一部都没有看过,看短篇小说却不少,小半是自己也爱看,大半则因了搜寻绍介的材料。也看文学史和批评,这是因为想知道作者的为人和思想,以便决定应否绍介给中国。和学问之类,是绝不相干的。

因为所求的作品是叫喊和反抗,势必至于倾向了东欧,因此所看的俄国、波兰以及巴尔干诸小国作家的东西就特别多。也曾热心的搜求印度、埃及的作品,但是得不到。记得当时最爱看的作者,是俄国的果戈理和波兰的显克微支。日本的,是夏目漱石和森鸥外。

回国以后,就办学校,再没有看小说的工夫了,这样的有五六年。为什么又开手了呢?——这也已经写在《呐喊》的序文里,不必说了。但我的来做小说,也并非自以为有做小说的才能,只因为那时是住在北京的会馆里的,要做论文罢,没有参考书,要翻译罢,没有底本,就只好做一点小说模样的东西塞责,这就是《狂人日记》。大约所仰仗的全在先前看过的百来篇外国作品和一点医学上的知识,此外的准备,一点也没有。

但是《新青年》的编辑者,却一回一回的来催,催几回,我就做一篇,这里我必得记念陈独秀先生,他是催促我做小说最着力的一个。

自然,做起小说来,总不免自己有些主见的。例如,说到"为什么"做小说罢,我仍抱着十多年前的"启蒙主义",以为必须是"为人生",而且要改良这人生。我深恶先前的称小说为"闲书",而且将"为艺术的艺术",看作不过是"消闲"的新式的别号。所以我的取材,多采自病态社会的不幸的人们中,意思是在揭出病苦,引起疗救的注意。所以我力避行文的唠叨,只要觉得够将意思传给别人了,就宁可什么陪衬拖带也没有。中国旧戏上,没有背景,新年卖给孩子看的花纸上,只有主要的几个人(但现在的花纸却多有背景了),我深信对于我的目的,这方法是适宜的,所以我不去描写风月,对话也决不说到一大篇。

我做完之后,总要看两遍,自己觉得拗口的,就增删几个字,一定要它读得顺口,没有相宜的白话,宁可引古语,希望总有人会懂,只有自己懂得或连自己也不懂的生造出来的字句,是不大用的。这一节,许多批评家之中,只有一个人看出来了,但他称我为 stylist。

所写的事迹,大抵有一点见过或听到过的缘由,但决不全用这事实,只是采取一端,加以改造,或生发开去,到足以几乎完全发表我的意思为止。人物的模特儿也一样,没有专用过一个人,往往嘴在浙江,脸在北京,衣服在山西,是一个拼凑起来的脚色。有人说,我的那一篇是骂谁,某一篇又是骂谁,那是完全胡说的。

不过这样的写法,有一种困难,就是令人难以放下笔。一气写下去,这人物就逐渐活动起来,尽了他的任务。但倘有什么分心的事情来一打岔,放下许久之后再来写,性格也许就变了样,情景也会和先前所预想的不同起来。例如我做的《不周山》,原意是在描写性的发动和创造,以至衰亡的,而中途去看报章,见了一位道学的批评家攻击情诗的文章,心里很不以为然,于是小说里就有一个小人物跑到女娲的两腿之间来,不但不必有,且将结构的宏大毁坏了。但这些处所,除了自己,大概没有人会觉到的,我们的批评大家成仿吾先生,还说这一篇做得最出色。

我想，如果专用一个人做骨干，就可以没有这弊病的，但自己没有试验过。

忘记是谁说的了，总之是，要极省俭的画出一个人的特点，最好是画他的眼睛。我以为这话是极对的，倘若画了全副的头发，即使细得逼真，也毫无意思。我常在学学这一种方法，可惜学不好。

可省的处所，我决不硬添，做不出的时候，我也决不硬做，但这是因为我那时别有收入，不靠卖文为活的缘故，不能作为通例的。

还有一层，是我每当写作，一律抹杀各种的批评。因为那时中国的创作界固然幼稚，批评界更幼稚，不是举之上天，就是按之入地，倘将这些放在眼里，就要自命不凡，或觉得非自杀不足以谢天下的。批评必须坏处说坏，好处说好，才于作者有益。

但我常看外国的批评文章，因为他于我没有恩怨嫉恨，虽然所评的是别人的作品，却很有可以借镜之处。但自然，我也同时一定留心这批评家的派别。

以上，是十年前的事了，此后并无所作，也没有长进，编辑先生要我做一点这类的文章，怎么能呢。拉杂写来，不过如此而已。

选读后记

本文写于1933年3月5日，原载于1933年6月天马书店出版的《创作的经验》，后收入作者的杂文集《南腔北调集》。

鲁迅在写于1922年12月3日的第一部小说集《呐喊》的自序中，曾说他之所以有时候仍不免呐喊几声，是"聊以慰藉即在寂寞里奔驰的猛士，使他不惮于前驱。"从《狂人日记》开始，鲁迅就积极投入了新文化运动，并一发而不可收。在本篇的自述中，他的创作态度就更鲜明了。他的主见就是："我仍抱着十多年前的'启蒙主义'，以为必须是'为人生'，而且要改良这人生。"他为此奋斗一生，始终坚持了这个信念、这个目标。

鲁迅写小说，一开始就有其主见，即为老百姓所受的不幸"呐喊"，他决不写"闲书"，而是严肃地工作，而且务求容易为一般读者看懂、爱读。不是贵族文学。写什么，怎样写，都是以此为目标，才决定的。他是不得已必须讲出自己的主见、自己的感情才写的，决不是无病呻吟、硬作。在此文中他讲到的各点，都是他从创作过程中得来的深刻体会，对后来作家有极大帮助。深入浅出、实实在在，把极宝贵经验给我们传留了下来。

答《北斗》杂志社问

本文简介

谈点经验琐事，其实不琐——留心各样事情而非极少事情——要多看看而非看到一点就写——待写得出，非写不可时才写——典型形象如何才写得出——修改的必要，改些什么——看别人作品要选择真善美的——勿生造词语，令人不明白——不相信俗滥之书——不相信乱吹捧、乱骂人的"批评"、炒作恶风编辑先生：

来信的问题，是要请美国作家和中国上海教授们做的，他们满肚子是"小说法程"和"小说作法"。我虽然做过二十来篇短篇小说，但一向没有"宿见"，正如我虽然会说中国话，却不会写"中国语法入门"一样。不过高情难却，所以只得将自己所经验的琐事写一点在下面——

一，留心各样的事情，多看看，不看到一点就写。

二，写不出的时候不硬写。

三，模特儿不用一个一定的人，看得多了，凑合起来的。

四，写完后至少看两遍，竭力将可有可无的字、句，段删去，毫不可惜。宁可将可作小说的材料缩成 Sketch，决不将 Sketch 材料拉成小说。

五，看外国的短篇小说，几乎全是东欧及北欧作品，也看日本作品。

六，不生造除自己之外，谁也不懂的形容词之类。

七，不相信"小说作法"之类的话。

八，不相信中国的所谓"批评家"之类的话，而看看可靠的外国批评家的评论。

现在所能说的，如此而已。此复，即请

编安！

十二月二十七日

选读后记

此文最初发表于1932年1月出版的"左联"刊物《北斗》杂志上，是针对一般写作中存在的缺点，有感而发的。从思想修养、生活基础、写作过程、多读好书到接受批评各方面应注意纠正的缺点，都言简意赅地谈到了。这些道理，其实无需充满了套话、废话的无聊长文来瞎说。往往三言两语，就一针见血。文风与学风息息相关，马虎不得，要对读者负责。

小品文的危机

本文简介

何谓"小摆设"——即使在"太平盛世"，这也不是重要东西——艰难时代，最需要匕首与投枪式的文字——这时需要挣扎和战斗——历史上的经验——不能特别提倡"小摆设"——但不排斥能给人愉快和休息的小品文，这已不是"小摆设"

仿佛记得一两月之前，曾在一种日报上见到记载着一个人的死去的文章，说他是收集"小摆设"的名人，临末还有依稀的感喟，以为此人一死，"小摆设"的收集者在中国怕要绝迹了。

但可惜我那时不很留心,竟忘记了那日报和那收集家的名字。

现在的新的青年恐怕也大抵不知道什么是"小摆设"了。但如果他出身旧家,先前曾有玩弄翰墨的人,则只要不很破落,未将觉得没用的东西卖给旧货担,就也许还能在尘封的废物之中,寻出一个小小的镜屏,玲珑剔透的石块,竹根刻成的人像,古玉雕出的动物,锈得发绿的铜铸的三脚癞虾蟆:这就是所谓"小摆设"。先前,它们陈列在书房里的时候,是各有其雅号的,譬如那三脚癞虾蟆,应该称为"蟾蜍砚滴"之类,最末的收集家一定都知道,现在呢,可要和它的光荣一同消失了。

那些物品,自然决不是穷人的东西,但也不是达官富翁家的陈设,他们所要的,是珠玉扎成的盆景,五彩绘画的磁瓶。那只是所谓士大夫的"清玩"。在外,至少必须有几十亩膏腴的田地,在家,必须有几间幽雅的书斋;就是流寓上海,也一定得生活较为安闲,在客栈里有一间长包的房子,书桌一顶,烟榻一张,瘾足心闲,摩挲赏鉴。然而这境地,现在却已经被世界的险恶的潮流冲得七颠八倒,像狂涛中的小船似的了。

然而就是在所谓"太平盛世"罢,这"小摆设"原也不是什么重要的物品。在方寸的象牙版上刻一篇《兰亭序》,至今还有"艺术品"之称,但倘将这挂在万里长城的墙头,或供在云冈的丈八佛像的足下,它就渺小得看不见了,即使热心者竭力指点,也不过令观者生一种滑稽之感。何况在风沙扑面,狼虎成群的时候,谁还有这许多闲工夫,来赏玩琥珀扇坠,翡翠戒指呢。他们即使要悦目,所要的也是耸立于风沙中的大建筑,要坚固而伟大,不必怎样精;即使要满意,所要的也是匕首和投枪,要锋利而切实,用不着什么雅。

美术上的"小摆设"的要求,这幻梦是已经破掉了,那日报上的文章的作者,就直觉地知道。然而对于文学上的"小摆设"——"小品文"的要求,却正在越加旺盛起来,要求者以为可以靠着低诉或微吟,将粗犷的人心,磨得渐渐的平滑。这就是想别人一心看着《六朝文絜》,而忘记了自己是抱在黄河决口之后,淹得仅仅露出水面的树梢头。

但这时却只用得着挣扎和战斗。

而小品文的生存,也只仗着挣扎和战斗的。晋朝的清言,早和它的朝代一同消歇了。唐末诗风衰落,而小品放了光辉。但罗隐的《谗书》,几乎全部是抗争和愤激之谈;皮日休和陆龟蒙自以为隐士,别人也称之为隐士,而看他们在《皮子文薮》和《笠泽丛书》中的小品文,并没有忘记天下,正是一塌胡涂的泥塘里的光彩和锋芒。明末的小品虽然比较的颓放,却并非全是吟风弄月,其中有不平,有讽刺,有攻击,有破坏。这种作风,也触着了满洲君臣的心病,费去许多助虐的武将的刀锋,帮闲的文臣的笔锋,直到乾隆年间,这才压制下去了。以后呢,就来了"小摆设"。

"小摆设"当然不会有大发展。到五四运动的时候,才又来了一个展开,散文小品的成功,几乎在小说戏曲和诗歌之上。这之中,自然含着挣扎和战斗,但因为常常取法于英国的随笔(Essay),所以也带一点幽默和雍容;写法也有漂亮和缜密的,这是为了对于旧文学的示威,在表示旧文学之自以为特长者,白话文学也并非做不到。以后的路,本来明明是更分明的挣扎和战斗,因为这原是萌芽于"文学革命"以至"思想革命"的。但现在的趋势,却在特别提倡那和旧文章相合之点,雍容,漂亮,缜密,就是要它成为"小摆设",供雅人的摩挲,并且想青年摩挲了这"小摆设",由粗暴而变为风雅了。

然而现在已经更没有书桌；鸦片虽然已经公卖，烟具是禁止的，吸起来还是十分不容易。想在战地或灾区里的人们来鉴赏罢——谁都知道是更奇怪的幻梦。这种小品，上海虽正在盛行，茶话酒谈，遍满小报的摊子上，但其实是正如烟花女子，已经不能在弄堂里拉扯她的生意，只好涂脂抹粉，在夜里蹩到马路上来了。

小品文就这样的走到了危机。但我所谓危机，也如医学上的所谓"极期"（Krisis）一般，是生死的分歧，能一直得到死亡，也能由此至于恢复。麻醉性的作品，是将与麻醉者和被麻醉者同归于尽的。生存的小品文，必须是匕首，是投枪，能和读者一同杀出一条生存的血路的东西；但自然，它也能给人愉快和休息，然而这并不是"小摆设"，更不是抚慰和麻痹，它给人的愉快和休息是休养，是劳作和战斗之前的准备。

八月二十七日

选读后记

本文写于1933年8月27日，最初发表于1933年10月《现代》杂志第3卷第6期，后收入《南腔北调集》。

不同时代、不同作者都写有不同的小品文，对读者能产生有益的作用。作者写此文时小品文十分流行，其中有许多"小摆设"式的小品文，供有闲的人赏玩消遣，格局小，意义不大。因为当时正是外患严重，需要大家挣扎、战斗的危急时代，这时最需要的显然应当是投向敌人阵营的匕首与投枪，这样的小品文才最有生存、提倡的价值。但当时却仍有人爱写"小摆设"式的小品文，甚至还用力提倡这种"小摆设"，客观上至少会造成一种麻醉人的不良影响，这就成为了小品文的危机。作者敏锐地感觉到这一点，发表此文，及时地起到了纠正时弊的积极作用。鲁迅创作的大量杂感，就是最犀利的匕首和投枪，至今已形成中国小品文的优良传统。文学作品对任何时代的真实弊病都有批评的责任。真正伟大的文学作品所以能不断推动时代发展、社会进步，主要就因具有批评时弊的精神。

反对当时这一文界危机，非常及时、必要。文章有时代精神，有责任感，有历史教训，有知识背景，又能具体分析。有益于人的小品文，并不同于"小摆设"，文章有理有情，鞭辟入里，故有说服力。

关于小说题材的通信

本文简介

艺术创作无论写什么事、用什么材料都能作出贡献——作者本身应是战斗者——各就自己现能写的题材写起来——选材要严——开掘要深——会逐渐看见新路——不必趋时、硬做，也不可苟安于这一点，没有改革

两位所问的,是写短篇小说的时候,取来应用的材料的问题。而作者所站的立场,如信上所写,则是小资产阶级的立场。如果是战斗的无产者,只要所写的是可以成为艺术品的东西,那就无论他所描写的是什么事情,所使用的是什么材料,对于现代以及将来一定是有贡献的意义的。为什么呢?因为作者本身便是一个战斗者。

但两位都并非那一阶级,所以当动笔之先,就发生了来信所说似的疑问。我想,这对于目前的时代,还是有意义的,然而假使永是这样的脾气,却是不妥当的。

别阶级的文艺作品,大抵和正在战斗的无产者不相干。小资产阶级如果其实并非与无产阶级一气,则其憎恶或讽刺同阶级,从无产者看来,恰如较有聪明才力的公子憎恨家里的没出息子弟一样,是一家子里面的事,无须管得,更说不到损益。例如法国的戈兼,痛恨资产阶级,而他本身还是一个道道地地资产阶级的作家。倘写下层人物(我以为他们是不会"在现时代大潮流冲击圈外"的)罢,所谓客观其实是楼上的冷眼,所谓同情也不过空虚的布施,于无产者并无补助。而且后来也很难言。例如也是法国人的波特莱尔,当巴黎公社初起时,他还很感激赞助,待到势力一大,觉得于自己的生活将要有害,就变成反动了。但就目前的中国而论,我以为所举的两种题材,却还有存在的意义。如第一种,非同阶级是不能深知的,加以袭击,撕其面具,当比不熟悉此中情形者更加有力。如第二种,则生活状态,当随时代而变更,后来的作者,也许不及看见,随时记载下来,至少也可以作这一时代的记录。所以对于现在以及将来,还是都有意义的。不过即使"熟悉",却未必便是"正确",取其有意义之点,指示出来,使那意义格外分明,扩大,那是正确的批评家的任务。

因此我想,两位是可以各就自己现在能写的题材,动手来写的。不过选材要严,开掘要深,不可将一点琐屑的没有意思的事故,便填成一篇,以创作丰富自乐。这样写去,到一个时候,我料想必将觉得写完,——虽然这样的题材的人物,即使几十年后,还有作为残滓而存留,但那时来加以描写刻划的,将是别一种作者,别一样看法了。然而两位都是向着前进的青年,又抱着对于时代有所助力和贡献的意志,那时也一定能逐渐克服自己的生活和意识,看见新路的。

总之,我的意思是:现在能写什么,就写什么,不必趋时,自然更不必硬造一个突变式的革命英雄,自称"革命文学";但也不可苟安于这一点,没有改革,以致沉没了自己——也就是消灭了对于时代的助力和贡献。

选读后记

本文写于1931年12月25日,收入作者的《二心集》。选文是鲁迅写给两位青年作者的回信,回答关于如何选择创作题材问题。文中提到的"两位"是指Y,即杨子青(沙汀)和T,即汤艾芜。

当时创作界有种见解,好像写了重大题材,就能写成好的、大的作品。但由于各种原因,并不是每个作者都有这种生活,都熟悉这种题材,都能深刻开掘、艺术地把握这种题材。题材的大小,对能否写出好作品、大作品并不能起决定的作用。当时创作界的这种见解反而会影响青年作者们的创作积极性,不利于他们的正常成长。作者的见解非常通达、实在:"可以各就自己现在能写的题材,动手来写的。不过选材要严,开掘要深,不可将一点琐屑的没有意思的事故,便填成一篇,以创作丰富自乐。""现在能写什么,就写什么,不必趋时,自然更不必硬造一个突变式的革命英雄,自称'革命文学';但也不可苟安于这一点,没有改革,以致沉没了自己——也就是消灭了对于时代的助力和贡献。"

"题材决定论"时起时伏,鲁迅的这些见解已被历史证明是实事求是、合情合理的,是条创作规律。文学作品未必一定"带有"阶级性,鲁迅更重视作家必须先是一个"革命人",只有"革命人",才真能写出革命文学作品。文学作品应有人民性,为人民群众说话,同人民群众同甘共苦,肝胆相照。

更多鲁迅作品导读,请扫描

胡 适

作者简介

胡适(1891—1962),现代学者、教授,新文化运动的主要领导者之一,字适之,安徽绩溪人。早年接触新学,1910年赴美国留学于康奈尔大学和哥伦比亚大学,从学于实用主义哲学家杜威。1917年在《新青年》上发表《文学改良刍议》,反对文言文,提倡白话文,主张文学革命。同年7月回国,任北京大学教授,参加新文化运动,提出"多研究些问题,少谈些主义",倡导"大胆假设,小心求证"。1928年后,反对国民党实行独裁与文化专制主义。"九一八"事变后,创办《独立评论》,主张"全盘西化"。1938年,任驻美大使。1946年,任北京大学校长。1948年去美国任教。后任台湾"中央研究院"院长,主张自由主义。最后在一次会议中猝然逝世。著有《中国哲学史大纲·上卷》《白话文学史》《章回小说考证》《胡适文存》等。

治学方法·引言(节选)

本文简介

治学方法就是做研究的方法——什么是做研究——发现了问题去解决它——动机是困难,目的是解决困难——做学问就是研究、解决问题——动机、目标、方法都一样——方法是什么,就是"大胆的假设,小心的求证"——什么叫做假设、大胆假设,怎么样证明或者否证假设——以讨论"红楼梦"为例来说——假设愈大胆愈好,但不要忘了小心的求证——小心求证这工夫非常重要——证据不充分,宁肯悬而不决,不去下判断,再去找材料——必须"上穷碧落下黄泉,动手动脚找东西",直到找到了为止今天我想随便谈谈治学的方法。我个人的看法，无论什么科学——天文、地质、物理、化学等等——分析起来，都只有一个治学方法，就是做研究的方法。什么是做研究呢？就是说，凡是要去研究一个问题，都是因为有困难问题发生，要等我们去解决它；所以做研究的时候，不是悬空的研究。所有的学问，研究的动机和目标是一样的。研究的动机，总是因为发生困难，有一个问题，从前没有看到，现在看到了，从前觉得没有解决的必要，现在觉得有解决的必要的。凡是做学问，做研究，真正的动机都是求某种问题某种困难的解决；所以动机是困难，而目的是解决困难。这并不是我一个人的说法，凡是有做学问做研究经验的人，都承认这个说法。真正说起来，做学问就是研究；研究就是求得问题的解决。所有的学问，做研究的动机是一样的，目标是一样的，所以方法也是一样的。不但是现在如此；我们研究西方的科学思想，科学发展的历史，再看看中国二千五百年来凡是合于科学方法的种种思想家的历史，知道古今中外凡是在做学问做研究上有成绩的人，他的方法都是一样的。古今中外治学的方法是一样的。为什么是一样呢？就是因为做学问做研究的动机和目标是一样的。从一个动机到一个目标，从发现困难到解决困难，当中有一个过程，就是所谓方法。从发现困难那一天起，到解决困难为止，当中这一个过程，可能很长，也可能很短。有的时候要几十年，几百年才能够解决一个问题；有的时候只要一个钟头就可以解决一个问题。这个过程就是方法。

刚才我说方法是一样的，方法是什么呢？我曾经有许多时候，想用文字把方法做成一个公式、一个口号、一个标语，把方法扼要地说出来；但是从来没有一个满意的表现方式。现在我想起我二三十年来关于方法的文章里面，有两句话也许可以算是讲治学方法的一种很简单扼要的话。

那两句话就是："大胆的假设、小心的求证。"要大胆的提出假设，但这种假设还得想法子证明。所以小心的求证，要想法子证实假设或者否证假设，比大胆的假设还更重要。这十个字是我二三十年来见之于文字，常常在嘴里向青年朋友们说的。有的时候在我自己的班上，我总希望我的学生们能够了解。今天讲治学方法引论，可以说就是要说明什么叫做假设；什么叫做大胆的假设；怎么样证明或者否证假设。

刚才我说过，治学的方法，做研究的方法，都是基于一个困难。无论是化学、地质学、生物学、社会科学上的一个问题，都是一个困难。当困难出来的时候，本于个人的知识、学问，就不知不觉地提出假设，假定有某几种可以解决的方案。比方诸位在台湾这几年看见杂志上有讨论《红楼梦》的文章，就是所谓红学，到底《红楼梦》有什么可以研究呢？《红楼梦》发生了什么问题呢？普通人看《红楼梦》里面的人物，都是不发生问题的，但是有某些读者却感觉到《红楼梦》发生了问题：《红楼梦》究竟是什么意思？当时写贾宝玉、林黛玉这些人的故事有没有背景？有没有"微言大义"在里面？写了一部七八十万字的书来讲贾家的故事，讲一个纨袴子弟贾宝玉同许多漂亮的丫头，漂亮的姊妹亲戚们的事情，有什么意义没有？这是一个问题。怎么样解决这个问题呢？当然你有一个假设，他也有一个假设。

在二三十年前，我写《红楼梦考证》的时候，有许多关于《红楼梦》引起的问题的假设的解决方案。有一种是说《红楼梦》含有种族思想，书中的人物都是影射当时满洲的官员，林黛玉是暗指康熙时候历史上一个有名的男人；薛宝钗，王凤姐和那些丫头们都是暗指历史上的人物。还有一种假设说贾宝玉是指一个满洲宰相明珠的儿子叫做纳兰性德——他是一个了不起的天才很高的文学家——那些丫头、姐妹亲戚们都是代表宰相明珠家里的一班文人清客;把书中漂亮的小姐们如林黛玉、薛宝钗、王凤姐、史湘云等人都改装过来化女为男。我认为这是很不可能,也不需要化装变姓的说法。

后来我也提出一个假设。我的假设是很平常的。《红楼梦》这本书,从头一回起,作者就说这是我的自传,是我亲自所看见的事体。我的假设就是说,《红楼梦》是作者的自传,是写他亲自看见的家庭。贾宝玉就是曹雪芹;《红楼梦》就是写曹家的历史。曹雪芹是什么人呢?他的父亲叫曹頫,他的祖父叫做曹寅;一家三代四个人做江宁织造,做了差不多五十年。所谓宁国府、荣国府,不是别的,就是指他们祖父、父亲、两个儿子,三代四个人把持五十多年的江宁织造的故事。书中说到,"皇帝南巡的时候,我们家里接驾四次。"如果在普通人家,招待皇帝四次是可能倾家荡产的;这些事在当时是值得一吹的。所以,曹雪芹虽然将真事隐去,仍然舍不得要吹一吹。曹雪芹后来倾家荡产做了文丐,成了叫化子的时候,还是读书喝酒,跟书中的贾宝玉一样。这是一个假设;我举出来作一个例子。

要解决"《红楼梦》有什么用意"这个问题,当然就有许多假设。提出问题求解决,是很好的事情;但先要看这些假设是否能够得到证明。凡是解决一个困难的时候,一定要有证明。我们看这些假设,有的说这本书是骂满洲人的;是满洲人统治中国的时候,汉人含有民族隐痛,写出了来骂满洲人的。有的说是写一个当时的大户人家,宰相明珠家中天才儿子纳兰性德的事。有的说是写康熙一朝的政治人物。而我的假设呢?我认为这部书不是谈种族的仇恨,也不是讲康熙时候的事。都不是的!从事实上照极平常的做学问的方法,我提出一个很平常的假设,就是《红楼梦》这本书的作者在开头时说的,他是在说老实话,把他所看见的可爱的女孩子们描写出来;所以书中描写的人物可以把个性充分表现出来。方才所说的"大胆的假设",就是这种假设。我恐怕我所提出的假设只够得上小胆的假设罢了!

凡是做学问,不特是文史方面的,都应当这样。譬如在化学实验室做定性分析,先是给你一盒东西,对于这盒东西你先要做几个假设,假设某种颜色的东西是什么,然后再到火上烧烧看看,试验管发生了什么变化:这都是问题。这与《红楼梦》的解释一样的有问题;做学问的方法是一样的。我们的经验,我们的学问,是给我们一点知识以供我们提出各种假设的。所以"大胆的假设"就是人人可以提出的假设。因为人人的学问,人人的知识不同,我们当然要容许他们提出各种各样的假设。一切知识,一切学问是干什么用的呢?为什么你们在学校的这几年中有许多必修与选修的学科?都是给你们用;就是使你在某种问题发生的时候,脑背后就这边涌上一个假设,那边涌上一个假设。做学问,上课,一切求知识的事情,一切经验——从小到现在的经验,所有学校里的功课与课外的学问,为的都是供给你种种假设的来源,使你在问题发生时有假设的材料。如果遇上一个问题,手足无措,那就是学问、知识、经验、不能应用,所以看到一个问题发生,就没有法子解决。这就是学问知识里面不能够供给你一些活的材料,以为你做解决问题的假设之用。

单是假设是不够的,因为假设可以有许多。譬如《红楼梦》这一部小说,就引起了这么多假设。所以第二步就是我所谓"小心的求证"。在真正求证之先,假设一定要仔细选择选择。这许多假设,就是假定的解决方法,看那一个假定的解决方法是比较近情理一点,比较可以帮助我们解决那个开始发生的那个困难问题。譬如《红楼梦》是讲的什么?有什么意思没有?有这么多的假定的解释来了,在挑选的时候先要看那一个假定的解释比较能帮助你解决问题,然后说:对于这一个问题,我认为我的假设是比较能够满意解决的。譬如我的关于《红楼梦》的假设,曹雪芹写的是曹家的传记,是曹雪芹所看见的事实。贾母就是曹母,贾母以下的丫头们也都是他所看见的真实人物。当然名字是改了,姓也改了。但是我提出这一个假设,就是说《红楼梦》是曹雪芹的自传,最要紧的是要求证。我能够证实它,我的假设才站得住;不能证实,它就站不住。求证就是要看你自己所提出的事实是不是可以帮助你解决那个问题。要知道《红楼梦》在讲什么,就要做《红楼梦》的考证。……

譬如讲《红楼梦》,至少我对于研究《红楼梦》问题,我对它的态度的谨严,自己批评的严格,方法的自觉,同我考据研究《水经注》是一样的。我对于小说材料,看做同化学问题的药品材料一样,都是材料。我拿《水浒传》、《醒世姻缘》、《水经注》等书做学问的材料。拿一种人人都知道的材料用偷关漏税的方法,要人家不自觉的养成一种"大胆的假设,小心的求证"的方法。

假设是人人可以提的。譬如有人提出骇人听闻的假设也无妨。假说是愈大胆愈好。但是提出一个假设,要想法子证实它。因此我们有了大胆的假设以后,还不要忘了小心的求证。比如我考证《红楼梦》的时候,我得到许多朋友的帮助,我找到许多材料。我已经印出的本子,是已经改了多少次的本子。我先要考出曹雪芹于《红楼梦》以外有没有其他著作?他的朋友和同他同时代的人有没有什么关于他的著作?他的父亲,叔父们有没有什么关于他的记载?关于他一家四代五个人,尤其是关于他的祖父曹寅,有多少材料可以知道他那时候的地位?家里有多少钱,多么阔?是不是真正不能够招待皇帝到四次?我把这些有关的证据都想法找了来,加以详密的分析,结果才得到一个比较认为满意的假设,认定曹雪芹写《红楼梦》,并不是什么微言大义;只是一部平淡无奇的自传——曹家的历史。我得到这一家四代五个人的历史,就可以帮助说明。当然,我的假设并不是说就完全正确;但至少可以在这里证明"小心求证"这个工夫是很重要的。

现在我再举一个例来说明。方才我说的先是发生问题,然后是解决问题。要真正证明一个东西,才做研究。要假设一个比较最能满意的假设,来解决当初引起的问题。譬如方才说的《红楼梦》,是比较复杂的。但是我认为经过这一番的研究,经过这一番材料的收集,经过这一番把普通人不知道的材料用有系统的方法来表现出来,叙述出来,我认为我这个假设在许多假设当中,比较最能满意的解答"《红楼梦》说的是什么?有什么意思?"……

我所以举这些例,把这些小说当成待解决的问题看,目的不过是要拿这些人人都知道的材料,来灌输介绍一种做学问的方法。这个方法的要点,就是方才我说的两句话:"大胆的假设,小心的求证。"如果一个有知识有学问有经验的人遇到一个问题,当然要提出假设,假定的解决方法。最要紧的是还要经过一番小心的证实,或者否定它。如果你认为证据不充分,就宁肯悬而不决,不去下判断,再去找材料。所以小心的求证很重要。

时间很短促,最后我要引用台大故校长傅(斯年)先生的一句口号,来结束这次讲演。他这句口号是在民国十七年开办历史语言研究所时的两句名言,就是"上穷碧落下黄泉,动手动脚找东西"。这两句话前一句是白居易长恨歌中的一句,后一句是傅先生加上的。今天傅校长已经去逝,可是今天在座的教授李济之先生却还大为宣传这个口号,可见这的确是我们治学的人应该注意的。假设人人能提,最要紧的是能小心的求证;为了要小心的求证,就必须"上穷碧落下黄泉,动手动脚找东西"。今天讲得很浅近,尤其是在座有许多位文史系平常我最佩服的教授,还请他们多多指教。

选读后记

此文选自《胡适哲学思想资料选》,华东师范大学出版社1981年版,是作者1952年12月1日在台湾大学的讲演稿。预定讲三次,这是第一次,讲治学方法的引论;第二次讲方法的自觉;第三次讲方法与材料的关系。

这次演讲的影响很大。20世纪50年代以来,曾受到许多批判,批而未倒,也多有评述和补充。

有人认为理、工、农、医等科应该注重两句话的上一句"大胆的假设",因为他们较多已养成"小心的求证"的习惯和态度,而治文史社会科学的人,应特重"小心的求证",因他们大多尚没有养成求证的习惯,据说胡适表示他大体赞成这个意见。

另有人认为在这两句话之前,还应加一句:尽量多读有关的书。缺乏必要的知识,一味大胆假设,会缺乏客观基础,易成偏见或错觉,胡思乱想,乃不够资格成为科学的假设,再小心恐也无从取证,漫无边际的即兴联想,无效可言。

诸如此类的学术研究问题,原与政治无关,愈辩愈明,对寻求规律、真理有益。

更多胡适作品导读,请扫描

冯友兰

作者简介

冯友兰(1895—1990),河南唐河人。长期任清华大学教授,是研究中国哲学史的名家。著有《人生哲学》《中国哲学史新编》《中国哲学史史料学初稿》等。

我的读书经验

本文简介

经验总结有四点——精其选,对精读书要认真读——怎样知道哪些书值得精读——为何古代流传下来的书都有价值——如何读精读书——"书不尽言,言不尽意"的意思——死读书的人是书呆子——活学活用的办法——"六经注我,我注六经"

我今年八十七岁了,从七岁上学起就读书,一直读了八十年,其间基本上没有间断,不能说对于读书没有一点经验。我所读的书,大概都是文、史、哲方面的,特别是哲。我的经验总结起来有四点:(1)精其选,(2)解其言,(3)知其意,(4)明其理。

先说第一点。古今中外,积累起来的书真是多极了,真是浩如烟海。但是,书虽多,有永久价值的还是少数。可以把书分为三类,第一类是要精读的,第二类是可以泛读的,第三类是只供翻阅的。所谓精读,是说要认真地读,扎扎实实地一个字一个字地读。所谓泛读,是说可以粗枝大叶地读,只要知道它大概说的是什么就行了。所谓翻阅,是说不要一个字一个字地读,不要一句话一句话地读,也不要一页一页地读。就像看报纸一样,随手一翻,看看大字标题,觉得有兴趣的地方就大略看看,没有兴趣的地方就随手翻过。听说在中国初有报纸的时候,有些人捧着报纸,就像念五经四书一样,一字一字地高声朗诵。

照这个办法,一天的报纸,念一年也念不完。大多数的书,其实就像报纸上的新闻一样,有些可能轰动一时,但是昙花一现,不久就过去了。所以,书虽多,真正值得精读的并不多。下面所说的就指值得精读的书而言。

怎样知道哪些书是值得精读的呢?对于这个问题不必发愁。自古以来,已经有一位最公正的评选家,有许多推荐者向它推荐好书。这个选家就是时间,这些推荐者就是群众。历来的群众,把他们认为有价值的书,推荐给时间。时间照着他们的推荐,对于那些没有永久价值的书都刷下去了,把那些有永久价值的书流传下来。从古以来流传下来的书,都是经过历来群众的推荐,经过时间的选择,流传了下来。我们看见古代流传下来的书,大部分都是有价值的,我们心里觉得奇怪,怎么古人写的东西都是有价值的。其实这没有什么奇怪,他们所作的东西,也有许多没有价值的,不过这些没有价值的东西,没有为历代群众所推荐,在时间的考验上,落了选,被刷下去了。现在我们所称谓"经典著作"或"古典著作"的书都是经过时间考验,流传下来的。这一类的书都是应该精读的书。当然随着时间的推移和历史的发展,这些书之中还要有些被刷下去。不过直到现在为止,它们都是榜上有名的,我们只能看现在的榜。

我们心里先有了这个数,就可随着自己的专业选定一些须要精读的书。这就是要一本一本地读,所以在一个时间内只能读一本书,一本书读完了才能读第二本。在读的时候,先要解其言。这就是说,首先要懂得它的文字;它的文字就是它的语言。语言有中外之分,也有古今之别。就中国的汉语笼统地说,有现代汉语,有古代汉语,古代汉语统称为古文。详细地说,古文之中又有时代的不同,有先秦的古文,有两汉的古文,有魏晋的古文,有唐宋的古文。中国汉族的古书,都是用这些不同的古文写的。这些古文,都是用一般汉字写的,但是仅只认识汉字还不行。我们看不懂古人用古文写的书,古人也不会看懂我们现在的《人民日报》。这叫语言文字关。攻不破这道关,就看不见这道关里边是什么情况,不知道关里边是些什么东西,只好在关外指手划脚,那是不行的。我所说的解其言,就是要攻破这一道语言文字关。当然要攻这道关的时候,要先作许多准备,用许多工具,如字典和词典等工具书之类。这是当然的事,这里就不多谈了。

中国有句老话说是"书不尽言,言不尽意",意思是说,一部书上所写的总要比写那部书的人的话少,他所说的话总比他的意思少。一部书上所写的总要简单一些,不能象他所要说的话那样啰嗦。这个缺点倒有办法可以克服。只要他不怕啰嗦就可以了。好在笔墨纸张都很便宜,文章写得啰嗦一点无非是多费一点笔墨纸张,那也不是了不起的事。可是言不尽意那种困难,就没有法子克服了。因为语言总离不了概念,概念对于具体事物来说,总不会完全合适,不过是一个大概轮廓而已。比如一个人说,他牙痛。牙是一个概念,痛是一个概念,牙痛又是一个概念。其实他不仅止于牙痛而已。那个痛,有一种特别的痛法,有一定的大小范围,有一定的深度。这都是很复杂的情况,不是仅仅牙痛两个字所能说清楚的,无论怎样啰嗦他也说不出来的,言不尽意的困难就在于此。所以在读书的时候,即使书中的字都认得了,话全懂了,还未必能知道作书的人的意思。从前人说,读书要注意字里行间,又说读诗要得其"弦外音,味外味"。这都是说要在文字以外体会它的精神实质。这就是知其意。司马迁说过:"好学深思之士,心知其意。"意是离不开语言文字的,但有些是语言文字所不能完全表达出来的。如果仅只局限于语言文字,死抓住语言文字不放,那就成为死读书了。死读书的人就是书呆子。语言文字是帮助了解书的意思的拐棍。既然知道了那个意思以后,最好扔了拐棍。这就是古人所说的"得意忘言"。在人与人的关系中,过河拆桥是不道德的事。但是,在读书中,就是要过河拆桥。

上面所说的"书不尽言","言不尽意"之下,还可再加一句"意不尽理"。理是客观的道理;意是著书的人的主观的认识和判断,也就是客观的道理在他主观上的反映。理和意既然有主观客观之分,意和理就不能完全相合。人总是人,不是全知全能。他的主观上的反应、体会和判断,和客观的道理总要有一定的差距,有或大或小的错误。所以读书仅至得其意还不行,还要明其理,才不至于为前人的意所误。如果明其理了,我就有我自己的意。我的意当然也是主观的,也可能不完全合乎客观的理。但我可以把我的意和前人的意互相比较,互相补充,互相纠正。这就可能有一个比较正确的意。这个意是我的,我就可以用它处理事务,解决问题。好像我用我自己的腿走路,只要我心里一想走,腿就自然而然地走了。读书到这个程度就算是能活学活用,把书读活了。会读书的人能把死书读活;不会读书的人能把活书读死。把死书读活,就能把书为我所用,把活书读死,就是把我为书所用。能够用书而不为书所用,读书就算读到家了。

从前有人说过:"六经注我,我注六经。"自己明白了那些客观的道理,自己有了意,把前人的意作为参考,这就是"六经注我"。不明白那些客观的道理,甚而至于没有得古人所有的意,而只在语言文字上推敲,那就是"我注六经"。只有达到"六经注我"的程度,才能真正地"我注六经"。

1982年6月于北京

选读后记

本文选自《书林》1983年第1期。此文深入浅出,平易亲切。写作的不断进步,既要有丰富的生活经验,实践体会,又应广泛阅读书刊,多方吸取讯息营养。多读又要善读,书多也要有所选择,不可平均使用力量。包括活学活用的方法,文中都有其经验之谈。各人情况、兴趣、专业不同,具体问题可请老师协助回答。要把书为我所用,不可令我为书所用。读书的同时要会动脑筋,独立思考,大胆质疑,有所创新。也不可小有成绩,就狂妄自大,骄傲自满,目中无人。读书是一辈子的事,学问无穷,应永无自满的时候,切忌浅尝即止。

茅以升

作者简介

茅以升(1896—1989),我国著名的桥梁工程专家。我国第一座铁路公路两用桥"钱塘江大桥"的设计师。

必须努力提高科技写作能力

本文简介

为什么不能不重视科学技术的写作能力——从写作过程中,还能产生新思想、新动作,从思考过程中可获得新的启发——除用文字外,还可用语言来说明,用语言表达,比用文字,有其特具的优点——口才还需要训练,不能忽视

科学目的在于认识自然,技术目的是为了改造自然,更好地延续人类的生存和不断地提高人类的生活。

为了人类的幸福生存和美好的生活,自古及今的劳动人民,不知费了多少心血,经历了多少艰难困苦,才创造成今天的美好世界。

在有文字历史以前,我们从古代出土文物中即可看到千万年来,千千万万的劳动人民所创造发明的遗迹,其中即有科学技术的萌芽。可以想见,当时由于没有文字,他们无法将一切成就代代相传,而只能口传心授和简单图画,更无法在同一时期、将一地的创造发明传递到另一地。这就是说在没有文字以前,虽有雏形图画,但一方面不能在时间上将科学技术的初步成就记录下来;另一方面,在地理上也无法进行交流。可见在今天的世界上所以能够有今天人类的科学技术的繁荣昌盛,不能不归功于千百年来的文字记载,更不能

不重视科学技术的写作能力。

文字写作有技巧,正如科学技术有发明一样。同一事实,可有几十种写法,而只有一种是最能感动人的。正如科学技术的进步,需要多种渠道一样。对科学技术的成就,如果不能用文字表达其思潮与动作,则无法推广,更无法留传后世。

《科技写作指南》这本书提供了科学技术写作指南,不但能记录传播,而且从写作过程中,还可能产生新思想、新动作,能提高科学技术的水平。希望读者能通过本书的学习,不仅提高写作能力,而且可以从思考过程,可有新的启发。对科学技术上的增加,那怕是微小的贡献。

我想在此提一个意见,与读者们共同研究。

一件事物的说明或一种思想的表达,除用文字外,还可用语言来说明,如用教书、讲演,对话,录音等等,都是靠口语来表达意见,交流思想。用语言表达,比用文字,有其特具的优点:(1)从语言的轻重,可以把文章的要旨警句,表达得更清楚。比在文字上加用着重点,或用不同颜色作为标志,更简便而有效。(2)语言可有音乐的味道,轻重、疾缓、刚柔,将文字的意义表达得更加鲜明动听,如我国文字有声调,有平仄之别,在讲话发音时,可以利用,引起注意。

口才还需要训练,这是为文字所不及的。有些教师能在规定时间内,将所要讲的教材,统统讲完,不多不少。国际学术会议上发言,也有时间限制,论文再好,如不能按时讲完,则影响到效果。因此,我希望在这本书的再版时,补上一章"口才指南"。

一篇文章的用字,当然取其意义,但也要注意其音调,也就是用字遣词,悠扬顿挫。因为看文章时,对字的意义,一望而知,但在听人读时,如果发音的轻重不分,平仄不调,则很难理解。朗读或录音时,更是如此。科学技术名词,在阅读时,其意义自可明了。但在口述或讲授时,则必须将名词重读而其他字从轻。因此在科技写作时,不可不注意声音与文字的关系。语调分明,平仄谐调,使人听于耳,会于心,从不同的音调,不同的轻重中,领会出不同的意义。在用口授科技时,还有普通话与乡土之音的问题,也就是说,在我国各地作科技报告时,必须用"普通话",以便普及而免误解。因此,科技写作,除要求写成好文章之外,还要达到能读能听,这也是写作技巧问题,不能忽视。

选读后记

本文选自《写作》杂志1984年第5期,是作者为《科技写作指南》一书所写的序言。作者是工程专家,对语言文字的修养非常重视,为理工科大学生写过不少语重心长的文章,谆谆指出提高科学技术的写作能力才能在以后的工作中发挥更多作用。我国古代在有文字之前,很多好的实践经验未能流传下来,损失极大,就因没有翔实的文字记载,发展很慢,后人得重复劳动。文中对科技写作的要求很高很细,前辈学者对后来青年是充满热情与期望的。

叶圣陶

作者简介

叶圣陶(1894—1988),现代作家、语文教育家,名绍钧,江苏苏州人。早年任小学教师,并从事文学创作。五四运动前参加"新潮社"。1921年参与组织"文学研究会",后发表童话集《稻草人》,小说集《隔膜》《火灾》等。1923年起从事编辑出版工作。1928年创作长篇小说《倪焕之》,后主编《小说月报》和《中学生》杂志。抗日战争时期主编《国文》杂志,抗日战争胜利后任开明书店总编辑。新中国成立后担任多种社会工作,对中小学语文教学方面的见解影响很大,著有《叶圣陶集》《叶圣陶语文教育论集》等。作者集作家与语文教学专家于一身,做学问认真负责,所论均切实、具体、细致。

拿起笔来之前

本文简介

准备充分,写文不难——在实际生活里精密观察,仔细认识——推理下判断,有条有理——社会实践全都是写文的准备功夫——养成正确的语言习惯——语言的规律,注意语汇、语法——习惯要持之以恒才真能养成,更重要的是实际生活的准备,没有什么可以取巧、走近路的秘诀

写文章这一件事儿,可以说难,也可以说不难。并不是游移不决说两面话,实情是这么样。难不难决定在动笔以前的准备功夫怎么样。准备功夫够了,要写就写,自然合拍,无所谓难。准备功夫一点也没有,或者有一点,可是太不到家了,拿起笔来样样都得从头做起,那当然很难了。

现在就说说准备功夫。

在实际生活里养成精密观察跟仔细认识的习惯,是一种准备功夫。不为写文章,这么样的习惯本来也得养成。如果养成了,对于写文章太有用处了。你想,咱们常常写些记叙文章,讲到某些东西,叙述某些事情,不是全都依靠观察跟认识吗?人家说咱们的记叙文章写得好,又正确,又周到。推究到根底,不是因为观察跟认识好才写得好吗?

在实际生活里养成推理下判断都有条有理的习惯,又是一种准备功夫。不为写文章,这么样的习惯本来也得养成。如果养成了,对于写文章太有用处了。你想,咱们常常写些论说文章,阐明某些道理,表示某些主张,不是全都依靠推理下判断吗?人家说咱们的论说文章写得好,好像一张算草,一个式子一个式子等下去,不由人不信服。推究到根底,不是因为推理下判断好才写得好吗?

推广开来说,所有社会实践全都是写文章的准备功夫。为了写文章才有种种的社会实践,那当然是不通的说法。可是,没有社会实践,有什么可以写的呢?

还有一种准备功夫必得说一说,就是养成正确的语言习惯。语言本来应该求其正确,并非为了写文章才求其正确,不为写文章就可以不正确。而语言跟文章的关系又是非常密切的,即使说成"二而一",大概也不算夸张。语言是有声无形的文章,文章是有形无声的语言:这样的看法不是大家可以同意吗?既然是这样,语言习惯正确了,写出来的文章必然错不到哪儿去;语言习惯不良,就凭那样的习惯来写文章,文章必然好不了。

什么叫做正确的语言习惯?可以这么样说:说出来的正是想要说的,不走样,不违背语言的规律。做到这个地步,语言习惯就差不离了。所谓不走样,就是语言刚好跟心思一致。想心思本来非凭借语言不可,心思想停当了,同时语言也说妥当了,这就是一致。所谓不违背语言的规律,就是一切按照约定俗成的办。语言好比通货,通货不能各人发各人的,必须是大家公认的通货才有价值。以上这两层意思虽然分开说,实际上可是一贯的。想心思凭借的语言必定是约定俗成的语言,决不能是"只此一家"的语言。把心思说出来,必得用约定俗成的语言才能叫人家明白。就怕在学习语言的时候不大认真,自以为这样说合上了约定俗成的说法,不知道必须说成那样才合得上;往后又不加检查,一直误下去,得不到纠正。在这种情形之下,语言不一定跟心思一致了;还不免多少违背了语言的规律。这就叫做语言习惯不良。

从上一段话里,可以知道语言的规律不是什么深奥奇妙的东西;原来就是约定俗成的那些个说法,人人熟习,天天应用。一般人并不把什么语言的规律放在心上,他们只是随时运用语言,说出去人家听得明白,依据语言写文章,拿出去人家看得明白。所谓语言的规律,他们不知不觉地熟习了。不过,不知不觉的熟习不能保证一定可靠,有时候难免出错误。必须知其然又知其所以然,把握住规律,才可以巩固那些可靠的,纠正那些错误的,永远保持正确的语言习惯。学生要学语言规律的功课,不上学的人最好也学一点,就是这个道理。

现在来说说学一点语言的规律。不妨说得随便些,就说该怎样在这上头注点儿意吧。该注点儿意的有两个方面:一是语汇,二是语法。

人、手、吃、喝、轻、重、快、慢、虽然、但是、这样、那样……全都是语汇,在心里有意念的单位,在语言里是构成语句的单位。对于语汇,最要紧的自然是了解它的意义。一个语汇的意义,孤立地了解不如从运用那个语汇的许多例句中去了解来得明确。如果能取近似的语汇来作比较就更好。譬如"观察"跟"视察","效果"跟"效尤",意义好像差不多;收集许多例句在手边(不一定要记录在纸上,想一想平时自己怎样说的,人家怎样说的,书上怎样写的,也是收集),分别归拢来看,那就不但了解每一个语汇的意义,连各个语汇运用的限度也清楚了。其次,应该清楚地了解两个语汇彼此能不能关联。这当然得就意义上看。由于意义的限制,某些语汇可以跟某些语汇关联,可是决不能跟另外的某些语汇关联。譬如"苹果"可以跟"吃""采""削"关联,可是跟"喝""穿""戴"无论如何联不起来,那是小孩也知道的。但是跟"目标"联得起来的语汇是"做到"还是"达到",还是两个都成或者两个都不成,就连成人也不免踌躇。尤其在结构繁复的句子里,两个相关的语汇隔得相当远,照顾容易疏忽。那必须掌握语句的脉络,熟习语汇跟语汇意义上的配搭,才可以不出岔子。再其次,下一句话跟上一句话连接起来,当然全凭意义,有时候需用专司连接的语汇,有时候不需用。对于那些专司连接的语汇,得个个咬实,绝不乱用。提出假设,才来个"如果"。意义转折,才来个"可是"或者"然而"。准备说原因了,才来个"因为"。准备作结语了,才来个"所以"。还有,说"固然",该怎样照应,说"不但",该怎样配搭,诸如此类,都得明白。不能说那个语汇经常用,用惯了,有什么稀罕;要知道惟有把握住规律,才能保证用一百次就一百次不错。

咱们说"吃饭""喝水",不能说"饭吃""水喝"。意思是我佩服你,就得说"我佩服你",不能说"你佩服我";意思是你相信他,就得说"你相信他",不能说"他相信你"。"吃饭""喝水"合乎咱们语言的习惯;"我佩服你""你相信他"主宾分明,合乎咱们的本意:这就叫做合乎语法。语法是语句构造的方法。那方法不是由谁规定的,也无非是个约定俗成。对语法要注点儿意,先得养成剖析句子的习惯。说一句话,必然有个对象,或者说"我",或者说"北京",或者说"中华人民共和国",如果什么对象也没有,话也不用说了。对象以明白说出来的居多;有时因为前面已经说过,或者因为人家能够理会,就略去不说。无论说出来不说出来,要剖析,就必须认清楚说及的对象是什么。单说个对象还不成一句话,还必须对那个对象说些什么。说些什么,那当然千差万别,可是归纳起来只有两类。一类是说那对象怎样,可以举"中华人民共和国成立了"作例子,"成立了"就是说"中华人民共和国"怎样。又一类是说那对象是什么,可以举"北京是中华人民共和国的首都"作例子,"是中华人民共和国的首都"就是说"北京"是什么。

在这两个例子中,哪个是对象的部分,哪个是怎样或者是什么的部分容易剖析,好像不值得说似的。但是咱们说话并不老说这么简单的句子,咱们还要说些个繁复的句子。就算是简单的句子吧,有时为了需要,对象的部分,怎样或者是什么的部分,也得说上许多东西才成,如果剖析不来,自己说就说不清楚,听人家说就听不清楚。譬如,"以美国为首的帝国主义者侵略朝鲜的行动正在严重地威胁着中国的安全"这句话,咱们必须能够加以剖析,知道这句话说及的对象是"行动","行动"以上全是说明"行动"的非要不可的东西。这个"行动"怎样呢? 这个"行动""威胁着中国的安全";"正在"说明"威胁"的时间,"严重地"说明"威胁"的程度,也是非要不可的。至于繁复的句子,好像一个用许多套括弧的算式。你必须明白那个算题的全部意义才写得出那样的一个算式;你必须按照那许多套括弧的关系,才算得出正确的答数。由于排版不方便,这儿不举什么例句,给加上许多套括弧,写成算式的模样了;只希望读者从算式的比喻理会到剖析繁复的句子十分重要。

能够剖析句子,必然连带地知道其他一些道理。譬如,说及的对象一般在句子的前头,可是不一定在前头:这就是一个道理。在"昨晚上我去看老张"这句话里,说及的对象是"我"不是"昨晚上",在前的"昨晚上"说明"去看"的时间。繁复的句子里往往包含几个分句,除开轻重均等的以外,重点都在后头:这又是一个道理。象"读书人家的子弟熟悉笔墨,木匠的儿子会玩斧凿,兵家儿早识刀枪"这句话,是三项均等的,无所谓轻重。像"我们不但善于破坏一个旧世界,我们还将善于建设一个新世界""宁可将可作小说的材料缩成速写,决不将速写材料拉成小说""如果我们不学习群众的语言,我们就不能领导群众""我们有很多同志,虽然天天处在农村中,甚至自以为了解农村,但是他们并没有了解农村""即使人家不批评我们,我们也应该自己检讨"(以上六句例句是从吕叔湘、朱德熙两位先生的《语法修辞讲话》里抄来的,见六月二十日《人民日报》)这几句话的重点都在后头,说前头的,就为加强后头的分量。如果径把重点说出,原来在前头的就不用说了。已经说了"我们将善于建设一个新世界",底下还用说"我们善于破坏一个旧世界"吗?要说也连不上了。知道了以上那些道理,对于说话听话,对于写文章看文章,都是很有用处的。

开头说准备功夫,说到养成正确的语言习惯就说了一大串。往下文章差不多要结束了,回到准备功夫上去再说几句。

以上说的那些准备功夫全都是属于养成习惯的。习惯总得一点一点地养成。临时来一下,过后就扔了,那养不成习惯。而且临时来一下必然不能到家。平时心粗气浮,对于外界的事物,见如不见,闻如不闻,也就说不清所见所闻是什么。有一天忽然为了要写文章,才有意去精密观察一下,仔细认识一下,这样的观察和认识,成就必然有限,必然比不上平时能够精密观察仔细认识的人。写成一篇观察得好认识得好的文章,那根源还在于平时有好习惯,习惯好,才能够把文章的材料处理好。

平时想心思没条没理,牛头不对马嘴的,临到拿起笔来,即使十分审慎,定计划、写大纲,能保证写成论据充足、推阐明确的文章吗?

平时对于语汇认不清它的确切意义,对于语法拿不稳它的正确结构,平时说话全是含糊其词,似是而非,临到拿起笔来,即使竭尽平生之力,还不是跟平时说话半斤八两吗?

所以,要文章写得像个样儿,不该在拿起笔来的时候才问该怎么样,应该在拿起笔来之前多做准备功夫。准备功夫不仅是写作方面纯技术的准备,更重要的是实际生活的准备,不从这儿出发就没有根。急躁是不成的,秘诀是没有的。实际生活充实了,种种习惯养成了,写文章就会象活水那样自然地流了。

选读后记

本文选自《叶圣陶语文教育论集(下册)》,教育科学出版社版。原载于1951年7月14日《中国青年》第70期。

本文切实、仔细地阐述了写文章务必要重视动笔前的准备工作:准备功夫够了,要写就写,自然合拍,无所谓难。准备功夫一点也没有,或者有一点,可是太不到家,动笔样样都得从头做起,那当然很难。

文章提出要有四种准备功夫:一是在实际生活里养成精密观察跟仔细认识的习

惯;二是在实际生活里养成推理、下判断都有条有理的习惯;三是所有社会实践全都是写文章的准备功夫;四是养成正确的语言习惯。

习惯总得一点一点地形成,总得长期认真地坚持下去才成。不该在拿起笔来的时候才问该怎么样。准备功夫不仅是写作方面纯粹技术的准备,更重要的是实际生活的准备,不从这里出发就没有根。实际生活充实了,种种习惯养成了,写文章就不会困难了。

写文艺作品如此,写应用文,基本道理也一样。文章说:"急躁是不成的,秘诀是没有的。"

端 正 文 风

本文简介

端正文风是大家的事——反求诸己——写文章的人要做杂家——语法、修辞、逻辑——不说套话、不用老调——文章要尽可能短——养成写作的好习惯

我今天要说的意思是端正文风。打算讲八点意见。

现在说第一点,端正文风是大家的事。

"四人帮"造成了极端恶劣的文风。他们专说假话、大话、空话、废话,还说绝话。那些日子里,报纸、刊物(报纸大概可以以《人民日报》为代表,刊物大概可以以《红旗》杂志为代表),谁也不爱看。重要的一个原因就是非常厌恶那种极端恶劣的文风。

文风是作风,也是思想风。前年粉碎了"四人帮",大家马上提出要改变文风。这是必要的,所以也就是必然的。经过一年多以来批判"四人帮",文风有些改变。这在《人民日报》、各省报、刊物上都能看出来,可以说是很好的开端。

端正文风是大家的事,必须大家当成一回事来干。单在报上登一篇文章,鼓吹鼓吹,号召号召,不够。我说的大家,不限于记者、作家,凡是写点书稿,写点文稿的人(文稿包括报告、通知、讲义),乃至写一封信,写一张字条的人,都包括在内。文风是风,风是刮来刮去的,彼此影响的。所以,惟有大家来吹一种端端正正的好风,才能彼此促进,共同提高,造成新中国的好文风。

大家都要来干,但是重要的是三个机构:一是新华社,二是《人民日报》社,三是广播电台。新华社一天要发许多稿,还要用许多种外国文字向国外播出去。电台除了向国内广播以外,还要译成好多种语言对外广播。假如这三个机构都重视,还在实践当中真的来做,文风的改变就大有希望了。

第二点，为谁服务？

毛主席有一篇《对〈晋绥日报〉编辑人员的谈话》，诸位是一定要学的。但是，单知道了，讲得出，回答得出，不算。要在工作中体现出来。还有一篇《在延安文艺座谈会上的讲话》，诸位也一定学过。当时，在场听的都是做文艺工作的人，当然是讲文艺了。我看，这篇讲话不仅是讲文艺创作，实在是讲了怎样做人这个根本性的问题。就是从怎样做人、做什么样的人这个根本性的问题来讲文艺创作的。请看，这篇文章讲到立场、态度、工作对象、怎样创作，还有学习。这些，岂不都是怎样做人、做什么样的人的事？这些，是什么人都要注意的，不限于文艺工作者。

大家记得，"四人帮"横行的时候，有的记者、编辑成了"四人帮"的爪牙。《人民日报》有个做总编辑的，这个人真莫名其妙，那就拿他来作代表吧。他们仗势欺人，乱搞一气，说假话，说空话，造谣。所以做人是做工作的根本条件。无论做什么工作，首先要明确的就是为谁服务。然后才谈得上其他，包括端正文风的事。

第三点，反求诸己。

咱们都是动笔的，都要写文章。写文章不象写日记，不给人家看的；是发表出来，一定要给人家看的。这就先要考考自己。怎么考法？如讲一个道理，先问问自己：这个道理我自己弄清楚了没有？又如碰到一个场合，或者参加一个会，干一件工作。有的人往往写这个场合怎样叫人感动、兴奋。假如我在场，就要先问问：我自己感动不感动？假如自己不感动，还要叫别人感动，那就很难了。又如要劝人家学，劝人家干。那么，请问：你学不学？你干不干？不能光要人家干。诸如此类。总之，写文章的人要认定，我跟读者是一伙儿人。咱们都是一伙人，就是我在你们之中，不是在你们之外。这叫群众观点。

今天，《人民日报》转载了一篇《吉林日报》特约评论员的文章：《写文章、讲话都得交心》。我看这篇文章好。"交心"是现在常用的话。这就是说作者和读者站在一起，心心相印。写文章，作报告，无非是拿一点我听到的，看到的，真懂得、真体会到的东西来告诉读者和听众，并不是舞文弄墨，随便说两句花言巧语来骗读者和听众。所谓舞文弄墨，花言巧语，就是哗众取宠。哗众取宠是不行的。所以这是一件极严肃的事情。我不是记者，但是当过编辑。记者、编辑都要有这个认识，而且要能够实践。

第四点，写文章的人要做杂家。

咱们干写文章的工作，总要尽可能有丰富的知识。鲁迅曾经写信给一位搞文学的青年说："专看文学书，也不好的。先前的文学青年，往往厌恶数学，理化，史地，生物学，以为这些都无足轻重，后来变成连常识也没有，研究文学固然不明白，自己做起文章来也胡涂，所以我希望你们不要放开科学，一味钻在文学里。"鲁迅这几句话，对于记者、编辑都极有用。鲁迅没有说下去，一味钻在文学里怎么样。他的意思其实就是说，你一味钻在文学里，文学也是研究不好的，创作也是不会成功的。所以要各方面都知道一些。无论做什么工作，总是多学一些东西、多懂一些东西好。当记者、编辑，要报道，要知道的东西，方面极广。

在当前这个新时期里，要极大地提高整个中华民族的科学文化水平，实现四个现代化。自然科学方面,最大的门类是六个字:数、理、化、天、地、生;社会科学一般地是文、史、哲,还有其他。自然科学、社会科学两个方面,内容这么广泛,而且这些东西都是人们日常要接触的。怎样跟上这个形势,恐怕跑步跟还不够呢。

我看了到一九八五年的科学规划简报,有好些不懂。往往常识性的东西都不懂,要好好学一点常识才行。科学里那许多门类,宏观世界,微观世界,各式各样。还有宏观、微观的相互交叉,复杂得很。不懂,怎么去报道?咱们不是专门搞科学的,但是起码的常识应该懂一点。如报道一个专家,他讲得很专门,咱们自己不懂,写下来登在报纸上,人家只看到一些字,不懂什么意思。这起码是对读者不负责。如高能物理、遗传工程是什么东西,假如我们不懂,就把这几个字写进稿子,登在报上,不就是对读者不负责吗?

现在这个时代,和我们小时候完全不同了,和四十年代、五十年代也不同了。你不能说,时代变不变我不管,我还是搞三十年代、二十年代的。这是不行的。所以,记者、编辑没有比较广泛的知识,无论到工厂、农村,都无法发现问题,挑重要的值得报道的东西来报道。没有常识,怎么能写出言之有物、准确鲜明的新闻?怎么能不使读者看了半天,结果只好叹一口气说:"我只看到纸上的字,没有看到什么东西。"要给读者看到东西,这就要有知识。要有知识,就要随时随地吸收,随时随地搞清楚,不要含糊、笼统,以为大概是这么一回事就算了。

杂家这个名词,这里是借用来表示写文章的人知识要广泛。《汉书》里的《艺文志》把古来的诸子分为十家,说,"其可观者九家而已。"杂家就是可观的九家中的一家。我说,我们要做个杂家。惟其杂,才能在各方面运用我们的知识,做好报道,写好文章。

第五点,语法、修辞、逻辑。

毛主席曾在《工作方法六十条》中提到,学点语法、修辞、逻辑。学这些东西很必要,因为这些东西跟思想方法、表达方法有关。学这些东西,主要的不在于只知道书上怎么讲而已,而是要把从书上学来的知识化为自己的实践,能够熟练地运用到说话、写文章。化为自己的东西,在日常工作、生活中运用,才能把话说好,把文章写好。如语法,什么叫定语?定语是附加在名词上面的。什么叫状语?状语是附加在动词、形容词或副词上面的。回答得出来,可以得到一百分。算不算?我说,不算。不会用,得一百分,只能骗骗自己。必须练成功很熟练的能力,连想都不必想,就能判断这里到底要不要用定语,那里到底要不要用状语。如果要,该用什么样的定语、状语才合适。比如某某人,可以加上"坚强的"、"勇敢的"、"什么的什么的",都叫定语。到底给这个人加什么定语适当呢?这个很重要。又如状语,为什么人干杯,为什么什么干杯。"为什么什么"是状语。状什么,就是状这个"干杯"。你回答得出这些还不够,还要看你在一个场合,一个会上,到底说哪个为"什么"干杯最恰当,这个很重要。所以,能够用好定语、状语,不容易,这个本领要练。要练成这个本领,不是一天的功夫。

修辞,花样很多。用一个比喻,用一句成语,都是修辞的方法。用一个比喻,要能比不用比喻更鲜明、更生动、更能够打动读者。这就要挑选适当。比喻就是用这个比那个,就是要使大家对"那个"有更鲜明的印象。假如达不到这个效果,你何必用?成语、比喻要用得适当,也要有熟练的基本功。要不必多想,马上就能判断下来。如果考虑一个比喻要花很多时间,那就麻烦了。现在报纸上常常见到"司空见惯"这个成语。还有一个成语叫做"东山再起",也盛行了一阵。我说,"司空见惯"这种成语最好不用。"司空见惯"无非是告诉人家,这回事是大家看惯了的。这个成语是从唐朝刘禹锡的诗里来的。刘禹锡做苏州刺史,有一次赴宴,主人招了歌伎到宴会上唱歌。刘禹锡倒觉得不舒服。他做了一首诗,前两句是说歌伎的,第三、四句说:"司空见惯浑闲事,断尽苏州刺史肠。"《唐诗纪事》说那主人是大司马,这是太尉的别称。在唐朝,太尉、司徒、司空为三公,都是表示荣宠的加衔,不设官属。诗里的司空,大概是就三公的关系说的。苏州刺史是说他刘禹锡自己。这首诗的意思不过是说这个主人对于这样的歌伎是看惯了的,没有什么。我刘禹锡看来却觉得不大好,肠要断了。肠当然没有断,就是说看了不舒服。那么照现在说,这件事是大家看惯了的就行了,为什么要把"司空"请出来呢?你说生动,我说不生动。你说漂亮,我说不漂亮。人家不懂的,还说得上什么生动、漂亮?这样写,实际上是没有群众观点。新华社发出去的消息,看的人不知有几千万、几亿。知道"司空见惯"的来历的,我看不会多。当然读旧书的人懂,那是旧时代的事情。为什么要给读者作难?这就叫做没有群众观点。

"东山再起"才妙咧。前一个时期,报纸上常常用,用错的极多。我有个朋友注意到,用对的只有一次,就是去年说邓副主席恢复工作用对了。为什么说用错的多呢?这要说"东山再起"这句成语是怎么来的。东晋时有个谢安,很有声望,原来隐居在浙江绍兴的东山,不出来做官。后来做官了,建立了卓越的功绩。有名的淝水之战,就是在他筹划部署之下取胜的。"东山"是指代谢安。后人因而颂扬有声望的人退隐了再出来当政叫"东山再起"。所以这个成语要用在正面人物上,不能连坏人再上台都说是"东山再起"。为什么那样喜欢用成语?当中有一个思想,以为用这种东西使文章漂亮,有文采。其实,这实在不成为文采。干干净净生动鲜明的话才叫有文采。如果你从古代的仓库里随便找一点破旧的东西放到文章里去,不值一文钱,那还能算有文采?

逻辑,这里指的是形式逻辑,不是辩证逻辑。简单地说,形式逻辑无非是讲一点推理的规律。推理好像数学那样,怎样加减乘除,一个式子等于下一个式子,再等于下一个式子,一路等下去,得到一个答数,一个结果。逻辑无非是讲推理的方法,都是从人的推理方法上总结出来的东西。这个东西要学一点,学了主要是为了用,随时随地能够用,并不是预备人家来考的。说话,写文章,要能够随时运用才行。

第六点,不说套话,不用老调。

老套子、老调子,说惯了,唱惯了,很不新鲜,大家听得厌烦了。话说成了老套子,写成了老调子,就不鲜明,不生动。看的人,听广播的人,一看到、一听到这类东西,就觉得"呀,又来了!"什么"又来了"?老套子又来了,就不想仔细地看,仔细地听。他们想:"哦!原来这样,可以跳过去不听。""哦!又来这个!可以跳过去不看。"如果我们说的话,写的文章,让人们跳过去不听、不看,这就麻烦了。要使人家非听不可,非看不可,不肯跳过去,这是非常必要的。比如"意气风发,斗志昂扬"八个字,现在似乎结成了亲密的友谊,不能分开,天天听到,天天看见。我说,能不能把意气风发,斗志昂扬的情景,用你鲜明生动的话描摹出来,使我这个没有在场的人仿佛亲眼看到一样呢?假如你办得到,我就喜欢看喜欢听了。光用八个字,说一个工厂、一个大队意气风发,斗志昂扬,错不错呢?没有错。但是人家要看的是某厂某队意气怎样风发,斗志怎样昂扬,你偏不讲,就来这八个字,这样写固然不用动脑筋,可是读者和听众失望了。

还有哩,也是常看见的,如开什么大会,领导接见什么代表,总是写领导人"红光满面,神采奕奕,健步登上主席台,频频挥手致意"。这类话常常碰到,很容易写,不必动脑筋。人家看了,也要跳过去的,也会说"又来了!"能不能换一换,变一下写法,把会场上的领导人、参加会的人有什么特点写一写呢?假如写点特点,不用那些套话,当然要动动脑筋。我看这个脑筋值得动。为读者,值得动;为宣传,值得动。

举个例子。叶剑英副主席在五届人大会上作修改宪法的报告,说到最后一段:"再过二十三年,跨入二十一世纪,你看我们的社会主义祖国会变成什么样子吧!"这时候,叶副主席非常激动,会场上的人也非常激动。后来,电视播送了这个情景,叶副主席当时的神态、当时的声调,都从电视里播出来了。我想,这个很可以写一写呀。但是没有在报纸上看到报道。

再举个例子。我们现在的报道里,往往有一个先进工作者或者科学家讲自己的工作经验,末了,就来这么一段:"我虽然作了一些成绩,但是距离党的要求很远,我要在什么什么之下,在什么什么之下,再努力奋斗。"这叫结笔,好像是必需的。我看,这也是套话。自然,这也要分析。如果一个先进工作者或者科学家把自己的工作经验讲一通,好像自己了不起,非常自满了,当然不好。要说自己虽然做出一些成绩,自己并不满意,对党对国家来说也做得很不够,这当然好。假如把自己做得不够的地方在哪里,或者还有什么缺点,以及准备怎样改正缺点也写一写,这就会更好些。我这样讲,可能是求全责备。对人家最好不要求全责备。对人家求全责备,这叫苛求。但是对自己,还是应当严格要求的。

第七点,文章要尽可能短。

文章自然要言之有物,要环绕一个中心,把意思说清楚。五百字可以说完的,不要说到六百字。说完了就完。内容实在多了,当然也不妨长。当短的短,当长的长,这叫适当。前几年,报上好像什么文章都要满版,就是"四人帮"的那套歪风膨胀。影射史学、影射文学,什么影射的东西都要一大版。现在好像有改变了,《人民日报》好像在注意登短文章。我想,还要大家注意尽可能短。

还有,标题要鲜明,让人看了标题就知道你讲的中心是什么。这个,记者、编辑都要注意。现在大家忙得很,只能在不长的时间里看看《人民日报》。各地方的人多半是看看省报。看报,大多数是先看标题,挑要看的来看。所以,标题要鲜明,文章要短。《人民日报》的同志告诉我,他们在改变排版的格式。改了后,一天可以多登几千字。我说这当然好,也是一个办法,但是这还是次要的。研究怎么写得短,是主要的。如果都注意尽可能写短文,那么从排版中腾出地位还是次要的。现在几乎每篇文章中总有一些不必要的话,把它圈掉,地位就多出来。地位多出来了,岂不是就可以多登些东西了?岂不是就可以满足各方面读者的需要了?所以,短,不仅是篇幅问题,也有个群众观点的问题。不管人家时间够不够,不管人家有没有工夫看我的文章,这样,你的群众观点也少了一点。你写文章,应当想想看的人,特别是现在和今后,一九七八年的现在和今后,看报纸、看杂志的人是什么样的人?是非常繁忙的人。这些人没有工夫来看你的大块文章。你的文章非大块不可,大家也不怪你。但是,可以写成小块的偏要写成大块,那你太自由了。这个自由,就是不顾人家,所以说有个群众观点的问题在里面。

第八点,养成写作的好习惯。

我们动笔的人要养成好习惯。大概有些什么好习惯呢?我说,文章写在纸面上,跟两个人、三个人在一起聊天有所不同。写文章总是为了一个目的。或者是很大的目的,包括许多东西,许多部分。或者只是一个很简单的目的,一个小目的。总之,是为了一个目的,普通的说法叫做主题。写的人要养成一种习惯,就是首先要考虑:我要告诉读者什么,怎样使人家完全明白我所说所写的,不至于误会。然后考虑用什么材料,什么语言,才可以达到我的目的,表现出文章的主题。想好了,来个提纲,写在纸面上,记在脑子里,都可以。这个习惯养成了很方便,不至于写了上一段还要考虑下一段怎么办。这是讲动笔之前。

文章写好了,马上交卷不行。要自己看,看一遍不够,要看几遍。工厂里,一个设计一次成功恐怕是难得的。我们写文章一次成功,恐怕也是难得的。文章总得要改的。开头起草,一定有缺点,有漏洞,有毛病。所以写完了要看几遍。看,就是自己审查妥当不妥当,完整不完整。假如我原来的想法不到家,或者我写出来的话没有针对我所想的,那就要改了。改,就是要使文章切合我所要表达的那个主题,达到我的目的。

我是当过语文教师的。语文老师给学生改作文,也得有个道理。你对学生说,这个地方要改,我给你改了。为什么改呢?这个地方写得不大好。这不是回答。什么叫不大好呢?你要说出来,或者这个地方跟事实不符;或者你这句话说得不准确,没有这样说法的,你瞎说;或者人家要发生误会的。这样,对学生才有点用处。我们自己改文章,也应该问问为什么要改,怎样改才合适。这个习惯也要养成。

还有一个办法,我倒是常用的,就是比较。觉得这个地方要改,不妨想出两个三个改的办法,经过比较,挑选一个。这样,容易改得精一点。用老话说,就叫做推敲。推敲就是比较。唐时贾岛想到一句诗"僧推月下门"。想改"推"字作"敲",从推和敲的动作来研究比较,难决定。韩愈说,用"敲"字好。以后斟酌怎样修改好文章,就叫推敲了。假使改稿能有几个人共同商量一下,那就更好了。经过商量挑选出来的做法,总是比较好的。

写在纸上的文章,跟口头说的话,有同有不同。同的地方是,写在纸上的和口头说的都是现代话,就是我们现在说的普通话;不同的地方是,口头说话往往啰嗦,书面的话一定要求精而简。精简,也是做到短的要点。口头说话,可以天南海北,说着说着也不知说到哪里去了,那是随便聊天。写文章不是聊天,要比口头说话简洁得多。还有一个不同的地方:口头说话可以借表情、手势,帮助对方了解你的意思。而书面说话,人家看不到你的脸,也见不到你的手势,只能依靠文字来了解。因为有这个同的和不同的地方,文章改完之后,最好是念一两遍。这也是个好习惯。怎么念法呢?要跟平常说话一样地念,而不是像有些同志在会上做报告念稿子那样念法。要念起来上口,听起来顺耳。这也是对自己的考试,我看很要紧。要念到没有什么别扭,没有什么听不明白的地方才好。

现在广播事业有很大的发展,许多东西要广播。工厂、农村、各种机关都用广播来通报什么东西。所以,写出来的东西要念起来上口,听起来顺耳。我举两个念不来的例子:"步某某的后尘","继承某某的衣钵"。广播员当然念出来了,但是咱们几亿人听广播,到底有多少人懂得?你为什么要说这种话呢?有群众观点的人就不会写出这样的话来。他这样写了,就是忘记这个东西要登在报上,要广播的。这种脱离群众的写法,最好不用。我看,新华社也可以注意,能不能劝大家不用?

总而言之,写文章要顾到两个方面:要约束自己,要顾到读者。自己要尽可能写得准确、鲜明、生动,念起来上口,听起来顺耳。要站在读者的地位上着想。我们和读者就是靠文章来交心的,这个一点也不能马虎。这就叫群众观点。

去年四月间新华社招我去讲话,后来把记录稿送来让我看,题目叫《叶圣陶同志在新华社国内记者业务训练班上的报告》。那时候我在医院里割除胆结石,手腕上插了输液的针,头脑似清醒非清醒,记录稿没有看。

新华社在内部刊物上印了这篇稿子,后来有三四种刊物又转载了。我每看见一回总觉一阵羞愧,因为当时信口谈说,说错的,说乱的,辞不达意的,前不搭后的,往往而有。想到看我这篇稿子的同志们在耐心细看这样极其平常的文稿,真感到无地自容,万分对不起。

现在《中学语文教学》又来跟我商量,说要转载这一篇。推辞既不成,我只得考虑修改记录稿。可是病后心思不能集中,执笔修改连续半小时就不成,因而修改的办法又做不到。

直到本月初,我才与一位极亲密极钦佩的老朋友商谈,我现在自己没有能力改这篇稿子,而要重新登载又非改不可,假如您能代我仔细改一通,我就放心了,我就对得起读者了。老朋友爱护我体谅我,一口答应下来,绝无迟疑。昨天清早,他把改过的全稿交来了,真叫我说不出半句感激的话来。我兼用眼镜和放大镜看这份修改稿,心里只有一个念头,要是由我自己改,决然改不到这么满意。

末了儿补一句,希望看过以前记录稿的同志再看一遍这回的修改稿,给我一个补过的机会。

一九七九年六月二十一日,叶圣陶记

选读后记

本文选自《叶圣陶散文乙集》,三联书店1984年版。原是作者1978年4月20日在新华社国内记者业务训练班上的讲话,经王泗原整理后,刊于《中学语文教学》1979年第2期。

本文意在端正当时一般写作中的不良文风,至今仍很有现实意义,对写作应用文同样可起作用。所谈八点,重要、具体、切实。"文化大革命"期间,文风恶劣,假话、大话、空话、废话,真是满天飞,大家虽不愿看,但仍造成了极大灾难。文风是作风,骨子里也是思想风。极"左"思想造成恶劣的文风。极"左"思想需要拨乱反正,恶劣文风也应端正过来。不能说现已完全做到,这一任务有待继续完成。

大家都来重视提高公文质量

> **本文简介**
> 文书工作包括不少项目——提高公文质量才有可能做好业务工作——对公文的五个要求——如何做到明确通顺——做领导工作的同志要亲自动手,不要一切由别人代劳,应做出榜样

中华职业教育社举办文书专修班,是一件好事,我很赞成。听说教员教得认真,学员学得努力,我很高兴。

文书工作包括不少项目,有拟稿,记录,缮印,校对,收发,归档等等。我这里只就起草公文的工作说些意见。

党政军各方各级机关以及企业事业单位做好了公文起草工作,并不等于就做好了业务工作,但是从党和国家的大政方针到各方面的具体事务,大都要靠公文来传达和交流,所以各个机关、单位必须认真提高公文的质量,才有做好业务工作的可能。公文不一定要好文章,可是起草公文一定要透彻了解所要表达的内容,因为"以己昏昏"是决不能"使人昭昭"的;二要有所决断,不能含含糊糊,模棱两可;三要说得按顺序,有条理;四要说得不缺漏,不啰唆;五要顾到对方,让人家不折不扣地了解你说的是什么。五项要求概括起来是四个大字:明确通顺。

务必想一想所以要发公文的意思。发一件指示,说的如果是方针政策,那就是要求看指示的人了解这个方针政策。发一份通知,说的如果是具体办法,那就是要求看通知的人了解这些具体办法。这些公文能含糊草率吗?一含糊,一草率,就伏下了让人家错误了解的根。可是方针政策绝对不能让人家错误了解,具体办法又何尝能让人家错误了解。错误了解的后果总是实际工作的损失,而且往往是不小的损失。因此,明确通顺是十分必要的。

要做到明确通顺,必须把要表达的意思想清楚。没想清楚,即使是文章大家也做不到明确通顺。想清楚了,公文的组织结构自然就是意思本身的组织结构,照样写下来,才能够做到有条有理。这样的公文才能够让人家不折不扣地了解。

不少公文做不到明确通顺。那些公文大都条理混乱,思路纷歧,前后不连贯,把一些意思随便纳入已成熟套的语句形式里,造句遣词往往违背语法修辞逻辑的规律。

就表面看,公文不能做到明确通顺,似乎只是起草人的能力问题。其实这里头还伏着对公文的认识问题。如有些同志认为,只要头脑里想得差不多就成,至于怎么样表达出来,怎样把它固定在公文上,随便些也无妨。

要提高公文的质量,首先要解决起草人的认识问题。解决认识问题也不难,只要记住一句话:人家了解你的方针政策、具体办法之类全凭你写在公文上的书面语言,所以书面语言绝对马虎不得。其次,公文从起草到定稿的过程应该注意:要在考虑成熟的时候,由

最适当的人执笔,好些人参加斟酌损益,人人应该就全篇着想。一个字一句话的更改去留都要就全篇着想。再次,凡是触及公文稿的人要在语法修辞逻辑各方面用点儿功,不光是读些书本,尤其要在实践中随时留意。这也是写好公文的必要条件。

提高公文质量不光是专业文书工作者的事。这个道理已经得到越来越多的同志接受,听说文书专修班学员里头,有些同志并不是专业文书工作者,这就是证明。

一九八一年五月七日中共中央发出《关于各级领导干部要亲自动手起草重要文件,不要一切由秘书代劳的指示》以来,许多做领导工作的同志自己动手起草重要公文。他们大都有长期从事革命工作和建设工作的实践经验,头脑里有理论政策,胸中有全局,手头有典型,心头和口头很少空话和套话,写出来的公文质量比较高,大都不需要作大的修改;即使偶尔有一些不很成熟,别人也不便大删大改。正因为这样,各级领导同志起草公文,更要严肃认真,一丝不苟,切实做到明确通顺,为身边的文书工作人员和下级单位的同志示范做榜样。

附带向中华职业教育社提个要求:最好能把文书专修班的讲稿陆续整理复印,适当多印一些,使更多的文书工作者以及其他有关同志都能从中得到教益和启发。

选读后记

本文选自《叶圣陶散文乙集》,三联书店1984年版。原作于1983年6月20日,刊于1983年7月2日《人民政协报》。

文章极为扼要地谈了对起草公文工作的意见,指出:必须认真提高公文的质量,才有做好业务工作的可能。公文不一定要好文章,可是起草公文一要透彻了解所要表达的内容;二要有所决断,不能含含糊糊;三要说得有顺序、有条理;四要说得不缺漏、不啰唆;五要顾到对方,不折不扣了解你说的是什么。总的要求是公文应明确通顺。各级领导干部要亲自动手起草重要文件,不要一切由秘书代劳,要为身边的文书工作人员和下级单位的同志示范做榜样。

从胡适到叶圣陶,我国的作家、学者,从全局出发,除文艺创作、研究之外,也有重视公文——应用文写作的传统。

朱光潜

作者简介

朱光潜（1897—1986），字孟实，安徽桐城人。中国当代著名美学家、文艺理论家、教育家和翻译家。早年接受中国传统教育，1922年毕业于香港大学文学院。1925年起，留学欧洲，学习和研究文学、哲学和心理学等，获哲学博士学位。1933年回国后，历任北京大学、四川大学、武汉大学教授。1946年以后一直在北京大学任教，讲授美学和西方文学。一生致力于美学研究，有《谈美》《文艺心理学》《悲剧心理学》《西方美学史》等著作，开拓了中国现代美学研究的新领域。

作 文 与 运 思

本文简介

提出文章是"作"还是"写"、是"用心"还是"用手"的设问——克罗齐学派的解释——写作中的一个极端，不假思索，信笔而写，由此产生的后果——另一个极端是完全构思好再写，也有四种不便处——折中的办法及其好处——思路的畅通与蔽塞——苦思的三种益处——"赋得"与"偶成"——练习写作，须克服懒惰心理，养成谨严的思想习惯

作文章通常也叫做"写"文章，在西文中作家一向称"写家"，作品叫做"写品"。写须用手，故会做文章的人在中文里有时叫做"名手"，会读而不会作的人说是"眼高手低"。这种语文的习惯颇值得想一想。到底文章是"作"的还是"写"的呢？创造文学的动作是

"用心"还是"用手"呢?

这问题实在不像它现于浮面的那么肤浅。因近代一派最占势力的美学——克罗齐派[1]——所争辩的焦点就在此。依他们看,文艺全是心灵的活动,创造就是表现也就是直觉。这就是说,心里想出一具体境界,情趣与意象交融,情趣就已表现于那意象,而这时刻作品也就算完全成就了。至于拿笔来把心里所已想好的作品写在纸上,那并非"表现",那只是"传达"或"记录"。表现(即创造)全在心里成就,记录则如把唱出的乐歌灌音到留声机片上去,全是物理的事实,与艺术无关。如我们把克罗齐派学说略加修正一下,承认在创造时,心里不仅想出可以表现情趣的意象,而且也想出了描绘那意象的语言文字,这就是说,全部作品都有了"腹稿",那么"写"并非"作"的一个看法大致是对的。

我提出这问题和联带的一种美学观点,因为它与作文方法有密切的关系。普通语文习惯把"写"看成"作",认为写是"用手",也有一个原因。一般人作文往往不先将全部想好,拈一张稿纸,提笔就写,一直写将下去。他们在写一句之前,自然也得想一番,只是想一句写一句,想一段,写一段;上句未写成时,不知下句是什么,上段未写成时,不知下段是什么;到写得无可再写时,就自然终止。这种习惯养成时,"不假思索"而任笔写下去,写得不知所云,也是难免的事。文章"不通",大半是这样来的。这种写法很普遍,学生们在国文课堂里作文,不用这个写法的似居少数。不但一般学生如此,就是有名的职业作家替报章杂志写"连载"的稿子,往往也是用这个"急就"的办法。这一期的稿子印出来了,下一期的稿子还在未定之天。有些作家甚至连写都不写,只坐在一个沙发上随想随念,一个书记或打字员在旁边听着,随听随录,录完一个段落了就送出发表。这样做成的作品,就整个轮廓看,总难免前后欠呼应,结构很零乱。近代英美长篇小说有许多是这样做成的,所以大半没有连串的故事,也没有完整的形式。作家们甚至把"无形式"(formlessness)当作一个艺术的信条,以为艺术原来就应该如此。这恐怕是艺术的一个厄运,有生命的东西都有一定完整的形式,首尾躯干不完全或是不匀称,那便成了一种怪物,而不是艺术。

这是一个极端,另一个极端是把全部作品都在心里想好,写只是记录,像克罗齐派美学家所主张的。苏东坡记文与可画竹,说他先有"成竹在胸"[2],然后铺纸濡毫,一挥而就。"成竹在胸"于是成为"腹稿"的佳话。这种办法似乎是理想的,实际上很不易做到。我自己也尝试过,只有在极短的篇幅中,像做一首绝句或律诗,我还可以把全篇完全在心里想好,如篇幅长了那就很难。它有种种不方便。第一,我们的注意力和记忆力所能及的范围有一定的限度,把几千字甚至几万字的文章都一字一句地记在心里,同时注意到每字每句每段的线索关联,并且还要一直向前思索,纵假定是可能,这种繁重的工作对于心力也未免是一种不必要的损耗。其次,这也许是我个人的心理习惯,我想到一点意思,就必须把

---

① 克罗齐(1866—1952):意大利人,西方著名哲学家、美学家、历史学家、新黑格尔主义者。他提倡"艺术即直觉"的美学理论,著有《美学原理》《精神哲学》《黑格尔哲学中的死东西和活东西》等。克罗齐派:即由克罗齐的美学思想所引导的当时颇有影响力的美学流派。

② 成竹在胸:出自宋代苏轼《文与可画筼筜谷偃竹记》:"故画竹,必先得成竹于胸中。"后用来形容在做事之前已经拿定主意。

它写下来，否则那意思在心里只是游离不定。好比打仗，想出一个意思是夺取一块土地，把它写下来就像筑一座堡垒，可以把它守住，并且可以作进一步袭击的基础。第三，写自身是一个集中注意力的助力，既在写，心思就不易旁迁他涉。还不仅此，写成的字句往往可以成为思想的刺激剂，我有时本来已把一段话预先想好，可是把它写下来时，新的意思常源源而来，结果须把预定的一段话完全改过。普遍所谓"由文生情"与"兴会淋漓"，大半在这种时机发现。只有在这种时机，我们才容易写出好文章。

我个人所采用的是全用腹稿和全不用腹稿两极端的一种折衷办法。在定了题目之后，我取一张纸条摆在面前，抱着那题目四方八面地想。想时全凭心理学家所谓"自由联想"，不拘大小，不问次序，想得一点意思，就用三五个字的小标题写在纸条上，如此一直想下去，一直记下去，到当时所能想到的意思都记下来了为止。这种寻思的工作做完了，我于是把杂乱无章的小标题看一眼，仔细加一番衡量，把无关重要的无需说的各点一齐丢开，把应该说的选择出来，再在其中理出一个线索和次第，另取一张纸条，顺这个线索和次第用小标题写一个纲要。这纲要写好了，文章的轮廓已具。每小标题成为一段的总纲。于是我依次第逐段写下去。写一段之先，把那一段的话大致想好，写一句之先，也把那一句的话大致想好。这样写下去时，像上面所说的，有时有新意思涌现，我马上就修改。一段还没有写妥时，我决不把它暂时摆下，继续写下去。因此，我往往在半途废去了很多稿纸，但是一篇写完了，我无须再誊清，也无须大修改。这种折衷的办法颇有好处，一则纲要先想好，文章就有层次，有条理，有轻重安排，总之，就有形式；二则每段不预先决定，任临时触机，写时可以有意到笔随之乐，文章也不至于过分板滞。许多画家作画，似亦采取这种办法。他们先画一个大轮廓，然后逐渐填枝补叶，显出色调线纹阴阳向背。预定轮廓之中，仍可有气韵生动。

寻思是作文的第一步重要工作，思有思路，思路有畅通时也有蔽塞时。大约要思路畅通，须是精力弥满，脑筋清醒，再加上风日清和，窗明几净，临时没有外扰败兴，杂念萦怀。这时候静坐凝思，新意自会像泉水涌现，一新意酿成另一新意；如果辗转生发，写作便成为人生一件最大的乐事。一般"兴会淋漓"的文章大半都是如此做成。提笔作文时最好能选择这种境界，并且最好能制造这种境界。不过这是理想，有时这种境界不容易得到，有时虽然条件具备，文思仍然蔽塞。在蔽塞时，我们是否就应放下呢？抽象的理论姑且丢开，只就许多著名的作家的经验来看，苦思也有苦思的收获。唐人有"吟成一个字，捻断数茎须"的传说[1]，李白讥诮杜甫说："借问近来太瘦生，总为从来作诗苦"[2]，李长吉的母亲说"呕心肝乃已"[3]。福楼拜[4]有一封信札，写他著书的艰难说："我今天弄得头昏脑晕，灰心丧气。我做了四个钟头，没有做出一句来。今天整天没有写成一行，虽然涂去了一百

---

[1] "吟成"二句：语出唐代卢延让《苦吟》，言作诗炼字之难。
[2] "借问"二句：见李白的《戏赠杜甫》，为李白与杜甫朋友之间的一句问候的戏言，却也在一定程度上道出了作诗的不易。
[3] 呕心肝乃已：见李商隐《李长吉小传》，言李贺为作诗呕心沥血，其母不忍，叹息说："是儿要当呕出心肝乃已尔！"
[4] 福楼拜(1821—1880)：法国重要的批判现实主义作家，其作品反映了1848～1871年间法国的时代风貌，揭露了资产阶级社会的丑恶鄙俗。他的"客观而无动于衷"的创作理论和精雕细刻的艺术风格，在法国文学史上独树一帜，代表作为长篇小说《包法利夫人》。

行。这工作真难!艺术啊,你是什么恶魔?为什么要这样咀嚼我们的心血?"但是他们的成就未始不从这种艰苦奋斗得来。元遗山与张仲杰论文诗说:"文章出苦心,谁以苦心为?"[1]大作家看重"苦心",于此可见。就我个人所能看得到的来说,苦心从不会白费的,思路太畅时,我们信笔直书,少控制,常易流于浮滑;苦思才能剥茧抽丝,鞭辟入里,处处从深一层着想,才能沉着委婉,此其一。苦思在当时或许无所得,但是在潜意识中它的工作仍在酝酿,到成熟时可以"一旦豁然贯通",普通所谓"灵感"大半都先经苦思的准备,到了适当时机便突然涌现,此其二。难关可以打通,平路便可驰骋自如。苦思是打破难关的努力,经过一番苦思的训练之后,手腕便逐渐娴熟,思路便不易落平凡,纵遇极难驾驭的情境也可以手挥目送,行所无事,此其三。大抵文章的畅适境界有两种,有生来即畅适者,有经过艰苦经营而后畅适者。就已成功的作品看,好像都很平易,其实这中间分别很大,入手即平易者难免肤浅,由困难中获得平易者大半深刻耐人寻味,这是铅锡与百炼精钢的分别,也是袁简斋[2]与陶渊明的分别。王介甫所说的"看似寻常最奇崛,成如容易却艰辛"[3],是文章的胜境。

作文运思有如抽丝,在一团乱丝中拣取一个丝头,要把它从错杂纠纷的关系中抽出,有时一抽即出,有时须绕弯穿孔解结,没有耐心就会使紊乱的更加紊乱。运思又如射箭,目前悬有鹄的,箭朝着鹄的发;有时一发即中,也有因为瞄准不正确,用力不适中,箭落在离鹄的很远的地方,习射者须不惜努力尝试,多发总有一中。

这譬喻不但说明思路有畅通和艰涩的分别,还可说明一个意思的涌现,固然大半凭人力,也有时须碰机会。普通所谓"灵感",虽然源于潜意识的酝酿,多少也含有机会的成分。大约文艺创作的起念不外两种。一种是本来无意要为文,适逢心中偶然有所感触,一种情境或思致,觉得值得写一写,于是就援笔把它写下来。另一种是预定题目,立意要做一篇文章,于是抱着那题目想,想成熟了然后把它写下。从前人写旧诗标题常用"偶成"和"赋得"的字样,"偶成"者触兴而发,随时口占,"赋得"者定题分韵,拈得一字,就用它为韵作诗。我们可以借用这个术语,把文学作品分为"偶成"和"赋得"两类。"偶成"的作品全凭作者自己高兴,逼他写作的只有情思需要表现的一个内心冲动,不假外力。"赋得"的作品大半起于外力的催促,或是要满足一种实用的需要,如宣传、应酬、求名谋利、练习技巧之类。按理说,只有"偶成"作品才符合纯文学的理想;但是在事实上现存的文学作品大半属于"赋得"的一类,细看任何大家的诗文集就可以知道。"赋得"类也自有好文章,不但应酬唱和诗有好的,就是策论、奏疏、墓志铭之类也未可一概抹煞。一般作家在练习写作时期常是做"赋得"的工作。"赋得"是一种训练,"偶成"是一种收获。一个作家如果没有经过"赋得"的阶段,"偶成"的机会不一定有,纵有也不会多。

"赋得"所训练的不仅是技巧,尤其是思想。一般人误信文学与科学不同,无须逻辑的思考。其实文学只有逻辑的思考固然不够,没有逻辑的思考却也决不行。诗人柯尔律

---

① "文章"二句:出自金代元好问的《与张中杰郎中论文》。元遗山(1190—1257):名好问,字裕之,号遗山,世称遗山先生,秀容县(今山西省忻州市)人。金代著名文学家、史学家。

② 袁简斋(1716—1797):名枚,字子才,号简斋,晚号随园老人,钱塘(今浙江杭州)人。清代诗人、诗论家。倡导"性灵说",诗文多直抒性情,著作有《小仓山房集》《随园诗话》等。

③ "看似"二句:见王安石《题张司业》诗。王安石,字介甫。

治[①]在他的《文学传记》里眷念一位无名的名师。因为从这老师的教诲,他才深深地了解极放纵的诗还是有它的逻辑。我常觉得,每一个大作家必同时是他自己的严厉的批评者。所谓"批评"就要根据逻辑的思想和文学的修养。一件作品如果有毛病——无论是在命意布局或是在造句用字——仔细穷究,病源都在思想。思想不清楚的人做出来的文章决不会清楚。思想的毛病除了精神失常以外,都起于懒惰,遇着应该分析时不仔细分析,应该斟酌时不仔细斟酌,只图模糊敷衍,囫囵吞枣混将过去。练习写作第一件要事就是克服这种心理的懒怠,随时彻底认真,一字不苟,肯朝深处想,肯向难处做。如果他养成了这种谨严的思想习惯,始终不懈,他决不会做不出好的文章。

选读后记

本文选自《朱光潜全集》第四卷,安徽教育出版社1988年版。著名美学家朱光潜十分关注写作方面的教育与指导,本文谈的就是写作中的运思问题。

文章由作文是"用心"还是"用手"的设问开始,提出运思过程中常常存在的两个极端:一是"不假思索",二是"成竹在胸"。作者结合自己的写作实践,认为折中式地自由联想,写下小标题,随后清理思路与次第,列好提纲,是一种比较妥当的运思方式。接着,他还谈到运思过程中有畅通、蔽塞等情况的出现,特别强调遇到蔽塞时,不能轻易放弃,而应知难而进,成就更为耐人寻味的文章。作者不仅关注到写作过程中灵感受的作用,而且也肯定"赋得"对于技巧、思想训练的价值。因此,在文章的最后,他指出写作不佳都是源于"懒惰"二字,鼓励人们克服这种心理缺陷,努力作文。

作者以自己丰富的学养和经验,在文中列举了不少生动的事例,立意鲜明,分析辨正,深入浅出地为我们分析了写作运思的方法和特点,值得我们学习与借鉴。

谈 书 评

本文简介

好的文学教师与批评家应是怎样的——真正的批评对象应是作品——批评需要公平、自由、新鲜、超脱,都与职业不相容——常见的批评一是宣传,一是反宣传,故失去信用——批评家应是探险家,把好书指点出来——关于"公平"与偏见——应有独到见解——许多固执成见者的逻辑——避免愚蠢——理解与宽容

谈到究竟,文艺方面最重要的东西还是作品。一个人在文艺方面最重要的修养不是记得一些干枯的史实和空洞的理论,而是对于好作品能热烈地爱好,对于低劣作品能彻

[①] 柯尔律治(1772—1834):19世纪英国著名哲学家、文学家、思想家、评论家、诗人。代表作有《古舟子咏》《克里斯特贝尔》和《忽必烈》等。

底地厌恶。能够教学生们懂得什么才是一首好诗或是一篇好小说,能够使他们培养成对于文学的兴趣和热情,那才是一位好的文学教师;能够使一般读者懂得什么才是一首好诗或是一篇好小说,能够使他们培养成对于文学的兴趣和热情,那才是一位好的批评家。真正的批评对象永远是作品,真正的好的批评家永远是书评家,真正的批评的成就永远是对于作品的兴趣和热情的养成。

书评家的职务是很卑恭的。他好比游览名胜风景的向导,引游人注意到一些有趣的林园泉石寨堡。不过这种比拟究竟有些不恰当。一个旅行向导对于他所指点的风景不一定是他自己发现出来的,尤其不一定自己感觉到它们有趣。他可以读一部旅行指南,记好一套刻板的解释,遇到有钱的顾主就把话匣子打开,把放过几千次的唱片再放一遍。书评家的职务却没有这么简单。他没有理由向旁人说话,除非他所指点的是他自己的发现而且是他自己的爱或憎的对象。书评艺术不发达即由于此。在事实上,一个人如果不以书评为职业,就很难有工夫去天天写书评;而书评却不如旅行向导可以成为一种职业,书评所需要的公平,自由,新鲜,超脱诸美德都是与职业不相容的。

常见的书评不外两种,一种是宣传,一种是反宣传。所谓"宣传"者有书店稿费或私人交谊做背景,作品本身价值是第二层事,头一层要推广它的销路,在这种书籍的生存战争中,它不能不有人替它"吹"一下。所谓"反宣传"者有仇恨妒忌种种心理做背景,甲与乙如不同派,凡甲有所作,乙必须闭着眼睛乱骂一顿,以为不把对方打倒,自己就不易抬头"称霸"。书评失去它的信用,就因为有这两种不肖之徒如劣马害群。书评变成贩夫叫卖或是泼妇闹街,这不但是书评末运,也是文艺的末运。

书是读不尽的,自然也评不尽。一个批评家应该是一个探险家,为着发现肥沃的新陆,不惜备尝艰辛险阻,穿过一些荒原沙漠冰海;为着发现好书,他不能不读数量超过好书千百倍的坏书。每个人都应该读些坏书,不然,他不能真正地懂得好书的好处。不过在每个时代,每个国家里坏书都"俯拾即是",用不着一个专门家去把它指点出来。与其浪耗精力去攻击一千部坏书,不如多介绍一部好书。没有看见过小山的人固然不知道大山的伟大;但是你如果引人看过喜马拉雅山,他决不会再相信泰山是天下最高峰。好书有被埋没的可能,而坏书却无永远存在之理,把好书指点出来,读者自然能见出坏书的坏。

攻击唾骂在批评上固然有它的破坏的功用,它究竟是容易流于意气之争,酿成创作与批评中不应有的仇恨,给读者一场空热闹,而且一个作品的最有意义的批评往往不是一篇说是说非的论文,而是题材相仿佛的另一个作品。如果你不满意一部书或是一篇文章,且别费气力去唾骂它,自己去写一部比它较好的作品出来,至少,指点出一部比它较好的作品出来! 一部书在没有比它再好的书出来以前,尽管是不圆满,仍旧有它的功用,有它的生存权。

批评的态度要公平,这是老生常谈,不过也容易引起误解。一个人只能在他的学识修养范围之内说公平话。对于甲是公平话,对于乙往往是偏见。孔夫子只见过泰山,便说"登泰山而小天下",不能算是不公平,至少是就他的学识范围而言。凡是有意义的话都应该是诚实的话,凡是诚实话都是站在说话者自己特殊立场扪心自问所说的话。人人都说荷马或莎士比亚伟大而我们扪心自问,并不能见出他们的伟大。我跟人说他们伟大么?这是一般人所谓"公平"。我说我并不觉得他们伟大么?这是我个人学识修养范围之内的"公平",而一般人所谓"偏见"。批评家所要的"公平"究竟是哪一种呢?"司法式"批评家说是前一种,印象派批评家说是后一种。前一派人永远是朝"稳路"走,可是也永远是自封在旧窠臼里,很难发见打破传统的新作品。后一派人永远是流露"偏见",可是也永远是说良心话,永远能宽容别人和我自己异趣。这两条路都任人随便走,而我觉得最有趣的是第二条路,虽然我知道它不是一条"稳路"。

法朗士说得好:"每个人都摆脱不开他自己,这是我们最大的厄运。"这种厄运是不可免的,所以一般人所嚷的"客观的标准","普遍的价值"等等终不免是欺人之谈。你提笔来写一篇书评时,你的唯一的理由是你对于那部书有你的特殊的见解。这种见解只要是由你心坎里流露出来的,只要是诚实,虽然是偏,甚至于是离奇,对于作者与读者总是新鲜有趣的。书评是一种艺术,像一切其他艺术一样,它的作者不但有权力,而且有义务,把自己摆进里面去;它应该是主观的;这就是说,它应该有独到见解。叶公超先生在本刊所发表的《论书评》一文里仿佛说过,书评是读者与作者的见解和趣味的较量。这是一句有见地的话。见解和趣味有不同,才有较量的可能,而这种较量才有意义,有价值。

天赋不同,修养不同,文艺的趣味也因而不同。心理学家所研究的"个别的差异"是创作家、批评家和读者所应该同样地认清而牢记的。文艺界有许多无谓的论战和顽固的成见都起于根本不了解人性中有所谓"个别的差异"。我自己这样感觉,旁人如果不是这样感觉,那就是他们荒谬,活该打倒!这是许多固执成见者的逻辑。如果要建立书评艺术,这种逻辑必须放弃。

欣赏一首诗就是再造一首诗;欣赏一部书,如果那部书有文艺的价值,也应该是在心里再造一部书。一篇好的书评也理应是这种"再造"的结果。我特别着重这一点,因为它有关于书评的接受。无论是作者或是读者,对于一篇有价值的书评都只能当作一篇诚实的主观的印象记看待,容许它有个性,有特见,甚至于有偏见。一个书评家如果想把自己的话当作"权威"去压服别人,去范围别人的趣味;一个读者如果把一篇书评当作"权威"恭顺地任它范围自己的趣味;或是一个创作家如果希望别人对于自己的著作的见解一定和自己的意见相同;那末,他们都是一丘之貉,都应该冠上一个共同的形容词——愚蠢!

如果莎士比亚再活在世间,如果他肯费工夫把所有讨论、解释和批评他的作品文章仔细读一遍,他一定会惊讶失笑,发见许多读者比他自己聪明,能在他的作品中发见许多他自己所梦想不到的哲学、艺术技巧的意识以及许多美点和丑点。但是他也一定会觉得这些文章有趣,一律地加以大度宽容。懂得这个道理,我们就应该明了:刘西渭先生有权力用他的特殊的看法去看《鱼目集》,刘西渭先生没有了解他的心事;而我们一般读者哩,尽管各人都自信能了解《鱼目集》,爱好它或是嫌恶它,但是终于是第二个以至于第几个的刘西渭先生,彼此各不相谋。世界有这许多纷歧差异,所以它无限,所以它有趣;每篇书评和每部文艺作品一样,都是这"无限"的某一片面的摄影。

选读后记

本文原刊于1936年8月2日天津《大公报·文艺》第190期"书评特刊",收入《朱光潜全集》第8卷,1993年2月由安徽教育出版社出版。

本文谈书评各有关方面,清晰有见。宣传的与反宣传的两种所谓"书评",其实都是脱离了作品本身实际的"伪书评",失去信用是必然的。"公平"也不是绝对的,若能诚实,容许各人有其不同的趣味,应能理解、宽容。批评是作不完的,各抒所见就好。"独霸"不可能,也做不到。

刘西渭是当年批评家李健吾的笔名,他著有《咀华集》和《咀华二集》两部文艺评论集。

更多朱光潜作品导读,请扫描

老 舍

作者简介

老舍(1899—1966),原名舒庆春,字舍予,笔名老舍。北京人,满族。中国现代著名小说家、戏剧家。1918年毕业于北京师范学校,任小学校长和中学教员。1924年赴英国伦敦大学东方学院任汉语教师,开始文学创作,陆续发表《老张的哲学》《赵子曰》和《二马》三部描写市民生活的长篇讽刺小说。1930年回国后,先后在齐鲁大学、山东大学任教授。抗战爆发后,到武汉、重庆主持中华全国文艺界抗敌协会工作。1946年赴美讲学,1949年回国。曾任全国文联副主席、全国作协副主席、北京市文联主席等职。"文化大革命"初期遭迫害去世。长篇小说代表作有《骆驼祥子》《四世同堂》等,中篇小说代表作有《月牙儿》《我这一辈子》等,短篇小说代表作有《断魂枪》《上任》《柳家大院》等,另有剧本《龙须沟》《茶馆》等。老舍的作品充满着地域文化色彩,被称为"京味"十足的"市井文学"。城市平民生活的题材,加上富有悲喜剧色彩的情节和幽默的语言,使他的小说和戏剧深受读者的欢迎。

我怎样写《骆驼祥子》

本文简介

《骆驼祥子》同作者写作生活改变的关系——职业作家的第一炮——闲谈中听到一个车夫的事——老在盘算如何扩成一个长篇——调查研究、长期酝酿——材料丰富,准备充分——写作顺利——抛开幽默,正正经经写作,自然具有风趣——感到仍有不足从何月何日起,我开始写《骆驼祥子》?已经想不起来了。我的抗战前的日记已随同我的书籍全在济南失落,此事恐永无对证矣。

　　这本书和我的写作生活有很重要的关系。在写它以前,我总是以教书为正职,写作为副业,从《老张的哲学》起到《牛天赐传》止,一直是如此。这就是说,在学校开课的时候,我便专心教书,等到学校放寒暑假,我才从事写作。我不甚满意这个办法。因为它使我既不能专心一志地写作,而又终年无一日休息,有损于健康。在我从国外回到北平的时候,我已经有了去作职业作家的心意;经好友们的谆谆劝告,我才就了齐鲁大学的教职。在齐鲁大学辞职后,我跑到上海去,主要的目的是在看看有没有作职业作家的可能。那时候,正是"一·二八"以后,书业不景气,文艺刊物很少,沪上的朋友告诉我不要冒险。于是,我就接了山东大学的聘书。我不喜欢教书,一来是我没有渊博的学识,时时感到不安;二来是即使我能胜任,教书也不能给我像写作那样的愉快。为了一家子的生活,我不敢独断独行地丢掉了月间可靠的收入,可是我的心里一时一刻也没忘掉尝一尝职业作家的滋味。

　　事有凑巧,在山东大学教过两年书之后,学校闹了风潮,我便随着许多位同事辞了职。这回,我既不想到上海去看看风向,也没同任何人商议,便决定在青岛住下去,专凭写作的收入过日子。这是"七七"抗战的前一年。《骆驼祥子》是我作职业作家的第一炮。这一炮要放响了,我就可以放胆地作下去,每年预计着可以写出两部长篇小说来。不幸这一炮若是不过火,我便只好再去教书,也许因为扫兴而完全放弃了写作。所以我说,这本书和我的写作生活有很重要的关系。

　　记得是在一九三六年春天吧,山东大学的一位朋友跟我闲谈,随便地谈到他在北平时曾用过一个车夫。这个车夫自己买了车,又卖掉,如此三起三落,到末了还是受穷。听了这几句简单的叙述,我当时就说:"这颇可以写一篇小说。"紧跟着,朋友又说:有一个车夫被军队抓了去,哪知道,转祸为福,他乘着军队移动之际,偷偷的牵回三匹骆驼回来。

　　这两个车夫姓什么?哪里的人?我都没问过。我只记住了车夫与骆驼。这便是骆驼祥子的故事的核心。

　　从春到夏,我心里老在盘算,怎样把那一点简单的故事扩大,成为一篇十多万字的小说。

　　不管用得着与否,我首先向齐铁恨先生打听骆驼的生活习惯。齐先生生长在北平的西山,山下有许多家养骆驼的。得到他的回信,我看出来,我须以车夫为主,骆驼不过是一点陪衬,因为假若以骆驼为主,恐怕我就须到"口外"去一趟,看看草原与骆驼的情景了。若以车夫为主呢,我就无须到口外去,而随时随处可以观察。这样,我便把骆驼与祥子结合到一处,而骆驼只负引出祥子的责任。

　　怎么写祥子呢?我先细想车夫有多少种,好给他一个确定的地位。把他的地位确定了,我便可以把其余的各种车夫顺手儿叙述出来;以他为主,以他们为宾,既有中心人物,又有他的社会环境,他就可以活起来了。换言之,我的眼一时一刻也不离开祥子;写别的人正可以烘托他。

　　车夫们而外,我又去想,祥子应该租赁哪一车主的车,拉过什么样的人。这样,我便把他的车夫社会扩大了,而把比他的地位高的人也能介绍进来。可是,这些比他高的人物,也还是因祥子而存在故事里,我决定不许任何人夺去祥子的主角地位。

有了人,事情是不难想到的。人既以祥子为主,事情当然也以拉车为主。只要我教一切的人都和车发生关系,我便能把祥子拴住,像把小羊拴在草地上的柳树下那样。

可是,人与人,事与事,虽以车为联系,我还感觉着不易写出车夫的全部生活来。于是,我还再去想:刮风天,车夫怎样?下雨天,车夫怎样?假若我能把这些细琐的遭遇写出来,我的主角便必定能成为一个最真确的人,不但吃的苦,喝的苦,连一阵风,一场雨,也给他的神经以无情的苦刑。

由这里,我又想到,一个车夫也应当和别人一样的有那些吃喝而外的问题。他也必定有志愿,有性欲,有家庭和儿女。对这些问题,他怎样解决呢?他是否能解决呢?这样一想,我所听来的简单的故事,便马上变成像一个社会那么大。我所要观察的不仅是车夫的一点点的浮现在衣冠上的、表现在言语与姿态上的那些小事情了,而是要由车夫的内心状态,观察到地狱究竟是什么样子。车夫的外表上的一切,都必有生活与生命上的根据。我必须找到这个根源,才能写出个劳苦社会。

由一九三六年春天到夏天,我入了迷似的去搜集材料,把祥子的生活与相貌变换过不知多少次——材料变了,人也就随着变。

到了夏天,我辞去了山东大学的教职,开始把祥子写在纸上。因为酝酿的时期相当的长,搜集的材料相当的多,拿起笔来的时候我并没感到多少阻碍。一九三七年一月,"祥子"开始在《宇宙风》上出现,作为长篇连载。当发表第一段的时候,全部还没有写完,可是通篇的故事与字数已大概的有了准谱儿,不会有很大的出入。假若没有这个把握,我是不敢一边写一边发表的。刚刚入夏,我将它写完,共二十四段,恰合《宇宙风》每月要两段,连载一年之用。

当我刚刚把它写完的时候,我就告诉了《宇宙风》的编辑:这是一本最使我自己满意的作品。后来,刊印单行本的时候,书店即以此语嵌入广告中。它使我满意的地方大概是:(一)故事在我心中酝酿得相当的长久,收集的材料也相当的多,所以一落笔便准确,不蔓不枝,没有什么敷衍的地方。(二)我开始专以写作为业,一天到晚心中老想着写作这一回事,所以虽然每天落在纸上的不过是一二千字,可是在我放下笔的时候,心中并没有休息,依然是在思索;思索的时候长,笔尖上便能滴出血与泪来。(三)在这故事刚一开头的时候,我就决定抛开幽默而正正经经地去写。在往常,每逢遇到可以幽默一下的机会,我就必抓住它不放手。有时候,事情本没什么可笑之处,我也要运用俏皮的言语,勉强地使它带上点幽默味道。这,往好里说,足以使文字活泼有趣;往坏里说,就往往招人讨厌。《骆驼祥子》里没有这个毛病。即使它还未能完全排除幽默,可是它的幽默是出自事实本身的可笑,而不是由文字里硬挤出来的。这一决定,使我的作风略有改变,教我知道了只要材料丰富,心中有话可说,就不必一定非幽默不足叫好。(四)既决定了不利用幽默,也就自然地决定了文字要极平易,澄清如无波的湖水。因为要求平易,我就注意到如何在平易中求不死板。恰好,在这时候,好友顾石君先生供给了我许多北平口语中的字和词。在平日,我总以为这些词汇是有音无字的,所以往往因写不出而割爱。现在,有了顾先生的帮助,我的笔下就丰富了许多,而可以从容调动口语,给平易的文字添上些亲切、新鲜、恰当、活泼的味儿。因此,《骆驼祥子》可以朗诵。它的言语是活的。

《骆驼祥子》自然也有许多缺点。使我自己最不满意的是收尾收得太慌了一点。因为连载的关系,我必须整整齐齐地写成二十四段;事实上,我应当多写两三段才能从容不迫地刹住。这,可是没法补救了,因为我对已发表过的作品是不愿再加修改的。

《骆驼祥子》的运气不算很好:在《宇宙风》上刊登到一半就遇上"七七"抗战。《宇宙风》何时在沪停刊,我不知道;所以我也不知道,《骆驼祥子》全部登完过没有。后来,《宇宙风》社迁到广州,首先把《骆驼祥子》印成单行本。可是,据说刚刚印好,广州就沦陷了,《骆驼祥子》便落在敌人的手中。《宇宙风》又迁到桂林,《骆驼祥子》才得到出版的机会,但因邮递不便,在渝蓉各地就很少见到它。后来,文化生活出版社把纸型买过来,它才在大后方稍稍活动开。

近来,《骆驼祥子》好像转了运,据友人报告,它已被译成俄文、日文与英文。

选读后记

本文选自老舍夫人胡絜青编的《老舍论创作》一书。本文大概作于1942年至1944年间。《骆驼祥子》是我国新中国成立前一部优秀的长篇小说,也是老舍作为专业作家后的第一部作品。在此之前,他的小说以语言幽默有趣为一特点,如他自己在本文中所说:"有时候,事情本没什么可笑之处,我也要运用俏皮的言语,勉强地使它带上点幽默味道。"从这部小说开始,他自觉地改变了这种文风,力求文字要极平易,澄清如无波的湖水,这是因为他知道了只要材料丰富,心中有话可说,就不必一定非幽默不足叫好,而且他所写的底层人物生活,本没有什么可笑之处。于是他从容调动口语,给平易的文字添上些亲切、新鲜、恰当、活泼的味儿,这部小说的言语不靠幽默却鲜活得可以朗诵了。他同情人力车夫的悲苦命运,赞赏劳动人民的善良、纯朴,揭露旧社会的残害人性。

文章谈了他是怎样写成这部著名小说的。他长期注意广泛收集材料,充分酝酿思考,反复进行艺术构思,设计如何塑造人物。由于写前做了充分的准备,所以完成得相当顺利。他的成功决不是偶然取得的。真实地、深刻地反映与表现劳动人民的生活,是促使他改变文风、在创作上取得更大发展的主要动因。

散 文 重 要

本文简介

写散文作用比韵文大得多——散文是加工过的口语——有思想、有感情、语言生动,就能感人——肯下功夫,就能写好,就有写好别种文字的顺手工具

我们写信,写日记、笔记、报告、评论以及小说、话剧,都用散文。我们的刊物(除了诗歌专刊)和报纸上的文字绝大多数是散文。我们的书籍,用散文写的不知比用韵文写的要多多少倍。

看起来,散文实在重要。在我们的生活里,一天也离不开散文。我们都有写好散文的责任。

据说"诗有别才"。这个说法正确与否,且不去管它。诗比散文难写,却是事实。散文之所以比较容易写,是因为它接近我们口中的语言。可以说,散文是加过工的口语。我们都会说话,而且说的是散文,不是韵文。在日常交谈的时候,我们的话语难免层次不大分明,用字未尽妥当,因为随想随说,来不及好好思索,细细推敲,也就是欠加工。那么,我们既会说话,如果再会加工,就会写出较好的散文来。我想会有那么一天,我们的文化普遍提高,人人都能出口成章,把口中说的写下来就是好散文。

是的,说话和散文原是"一家人"。我听过好几位劳动模范的发言。他们的文化程度并不很高,发言也没有稿子。可是,他们说的有思想,有感情,语言生动,十分感人。我相信,他们若能提高文化,不久一定会成为写散文的好手。

我非常爱听我们的中央广播电台每晚的全国各地联播节目,在这个广播节目里,说的都是国家和国际的大事。正因为是大事,所以必须使人人能够听懂,不能"之乎者也"地背诵古文。同时,它既须字斟句酌,语语明确,还要铿锵悦耳,引人入胜。这就是说,广播的是话,可也是很好的散文。

有的人以为散文不可捉摸,拿起笔来先害怕。不必害怕,人人都有写散文的条件。我们说话说得清清楚楚,明明白白,这就有了写散文的基础。我们写信,写日记,听报告时作笔记,都是练习写散文的机会。不要刚一提笔,就端起架子来说:我要写散文啦!是呀,我小时候在私塾里读书,每逢老师出题叫学生作文,我便紧张地端起架子,不管老师出什么题,我总先写上"人生于世",或"夫天地者",好像"人生于世"和"夫天地者"是散文的总"头目"!后来,有人指点:你试试看,把想起的话照样写下来,然后好好重新安排一下,叫那一片话更有条理,更精致些,你就无须求救于"夫天地者"了。我这才明白,原来我心中就有散文的底子,它并不是什么天外飞来的怪物。对,我们人人有写散文的"本钱",只看肯不肯下些功夫把它写好,用不着害怕!

与此相反,有的人的胆量又太大,以为只要写出一本五十万字的小说,或两本大戏,就什么都解决了,根本用不着下功夫学习写散文。于是,他写信写得乱七八糟,日记干脆不写,只写小说或剧本。不难推测,一封信还写不清楚,怎能够写出情文并茂的小说和剧本来呢?不把散文底子打好,什么也写不成!

有的人呢,散文还没写通顺,便去作诗。我不相信,连一封信还写不明白,而能写出诗来——诗应该是语言的精华!不错,某个诗人的诗确比散文写得好;可是,自古以来,还没有一位这样的诗人:诗极精采,而写信却胡里胡涂。我看,还是先把散文写好吧!诗写不好,只不过不能发表;信写不明白,可会耽误了事。

对,我们不要怕散文,也别轻视散文。散文比诗容易写,但也须下一番功夫才能写好。不害怕,就敢下笔。一下笔,就发现了困难。有困难,就去克服!把散文写好,我们便有了写评论、报告、信札、小说、话剧等等的顺手工具了。写好了散文,作诗也不会吃亏。散文很重要。

选读后记

  本文选自作者的《小花朵集》,主要谈散文这种文体对写作的特殊重要性。写信、日记、笔记、报告、评论以及小说、话剧,都用散文。用散文写的书,比用韵文写的要多许多倍。在我们的生活里,一天也离不开散文,应用文一般全用散文写作。

  散文是加工过的口语。日常话语难免层次不大分明,用字未必妥当,因为来不及好好思索,细细推敲。我们既会说话,如果再会加工,就会写出较好的散文来。人人都有写散文的条件,练习的机会也最多。肯下功夫,练得更有条理、更精致些,写得更清楚明白,就能不断进步。把散文写好,便有了写评论、报告、信札、小说、话剧等的顺手工具了。全文说理明白,通俗易懂,对有志学习写作者是一种鼓励。

更多老舍作品导读,请扫描

梁实秋

作者简介

梁实秋(1903—1987),现代作家、学者,北京人。1923年清华大学毕业后赴美留学,先后就读于科罗拉多大学、哈佛大学研究所和哥伦比亚大学。回国后历任东南、复旦、青岛、北京大学等校教授。1949年后赴台湾,任台湾大学等校教授。曾主编《新月》月刊,是新月社主要成员之一,写了不少文学论著。一生精力主要用在英国文学研究上,40年间译完了《莎士比亚全集》(40卷)。主要著作有《雅舍小品》(散文集)、《浪漫的与古典的》《文学的纪律》《梁实秋论文学》等,并曾主编《远东英汉大辞典》。

记梁任公先生的一次演讲

本文简介

一次演讲写一个人——出场即写得不凡——记不起下文时一段出色描写——演讲时的表演——言谈讲演中所带的情感比他笔锋的情感更强烈

梁任公先生晚年不谈政治,专心学术。大约在民国十年左右,清华学校请他作第一次的演讲,题目是《中国韵文里表现的情感》。我很幸运的有机会听到这一篇动人的演讲。那时候的青年学子,对梁任公先生怀着无限的景仰,倒不是因为他是戊戌政变的主角,也不是因为他是云南起义的策划者,实在是因为他的学术文章对于青年确有启迪领导的作用。过去也有不少显宦,以及叱咤风云的人物,莅校讲话。但是他们没有能留下深刻的印象。

任公先生的这一篇讲演稿,后来收在《饮冰室文集》里。他的讲演是预先写好的,整整齐齐的写在宽大的宣纸制的稿纸上面,他的书法很是秀丽,用浓墨写在宣纸上,十分美观。但是读他这篇文章和听他这篇讲演,那趣味相差很多,犹之乎读剧本与看戏之迥乎不同。

我记得清清楚楚,在一个风和日丽的下午,高等科楼上大教堂里坐满了听众,随后走进了一位短小精悍秃头顶宽下巴的人物,穿着肥大的长袍,步履稳健,风神潇洒,左右顾盼,光芒四射,这就是梁任公先生。

他走上讲台,打开他的讲稿,眼光向下面一扫,然后是他的极简短的开场白,一共只有两句,头一句是:"启超没有什么学问——,"眼睛向上一翻,轻轻点一下头:"可是也有一点喽!"这样谦逊同时又这样自负的话是很难得听到的。他的广东官话是很够标准的,距离国语甚远,但是他的声音沉着而有力,有时又是宏亮而激亢,所以我们还是能听懂他的每一个字,我们甚至想如果他说标准国语其效果可能反要差一些。

我记得他开头讲一首古诗《箜篌引》:

公无渡河。公竟渡河!

渡河而死;其奈公何!

这四句十六字,经他一朗诵,再经他一解释,活画出一出悲剧,其中有起承转合,有情节,有背景,有人物,有情感。我在听先生这篇讲演后约二十余年,偶然获得机缘在茅津渡候船渡河。但见黄沙弥漫,黄流滚滚,景象苍茫,不禁哀从中来,顿时忆起先生讲的这首古诗。

先生博闻强记,在笔写的讲稿之外,随时引征许多作品,大部分他都能背诵得出。有时候,他背诵到酣畅处,忽然记不起下文,他便用手指敲打他的秃头,敲几下之后,记忆力便又畅通,成本大套的背诵下去了。他敲头的时候,我们屏息以待,他记起来的时候,我们也跟着他欢喜。

先生的讲演,到紧张处,便成为表演。他真是手之舞之足之蹈之,有时掩面,有时顿足,有时狂笑,有时太息。听他讲到他最喜爱的《桃花扇》,讲到"高皇帝,在九天,不管……"那一段,他悲从中来,竟痛哭流涕而不能自已。他掏出手巾拭泪,听讲的人不知有几多也泪下沾巾了!又听他讲杜诗讲到"剑外忽传收蓟北,初闻涕泪满衣裳……",先生又真是于涕泗交流之中张口大笑了。

这一篇讲演分三次讲完,每次讲过,先生大汗淋漓,状极愉快。听过这讲演的人,除了当时所受的感动之外,不少人从此对于中国文学发生了强烈的爱好。先生尝自谓"笔锋常带情感",其实先生在言谈讲演之中所带的情感不知要强烈多少倍!

有学问,有文采,有热心肠的学者,求之当世能有几人?于是我想起了从前的一段经历,笔而记之。

选读后记

本文选自《梁实秋文学回忆录》,岳麓书社1989年版。1922年3月10日、17日和24日,梁启超应清华文学社之邀,在清华学校作《中国韵文里头所表现的情感》的专题演讲。本文所记,就是当时所历的情况。原载于1978年香港文学研究社初版《梁实秋选集》。

本文记梁启超(字任公)这次演讲,着墨不多,但也给读者留下深刻印象,因作者能抓住梁在这次演讲中的几个特殊情态栩栩如生地写出来。

　　一个是走上讲台前的梁先生神态:一位短小精悍秃头顶宽下巴的人物,穿着肥大的长袍,步履稳健,风神潇洒,左右顾盼,光芒四射,这就是梁任公先生。

　　一个是走上讲台后梁先生两句极短的开场白:"启超没有什么学问——"眼睛向上一翻,轻轻点一下头,"可是也有一点喽!"

　　再一个是,梁"博闻强记,随时引征许多作品,大部分他都能背诵得出。有时背诵到酣畅处,忽然记不起下文,他便用手指敲打他的秃头,敲几下之后,记忆力便又畅通,成本大套的背诵下去了。他敲头的时候我们屏息以待,他记起来的时候,我们也跟着他欢喜"。

　　作者描绘梁的讲演,"到紧张处便成为表演","每次讲过,先生大汗淋漓,状极愉快"。这些文字,极为酣畅入神,把"有学问,有文采,有热心肠的学者"梁启超写活了。

更多梁实秋作品导读,请扫描

巴 金

作者简介

巴金(1904—2005),原名李尧棠,字芾甘,笔名巴金,四川成都人。中国现代著名作家、翻译家。1927年初赴法国留学,1928年底回到上海,在此期间开始文学创作和翻译,回国后陆续发表《爱情三部曲》(《雾》《雷》《电》)与《激流三部曲》(《家》《春》《秋》),在青年读者中产生了巨大而持续的影响。抗日战争期间,他辗转各地,编辑书刊,并一直写作不辍,先后出版了《寒夜》《憩园》等长篇小说。新中国成立后,历任全国文联副主席、中国作家协会副主席、主席等职。1956年后写过针砭时弊的杂文,"文革"中受到残酷暴虐的批评、劳改等迫害。晚年发表的五卷《随想录》,以独立的思考和深切的人文关怀,引起了强烈的反响。今人编有《巴金全集》《巴金译文全集》。

再论说真话

本文简介

《随想录》说的是真话——那些"永远正确的人"就像信风鸡——有人靠说谎度日,外国人相信中国说谎者而遭殃——自己因说真话而受到批判与折磨,因害怕而彻底"改造"自己——为保全自己而不得不说假话——用鲜花装饰的谎言也变不成真理——讲真话,人才能认真地活下去

我的"随想"并不"高明",而且绝非传世之作。不过我自己很喜欢它们,因为我说了真话,我怎么想,就怎么写出来,说错了,也不赖账。有人告诉我,在某杂志上我的《随想录》(第一集)受到了"围攻"。我愿意听不同的意见,就让人们点起火来烧毁我的"随想"

吧！但真话却是烧不掉的。当然,是不是真话,不能由我一个人说了算,它至少总得经受时间的考验。三十年来我写了不少的废品,譬如上次提到的那篇散文,当时的劳动模范忽然当上了大官,很快就走向他的反面;既不"劳动",又不做"模范";说假话、搞特权、干坏事倒成了家常便饭。过去我写过多少豪言壮语,我当时是那样欢欣鼓舞,现在才知道我受了骗,把谎言当作了真话。无情的时间对盗名欺世的假话是不会宽容的。

奇怪的是今天还有人要求作家歌颂并不存在的"功"、"德"。我见过一些永远正确的人,过去到处都有。他们时而指东,时而指西,让别人不断犯错误,他们自己永远当裁判官。他们今天夸这个人是"大好人",明天又骂他是"坏分子"。过去辱骂他是"叛徒",现在又尊敬他为烈士。本人说话从来不算数,别人讲了一句半句就全记在账上,到时候整个没完没了,自己一点也不脸红。他们把自己当做机器,你装上什么唱片,他们唱什么调子;你放上什么录音磁带,他们哼什么歌曲。他们的嘴好像过去外国人屋顶上的信风鸡,风吹向哪里,他们的嘴就朝着哪里。

外国朋友向我发过牢骚:他们对中国友好,到中国访问,要求我们介绍真实的情况,他们回去就照我们所说向他们的人民宣传。他们勇敢地站出来做我们的代言人,以为自己讲的全是真话。可是不要多长的时间就发现自己处在尴尬的境地:前后矛盾、不能自圆其说,变来变去,甚至打自己的耳光。外国人重视信用,不会在思想上跳来跳去、一下子转大弯。你讲了假话就得负责,赖也赖不掉。有些外国朋友就因为贩卖假话失掉信用,至今还被人抓住不肯放。他们吃亏就在于太老实,想不到我们这里有人靠说谎度日。当"四人帮"围攻安东尼奥尼的时候,我在一份意大利"左派"刊物上读到批判安东尼奥尼的文章。当时我还在半靠边,但是可以到邮局报刊门市部选购外文"左派"刊物。我早已不相信"四人帮"那一套鬼话,我看见中国人民越来越穷,而"四人帮"一伙却大吹"向着共产主义迈进"。报纸上的宣传和我在生活中的见闻全然不同,"四人帮"说的和他们做的完全两样。我一天听不到一句真话,偶尔有人来找我谈思想,我也不敢吐露真心。我怜悯那位意大利"左派"的天真,他那么容易受骗。事情过了好几年,我不知道他今天是左还是右,也可能还有人揪住他不放松。这就是不肯独立思考而受到的惩罚吧。

其实我自己也有更加惨痛的教训。一九五八年大刮浮夸风的时候我不但相信各种"豪言壮语",而且我也跟着别人说谎吹牛。我在一九五六年也曾发表杂文,鼓励人"独立思考",可是第二年运动一来,几个熟人摔倒在地上,我也弃甲丢盔自己缴了械,一直把那些杂感作为不可赦的罪行;从此就不以说假话为可耻了。当然,这中间也有过反复的时候,我有脑子,我就会思索,有时我也忍不住吐露自己的想法。一九六二年我在上海文艺界的一次会上发表了一篇讲话:《作家的勇气和责任心》。就只有那么一点点"勇气和责任心"！就只有三几十句真话！它们却成了我精神上一个包袱,好些人拿了棍子等着我,姚文元便是其中之一。果然,"文化大革命"开始,我还在北京出席亚非作家紧急会议,上海作家协会的大厅里就贴出了"兴无灭资"的大字报,揭露我那篇"反党"发言。我回到上海便诚惶诚恐地到作家协会学习。大字报一张接着一张,"勒令"我这样,"勒令"我那样,贴不到十张,我的公民权利就给剥夺干净了。

那是一九六六年八九月发生的事。我当时的心境非常奇怪,我后来说,我仿佛受了催眠术,也不一定很恰当。我脑子里好像只有一堆乱麻,我已无法独立思考,我只是感觉到自己背着一个沉重的"罪"的包袱掉在水里,我想救自己,可是越陷越深。脑子里没有是非、真假的观念,只知道自己有罪,而且罪名越来越大。最后认为自己是不可救药的了,应当忍受种种灾难、苦刑,只是为了开脱、挽救我的妻子、儿女。造反派在批斗会上揭发、编造我的罪行,无限上纲。我害怕极了。我起初还分辩几句,后来一律默认。那时我信神拜神,也迷信各种符咒。造反派批斗我的时候经常骂一句:"休想捞稻草!"我抓住的惟一的"稻草"就是"改造"。我不仅把这个符咒挂在门上,还贴在我的心上。我决心认真地改造自己。我还记得在我小的时候每逢家中有人死亡,为了"超度亡灵",请了和尚来诵经,在大厅上或者别的地方就挂出了十殿阎罗的图像。在像上有罪的亡魂通过十个殿,受尽了种种酷刑,最后转世为人。这是我儿童时代受到的教育,几十年后它在我身上又起了作用。一九六六年下半年以后的三年中间,我就是这样地理解"改造"的,我准备给"剖腹挖心","上刀山、下油锅",受尽惩罚,最后喝"迷魂汤"、到阳世重新做人。因此我下定决心咬紧牙关坚持到底。虽然中间有过很短时期我曾想到自杀,以为眼睛一闭就毫无知觉,进入安静的永眠的境界,人世的毁誉无损于我。但是想到今后家里人的遭遇,我又不能无动于衷。想了几次我终于认识到自杀是胆小的行为,自己忍受不了就让给亲人忍受,自己种的苦果却叫妻儿吃下,来免太不公道。而且当时有一句流行的话:"哪里摔倒就在哪里站起来"。我还痴心妄想在"四人帮"统治下面忍受一切痛苦在摔倒的地方爬起来。

那些时候,那些年我就是在谎言中过日子,听假话,说假话,起初把假话当做真理,后来逐渐认出了虚假;起初为了"改造"自己,后来为了保全自己;起初假话当真话说,后来假话当假话说。十年中间我逐渐看清楚十座阎王殿的图像,一切都是虚假!"迷魂汤"也失掉了效用,我的脑子清醒,我回头看背后的路,还能够分辨这些年我是怎样走过来的。我踏在脚下的是那么多的谎言,用鲜花装饰的谎言!

哪怕是给铺上千万朵鲜花,谎言也不会变成真理。这样一个浅显的道理,我为它却花费了很长的时间,付出了很高的代价。

人只有讲真话,才能够认真地活下去。

一九八〇年十月二日

选读后记

《随想录》是一部讲真话的大书,是巴金晚年对历史和人生进行艰苦的反思与探索的真实记录,其目的是要让后人牢记历史教训,不要重蹈覆辙。正因为此,他所写的是他所经历的真人真事,表达的是他内心的真情实感。他把心交给读者,讲自己心里的话,讲自己相信的话,讲自己思考过的话。因此,他的《随想录》,句句讲的都是情感真挚的真心话。

巴金说:"艺术的最高境界,是真实,是自然,是无技巧。"他写作所追求的是"更明白地、更朴实地表达自己的思想"。巴金的作品,如同在与读者促膝交谈,娓娓道来,没有华丽辞藻,没有文句的铺排渲染,只是信笔而书,娓娓而谈,朴实自然,清新明丽,给中国当代文坛带来了新的气息。

何其芳

作者简介

何其芳(1912—1977),四川万县人。中国现代著名诗人、文学理论家。北京大学哲学系毕业。早期散文集有《画梦录》《刻意集》,诗集《预言》等。语言优美,颇追求艺术魅力。因不满当时的现状,于1938年去延安,曾参加过多种工作。文风、学风较前有很大变化。新中国成立后任文学研究所所长等职,成为研究家、评论家。有《何其芳文集》传世。

本文简介

修改是写作过程中一个重要部分——成功的作者都在修改上极费功夫——提纲的设计、写作中的字斟句酌、写成初稿后的反复修改,甚至成书多年之后还要继续修改——怎样才算修改功夫用够了——从根本上说明要多改的理由、修改的目标——多用脑筋,向人请教,找出缺点,一个也不要随便放过——尽最大努力去掉或减少内容上的错误——内容要求重要,表现形式也要力求明白、清楚、动人——对读者负责——指出常见文字中的十二个缺点供注意修订

谈 修 改 文 章

修改是写作的一个重要部分。古今中外,凡是文章写得好的人,大概都在修改上用过功夫。马克思写《资本论》,从计划到草稿都经过了多年的和多次的修改。《资本论》第一卷写完后,他还要作一次文体上的修饰。他给恩格斯写信说:"工作进行得极其快意,因为在经过许多产痛之后,恬静地舐着婴儿,自然感到乐趣。"德文本出第二版,马克思又改

了一遍。对于法文译本,马克思为了使法国的读者容易了解,又作了许多修改。在文学家方面,托尔斯泰写《战争与和平》,据说改过七遍。他们写那样大的作品还改了又改,我们平常写短文章就更应当多加修改了。

普通所说的修改,是在文章写成以后;其实在文章未写以前,对于立意布局的反复推敲,对于写作提纲的再三斟酌,都带有修改的性质。这种下笔以前的"修改"是最要紧不过了,正如盖房子首先要打好图样,作战首先要订好计划一样。要是这第一步功夫没有用够,写起来就常常会写不下去,或者勉强写下去了结果还是要不得。这种事先的构思或写提纲,一般人都是做的,但功夫却不一定用得够。

中国过去有文不加点的说法,就是说有的人写文章不用涂改一个字。又还有这样一个故事,说有一位文学家在写文章之前,总是把墨磨得很充足,然后钻到被子里去睡,睡了起来就挥笔写成,也是一字不改。这些说法如果是真的,我想一定是他们先就在脑子里修改好了的缘故。

我们现在写文章,倒也用不着要一字一句都完全想好才下笔。现在的事物和我们对于事物的看法都比古代复杂,下笔以前多思索,多酝酿,仍常常只能完成一个图样,一个计划,还是需要下笔以后边写边改来充实,来修正,还是需要写完以后根据自己的审查和别人的意见来再三修改,来最后写定。这种写作过程中和全篇写好后的修改,一般人也都是做的,但功夫也不一定用得够。

怎样才算修改的功夫用够了呢?改的遍数多还并不就等于改得够。衡量够不够的标准我想主要有两个:一个是内容正确,一个是读者容易接受。毛主席在《反对党八股》中讲:"文章是客观事物的反映,而事物是曲折复杂的,必须反复研究,才能反映恰当;在这里粗心大意,就是不懂得做文章的起码知识。"这是从根本上说明了文章要多改的理由,同时也就指出了修改的目标。客观事物不是一下子就能够认识清楚认识完全,多一次修改就是多一次认识。表达我们的认识的文字也不是一下子就能够选择适当,多一次修改就是多一次选择。能否做到内容完全正确,自然要看我们的思想水平怎样;但如果我们采取谨慎态度去修改,自己多用脑筋,加上向别人请教,对每一个论点每一个看法都不随便放过,也就可以去掉或减少许多内容上的错误。内容正确,就具备了说服读者的基本条件。不过要读者容易接受,也还要依靠好的表现形式。还得在布局上、逻辑上、修辞上再花些功夫,才能够使文章的每一句,每一段,一直到全篇,一下子打进读者的脑筋。能否做到表现形式很完美,自然要看我们的写作水平怎样;但如果我们采取替读者着想的态度去修改,总是想着我们所写的一般读者能不能完全了解,会不会相信赞成,是不是感到枯燥沉闷,也就可以去掉或减少许多表现形式上的缺点。

一般文章的毛病,根本成问题的大概不外乎观点错误,不合事实,教条主义,空洞无物等项。并不是整篇要不得,而是局部内容或表现形式有缺点、必须加以修改的却相当多。就我所能想到的缺点列举出来,就有这些:

一、抽象笼统,叙事不具体,说理不分析。

二、根据不足,就下断语,我要怎样说就怎样说,信不信由你。

三、强调一点,不加限制,反驳别人,易走极端,没有分寸,不够周密。

四、大家都知道的事情说得很多,以为只有自己知道别人不知道。

五、别人不知道的事情说得很少,以为自己知道别人也知道。

六、许多事情或问题,随便放在一起,没有中心,没有层次,逐段读时也还可以,读完以后一片模糊。

七、写到下句不管上句,写到后面不管前面。

八、信手写来,离题万里,偏又爱惜,舍不得割弃。

九、抄书太多,使人昏昏欲睡。

一〇、生造词头,乱用术语,疙里疙瘩,词不达意。

一一、没有吸取说话里面的单纯易懂、生动亲切等好处,只剩下说话里面的啰嗦重复、马虎破碎等缺点。

一二、没有学到外国语法的精密,却摹仿翻译文字造长句子,想把天下的事情一口气说完,一直是逗点到底。

这是我们常见的叙事说理文章中的一些毛病。文艺作品还有别的特殊问题,这里不去说它。我们犯这些毛病,也并不完全由于我们的思想水平写作水平真正就那样低,而常常由于我们花心思花功夫不够,尊重读者体贴读者不够。

内容要正确,表现形式要恰当,都是为了读者。好文章不仅读者容易懂得、相信,并且还能够吸引读者,使读者能够得到一种提高,一种愉快。这个境界不易达到,但我们总应该努力把文章写得讲究一点。文章也是一种重要的革命工具,发表出来是要对群众负责的。因此,从写作以前到写完以后,从内容到形式,凡属可能做到的反复研究,充分修改,都大有必要。我讲这些,并不是说我就做到了这样,刚刚相反,正因为我也是粗心大意,不懂得做文章的起码知识,现在有些觉悟,愿从此努力而已。

一九四九年一月五日

选读后记

本文选自《何其芳文集》第四卷,人民文学出版社1983年版。本文明白、清楚,把写作的各方面的问题都照顾到了。古贤创作,每有"吟安一个字,捻断数茎须"的体验。有时一两个字的改动会使诗文的境界、深度显著提高。经过多次修改的文稿,保存着修改痕迹,称为"原稿",后来人能从中学习到许多知识,体会到作者的性格、精神。"倚马可待",形容写得极快;"一字不改",说明文章已完美得很。这两个词一般用来奉承别人,或形容某人在写作上极其自负、自欺欺人。真有这种实力实绩的作家偶然也有,其实他们对所要写的内容已酝酿成熟,故出口、下笔即可成章,这种情况在篇幅短小的诗词创作中概率较大,长篇则绝难。大家偶然有成之例,不足为训。

徐中玉

作者简介

徐中玉(1915—),江苏江阴人。毕业于中央大学中文系、中山大学研究院。历任中山、山东、沪江、同济、复旦诸大学中文系教授。新中国成立后任华东师范大学中文系教授、系主任、文学研究所所长,历兼中国文艺理论学会会长、《文艺理论研究》主编、中国古代文学理论学会常务副会长(现为名誉会长)、《古代文学理论研究》丛刊主编、全国大学语文研究会会长,主编全国通用《大学语文》教材五种,历任国家教委全国高等教育自学考试指导委员、中文专业委员会主任两届及上海作家协会第五届主席。代表作有《徐中玉自选集》《激流中的探索》等,主编书刊数十种。现为华东师范大学中文系名誉系主任,《文艺理论研究》《古代文学理论研究》主编。香港"中国文化研究院"、北京大学中文系"中国语文教育研究所"顾问等。

《儒林外史》的语言艺术

本文简介

人民性的思想——运用口语的优点——丰富、多样、性格化——精练的写法

人民性的思想

出现在18世纪30年代的长篇小说《儒林外史》,是我国古典文学中一部有价值的巨著。杰出的作家吴敬梓在这本书里描写了明、清之间封建社会中各个阶级的生活,写出了广大农民和地主官僚、豪绅巨贾、流氓恶霸这一统治集团的尖锐对照,写出了毁灭人性

的礼教和科举制度对于现实社会的毒害,当时读书人的生活作风和精神世界,深刻地批判和讽刺了封建体系的庸俗、腐朽和丑恶。和赫尔岑论及果戈理时所说的一样,"他嘴上带着笑,毫无怜惜地深入到肮脏的、恶毒的官僚灵魂的最隐秘的折缝里去"。吴敬梓不单是对封建社会的不公平和腐朽丑恶进行了辛辣的讽刺和大胆的揭露,他更能越过封建制度的高墙,感受到劳动人民的淳厚和质朴,在明显的对照之下,表明了在精神和道德上真正高尚可爱的正是那些不识字不作官的农民、裁缝、小商人和戏子等等。他一方面坚决反对官府的势利和对人民的酷虐,另一方面就渴望着自由的不受压迫的生活。吴敬梓的感情同当时被剥削被凌虐的广大人民是非常接近的。

无论在思想上或艺术上,《儒林外史》对后来的许多作家和作品都有了很深的影响。晚清的著名暴露小说《官场现形记》、《二十年目睹之怪现状》等固是显著的受到《儒林外史》影响的例子,就在现代文学的导师鲁迅的作品里,特别在他早年的创作小说如《狂人日记》、《孔乙己》等等作品中,我们也能找出这种影响的痕迹。不但如此,《儒林外史》的揭露丑恶的艺术和讽刺技巧,直到今天仍可以作为我们和一切落后现象作战的武器。

《儒林外史》的成功是多方面的,其一是运用语言的艺术。本篇就打算专就这一方面谈一谈个人的体会。

运用口语的优点

《儒林外史》在语言上的卓越成就首先是由于运用了人民群众的口语。不但对话部分,就在叙述部分,甚至在描写景物时,都是用的极生动的口语。例如第一回里的:

> 那日,正是黄梅时候,天气烦躁。王冕放牛倦了,在绿草地上坐着。须臾,浓云密布,一阵大雨过了。那黑云边上镶着白云,渐渐散去,透出一派日光来,照耀得满湖通红。湖边山上,青一块,紫一块,绿一块。树枝上都像水洗过一番的,尤其绿得可爱。湖里有十来枝荷花,苞子上清水滴滴,荷叶上水珠滚来滚去。

《儒林外史》也有些文言古语,例如第十三回里马二先生这样说:

> "到本朝用文章取士,这是极好的法则。就是夫子在而今,也要念文章,做举业,断不讲那'言寡尤,行寡悔'的话。何也?就日日讲究'言寡尤,行寡悔',那个给你官做?孔子的道也就不行了。"

也有些某一职业的行话,例如第十回里的自称"一向在京师行道"的陈和甫这样说:

> "三老爷耳白于面,名满天下;四老爷土星明亮,不日该有加官晋爵之喜。"

> "卜易、谈星、看相、算命、内科、外科、内丹、外丹,以及请仙判事,扶乩笔录,晚生都略知道一二。"

吴敬梓所以要把这一类话头也写进书里,决不是为了要兼收并蓄,炫耀丰富,乃是为了描写人物的性格,为了展开作品的内容的,而且这些话现在看来像是有点文绉绉的,但在当时大致也还是合于读书人的口语的。

《儒林外史》里绝少使用偏僻的方言,谚语、歇后语则有一些。在我们的许多谚语、歇后语中,确实有不少意味深长、形象生动的,因为它们原是人民群众从实际生活中创造出来的。但在文学作品中使用谚语、歇后语,也应当遵守为内容服务、普遍为人所懂和避免庸俗低级的原则。吴敬梓在这里使用的谚语、歇后语,就都没有违背这些原则。《儒林外史》里的谚语、歇后语,绝大部分都在对话里才出现。而且说这类话的人又绝大部分是差人和头役,小部分则是作者所要嘲笑否定的读书人,例如:

差人:你却不要"过了庙不下雨"。

差人:自古"钱到公事办,火到猪头烂"。

差人:这个正合着古语"瞒天讨价,就地还钱"!我说二三百银子,你就说二三十两!"戴着斗笠亲嘴,差着一帽子!"怪不得人说你们"诗云子曰"的人难讲话!这样看来,你好像"老鼠尾巴上害疖子,出脓也不多"!倒是我多事,不该来惹这婆子口舌!

潘三:你是"马蹄刀瓢里切菜,滴水也不漏",总不肯放出钱来。

头役:自古道,"家贫不是贫,路贫贫杀人。"

周进:"瘫子掉在井里,捞起也是坐。"

鲁编修:古语道得好,"无兵无粮,因甚不降?"

景兰江:俗语说得好,"死知府不如一个活老鼠。"

牛浦:你一个尊年人,不想做些好事,只要在"光水头上钻眼骗人"!

赵麟书:我这里"娃子不哭奶不胀",为什么把别人家的棺材拉在自己门口哭?

吴敬梓使用谚语、歇后语为什么绝大部分只在对话里?这就是为的要刻画性格。又为什么这些话绝大部分出在差人头役们嘴里?这是因为在封建社会中,一般士大夫要保持"身份",讲究"文雅",绝少说这类话,特别是所谓有学问的"正人君子"更不说这种话。景兰江原是一个商人,牛浦原是一个市井骗子。周进那时还不曾考中,所以才会说出和差人头役们类似的话。鲁编修虽然也称述古语,但是文言口吻已经稍有不同,而从他所称述的两句古语中,他的贪鄙、决无节操的性格,就很明白地表现出来了。封建士大夫看不起谚语、歇后语,绝口不说,这是他们的固陋之处;但他们在当时既然不这样说,如果作者硬要把这类话加到他们的说话中去,那就不可避免地要损害这些人物的真实性。

还有像下面两个例子,虽然是出现在作者的叙述里,但我们仔细体会一下,就可知道其中也有选择,仍旧符合听者的身份和性格:

(算命的)瞎子听了半天,听他两人(测字先生陈和甫儿子同他的丈人吵闹)说的都是"堂屋里挂草荐",——不是话(画)。

卖人参的听了,"哑巴梦见妈,说不出的苦"。

这就是说,因为这里两个听者是算命瞎子和卖人参的,所以作者才写进了这两句俗话,看是叙述,其实还是写的这两个听者的反应和感受。

用普遍流行的群众口语来做写作的基本材料,绝少使用偏僻的方言,不但在对话里这样,在叙述和描写里也是这样,使用谚语、歇后语等俗语时,有明确的目的,决不滥用:这些都是《儒林外史》在运用语言上的突出优点,这些优点的产生是和吴敬梓的优秀的创作方法分不开的。

丰富、多样、性格化

文学作品中语言的美,在于它能把生活的丰富性和多样性表达出来,在于它能把人物的思想、性格、事业表达出来。《儒林外史》语言的另一突出优点,就正是它的丰富性和多样性,特别是它的对话,经常能非常准确、深刻、活现地显露出人物的性格。我们看下面周进和卫体善的两段说话:

(周)学道变了脸道:"当今天子重文章,足下何须讲汉唐!像你做童生的人,只该用心做文章,那些杂览,学他做什么!况且本道奉旨到此衡文,难道是来此同你谈杂学的么?看你这样务名而不务实,那正务自然荒废,都是些粗心浮气的说话,看不得了。左右的!赶了出去!"

卫先生道:"长兄,你原来不知。文章是代圣贤立言,有一定的规矩,比不得那些杂览,可以随手乱做的,所以一篇文章,不但看出这本人的富贵福泽,并看出国运的盛衰。洪、永有洪、永的法则,成、弘有成、弘的法则,都是一脉流传,有个元灯。比如主考中出一榜人来,也有合法的,也有徼幸的,必定要经我们选家批了出来,这篇就是传文了。若是这一科无可入选,只叫做没有文章!"

从上面的两段说话中,我们可以感觉出他们有一个共同点,便是都主张专心做八股,排斥所谓杂览,这两个说话者也无疑都是迂腐不堪的家伙,因为他们都是封建统治阶级中的读书人。但从这两段说话,却也明显可以感到他们的不同性格和不同身份。周进因为这时已做了学道,声势煊赫,而且是在和童生说话,所以完全是教训和命令的口气,趾高气扬,不可一世。卫体善却是一个小小的乡榜,虽然满口规矩法则,沾沾自喜到极点,毕竟不过是一个老选家而已,所以越是夸口,就越发露出了他的酸臭可笑。

我们再看下面张乡绅和新中了举人的范进的这一段对话:

张乡绅先攀谈道:"世先生同在桑梓,一向有失亲近。"范进道:"晚生久仰老先生,只是无缘,不曾拜会。"张乡绅道:"适才看见题名录,贵房师高要县汤公,就是先祖的门生。我和你是亲切的世弟兄。"范进道:"晚生侥幸,实是有愧。却幸得出老先生门下,可为欣喜。"张乡绅四面将眼睛望了一望,说道:"世先生果是清贫。"随在跟的家人手里拿过一封银子来,说道:"弟却也无以为敬,谨具贺仪五十两,世先生权且收着。这华居,其实住不得,将来当事拜往,俱不甚便。弟有空房一所,就在东门大街上,三进三间,虽不轩敞,也还干净,就送与世先生。搬到那里去住,早晚也好请教些。"范进再三推辞。张乡绅急了,道:"你我年谊世好,就如至亲骨肉一般;若要如此,就是见外了。"

在这一段对话里,说话的虽然都是举人,但张乡绅是一个老举人,老奸巨猾的家伙,诚如胡屠户所介绍,他家里"一年就是无事,肉也要用四五千斤,银子何足为奇"。而范进则不过刚得捷报知道中举,这天因为家里没有早饭米,还曾抱着仅剩的一只生蛋母鸡到集上去叫卖过。张乡绅为什么不惜屈尊先来拜访范进,赠银送屋,还说了许多极甜蜜的话?就为的要结交拉拢这个已经穷得眼里出火、但不久也就要加入统治集团中来的新中举人,这时来给他点好处,就能使他感激涕零,乐于加入自己的帮口,做自己鱼肉人民的一个伴当、助手。这正是张乡绅的老练和狡猾处,他的这种心事在他的几句对话里都极生动地写出来了,果然他也立刻得到了成功。从未见过"一封一封雪白的细丝锭子"、而且还缺乏剥削经验的穷措大范进,虽然也已中举,但在神通广大、有意争取主动的老举人张乡绅面前暂时还只能处于完全被动的地位,这是完全可以理解的。作者在这一段对话里不但写出了读书人语言和不读书人语言之间的某些不同,还写出了两个举人之间性格、环境、手段的差别;而且,通过这段对话,作者还把封建统治阶级相互之间拼命拉拢勾结以便合力来酷虐人民的一幅富有社会意义的图景描绘出来了。

在《儒林外史》里,有惟妙惟肖的表现官僚名士乡绅们的性格思想的语言,也有惟妙惟肖的表现市井无赖、科场不利的忠厚老实人等等的性格思想的语言。而且就在这些同类人物的语言里,如果细加辨析,也还看得出种种的区别。

马二先生迂拙不化,死抱住举业不放,一心想做个举人进士,荣宗耀祖一番,偏偏科场不利,落得个百无一能。作者对这个人物是讽刺得很深刻的。可是马二先生还有另外一面。在做人方面,他热诚、恳切、认真、肯帮助别人。因此,作者看待这个人不仅和看待严贡生等完全不同,和看待周进、范进等也不一样。我们看作者如何写马二先生的谈话:

"贤弟,你听我说。你如今回去,奉事父母,总以文章举业为主。人生世上,除了这事,就没有第二件可以出头。不要说算命拆字是下等,就是教馆、作幕,都不是个了局。只是有本事进了学,中了举人、进士,即刻就荣宗耀祖。这就是《孝经》上所说的'显亲扬名',才是大孝,自身也不得受苦。古语道得好:'书中自有黄金屋,书中自有千钟粟,书中自有颜如玉。'而今什么是书?就是我们的文章选本了。贤弟,你回去奉养父母之外,总以做举业为主。就是生意不好,奉养不周,也不必介意,总以做文章为主。那害病的父亲,睡在床上,没有东西吃,果然听见你念文章的声气,他心花开了,分明难过也好过,分明那里疼也不疼了。这便是曾子的'养志'。假如时运不好,终身不得中举,一个廪生是挣得来的。到后来,做任教官,也替父母请一道封诰。我是百无一能,年纪又大了。贤弟,你年少英敏,可细听愚兄之言,图个日后宦途相见。"

以上是马二先生对匡超人说的临别赠言。马二先生把匡超人从陷于流落拆字的窘境里救援上来之后,又送他十两银子,外加棉袄和鞋子,劝他回家去好好学做文章。这段对话把马二先生的迂拙可笑和热诚、恳切、认真相结合的整个性格一下子和盘托出了。这是一个真实的、有血有肉的人,可是作者一句直接介绍的话也没有,他完全让人物自己的说话和行动去表白他的一切,也让读者自己从人物的说话和行动里去认识人物的一切,去下爱或憎的结论,而作者的思想和作品的倾向性也就虽然隐秘却非常有力地渗透在他这种形象的刻画中间。

《儒林外史》的对话随着人物身份、环境、思想的改变也有所改变,始终符合具体人物的性格。人物的说话,决不是随便什么人在随便什么时间场合所说的随便什么话,而是这一个人在特定的环境中可能说和必要说的话。周进做了学道时曾神气活现地大声训斥童生,可是他在考中以前却曾向几个商人磕过头,称他们做"重生父母",只要他们肯拿出二百两银子相助,"我周进变驴变马,也要报效。"匡超人在流落中开始得救时是这样回答马二先生的问话的:"先生,我那里还讲多少?只这几天水路搭船,到了旱路上,我难道还想坐山轿不成?背了行李走,就是饭食少两餐,也罢。我只要到父亲跟前,死也瞑目!"说得多么可怜。这时他的确还算是个有良心的人。但以后当他稍稍得意了些,便口吻一变,马二先生也就不在他的眼中了,他告诉别人:"这马纯兄理法有余,才气不足;所以他的选本也不甚行。选本总以行为主;若是不行,书店就要赔本。惟是小弟的选本,外国都有的!"显然可见,这时的匡超人,由于举业和封建统治阶级的熏染,已完全堕落成一个毫无信义、卑鄙无耻的骗子和市侩了。这是因为像周进、匡超人他们的环境性格已有改变,所以写他们后来的说话便也不能不变。

《儒林外史》的语言是丰富的、多样的,它灵活深刻地写出了各个阶级不同人物的复杂的性格。吴敬梓在用语言来刻画人物性格的时候,决不是纯客观地用速记的方法,乃是选择了合乎人物基本特点的典型的东西、而不是偶然的东西来描写的。所以从他笔下产生出来的人物,不会使人有概念化、简单化、模糊不清的感觉。吴敬梓在语言上的这种卓越才能,毫无疑问,是他对于所要描写的人物彻底熟悉,不但熟悉他们的用语,更是熟悉了他们的内心和灵魂深处的自然结果。

精练的写法

《儒林外史》是一部三十万字的长篇小说,但是就这部小说所写的深广的社会容量来说,它还是写得很简练的。作者存心通过人物性格的刻画来表达出他的爱和憎,因而很少叙事,有些无关紧要的事情他总是一笔带过,决不多费笔墨。例如第三回里他写周进中举之后,"到京会试,又中了进士,殿在三甲,授了部属。荏苒三年,升了御史,钦点广东学道。"不过三十一个字,却总说了多长一段时间里的多少事情。为了故事的连贯,这些事情不能不交代一下,但因它们和主题思想关系很少,所以略一交代就完。书中这样的例子很多。

《儒林外史》里有许多地方的用字很值得注意。例如第二回里有一句话"当下捺着姓荀的出了一半",这"捺"字实在下得好。姓荀的是一个地主,当地的首富,但比较地缺少权势,地方上的恶霸遇事总要他多出款,姓荀的内心里自然很不愿意。这次兴龙灯又要他拿出一半费用,虽有商议的形式,其实是不由分说就决定下了,写作"捺",非常恰当,而且也把地主之间的矛盾形象化了。十四回里马二先生所说"挤的干干净净"一句中"挤"字也用得好。马二先生不是随便就拿得出九十二两银子,他乃是想了又想,把应当除开的除开,可以节省的省下之后才一身大汗地勉力凑出这些银子来的,"挤"字可以让人感到他的努力和热诚,所以生动。十五回里江湖骗子洪憨仙死后,作者说他的四个假充长随的儿侄立刻就慌了手脚,"寓处掳一掳,只得四五件绸缎衣服还当得几两银子"。这里"掳"字也下得妙,因为他这几个儿侄目前已经连饭都要吃不上了,只有急忙搜抢一下,看看还有些什么值钱东西可以吃饭和做回家的路费。而且既是骗子,就怕还要吃赔账,说不定连这几件衣服也要被别人拿去,所以更感到有抓紧时机抢着"掳一掳"的必要。这些字眼所以好,不是由于别的,就因通过它们能够非常生动恰当地表现出人与人间的关系、人物的性格和事件发生当时的情景。

这本书里也有许多句子是特别简练而富有表现力的。第一回里说王冕自从听那三个人津津有味地说了一套热衷功名富贵的话之后,原来很爱读书的他"自此,聚的钱不买书了"。作者只写了这一句,前后都没有说明。为什么从此聚的钱就不买书了呢?这里就在无言中表出了王冕对于这三个人和他们所讲的道理的极度轻蔑,他轻蔑到连提也不愿再提,说明也不愿再说明。第八回王道台兵败潜逃时"在衙门并不曾收拾得一件东西",可见他是存心想浑水摸鱼,捞它一批东西的,这样写完全符合这个人物的贪鄙性格,比直接写出更有意味。第十一回里写杨执中的儿子杨老六"虽是蠢,又是酒后,但听见娄府,也就不敢胡闹了"。娄府是当地豪绅人家,书里虽没有写出这家的豪横事实,但一个既蛮又醉的人一听说这个人家就不敢再闹,那么豪绅势焰,即使不写出来,也已能够想见。第十二回里写冒充侠客的骗子张铁臂虚设人头会,作者一方面写他在屋顶上"行步如飞",但另一方面又一再这样写:"忽听房上瓦一片声的响","只听得一片瓦响",这就极具体地暗示了我们,这个自称侠客的家伙其实是骗子,因为他如真有本领就不应当来去总是"一片瓦响"。第二十六回里写鲍廷玺在衙门里"只如在云端里过日子"。鲍廷玺是戏子鲍文卿的养子,在班里记记账,现在靠着养父和向知府的一点交情,热热闹闹娶到了知府家总管的女儿做老婆,还收进不少财礼,又是在衙门里鬼混,这跟他过去的生活比较起来的确是一在地下,一在天上。可是人毕竟不能虚悬在云端里过日子,他这种倚赖别人恩赐过快活日子的时间到底不能久长。现在说他"只如在云端里过日子",既写出了他的意外高兴,乐不可支和忘其所以,同时也暗示出来他以后一定要乐极生悲,这真是一个喻意非常丰富确切的句子。

吴敬梓还往往能用极精练的一两句话把几个人对于同一件事的不同看法写出来,同时也就非常鲜明地写出了他们各不相同的思想和性格。这可以说是运用语言的高度技巧。例如三十四回里高老先生当众把杜少卿大骂了一顿,说他胡说,混穿混吃,和尚道士,工匠花子,都拉着相与,却不肯相与一个正经人;说他在南京城里日日携着乃眷上酒馆吃酒,手里拿着一个铜盏子,就像讨饭的一般;又说他果然肚里通,就该中了去。席散之后,迟衡山等就纷纷发表意见:

迟衡山道:"方才高老先生这些话,分明是骂少卿,不想倒替少卿添了许多身份。众位先生,少卿是自古及今难得的一个奇人!"马二先生道:"方才这些话,也有几句说的是。"季苇萧道:"总不必管他。他河房里有趣,我们几个人,明日一齐到他家,叫他买酒给我们吃!"余和声道:"我们两个人也去拜他。"

这里就写出了四个人的不同声口。迟衡山迂而有骨气,而且思想和杜少卿很接近,也真心钦佩他,所以极不以高老先生的话为然,还藉此揄扬少卿一番。马二先生迂腐诚实厚道,他很听得进高老先生的举业话头,但不能赞成他那样的虚伪、乱骂人,所以只说他有几分说的是。季苇萧最卑鄙,只想骗些好处,吃点白食,别的都不在他心里。余和声绰号美人,只是无耻凑趣,听见可以结交吃酒,所以立刻就说也要去拜访少卿。

还有在四十一回里,讲起江都女子沈琼枝在南京卖诗文的事:

杜少卿道:"无论他是怎样,果真能做诗文,这也就难得了。"迟衡山道:"南京城里是何等地方!四方的名士还数不清,还那个去求妇女们的诗文?这个明明借此勾引人!他能做不能做,不必管他。"武书道:"这个却奇。一个少年妇女,独自在外,又无同伴,靠卖诗文过日子,恐怕世上断无此理。只恐其中有什么情由。她既会做诗,我们便邀了她来做做看。"

这里杜少卿就分明是真正名士的性格,他并不轻视女子,而所重则在于能够真做诗文。迟衡山是迂士,看不起女子,以为她这样出来抛头露面一定是借此勾引男人,所重在于所谓风化和礼教。武书爱动好奇,他无所谓看重看轻,只好奇地想了解一下这个女子究竟能不能做诗,卖诗文究竟有什么情由。三个人在书里都是被作者肯定的人,但他们的性格有不同,而这不同的性格在这几句话里也分明地反映了出来。

总之，生活中的语言，分明的是非和热烈的感情，加上对于所写人物的彻底熟悉，这就是我们今天学习《儒林外史》的语言艺术时首先应当学习的东西。中国语言艺术巨匠吴敬梓的辉煌成功，决不是轻易、偶然地得到的。

选读后记

本文原载于《语文学习》1954年第6期，收入作家出版社出版的《儒林外史研究论集》和别的一些选本。《儒林外史》是我国清代吴敬梓著的一部著名长篇小说，内容反对科举制度对儒生身心的毒害，揭示旧礼教的缺乏人性。小说的语言特别生动而有个性，此文主要就是从它语言的艺术性来进行分析的。大家读过的《范进中举》一文，就是从这部小说中选出来的。

鲁迅简论怎样读书、研究、论辩

本文简介

本文三则分论鲁迅主张怎样读书、怎样研究、怎样论辩

一、论读书

研究者必须读书，虽然仅仅读书并不就能成为一个好的研究者。研究者如果也游谈无根，那就只能闹笑话。鲁迅说："当我年青时，大家以胡须上翘者为洋气，下垂者为国粹，而不知这正是蒙古式，汉唐画象，须皆上翘；今又有一班小英雄，以强水洒洋服，令人改穿袍子马褂而后快，然竟忘此乃满洲服也。……盖此辈本不读书耳。"① 小事情还是如此，要研究重大问题当然更不能不读书。

研究者应当怎样读书呢？

鲁迅一贯主张入手时应当泛览，即所谓"大可以看看各样的书，即使和本业毫不相干的，也要泛览，譬如学理科的，偏看看文学书，学文学的，偏看看科学书，看看别个在那里研究的，究竟是怎么一回事。这样子，对于别人、别事，可以有更深的了解。"② 他认为即使要专门研究文学，而在开始时就"专看文学书，也不好的。先前的文学青年，往往厌恶数学，理化，史地，生物学，以为这些都无足重轻，后来变成连常识也没有，研究文学固然不明白，自己做起文章来也胡涂。"③ 他认为我们尽可以爱好、研究文学，但却不可以为自己所学的一门是最好、最妙、最要紧的学问，而别的都无用，都不足道，这种狭隘的理解反而只能阻

---

① 《鲁迅书简·致姚克》第22信。
② 《而已集·读书杂谈》。
③ 《鲁迅书简·致颜黎民》第2信。

碍我们对文学作正当的研究,而在泛览中便能逐渐消除这种狭隘的理解。

对于研究任何学问的人来说,鲁迅以为都必须先懂得历史,具备一定的历史知识。研究文学的人当然也不能例外。他说:"无论是学文学的,学科学的,他应该先看一部关于历史的简明而可靠的书。"① 为什么应该先读一点历史书?因为历史书可以帮助研究者"知今知古,知外知内","知人论世"。他曾这样感慨:"中国不但无正确之本国史,亦无世界史,妄人信口开河,青年莫名其妙,知今知古,知外知内,都谈不到。"② 而我们若想"研究某一时代的文学,至少要知道作者的环境、经历和著作"③,"要论作家的作品,必须兼想到周围的情形"④,这就非读历史不可。所以,鲁迅不但自己经常在读历史书,并且也常劝告别人要读历史书,他还几次特别在文章或书简里把自己读了很感有益的好的历史书介绍给别人看⑤。

在专业书籍的阅读方面,鲁迅主张由浅入深,开始不妨先读一点概论性的东西,以便知道个大体,然后再一步一步深入下去。他反对有些人一上来就给青年开一大篇书目的办法,认为这种办法没有什么用处,因为那些书目不过是那些人"自己想要看或者未必想要看的书目"⑥,不切实际。

经过一个时期的泛览,和对于专业书籍的一般性的接触,研究者就应进一步抉择而入于自己所爱的较专的一门或几门⑦。研究学问,不能象玩"杂耍"一样,一定要有专长,才能得到社会的重视⑧。否则,用鲁迅的话说,便不过是些"油滑学问"而已。

对专业书的阅读,怎样才算深入?归纳鲁迅的意见,至少可分三点来说:

第一,是不要专看一家之书,应当博采众家之长。鲁迅这样指点人:"要看别人的作品,但不可专看一个人的作品,以防被他束缚住。必须博采众家,取其所长,这才后来能够独立。"⑨ 当有人在专看他自己的书的时候,他也用同样的道理劝告别人不可如此:"你说专爱看我的书,那也许是我常论时事的缘故。不过只看一个人的著作,结果是不大好的:你就得不到多方面的优点。必须如蜜蜂一样,采过许多花,这才能酿出蜜来,倘若叮在一处,所得就非常有限,枯燥了。"⑩

第二,是不要只看本国之书,应当也看看外国有关的书,以便多多得到启发。鲁迅在很早的时候就认为不应当排斥外来的影响,不应当"使中国和世界潮流隔绝"⑪。"多看外国书"乃是他常对人说的一句老话。譬如说,如果要研究中国的新文艺,那么在"多看些

---

① 《且介亭杂文·随便翻翻》。
② 《鲁迅书简·致姚克》第22信。
③ 《而已集·魏晋风度及文章与药及酒之关系》。
④ 《且介亭杂文二集·后记》。
⑤ 参看《鲁迅书简·致徐懋庸》第4信和《且介亭杂文·随便翻翻》。
⑥ 《而已集·读书杂谈》。
⑦ 《而已集·读书杂谈》。
⑧ 参看《两地书》第95信。
⑨ 《鲁迅书简·致董永舒》第1信。
⑩ 《鲁迅书简·致颜黎民》第2信。
⑪ 《坟·未有天才之前》。

别国的理论和作品之后,再来估量中国的新文艺,便可以清楚得多了。"①所以能够清楚得多,就因为有了比较,各自的不同之处和特点就更容易被认识出来之故。

第三,是不要只看同意的书,也应看看不同意的,甚至是敌人的书,从而知己知彼。鲁迅说:"讲扶乩的书,讲婊子的书,倘有机会遇见,不要皱起眉头,显示憎厌之状,也可以翻一翻;明知道和自己意见相反的书,已经过时的书,也用一样的办法。"②他深感到,作为一个文学工作者,如果不清楚敌人的底细,就难于很好地完成战斗的任务。在不同意见或敌对意见的前面遮住自己的眼睛,掩住自己的耳朵,事实上只好算作向它们示弱或投降。对于这种情况,鲁迅在一篇文章里曾具体地加以指责,说得非常正确:

可惜的是现在的作家,连革命的作家和批评家,也往往不能,或不敢正视现社会,知道它的底细,尤其是认为敌人的底细。随手举一个例吧,先前的《列宁青年》上,有一篇评论中国文学界的文章,将这分为三派,首先是创造社,作为无产阶级文学派,讲得很长,其次是语丝社,作为小资产阶级文学派,可就说得短了,第三是新月社,作为资产阶级文学派,却说得更短,到不了一页。这就在表明:这位青年批评家对于愈认为是敌人的,就愈是无话可说,也就是愈没有细看。自然,我们看书,倘看反对的东西,总不如看同派的东西的舒服、爽快,有益,但倘是一个战斗者,我以为,在了解革命和敌人上,倒是必须更多的去解剖当面的敌人的③。

在文学研究上,如果处处回避了不同的或敌对的意见,这样的研究必然苍白无力,起不了什么作用。事实上,研究者如果并不真正了解什么是唯心主义的文艺思想,那么他就不能真正展开对唯心主义文艺思想的斗争,他也许由于道听途说而亦喊了不少斗争的口号,但这些口号却是没有重量的,吓不倒也杀不死顽强的敌人的。

谈到敌人,那么人民的最大敌人就是帝国主义者,而鲁迅却还这样说:"我是主张青年也可以看看'帝国主义者'的作品的,这就是古语的所谓'知己知彼'。青年为了要看虎狼,赤手空拳的跑到深山里去固然是呆子,但因为虎狼可怕,连用铁栅围起来了的动物园也不敢去,却也不能不说是一位可笑的愚人。"④鲁迅的这些意见,真是多么大胆,又多么中肯。若不是他有长期丰富的斗争经验,有独立思考的勇气和能力,他就见不到,或者见到了亦不敢理直气壮地提出来。这些意见,从已强调"百家争鸣",研究者应扩大视野,向各方面学习、批判的今天看来,不能不更佩服他的远见和卓识。

从上所说,可见比较阅读各家各种有关的书籍的确是深入阅读专业书籍,进行研究工作的一个很好的办法。这里的关键在于比较,而"比较是医治受骗的好方子"⑤。一经仔细比较,正确的将愈见其正确,错误的将愈见其错误,而正确和错误的所在及原因也就更加容易被认识到。也许有人会担心这样连敌人的书籍都可以看而且必须看,岂不将造成混乱,甚至还有着被敌人"诱过去"的危险?其实这是过虑,问题在于研究者的脑子里如果必须要有"真的金矿",如果必须要有真能驳倒敌人歪理的本钱,那么,这种本钱就只能

---

① 《三闲集·现今的新文学的概观》。
② 《且介亭杂文·随便翻翻》。
③ 《二心集·上海文艺之一瞥》。
④ 《准风月谈·关于翻译(上)》。
⑤ 《且介亭杂文·随便翻翻》。

从这种仔细深入的比较研究中去赚得,此外别无更省力的法子。一旦他赚得了这种本钱,他当然就能见多不怪,处之坦然,决不会混乱或被"诱过去"。若是他没有这种本钱,根本缺乏辨别能力,那么就是不让他读到这些书,接触到这些意见,他也还是很容易被"诱过去"的,因为简单的脑子当然不可能解决什么复杂的问题。

  研究者必须读书,但如果只是读书,变成了死读书,就研究不出好结果。鲁迅所以一再反对"青年躲进研究室",就是这个缘故。他以为,在读书的同时或以后,仍要"自己观察","倘只看书,便变成书橱,即使自己觉得有趣,而那趣味其实是已在逐渐硬化,逐渐死去了。"他以为研究者不能只是一个"读书者",而应当还是一个"观察者","他用自己的眼睛去读世间这一部活书","和实社会接触,使所读的书活起来"[1]。世间是一部活书,这部活书不知要比纸上文章丰富多少,如能读通了这部活书,纸上文章就容易读通,而且当然也就能把纸上文章活用起来。鲁迅在谈到创作问题的时候,总这样说,"此后如要创作,第一须观察"[2],或作品之所以不好,"其病根,一是对事物太不注意"[3],他对创作所说的这些话,对研究也同样适用,因为好的研究,事实上就是另一形式的创作,两者需要具备的基础或条件是一致的。

  观察之外,还要尽可能的扩大自己经验的范围,这对于深入理解所读的书有非常密切的关系。鲁迅感到:"看别人的作品,也很有难处,就是经验不同,即不能心心相印。所以常有极要紧,极精彩处,而读者不能感到,后来自己经验了类似的事,这才了然起来。例如描写饥饿吧,富人是无论如何都不会懂的,如果饿他几天,他就明白那好处。"[4]有些书,由于读的人"未曾身历其境,即如隔靴搔痒。譬如小孩子,未曾被火所灼,你若告诉他火灼是怎样的感觉,他到底莫名其妙。"[5]鲁迅说,对于象法捷耶夫所作《毁灭》这样的书,"倘要十分了解,恐怕就非实际的革命者不可。"[6]鲁迅在谈到创作问题的时候,经常十分强调切身体验的重要,他以自己为例,说他所以能对别的破落户子弟的装腔作势,和暴发户子弟的自鸣风雅,一解剖就使他们弄得一败涂地,就因为他自己的出身也是破落户子弟,对这种人"明白底细"之故。[7]所以在他看来,若要成为一个真正的革命文学家,便"至少是必须和革命共同着生命,或深切地感受着革命的脉搏的。"[8]有了丰富的生活经验,固可以写出真实的作品,也能够更加深广地理解别人的作品。不但如此,"经历一多,便能从前因而知后果"[9],对研究工作来说,启发作用就更大了。

  从上所说,可见鲁迅对于读书问题的见解,是非常全面,正确的。这些见解的特点是极富于科学性,目的性,而且切实可行。事实证明,不讲方法的读书和一味的死读书,是都得不到读书的应有效果,都对文学研究工作不利的。

---

[1] 《而已集·读书杂谈》。
[2] 《鲁迅书简·致董永舒》第1信。
[3] 《鲁迅书简·致萧军》第48信。
[4] 《鲁迅书简·致董永舒》第1信。
[5] 《鲁迅书简·致杨霁云》第3信。
[6] 《鲁迅全集补遗续编·"毁灭"》第2部1至3章译者附记。
[7] 《鲁迅书简·致萧军》第40信。
[8] 《二心集·上海文艺之一瞥》。
[9] 《鲁迅书简·致夏传经》第1信。

二、论文学研究

鲁迅不但是一个伟大的文学作家,同时也是一个伟大的文学研究家。虽然他留给我们的研究专著不算很多,但就在这不算很多的研究专著——例如成本的《中国小说史略》、《汉文学史纲要》和单篇的《魏晋风度及文章与药及酒之关系》、《宋民间之所谓小说及其后来》等等——中,也已充分的显示出:他所掌握的材料是多么丰富,他所运用的方法是多么严密,他所作出的论断是多么精审。可以说,不但他的创作是远远超过了当时一般作者所到达的水平,他在研究方面所取得的成绩也是远远超过当时许多同类的作品的。

鲁迅对文学研究的贡献也体现在他的许多杂文里。他的杂文虽然大多数是文艺性的政论,但其中往往从文学问题出发,或以文学问题作为例证,和文学研究都有直接间接的密切关系。在这些杂文中,涉及的问题也许不大,所说的话也许不多,却总是那样深刻、中肯,无论是论究本身,或对文学研究方法的指点和批评,对我们都具有极大的启发性。

重温鲁迅有关文学研究方法的各种宝贵意见,使我更加感到他的精深博大和富于预见力,引起了对他的更深的崇敬。

前面说过,鲁迅反对研究者死读书,变成书橱,但这并不等于他也反对研究者应该尽可能蓄积和整理丰富的资料。他指出,象严可均辑的《全上古三代秦汉三国晋南北朝文》、丁福堡辑的《全汉三国晋南北朝诗》,以及辑录关于这时代的文学评论有刘师培编的《中国中古文学史》等书,对于研究魏晋等时代的文学"有很大的帮助;能使我们看出这时代的文学的确有点异彩"。这些书籍能使我们研究那时的文学变得"较为容易了"①。不过也应当指出,资料虽很重要,仅仅蓄积和整理资料却还未尽研究之能事,还不能达到研究的目的,必须更进一步,加以提炼发挥,才得说明问题,解决问题。鲁迅说当时"北平之所谓学者,所下的是抄撮功夫居多"②却就摆出高大的架子来,实在大可不必。这样一方面肯定了资料的重要,另一方面又指出了仅仅资料之不足,见解是很全面的。

鲁迅治学,跟有些人"用胡适之法,往往恃孤本秘笈,为惊人之具","炫耀人目"的做法不同,是"凡所泛览,皆通行之本,易得之书",虽因此"孑然于学林之外"③,亦在所不顾。他编写《中国小说史略》时所用为资料的,就"几乎都是翻刻本,新印本,甚而至于是石印本"④。并非鲁迅一定不愿用旧刻的好版本,一定排斥孤本秘笈,有时是因为他"家无储书,罕见旧刻",但研究工作却必须做,也仍可能做;有时是因为那些书虽"孤"虽"秘",虽是"域外奇书,沙中残楮",其实无关大局,倘即据以"炫耀人目",甚至"居为奇货",未免可笑。这里也充满着一种实事求是的精神。

研究工作要对当前社会有利,要尽量结合实际生活中的重要问题,鲁迅反对有些人那种一味钻牛角的做法。他说:"清初学者,是纵论唐宋,搜讨前明遗闻的,文字狱后,乃专事研究错字,争论生日,变了'邻猫生子'的学者"⑤,以为革命以后,必须打破这种"奴才家

---

① 《而已集·魏晋风度及文章与药及酒之关系》。
② 《鲁迅书简·致姚克》第 15 信。
③ 《鲁迅书简·致台静农》第 11 信。
④ 《华盖集续编的续编·关于三藏取经记等》。
⑤ 《鲁迅书简·致姚克》第 22 信。

法"。研究需要精深,但这和那种鼠目寸光地只挑琐碎无聊的问题去旷时费日纠缠不清,且还自以为"专门""高明"的做法是完全不同的。

研究工作的关键在于能对所研究的问题作具体的分析,从而得出正确的结论。没有经过分析的结论,即使正确,也常不能说服人。鲁迅曾这样批评耿济之所写的一篇误人的后记,说:"G决非革命家,那是的确的,不过一想到那时代,就知道并不足奇,而且那时的检查制度又多么严厉,不能说什么(他略略涉及君权,便被禁止,这一篇,我译附在《死魂灵》后面,现在看起来,是毫没有什么的)。至于耿说他诌媚政府,却纯据中国思想立论,外国的批评家都不这样说,中国的论客,论事论人,向来是极苛酷的。但G确不讥刺大官,这是一者那时禁令严,二则人们都有一种迷信,以为高位者一定道德学问也好。我记得我幼小时候,社会上还大抵相信进士翰林状元宰相一定是好人,其实也并不是因为去诌媚。"[1]在这里,耿说所以不对,就因为只是根据中国思想立论,简单地一套了事,没有研究一下果戈理所处的时代和他的个性特点,作具体的分析。又如当时有些文武官员——其实则是妄人——说童话里猫狗都会说话,还称作先生,这是失了人类的体统。童话故事每讲成王作帝,违背共和的精神,因而反对这样的童话。鲁迅却以为这是"杞天之虑",其实并没有什么要紧,因为"孩子的心,和文武官员的不同,它会进化,决不至于永远停留在一点上,到得胡子老长了,还在想骑了巨人到仙人岛去做皇帝。因为他后来就要懂得一点科学了,知道世上并没有所谓巨人和仙人岛。倘还想,那是生来的低能儿,即使终生不读一篇童话,也还是毫无出息的"[2]。这些低能的文武官员的议论所以只会叫人发笑,就因为未动脑子,不作分析;而鲁迅的意见所以有力,便由于他实事求是,凿凿有据地作了分析。

并不是所有的分析都能具体,有力,应当有种武器来帮助研究者进行分析。对于现在的研究者来说,按照鲁迅再三指出的,那么这武器就是马克思列宁主义及其文艺理论。

大家都知道,鲁迅并不是一开始就信仰马克思列宁主义的,当初他"只信进化论"。是革命的需要和创造社与太阳社的论争"挤"他看了几种科学底文艺论,并且因此译了一本蒲力汗诺夫的《艺术论》,才开始救正了他——还因他而及于别人——"只信进化论的偏颇"[3]。在1928年7月22日给朋友的一封信里,鲁迅说:"以史底唯物论批评文艺的书,我也曾看了一点,以为那是极直捷爽快的,有许多暧昧难解的问题,都可说明。"[4]在同年8月10日的一次通讯里,他又这样提出:"我只希望有切实的人,肯译几部世界上已有定评的关于唯物史观的书——至少,是一部简单浅显的,两部精密的——还要一两本反对的著作。那么,论争起来,可以省说许多话。"[5]在这里,我们分明能够看到鲁迅在最初接受马列主义及其文艺理论时是有着一种多么喜悦和迫切要求知道得更透彻的感觉。1930年3月2日,在左翼作家联盟的成立大会上,鲁迅讲到当初的心情,说他"那时就等待有一个能操马克思主义批评的枪法的人来狙击"自己的错误,然而可惜这个人在那时并没有出

---

[1] 《鲁迅书简·致萧军》第48信。
[2] 《鲁迅全集补遗·"勇敢的约翰"校后记》。
[3] 《三闲集·序言》。
[4] 《鲁迅书简·致韦素园》第25信。
[5] 《三闲集·文学的阶级性》。

现[1]。在这前后,他总在宣传,号召大家要努力学习马列主义及其文艺理论,以为"倘要十分了解"革命文学的作品,也"非研究唯物的文学史和文艺理论不可"[2];以为"现在所首先需要的,也还是——几个坚实的、明白的、真懂得社会科学及其文艺理论的批评家"[3]。事实上,当鲁迅开始接受并信仰马列主义之后,在他后期的许多作品中,也就能运用这种方法和观点来对所研究的问题作出具体的分析了。

鲁迅非常清楚地体会到,马列主义及其文艺理论确实能够使他"明白了先前的文学史家们说了一大堆,还是纠缠不清的疑问"[4]。而这也就是只有马列主义及其文艺理论才能具有的威力,它无疑是可以帮助文学研究者对复杂的文学现象进行具体分析的最锐利、有效的武器。

谈到研究者应有的态度,正如鲁迅所说,"弄文学的人,只要(一)坚忍,(二)认真,(三)韧长,就可以了。"[5]坚忍,就是要"正正经经的"工作,"刻苦用功"[6],实事求是而不是好高骛远和好大喜功,不怕困难,经得起失败与打击,跌倒了就爬起,作长期打算,决不灰心。认真,就是要"胆大心细",不"走入草率的路"[7];就是要对敌人不妥协,对错误不妥协,不人云亦云,不无病呻吟,一定要钻研彻底,坚持真理;就是要知之为知之,不知为不知,懂得如"无深研究,发议论是不对的"[8],"随便乱谈,是很不好的"。韧长,就是要既不自卑,也不自负,认定了目标,便只是埋头苦干,朝前走去。鲁迅说"一个作者,'自卑'固然不好,'自负'也不好的,容易停滞。我想,顶好是不要自馁,总是干;但也不可自满,仍旧总是用功。要不然,输出多而输入少,后来要空虚的。"[9]

鲁迅特别强调作家应当和实际的社会斗争接触,应当明白革命的实际情形,以为作家如果"单关在玻璃窗内做文章,研究问题,那是无论怎样的激烈,'左',都是容易办到的;然而一碰到实际,便即刻要撞碎了。关在房子里,最容易高谈彻底的主义,然而也最容易'右倾。'"[10]他认为作家应有正视黑暗面的"勇猛和毅力"[11]。文学研究者应当是一个学者,但学者也应当就是一个参与革命实践的战士。他用他的全部工作和满腔热情向黑暗腐朽的东西冲击,同时对新生的正义的事物则无条件的加以支持,不惜任何牺牲的加以保护。学者不是与沸腾的生活和澎湃的热情无缘的,否则,即使在最好的场合,他也只能是一个学究,一个书呆子而已。

从上所说,可见鲁迅对于文学研究工作中的资料、选题、分析方法、指导思想、研究态度、以及作家的生活精神等等问题都有极宝贵的意见。这些意见由于都有着他自己一生

---

[1] 《二心集·对于左翼作家联盟的意见》。
[2] 《鲁迅全集补遗续编·"毁灭"》第2部1至3章译者附记。
[3] 《二心集·我们要批评家》。
[4] 《三闲集·序言》。
[5] 《鲁迅书简·致胡今虚》第3信。
[6] 《鲁迅书简·致姚克》第23信。
[7] 《鲁迅书简·致罗清桢》第13信。
[8] 《鲁迅书简·致金肇野》第4信。
[9] 《鲁迅书简·致萧军》第26信。
[10] 《二心集·对于左翼作家联盟的意见》。
[11] 《二心集·习惯与改革》。

工作经验和成绩作为证明,所以对我们就更有说服力了。

三、论学术论辩

鲁迅指出:"研究是要用理智,要冷静的。"[1]学术论辩当然要从研究作为基础,必须进行说理,所以学术论辩也是要用理智,要冷静。当德富苏峰用了一种很波俏的措辞写文来批评《小说史略》中关于《三藏取经记》的版本意见时,鲁迅除对问题本身作了说明外,对批评者的错误的态度也作了这样的反批评:"在考辨的文字中杂入一点滑稽轻薄的论调,每容易迷眩一般读者,使之失去冷静,坠入壳中。"[2]鲁迅的反批评是正确的,因为这种滑稽轻薄的论调不但不必要,解决不了问题,反而还会引起一些题外的纠纷,对谁都没有益处。采取这种态度的人,往往就因为他并无足以说服人的理由,并且也根本缺乏对同志的善意,所以才想以这样的手段来取"胜"。

要批评别人的作品,最起码的要求就是要仔细看过别人的作品。鲁迅说:"至少,譬如要批评托尔斯泰,则他的作品是必得看几本的。"[3]不看或没有细看就来批评,倘不全成无的放矢,也就会把分明不错的说成错了,而真正错了的地方倒提都不提。这样的批评当然不能有什么价值。

鲁迅非常反对空洞的言之无物的争论。他说:"空空洞洞的争,实在只有两面自己心里明白,"[4]对别人可毫无好处。不少争论,是起于彼此所用的名词虽然一样,函义却各不同,争来争去,只在名词的函义,对问题本身毫无提高。对于这样的争论,鲁迅的主张是劝双方多去"证几本书",或者把关帝庙的那块扁额先挂起来:

张三说李四的作品是象征主义,于是李四也自以为是象征主义,读者当然更以为是象征主义。然而怎样是象征主义呢?向来就没有弄分明,只好就用李四的作品为证。所以中国之所谓象征主义,和别国之所谓 Symbolism 是不一样的,虽然前者其实是后者的译语。……读死书是害己,一开口就害人;但不读书也并不见得好[5]

乡间一向有一个笑谈:两位近视眼要比眼力,无可质证,便约定到关帝庙去看这一天所挂的扁额。他们都从漆匠探得字句。但因为探来的详略不同,只知道大字的那一个便不服,争执起来了,说看见小字的人是说谎的。又无可质证,只好一同探问一个过路人,那人望了一望,回答道:"什么也没有。扁还没有挂哩。"[6]

在研究的过程中,对于尚无确证的事物,可以也应该存疑,但如后来得了确证,或经别人批评而已得出了一个更正当更完满的结论,那么研究者就应取消他的怀疑,欣然接受别人的意见。鲁迅就是这样作的。例如前面所说德富苏峰批评他的事情就是如此。他对德富苏峰的错误态度和某些观点方法虽然进行了反批评,但他对这个批评中的正确部分还是坦然承认,表示接受的。他说:"在未有更确的证明之前,我的'疑'是存在的。待证明

---

① 《而已集·读书杂谈》。
② 《华盖集续编的续编·关于三藏取经记等》。
③ 《花边文学·读几本书》。
④ 《三闲集·扁》。
⑤ 《花边文学·读几本书》。
⑥ 《三闲集·扁》。

之后,就成为这样的事:鲁迅疑是元刻,为元人作;今确是宋椠,故为宋人作。"①研究者追求的是真理,在学术论辩中,他应当坚持真理,因而也就应当在真理面前低头。这不是一件可耻的事情,而是任何一个研究者都应具有的美德。

学术论辩尤其需要具体分析,反复说理。"总喜欢引古证今"的"学究气"②固然不行,"但哗啦哗啦大写口号理论",以乱扣帽子为高明,其实空虚无物的东西,也"大抵是呆鸟"③,相信不得的。在鲁迅看来,如果彼此都能实事求是,言之有物,并且与人为善地来开展学术论辩,那对文学研究水平的提高,是有极大帮助的。

如上所说,鲁迅对于如何开展学术论辩的意见虽然并不很多,这里所说而且还只是其中的一部分,但就从这里所谈到的几点来看,显然就已能够看出,他的意见都是极富于实践意义,值得我们每一个文学研究者学习的。

选读后记

本文据1957年6月上海新文艺出版社出版的徐中玉著《关于鲁迅的小说、杂文及其他》一书选入,作者从不同的方面,分析了鲁迅的小说《狂人日记》《阿Q正传》《祝福》以及许多杂文的特点、遭遇、生命力等问题。无论读书、研究、评论,鲁迅都要求"自己思索,自己做主",不能迷信权威,俯仰随人,随风转舵,人云亦云。如果缺乏独立思考的精神,那么讲出的意见、写出的文字,都不可能有价值。只有认真生活,仔细勤读好书,在实际生活中有了丰富的斗争经验,持之以恒,才能写出真实有力感人的文学作品。

---

① 《华盖集续编的续编·关于三藏取经记等》。
② 《南腔北调集·祝"涛声"》。
③ 《鲁迅书简·致曹白》第15信。

李泽厚

作者简介

李泽厚(1930—　),湖南长沙宁乡县人,1954年毕业于北京大学哲学系,长期担任中国社会科学院哲学研究所研究员。1983年当选为巴黎国际哲学院院士,1998年获美国科罗拉多学院人文学荣誉博士学位。

李泽厚成名于20世纪50年代,以重实践、尚"人化"的"客观性与社会性相统一"的美学观卓然成家。20世纪80年代以来,李泽厚不断拓展其学术领域,其著作主要有《美学论集》《批判哲学的批判》《中国近代思想史论》《美的历程》《中国古代思想史论》《中国美学史》《美学四讲》《世纪新梦》《论语今读》《己卯五说》等。

读书与写文章

本文简介

年轻一代人过去耽误了不少时间,受到损失,鼓励他们继续努力,应尽早尽快培养自己独立研究和工作的能力——知识不过是材料,培养能力比积累知识更重要——能力包括判断的能力——读书的方法很重要,也不能单凭兴趣,也得硬着头皮读——各种不同的读——有些不值得读的去读是浪费时间——写文章要有新意——没有新意就不要写文章——有的人分析能力强,可搞精深的问题,很有用——研究题目,途径方法可以百花齐放,不拘一格——不能认为只有考据才算学问,也不能认为考据毫无作用

今天我和中文系七七级同学座谈,感到很亲切。首先祝大家今后取得远远超过我们这一代人的成就。

你们年轻一代人都走过一段自己的不平凡的道路。在过去的若干年中,你们耽误了不少时间,受到很大损失,付出了很大代价。但是,可以把付出的代价变为巨大的财富,把你们所体会的人生,变成人文——社会科学的新成就。要珍惜自己过去的经历,因为它能更好地帮助你们思考问题。你们这一代在自然科学方面要取得很大成就恐怕很难了,恐怕要靠更年轻的一代。但是,我希望你们在文学艺术创作方面、在哲学社会科学方面以及在未来的行政领导工作方面发挥力量。有些同学刚才跟我说,感到知识太贫乏。我觉得,知识不够,不是太大的问题。其实,一年时间就可以读很多的书。文科和理工科不同,不搞实验,主要靠大量看书。因此我以为有三个条件:一、要有时间,要尽量争取更多的自由的时间读书;二、要有书籍,要依赖图书馆,个人买书藏书毕竟有限;三、要讲究方法。我不认为导师是必要条件。有没有导师并不重要。连自然科学家像爱因斯坦都可以没有什么导师,文科便更如此。当然有导师也很好。不过我上大学的时候,就不愿意做研究生,觉得有导师反而容易受束缚。这看法不知对不对。不过,我觉得重要的是应尽早尽快培养自己独立研究和工作的能力。

学习,有两个方面。除了学习知识,更重要的是培养能力。知识不过是材料。培养能力比积累知识更重要。我讲的能力,包括判断的能力,例如:一本书,一个观点,判断它正确与否,有无价值,以定取舍;选择的能力,例如,一大堆书,选出哪些是你最需要的,哪些大致翻翻就可以了。培根的《论读书》讲得很好,有的书尝尝味就可以了,有的要细细嚼,有的要快读,有的要慢慢消化。有的书不必从头到尾地读,有的书则甚至要读十几遍。读书的方法很重要。读书也不能单凭兴趣,有些书没兴趣也得硬着头皮读。我说要争取最多的时间,不仅是指时间量上的多,而且更是指要善于最大限度地利用时间,提高单位时间的效果。有些书不值得读而去读就是浪费时间。比如看小说,我从小就喜欢看小说,但后来限制只看那些值得看的小说。读书最好是系统地读、有目的地读。比如看俄国小说,从普希金到高尔基,读那些名著,读完了,再读一两本《俄国文学史》,具体材料和史的线索结合起来就组织起你对俄国文学的知识结构。这就是说要善于把知识组织起来,纳入你的结构之内。读书的方法也是多种多样的。要善于总结自己的读书方法和学习经验,在总结中不断改进自己的方法,改进、丰富自己的知识结构,这也就算"自我意识"吧。培养快读习惯,提高阅读速度,也属于争取更多时间之内。古人说"一目十行",我看可以做到,未尝不好,对某些书,便不必逐字逐句弄懂弄通,而是尽快抓住书里的主要东西,获得总体印象。看别人的论文也可以这样。

文科学生不要单靠教科书和课堂,教科书和课堂给我们的知识是很有限的,恐怕只能占5%到10%。我在大学里基本上没怎么上课,就是上了两年联共(布)党史课,因为你不去不行,他点名。我坐在课堂里没办法,只好自己看书,或者写信,别人还以为我在做笔记。(众笑)其实,我的笔记全是自己的读书笔记。我上大学时,好多课都没有开,中国哲学史没有开,辩证唯物主义和历史唯物主义则是我没有去听。那时候,苏联专家来讲课,选派一些学生去,我没有被选上,当时我自己暗暗高兴,谢天谢地。当时苏联专家名声高,号称马列,其实水平不高。他们经常把黑格尔骂一通,又讲不出多少道理,我当时想,这和马克思列宁讲的并不一致。当时翻译了不少苏联人写的解释马克思主义的小册子,但是我翻读了几本之后就不再看了。现在看起来,我在大学占便宜的是学习了马列的原著,不是读别人转述的材料。所以还是读第一手材料,读原著好。我在解放前,偷偷读过几本马克思写的书,那时是当做禁书来读的,比如《路易·波拿巴政变记》等。我从这些书里看到一种新的研究社会历史的方法,一种新的理论,十分受启发。我们读了第一手材料以后就可以作比较判断,不必先看转述的东西。总之,我是主张依靠图书馆,依靠自己,依靠读原始材料。

下面谈谈"博"的问题。这个问题历来存在,也不容易解决好。我以为,知识博一些,知识领域宽泛一些比较好。在上大学的时候,我对文史哲三个系的弱点有个判断。我以为哲学系的缺点是"空",不联系具体问题,抽象概念比较多,好处是站得比较高。历史系的弱点是"狭",好处是钻得比较深,往往对某一点搞得很深,但对其他方面却总以为和自己无关,而不感兴趣,不大关心;中文系的缺点是"浅",缺乏深度,但好处是读书比较博杂,兴趣广泛。说到贵系,大家可不要见怪呀。(众笑)我当时在哲学系,文史哲三方面的书全看。上午读柏拉图,下午读别林斯基,别人认为没有任何联系,我不管它。所以我从来不按照老师布置的参考书去看,我有自己的读书计划。其中读历史书是很重要的,我至今以为,学习历史是文科的基础,研究某一个问题,最好先读一两本历史书。历史揭示出一个事物的存在的前因后果,从而帮助你分析它的现在和将来。马克思当年是学法律的,但是他最爱哲学和历史。现在一些搞文学史的人,为什么总是跳不出作家作品的圈子?就是因为对历史的研究不够。一般搞哲学史的人不深不透,原因大半也如此。你们的前任校长侯外庐先生的思想史研究,之所以较有深度,就因为他对中国历史比较重视。研究社会现象,有一种历史的眼光,可以使你看得更深,找出规律性的东西。规律是在时间中展示的。你有历史的感受,你看到的就不只是表面的东西,而是规律性的东西。马克思主义的基本要点就是历史唯物论。对于一个事物,应该抓住它的最基本的东西,确定它的历史地位,这样也就了解了它。读历史书也是扩展知识面的一个方面。现在科学发展,一方面是分工越来越细,不再可能出现亚里士多德那样的百科全书式的学者;另一方面,又是各个学科的互相融合,出现了很多边缘科学。比如说控制论,是几个学科凑起来搞,这是从五十年代以来的科学发展的特点。做学生时知识领域面宽一些,将来可以触类旁通。学习上不要搞狭隘的功利主义。学习,要从提高整个知识结构、整个文化素养去考虑。如果自己的知识面太狭窄,分析、综合、选择、判断各种能力必然受影响受限制。

再来谈谈"专"的方面。这里只就写文章来说。读书要博、广、多,写文章我却主张先要专、细、深,从前者说是"以大观小",这可说是"以小见大","由小而大"。你们现在搞毕业论文,我看题目越小越好。不要一开始就搞很大的题目。就我接触到的说,青年人的通病是开头就想搞很大的题目,比如说,"论艺术"、建立"新的美学体系",等等,但一般很难弄好。你们也许会说,你一开始不也是搞体系,什么"研究题纲"之类的吗?其实那不是我的第一篇文章。我在大学里先搞的题目是近代思想史方面的一些很小的题目。着手研究,先搞大而空的题目,你无法驾驭材料,无法结构文章,往往事倍功半。开始搞的研究题目可以具体一点、小一点,取得经验再逐步扩大。所以,虽然有好些热心的同志建议,我现在仍不打算写建立哲学体系的专著。不是不能写,如果现在写出来,在目前思想界也可以出点风头,但是我觉得靠不住,我想以后更成熟时才能写吧。康德的哲学体系建立至今整整二百年了,今年在西德纪念他的主要著作出版二百周年。康德当时写书的时候,思想界充塞了多少著作啊,而惟有康德的书给予人类思想史以如此长远的影响。所以,我们要立志写出有价值的书,写出的东西能经得起时间的检验才好。写出的东西一定要对人类有所贡献,必须有这样的远大抱负。总之,如果读书多、广,又善于用这些较广泛渊博的知识处理一个小问题,那当然成功率就高了。所以可以有一个大计划,但先搞一个点或者从一个点开始比较好。此外,选择研究题目也很重要,我以为题目不应由别人出。我有某种观点、见解,才去选择题目。写文章和做诗一样,都要有感而发。有的人找不到研究题目,要别人代出题目,自己不知道搞什么,这就搞不好。应该在自己的广泛阅读中,发现问题,找到前人没有解决的问题或空白点,自己又有某些知识和看法,就可以从这个地方着手研究。选择题目,要想想这个题目有多大意义,成功的可能性有多大,要尽量减少盲目性,不能盲目选择目标。就好像石油钻井,要确实估计这个地方有油,才去打井。如果毫无估计,盲目地打,没有油,又随便挪一个地方,挪来挪去,人寿几何?

学术文章有三个因素,前人早已说过。一是"义理",用我们的话说,就是新观点、新见解。二是"考据",也就是材料,或者是新鲜的材料,或者是丰富的材料,或者是旧材料有了新的使用和新的解释。三是"词章",就是文章的逻辑性强,有文采。你每写一篇文章,也应该估计一下可以在哪个方面做得比较突出,有自己的特色。总之,写文章要有新意,没有新意,最好不要写文章。

学术研究与各人的气质也有关系。有的人分析能力强,可以搞细致的精深的问题。现在国外的许多研究细极了,一个作家一部作品的细枝末节考证得十分清楚详细,这也是很有用的。不过就我个人来说,不习惯这样,不习惯一辈子只研究某一个人,考证某一件事,钻某个细节。我也是个人,他也是个人,为什么我就得陪他一辈子呢?划不来。(众笑)但是只要有人有兴致,也可以一辈子只研究一个作家、一本书、一个小问题。这也可以做出很有价值的贡献,现在似乎更应该提倡一下这种细致的专题研究。总之,研究题目、途径、方法可以百花齐放,不拘一格。既不能认为只有考据才算学问,其他都是狗屁、空谈(这其实是二流以下的学者偏见);也不能认为考据毫无用处,一律取消,这是左的观点。

选读后记

本文选自《书林》1981年第5期,这是李泽厚先生1979年在西北大学中文系77级学生座谈会上的发言。

全文共分两大部分,分别讲述两个有着密切关联的问题:读书与写文章。在李泽厚看来,读书、学习的目的不仅仅在于积累知识、拥有材料,更重要的在于培养能力,培养分析、判断、选择的能力。同时读书要有效率,应当讲究学习方法,学会有目的、有选择、有系统地看书,善于把所学知识融会贯通到自己的知识结构中来。另外,还要学会积极主动地看书学习,不能被动地跟着教科书、课堂跑,要学会依靠自己、依靠图书馆,多读原始资料,强调广泛阅读。

和读书要博、广、多恰恰相反的是,李泽厚认为写文章一定要专、细、深。选题应该小而具体,善于以小见大。同时所选题目最好是自己在阅读中发现的问题,应该有感而发,要有新意,要适合自己的气质。

这篇文章由于面对一群非常具体的特定处境的受众,所以目标明确,具有很强的针对性和感染力。李泽厚旁征博引、以身说法,既亲切生动又不乏深度,就是在今天看来,文中的许多观点仍具启发性和真理性,能供学习、参考。

张志公

作者简介

张志公（1918—1997），河北省南皮县人，我国著名的语言学家和语文教育家。1937年在已迁到重庆的国立中央大学外语系学习，后转并毕业于金陵大学外语系，并致力于古代汉语和现代汉语的研究。新中国成立后，曾任《语文学习》月刊主编，人民教育出版社汉语编辑室及外语编辑室主任、副总编辑，中国修辞学会会长，北京语言学会会长、外语学会会长等职务，出版《汉语语法常识》《修辞概要》《漫谈语文教学》《传统语文教育初探》等多种著作，还担任全国政协常委、民进中央常委等领导职务，是语文创新教育等方面劳绩卓著的专家。

怎样过语文关
——写给几位青年朋友

本文简介

怎样提高写作能力，需要两个条件：一是思想好，头脑清楚，一是基本功练得好——基本功就是熟练地掌握语言文字——首要的是字。字是学好语文，提高写作能力的第一关——其次是句。必须熟悉各种句子的构造与用处，把每个句子写得通顺明白，合乎事理，合乎规矩，情味对头，声音和谐——再其次是篇章结构。想事情想得清楚，理出了头绪，说话就能顺理成章，有条不紊，写下来就成为层次清楚，结构严密的文章——字，句，篇章，这三关怎么过法？只有两条笨方法：一条是认真地读，一条是好好地练。

热望学好语文的几位青年朋友：

《中国青年》编辑部把你们写给编者的信和一些稿子交给我，要我跟大家谈谈信里提出的问题：怎样把语文学好，特别是，怎样提高写作的能力。

从你们的来信可以知道，你们在工作和学习中越来越深刻地认识了语文这个工具的重要性。为了作好工作，学好科学技术，你们希望把语文学好。这个愿望是正当的。因此，我十分愿意把自己一点浅薄的经验介绍出来，尽管这点小经验未必能给你们多少帮助。

先说个小故事。一个高中学生刚刚读了杨朔同志一篇散文《茶花赋》。我问她："都懂了吗？"她说："懂了。"我问："这篇文章写的什么？"她回答："通过对昆明美丽景物的描写，表达作者对祖国的热爱。"我再问她，文章里主要写了些什么具体的事情？写了作者一些什么感想？她都能说出来。我要她把文章中"擅长丹青"的"擅长"写一下。我发现，她不会写"擅"字，也不会讲"擅长"是什么意思，更不会用。我又发现文章里的"沉吟"两个字，她也不会讲；并且，由于她不懂这个词的确切含义，这一句以下的那段文章的意思，她没有体会出来。

请想一想：她原来是否真正把文章读懂了？她这样读文章，能够学好语文，提高写作能力吗？答案是很清楚的。她没有懂。她觉得懂了，实际上只是模模糊糊地懂了个大意，没有逐字逐句地懂透。读了这篇文章之后，原来不会写的字，仍旧不会写，原来不会用的词，仍旧不会用；并且，由于对文章的意思理解得不真切，体会得不深刻，对文章写法的好处自然也就领略不到，更加学不来。

海岩同志的信上说："有的同志说：'写作并不难，平常多看些书就行了。'我看的书也不少，可就是写不好。"好几位同志的来信都有这样的话。我要请同志们自己想一想，平常读书是怎样读的？是不是或多或少地象那个女孩子？如果是，那我就要郑重地说：这正是写作能力提高不快的一个主要原因。

善于写作，需要两个条件：一是思想好，头脑清楚，一是基本功练得好。有了这两条，一定能够写，即使还写不出漂亮的文学作品，至少可以写出能够如实地表达思想、适应工作或学习需要的通顺明白的文章。缺了这两条，无论如何也写不好。

思想好，头脑清楚，要靠丰富的生活实践，革命斗争的实践，政治理论的学习，科学知识的学习。总之，那不单是学语文的事。

基本功是什么呢？就是熟练地掌握语言文字。

首要的是字。认得的字少，或者虽然认的不少而掌握得不充分，那就无法把文章写好。掌握足够的字，才能正确地写出要用的词，才能写出各种句子。你们的来信，好几封里有错别字。不要以为写错一个字无所谓，它能使整个的句子不通。一位同志的信上说："把我解剖至到每一个细胞，都充满了对祖国的热爱。""至到"是什么意思？另一位的信上说："在写的过程中还应注意哪些问题？怎样删看别人的文章？""删看"是什么意思？这些字写错了，整句话也就让人不懂了。掌握的字少，就意味着掌握的词少；掌握的词少，就是语言贫乏，不够用。请想，语言不够用，能够写好文章吗？

汉字，不是很容易掌握的，非下点功夫不可。头一样，汉字得一个一个地学，一个一个地记,学会一个算一个。读书作文,经常要用的字有五六千个,其中最常用的有三千多个。这个数目很可观,可是打不得折扣。没有充分掌握那三千多最常用的字,读书作文就经常遇到困难和发生错误。数量大是一个问题,用法复杂是另一个问题。一个字表示几个不同的意思,有几种不同的用法,这种例子多得很。就说这个最简单的"一"字吧,《新华字典》就注了八条解释。另一方面,好几个字表示的意思非常相近,而又有区别,非细心分辨不可,这种情形也不少。例如:声,音,响;存,放,置,搁,摆,撂;强,壮;小,细,微。用这种意义相近而有差别的字组成的词,也得细心分辨。例如"加强"和"增强",两个词有一个"强"字相同,另一个字"增"和"加"意义相近,所以说到"信心"的时候,"增强""加强"都能用,"增强信心""加强信心"都是对的。可是说到"训练""管理"的时候,用"加强",不用"增强";说到"体质"的时候,用"增强"不用"加强"。不注意这种差别,就常常会写出不合习惯或者表达不确切的句子来。

　　汉字学着费力,但是掌握汉字有了一定的基础,又会有很大的便利。例如,上边举过一个"细"字,如果你知道这个字除去表示"粗细"的细那个意思之外,还表示周密的意思,那就可以更确切地理解和运用"细心""细致""精细"这些词;如果再知道它还表示琐碎、不重要的意思,就又可以更确切地理解和运用"琐细""细节"这些词。这就表示,充分掌握了每个字的意思对于读书读得透,写作写得好,很有帮助。

　　掌握得不够,不行;掌握得好,大有用处。所以说,字是学好语文,提高写作能力的第一关。

　　其次是句。必须熟悉各种句子的构造和用处。要非常熟悉;熟悉到一张口、一下笔就能造出完整通顺的句子,并且能灵活地运用各式各样的句子来表达自己的意思。你们的来信中有不通的句子。前边举的有"至到"的那个句子就有毛病——"都充满了……",没有头。谁(或者什么)"都充满了"? 这是个结构残缺的句子,意思不明白。另一位同志的信上说:"不能设想,如果一个师范生将来毕业后,既没有一定的文学修养,写作技巧,又没有生动、完满、确切的表达能力,只有一些死硬的概念和理论,要想完满的完成教学任务,那是绝不可能的。"这个七十四个字的长句子毛病很多。"不能设想,……那是绝不可能的。"这个话恐怕跟所要说的意思恰恰相反。原意应该是"不能设想,如果……,还能够……"。如果要保持"那是绝不可能的",就得删去前边的"不能设想"。此外,什么是"生动的表达能力"和"完满的表达能力"? 什么是"死硬概念"和"死硬的理论"? 都不好懂。不能熟练地运用句子,造的句子不通顺,就无法写出好文章来,因为文章无非是用一句一句的话组成的,句子不通,文章怎么会通呢?

　　充分地掌握句子也不是一件很容易的事。一个句子的正误优劣,决定于四个因素。一是事理,就是说,要看这个句子的意思说得对不对;一是情味,就是说,要看它的语气、色彩合适不合适;一是声音,就是说,要看它念着顺嘴不顺嘴,听着悦耳不悦耳;一是规矩,就是说,要看它合不合大家说话的共同习惯。在这几个因素之中,事理是最重要的。有位同志的文章里说:"有一次他带领了大队人马、干粮去支援水利建设。""干粮"怎么能"带领"呢? 这样说不合事理。另一位同志的文章里说:"每天要学习政治理论,已经变成和他不可分的伴侣。"谁和他成了伴侣? 是"学习政治理论",还是"政治理论"? 这句话不完整,不合规矩。并且,无论说"学习政治理论成了他的伴侣",或者说"政治理论成了他的伴侣",都不恰当,把这些事情说成"伴侣",是不合事理、不合规矩的。

要自己写的每个句子都合乎事理,合乎规矩,情味对头,声音和谐,就得用心推敲,仔细琢磨:词用得恰当不恰当,虚字眼用得准确不准确,词的位置摆得合适不合适,有没有不可省而省了的字,有没有当省而没省的字。

句子是文章的骨干。必须一个一个的句子都通顺,明白,全篇文章才能通顺,明白。一篇文章有上若干不通的句子,无论如何不会是一篇好文章。另一方面,只要把句子掌握好了,句句都通,意思、情味、声音都好,希望一篇文章作到语言流畅,并不是一件难事。

再其次是篇章结构。篇章结构就是说话的条理,说话的条理反映思考的步骤。想事情想得清楚,理出了头绪,说话就能顺理成章,有条不紊,写下来就成为层次清楚,结构严密的文章。掌握篇章结构也不是很容易的。你们的来信,在这方面的毛病就不少。有的把话说得颠倒重复,整篇说了几点意思,眉目很不清楚,有的前一段说了这么一个意思,下一段又说了那么一个意思,中间毫无联系。篇章结构掌握不好,也写不成好文章。

学字,学句,学篇章,这就是写文章的基本功。基本功练好了,就为写作打下了坚实的基础,基本功练不好,肯定写不出好文章来。所以,字,句,篇章,可以说是学写文章的三道关口。你们感到自己的写作能力不够,依我看,主要原因就在没有闯过这三关。从来信看,你们对于这一点是认识不足的。好些封来信要求编辑部介绍写作的方法,讲讲写作的技巧。我认为这是舍本逐末。思想好,头脑清楚,基本功好,方法技巧是容易学的;否则,讲多少方法技巧也是徒然。比如打篮球,如果跳不高,跑不快,投篮不准,运球不稳,传递不灵敏,怎么讲究方法技巧也打不好。比如唱戏,如果嗓子没练好,台步没走稳,武功没练熟,再讲方法技巧也唱不成一出好戏。忽视基本功,学任何技能都学不好。学写作也不例外。

字,句,篇章,这三关怎么过法?只有两条笨方法,没有什么窍门。一条是认真地读,一条是好好地练。二者缺一不可,而前者是基础。

学字,从哪里学?当然不能念字典,只有从所读的文章里学。学句,从哪里学?当然不能背诵语法书,只有从所读的文章里学。学篇章,从哪里学?当然也不能背诵讲写作方法的书,也只有从所读的文章里学。这里要回到开头讲的那个故事了。如果读书都象那个女孩子那样读法,读来读去也不能提高写作能力。因此,为了学好语文,提高写作能力,在基本功还没练好,三关还没过的时候,必须选定一些文章,认真地读,细细地读,一个字都不放过,一句话都不马虎。一定作到透彻地理解,确确实实地、毫不含糊地理解字面的意思,还要尽可能充分地理解字句里边含蓄的意思,以及文章前前后后的联系照应,结构层次。读一遍不行,再读一遍,该查的查,该问的问,不读透了决不罢休。懂透了,读熟了,该记住的东西就得记住,该学着用的词和句子就要自己写一写,用一用。总之,一定要把这篇文章嚼烂了,吃下去,消化了,变成自己的。这样作,不免艰苦些,然而不吃这点苦是不行的。

要时常练习写。要写,就得严肃认真地写。起了稿,誊写清楚,逐字逐句逐段地推敲琢磨,看看有没有哪个字用错写错了,有哪个句子不通了,哪一段跟前后不连贯了,哪些话说得不恰当了,细细改一遍,再誊写清楚,放起来。过上一些时候,再拿出来看看,这时一定又会发现问题。再改,再誊。这样反复几次。在这中间一定会不断有所提高,逐渐发现自己写作上的缺点,逐渐认识并且巩固学习中的所得。也可以这样办:工作、学习、生活中有什么需要写的事情了,例如,需要写个报告,或者需要给家里写封信,马上写好,作为底稿,另抄一份发出去,然后把底稿当作一篇作文,照上边说的办法,仔细推敲,反复修改。这样作,也不免艰苦些,然而吃吃这样的苦头也是必要的。

"语言这东西,不是随便可以学好的,非下苦功不可。"这是毛主席教导我们的。这句话,我相信你们每一位都会背。可是,是否切切实实地这样做了呢?做得够不够呢?请容许我坦率说一句:从来信看,你们有好些位是做得不够的。不说别的,单拿写字一项来看,你们就没下苦功去练。好几位的信写得很潦草,看起来非常吃力。有位同志信末署名之中有个字,又象"珍",又象"玲",我看了好半天到底也没看清楚。字一定要练。可以练练毛笔字,也可以就用钢笔练。不求练得多么好,更不求成家成体,只要写得整整齐齐,清清楚楚就行。写字写得草一点,可以,但是一定要合乎一般草字的习惯写法,不能任意挥洒,让人不认识。我不知道你们有没有背文章的习惯。一定要背些。古今中外,善于写作的人,没有一个不是肚子里装着几百篇好文章的,并不是背熟了好去模仿抄袭,而是背熟了才能吸收消化,把别人文章里的好处变成自己的。只有这样才能丰富自己的语言,纯化自己的语言,一旦写作,提起笔来才能得心应手,运用自如。要有作笔记,札记,以至抄书的习惯。要注意工人农民口头上说的一些生动优美的话,听见精彩的东西,就把它记下来。记日记是个很好的办法。书桌上一定要摆一本字典,不论读书作文,随时翻翻它,请教它,决不偷懒。……一句话,必须下点笨工夫,苦工夫。如果你希望找个窍门,这就是窍门。

也许你们会说:"这太难了!"我说,不难。这是最容易的办法,完全操之于己,下个决心就能生效的办法。只要你肯这样作,半年有半年的效果,一年有一年的效果,坚持下去,保证达到目的,如果不肯,写作却真的成了件难事,再搞个三年五载,还是不行。

再见,亲爱的朋友!信里有些话说得不大客气,相信你们不会责备我这种由于真挚热诚而产生的某些粗鲁。有说得不对的地方,希望告诉我,帮助我改正。祝你们学习进步,身体健康!

张志公
一九六二年十一月二十日

选读后记

本文原载《中国青年》杂志 1962 年第 24 期,作者通过书信形式,回答了几位青年朋友提出的关于怎样学好语文,特别是怎样提高写作能力的问题。

作者首先指出:要学好语文,必须把文章读懂。要逐字、逐句地读透,不能模模糊糊地懂个大意。强调了读懂文章,对于提高写作能力的重要性。

作者还指出:善于写作,需要两个条件:一是思想好,头脑清楚。一是基本功练得好。基本功"就是熟练地掌握语言文字"。

接着作者用全文最主要的篇幅,就写文章的基本功,从字、句、篇章三个方面进行了详细的阐述,指出每个方面应该学习的内容、方法,以及青年朋友容易犯的毛病。有观点、有例证,深入浅出,明白易懂。作者说:"学字,学句,学篇章,这就是写文章的基本功","是学写文章的三道关口"。要通过这三道关口,"只有两条笨方法:一条是认真地读,一条是好好地练,二者缺一不可,而前者是基础"。并且就读和练提出了具体的要求与方法。

最后作者指出:学好语言文字,非下苦功夫不可。提倡练毛笔字、钢笔字。背诵好文章,要有作笔记、札记,以至抄书的习惯。注意学习人民群众生动、优美的语言等。要求青年朋友学习时要下点笨功夫、苦功夫。这些意见,对青年朋友如何学好语文,提高写作能力等问题给予了中肯的回答。

本文语言简练,遣词造句准确,文章条理清楚、富有说服力,循循善诱,感情真挚,语重心长,使读者倍感亲切。

附录
党政机关公文处理工作条例

中办发〔2012〕14号

(2012年4月16日由中共中央办公厅和国务院办公厅联合印发)

第一章 总 则

第一条 为了适应中国共产党机关和国家行政机关(以下简称党政机关)工作需要,推进党政机关公文处理工作科学化、制度化、规范化,制定本条例。

第二条 本条例适用于各级党政机关公文处理工作。

第三条 党政机关公文是党政机关实施领导、履行职能、处理公务的具有特定效力和规范体式的文书,是传达贯彻党和国家的方针政策,公布法规和规章,指导、布置和商洽工作,请示和答复问题,报告、通报和交流情况等的重要工具。

第四条 公文处理工作是指公文拟制、办理、管理等一系列相互关联、衔接有序的工作。

第五条 公文处理工作应当坚持实事求是、准确规范、精简高效、安全保密的原则。

第六条 各级党政机关应当高度重视公文处理工作,加强组织领导,强化队伍建设,设立文秘部门或者由专人负责公文处理工作。

第七条 各级党政机关办公厅(室)主管本机关的公文处理工作,对下级机关的公文处理工作进行业务指导和督促检查。

第二章 公文种类

第八条 公文种类主要有:

(一)决议。适用于会议讨论通过的重大决策事项。

(二)决定。适用于对重要事项作出决策和部署、奖惩有关单位和人员、变更或者撤销下级机关不适当的决定事项。

(三)命令(令)。适用于公布行政法规和规章、宣布施行重大强制性措施、批准授予和晋升衔级、嘉奖有关单位和人员。

(四)公报。适用于公布重要决定或者重大事项。

(五)公告。适用于向国内外宣布重要事项或者法定事项。

（六）通告。适用于在一定范围内公布应当遵守或者周知的事项。

（七）意见。适用于对重要问题提出见解和处理办法。

（八）通知。适用于发布、传达要求下级机关执行和有关单位周知或者执行的事项，批转、转发公文。

（九）通报。适用于表彰先进、批评错误、传达重要精神和告知重要情况。

（十）报告。适用于向上级机关汇报工作，反映情况，回复上级机关的询问。

（十一）请示。适用于向上级机关请求指示、批准。

（十二）批复。适用于答复下级机关请示事项。

（十三）议案。适用于各级人民政府按照法律程序向同级人民代表大会或者人民代表大会常务委员会提请审议事项。

（十四）函。适用于不相隶属机关之间商洽工作、询问和答复问题、请求批准和答复审批事项。

（十五）纪要。适用于记载会议主要情况和议定事项。

第三章　公　文　格　式

第九条　公文一般由份号、密级和保密期限、紧急程度、发文机关标志、发文字号、签发人、标题、主送机关、正文、附件说明、发文机关署名、成文日期、印章、附注、附件、抄送机关、印发机关和印发日期、页码等组成。

（一）份号。公文印制份数的顺序号。涉密公文应当标注份号。

（二）密级和保密期限。公文的秘密等级和保密的期限。涉密公文应当根据涉密程度分别标注"绝密""机密""秘密"和保密期限。

（三）紧急程度。公文送达和办理的时限要求。根据紧急程度，紧急公文应当分别标注"特急""加急"，电报应当分别标注"特提""特急""加急""平急"。

（四）发文机关标志。由发文机关全称或者规范化简称加"文件"二字组成，也可以使用发文机关全称或者规范化简称。联合行文时，发文机关标志可以并用联合发文机关名称，也可以单独用主办机关名称。

（五）发文字号。由发文机关代字、年份、发文顺序号组成。联合行文时，使用主办机关的发文字号。

（六）签发人。上行文应当标注签发人姓名。

（七）标题。由发文机关名称、事由和文种组成。

（八）主送机关。公文的主要受理机关，应当使用机关全称、规范化简称或者同类型机关统称。

（九）正文。公文的主体，用来表述公文的内容。

（十）附件说明。公文附件的顺序号和名称。

（十一）发文机关署名。署发文机关全称或者规范化简称。

（十二）成文日期。署会议通过或者发文机关负责人签发的日期。联合行文时，署最后签发机关负责人签发的日期。

（十三）印章。公文中有发文机关署名的，应当加盖发文机关印章，并与署名机关相符。有特定发文机关标志的普发性公文和电报可以不加盖印章。

（十四）附注。公文印发传达范围等需要说明的事项。

（十五）附件。公文正文的说明、补充或者参考资料。

（十六）抄送机关。除主送机关外需要执行或者知晓公文内容的其他机关，应当使用机关全称、规范化简称或者同类型机关统称。

（十七）印发机关和印发日期。公文的送印机关和送印日期。

（十八）页码。公文页数顺序号。

第十条 公文的版式按照《党政机关公文格式》国家标准执行。

第十一条 公文使用的汉字、数字、外文字符、计量单位和标点符号等，按照有关国家标准和规定执行。民族自治地方的公文，可以并用汉字和当地通用的少数民族文字。

第十二条 公文用纸幅面采用国际标准A4型。特殊形式的公文用纸幅面，根据实际需要确定。

第四章 行 文 规 则

第十三条 行文应当确有必要，讲求实效，注重针对性和可操作性。

第十四条 行文关系根据隶属关系和职权范围确定。一般不得越级行文，特殊情况需要越级行文的，应当同时抄送被越过的机关。

第十五条 向上级机关行文，应当遵循以下规则：

（一）原则上主送一个上级机关，根据需要同时抄送相关上级机关和同级机关，不抄送下级机关。

（二）党委、政府的部门向上级主管部门请示、报告重大事项，应当经本级党委、政府同意或者授权，属于部门职权范围内的事项应当直接报送上级主管部门。

（三）下级机关的请示事项，如需以本机关名义向上级机关请示，应当提出倾向性意见后上报。不得原文转报上级机关。

（四）请示应当一文一事。不得在报告等非请示性公文中夹带请示事项。

（五）除上级机关负责人直接交办事项外，不得以本机关名义向上级机关负责人报送公文，不得以本机关负责人名义向上级机关报送公文。

（六）受双重领导的机关向一个上级机关行文，必要时抄送另一个上级机关。

第十六条 向下级机关行文，应当遵循以下规则：

（一）主送受理机关，根据需要抄送相关机关。重要行文应当同时抄送发文机关的直接上级机关。

（二）党委、政府的办公厅（室）根据本级党委、政府授权，可以向下级党委、政府行文，其他部门和单位不得向下级党委、政府发布指令性公文或者在公文中向下级党委、政府提出指令性要求。需经政府审批的具体事项，经政府同意后可由政府职能部门行文，文中须注明已经政府同意。

（三）党委、政府的部门在各自职权范围内可以向下级党委、政府的相关部门行文。

（四）涉及多个部门职权范围内的事务，部门之间未协商一致的，不得向下行文；擅自行文的，上级机关应当责令其纠正或者撤销。

（五）上级机关向受双重领导的下级机关行文，必要时抄送该下级机关的另一个上级机关。

第十七条 同级党政机关、党政机关与其他同级机关必要时可以联合行文。属于党委、政府各自职权范围内的工作，不得联合行文。

党委、政府的部门依据职权可以相互行文。

部门内设机构除办公厅（室）外不得对外正式行文。

第五章 公文拟制

第十八条 公文拟制包括公文的起草、审核、签发等程序。

第十九条 公文起草应当做到：

（一）符合国家的法律法规和党的路线方针政策，完整准确体现发文机关意图，并同现行有关公文相衔接。

（二）一切从实际出发，分析问题实事求是，所提政策措施和办法切实可行。

（三）内容简洁，主题突出，观点鲜明，结构严谨，表述准确，文字精练。

（四）文种正确，格式规范。

（五）深入调查研究，充分进行论证，广泛听取意见。

（六）公文涉及其他地区或者部门职权范围内的事项，起草单位必须征求相关地区或者部门意见，力求达成一致。

（七）机关负责人应当主持、指导重要公文起草工作。

第二十条 公文文稿签发前，应当由发文机关办公厅（室）进行审核。审核的重点是：

（一）行文理由是否充分，行文依据是否准确。

（二）内容是否符合国家法律法规和党的路线方针政策；是否完整准确体现发文机关意图；是否同现行有关公文相衔接；所提政策措施和办法是否切实可行。

（三）涉及有关地区或者部门职权范围的事项是否经过充分协商并达成一致意见。

（四）文种是否正确，格式是否规范；人名、地名、时间、数字、段落顺序、引文等是否准确；文字、数字、计量单位和标点符号等用法是否符合规范。

（五）其他内容是否符合公文起草的有关要求。

需要发文机关审议的重要公文文稿，审议前由发文机关办公厅（室）进行初核。

第二十一条 经审核不宜发文的公文文稿，应当退回起草单位并说明理由；符合发文条件但内容需作进一步研究和修改的，由起草单位修改后重新报送。

第二十二条 公文应当经本机关负责人审批签发。重要公文和上行文由机关主要负责人签发。党委、政府的办公厅（室）根据党委、政府授权制发的公文，由受权机关主要负责人签发或者按照有关规定签发。签发人签发公文，应当签署意见、姓名和完整日期；圈阅或者签名的，视为同意。联合行文由所有联署机关的负责人会签。

第六章 公文办理

第二十三条 公文办理包括收文办理、发文办理和整理归档。

第二十四条 收文办理主要程序是：

（一）签收。对收到的公文应当逐件清点，核对无误后签字或者盖章，并注明签收时间。

（二）登记。对公文的主要信息和办理情况应当详细记载。

（三）初审。对收到的公文应当进行初审。初审的重点是：是否应当由本机关办理，是否符合行文规则，文种、格式是否符合要求，涉及其他地区或者部门职权范围内的事项是否已经协商、会签；是否符合公文起草的其他要求。经初审不符合规定的公文，应当及时退回来文单位并说明理由。

（四）承办。阅知性公文应当根据公文内容、要求和工作需要确定范围后分送。批办性公文应当提出拟办意见报本机关负责人批示或者转有关部门办理；需要两个以上部门办理的，应当明确主办部门。紧急公文应当明确办理时限。承办部门对交办的公文应当及时办理，有明确办理时限要求的应当在规定时限内办理完毕。

（五）传阅。根据领导批示和工作需要将公文及时送传阅对象阅知或者批示。办理公文传阅应当随时掌握公文去向，不得漏传、误传、延误。

（六）催办。及时了解掌握公文的办理进展情况，督促承办部门按期办结。紧急公文或者重要公文应当由专人负责催办。

（七）答复。公文的办理结果应当及时答复来文单位，并根据需要告知相关单位。

第二十五条 发文办理主要程序是：

（一）复核。已经发文机关负责人签批的公文，印发前应当对公文的审批手续、内容、文种、格式等进行复核；需作实质性修改的，应当报原签批人复审。

（二）登记。对复核后的公文，应当确定发文字号、分送范围和印制份数并详细记载。

（三）印制。公文印制必须确保质量和时效。涉密公文应当在符合保密要求的场所印制。

（四）核发。公文印制完毕，应当对公文的文字、格式和印刷质量进行检查后分发。

第二十六条 涉密公文应当通过机要交通、邮政机要通信、城市机要文件交换站或者收发件机关机要收发人员进行传递，通过密码电报或者符合国家保密规定的计算机信息系统进行传输。

第二十七条 需要归档的公文及有关材料，应当根据有关档案法律法规及机关档案管理规定，及时收集齐全、整理归档。两个以上机关联合办理的公文，原件由主办机关归档，相关机关保存复制件。机关负责人兼任其他机关职务的，在履行所兼职务过程中形成的公文，由其兼职机关归档。

第七章 公文管理

第二十八条 各级党政机关应当建立健全本机关公文管理制度，确保管理严格规范，充分发挥公文效用。

第二十九条 党政机关公文由文秘部门或者专人统一管理。设立党委（党组）的县级以上单位应建立机要保密室和机要阅文室，并按照有关保密规定配备工作人员和必要的安全保密设施设备。

第三十条 公文确定密级前,应当按照拟定的密级先行采取保密措施。确定密级后,应当按照所定密级严格管理。绝密级公文应当由专人管理。

公文的密级需要变更或者解除的,由原确定密级的机关或者其上级机关决定。

第三十一条 公文的印发传达范围应当按照发文机关的要求执行;需要变更的,应当经发文机关批准。

涉密公文公开发布前应当履行解密程序。公开发布的时间、形式和渠道,由发文机关确定。

经批准公开发布的公文,同发文机关正式印发的公文具有同等效力。

第三十二条 复制、汇编机密级、秘密级公文,应当符合有关规定并经本机关负责人批准。绝密级公文一般不得复制、汇编,确有工作需要的,应当经发文机关或者其上级机关批准。复制、汇编的公文视同原件管理。

复制件应当加盖复制机关戳记。翻印件应当注明翻印的机关名称、日期。汇编本的密级按照编入公文的最高密级标注。

第三十三条 公文的撤销和废止,由发文机关、上级机关或者权力机关根据职权范围和有关法律法规决定。公文被撤销的,视为自始无效;公文被废止的,视为自废止之日起失效。

第三十四条 涉密公文应当按照发文机关的要求和有关规定进行清退或者销毁。

第三十五条 不具备归档和保存价值的公文,经批准后可以销毁。销毁涉密公文必须严格按照有关规定履行审批登记手续,确保不丢失、不漏销。个人不得私自销毁、留存涉密公文。

第三十六条 机关合并时,全部公文应当随之合并管理;机关撤销时,需要归档的公文整理后按照有关规定移交档案管理部门。

工作人员离岗离职时,所在机关应当督促其将暂存、借用的公文按照有关规定移交、清退。

第三十七条 新设立的机关应当向党委、政府的办公厅(室)提出发文立户申请。经审查符合条件的,列为发文单位,机关合并或者撤销时,相应进行调整。

第八章 附 则

第三十八条 党政机关公文含电子公文。电子公文处理工作的具体办法另行制定。

第三十九条 法规、规章方面的公文,依照有关规定处理。外事方面的公文,依照外事主管部门的有关规定处理。

第四十条 其他机关和单位的公文处理工作,可以参照本条例执行。

第四十一条 本条例由中共中央办公厅、国务院办公厅负责解释。

第四十二条 本条例自2012年7月1日起施行。1996年5月3日中共中央办公厅印发的《中国共产党机关公文处理条例》和2000年8月24日国务院发布的《国家行政机关公文处理办法》停止执行。

徐中玉先生《大学语文》《应用文写作》系列教材

《大学语文（第五版）》

书　　号：ISBN 978-7-04-045051-4
出版时间：2016 年 7 月
定　　价：35.00 元

《大学语文（第五版）》是在高等教育出版社出版的《大学语文（第四版）》基础上，根据近年来国内高校大学语文教学出现的新情况、新进展，再次精心修订而成。

本书以徐中玉先生一贯倡导的大学人文精神为准绳，遵循母语教学规律，精编古今中外文学名作六十余篇，有利于开阔学生视野，提高文学鉴赏品位，适合作为高等院校各专业文化基础课通用教材。

本书特点：

弘扬人文精神
致力于培养学生的人文素质，力求通过所选篇目对学生起到潜移默化的影响，使他们了解优秀的中华传统文化，了解历史、哲学、社会以及生活的各个方面，帮助年轻人形成自己的思想和对社会现象的见解。

注重母语教育
遵循语文教学规律，精选古今中外文学精品，强化大学生母语意识，拓宽其视野，提高其阅读写作能力及文学欣赏品位。

配备教学资源
书中附有大量的二维码，学生扫码即可获取相关资源，如诗词朗诵、辑评和相关背景链接等。为教师提供与教材配套的电子教学资源，包括教学 PPT、与课文相关的资料、教学建议、要点赏析、习题解答等内容，使教学有纲可依、有法可循，便于教师把握教学节奏、检验教学效果。

《应用文写作（第五版）》

作　　者：徐中玉
书　　号：978-7-04-045053-8
定　　价：36.00 元
出版时间：2016 年 7 月

《应用文写作（第五版）》作为文选型大学语文教材的一个重要补充，结合实际，讲求实用，按不同类别、不同功用的文体编排，有利于学生迅速掌握公文和日常应用文体的写作要领。本书也可作为案头常备的工具书使用。

本书特点：

替换最新范文　根据国务院相关文件精神，选编使用频度最高的公文文体，并全部使用当前最新范文。
提供名家范文　选编了鲁迅、胡适、老舍等众多名家创作经验谈，生动有趣。
配有教学资源　书中附有大量二维码，学生扫码即可获取相关资源：如公文版式分析图、演示视频、更多例文、在线测试等。为教师提供与教材配套的电子教学资源，包括电子教案、补充资料、相关例文与分析、试题库及参考答案。

《简明应用文写作（第三版）》

作　　者：张耀辉　戴永明
书　　号：978-7-04-048702-2
定　　价：36.00 元
出版时间：2018 年 1 月

《简明财经写作（第二版）》

作　　者：张耀辉　戴永明
书　　号：978-7-04-045576-2
定　　价：27.60 元
出版时间：2017 年 1 月

本书特点：

1. **知名教授主编。** 张耀辉教授为中国写作学会顾问，有丰富的教学和编写经验，为上述《应用文写作（第五版）》的编者。
2. **配有电子教学资源。** 包括教学 PPT、补充资料及案例、练习及参考答案。
3. **简明适用。** 和《应用文写作（第五版）》相比，删去了"下编　基础写作导读文选"部分，增加了例文和评析，更加简明适用。

高等教育出版社

教学资源索取单

尊敬的老师：

您好！

感谢您使用**徐中玉**主编的《应用文写作》（第五版）。为便于教学，本书另配有**教案、PPT、动画视频**等教学资源，如贵校已选用了本书，您只要添加服务 QQ 号 **800078148**，或者把下表中的相关信息以电子邮件或邮寄方式发至我社即可**免费**获得。

我们的联系方式：

联系电话：（021）56718921/56718739　　　电子邮箱：800078148@b.qq.com

大学语文写作教师论坛QQ群：279433803　　人文通识教师论坛QQ群：278499548

地址：上海市虹口区宝山路848号　　　　　邮编：200081

姓　　名		性别		出生年月		专　　业	
学　　校		.		学院、系		教 研 室	
学校地址						邮　　编	
职　　务			职　　称			办公电话	
E-mail						手　　机	
通信地址						邮　　编	
本书使用情况	用于_____学时教学，每学年使用_____册。						

您对本书有什么意见和建议？

您还希望从我社获得哪些服务？

□ 教师培训　　　　　□ 教学研讨活动
□ 寄送样书　　　　　□ 相关图书出版信息
□ 其他_____

郑重声明

高等教育出版社依法对本书享有专有出版权。任何未经许可的复制、销售行为均违反《中华人民共和国著作权法》，其行为人将承担相应的民事责任和行政责任；构成犯罪的，将被依法追究刑事责任。为了维护市场秩序，保护读者的合法权益，避免读者误用盗版书造成不良后果，我社将配合行政执法部门和司法机关对违法犯罪的单位和个人进行严厉打击。社会各界人士如发现上述侵权行为，希望及时举报，本社将奖励举报有功人员。

反盗版举报电话　（010）58581999　58582371　58582488
反盗版举报传真　（010）82086060
反盗版举报邮箱　dd@hep.com.cn
通信地址　北京市西城区德外大街4号　高等教育出版社法律事务与版权管理部
邮政编码　100120